Die „Dogmatik“ einer strafrechtlichen Produktverantwortung

Criminalia

Herausgegeben von Klaus Volk

Band 29

Peter Lang

Frankfurt am Main · Berlin · Bern · Bruxelles · New York · Oxford · Wien

Andrea Schmucker

Die „Dogmatik" einer strafrechtlichen Produktverantwortung

Das fahrlässige Unterlassen als Institut der Produktkriminalität

Peter Lang
Europäischer Verlag der Wissenschaften

Die Deutsche Bibliothek - CIP-Einheitsaufnahme

Schmucker, Andrea:

Die „Dogmatik“ einer strafrechtlichen Produktverantwortung : das fahrlässige Unterlassen als Institut der Produktkriminalität / Andrea Schmucker. - Frankfurt am Main ; Berlin ; Bern ; Bruxelles ; New York ; Oxford ; Wien : Lang, 2001
(Criminalia ; Bd. 29)
Zugl.: München, Univ., Diss., 2001
ISBN 3-631-38023-2

Umschlaggestaltung:
Pierre Mendell.

D 19
ISSN 0945-1811
ISBN 3-631-38023-2

www.peterlang.de

Criminalia

Abhandlungen aus den gesamten Strafrechtswissenschaften

Der Herausgeber der Reihe ist Vorstand des "Instituts für die gesamten Strafrechtswissenschaften" der Universität München. Das Programm der Reihe ist im Untertitel genannt. In ihr werden veröffentlicht Schriften zum Strafrecht und Strafverfahrensrecht, zu Kriminologie und Kriminalpolitik, zu den rechtstheoretischen und rechtssoziologischen Grundlagen des Strafrechts und zu seiner Geschichte. Die Reihe läßt deutsche und ausländische Wissenschaftler zu Wort kommen und will dazu einladen, an der Fortentwicklung aller Bereiche des Strafrechts über die Grenzen hinaus mitzuwirken.

Meinen Eltern

Vorwort

Die Idee zu der vorliegenden Arbeit habe ich meiner Tätigkeit als Rechtsreferendarin für Herrn Rechtsanwalt und Strafverteidiger Michael Molitoris, Partner der Sozietät Nörr, Stiefenhofer & Lutz, München, zu verdanken.

Vielseitige Unterstützung begleitete das rasche Gelingen der Arbeit. Besonders herzlich danken möchte ich zunächst meinem Doktorvater, Herrn Prof. Dr. Dr. h.c. mult. Claus Roxin, dessen umfangreicher wissenschaftlicher Erfahrungsschatz mir mehr als einmal zuteil wurde. Mit fortwährendem Elan und großer Begeisterung, aber auch äußert konstruktiver Kritik hat er mich bei der Entwicklung meiner Arbeit motiviert. Trotz seiner umfangreichen Verpflichtungen hat er sich jeder meiner Fragen und Bitten und schließlich auch der Erstellung seines Votums in einer Geschwindigkeit angenommen, die ihresgleichen sucht.

Mein äußerster Dank gebührt auch Herrn Prof. Dr. Bernd Schünemann – nicht nur für die Anfertigung seines Zweitgutachtens. Seine zahlreichen Abhandlungen zu der hier behandelten Thematik lieferten Anregungen und Hinweise von unschätzbarem Wert. Dieser Dank gilt gleichermaßen Herrn Prof. Dr. Klaus Volk, dem ich mich vor allem durch die Aufnahme in diese Reihe sehr verbunden fühle.

Große Unterstützung erfuhr ich ferner von Frau Kotting aus dem Sekretariat Prof. Sieber/Prof. Roxin und von Herrn Dr. Christian Jäger, wissenschaftlicher Mitarbeiter am Lehrstuhl für Allgemeine Strafrechtswissenschaften.

Nicht zuletzt danke ich Allen, die mich nicht nur durch Korrekturlesen oder manuelle Hilfe, sondern vor allem durch viel Zuspruch geduldig in dieser Zeit begleitet haben, allen voran meinen Eltern, Renate und Prof. Dr.-ing. Robert Schmucker, aber auch ganz herzlich Frau Helga Rieder. Schließlich aber ermöglichte erst das große Verständnis meiner gesamten Familie und meiner Freunde die rasche Vollendung dieses Werkes.

München, im Februar 2001 — Andrea Schmucker

Inhaltsverzeichnis

Abkürzungen

a.a.O.	am angegebenen Ort
a.A.	anderer Ansicht
abl.	ablehnend
a.E.	am Ende
a.F.	alte Fassung
a.l.i.c.	actio libera in causa
Anm.	Anmerkung
Bsp.	Beispiel
c.s.q.n.	condicio sine qua non
d.h.	das heißt
f.	folgende
ff.	fortfolgende
Fn.	Fußnote
gem.	gemäß
h.M.	herrschende Meinung
Lit.	Literatur
m.a.W.	mit anderen Worten
m.E.	meines Erachtens
m.w.N.	mit weitern Nachweisen
Rdn.	Randnummer
Rspr.	Rechtsprechung
u.a.	unter anderem
u.U.	unter Umständen
vgl.	vergleiche
zust.	zustimmend

Literaturverzeichnis[1]

Ackermann, Bruni: Die Strafbarkeit juristischer Personen im deutschen Recht und in ausländischen Rechtsordnungen, Frankfurt/Main u.a. 1984

Amelung, Knut: Rechtsgüterschutz und Schutz der Gesellschaft, Frankfurt/Main 1972

Androulakis, Nikolaos: Studien zur Problematik der unechten Unterlassungsdelikte, München 1963

Arzt, Gunther: Zur Garantenstellung beim unechten Unterlassungsdelikt, JA 1980, 553, 647, 712

Bach, Gregor: Wider Vermutungen im Strafverfahren, MDR 1976, 19

Bachmann, Werner/Beulke, Gregor: Die „Lederspray-Entscheidung" – BGHSt 37, 106, JuS 1992, 737

Bar, Christian von: Verkehrspflichten, Köln/Berlin/Bonn/München 1980

Bassenge, Peter: in Palandt, Bürgerliches Gesetzbuch, 59. Aufl., München 2000

Baumann, Jürgen: Prima facie Beweis in Strafsachen, MDR 1960, 355

Baumann, Jürgen/Weber, Ulrich/Mitsch, Wolfgang: Strafrecht Allgemeiner Teil, 10. Aufl., Bielefeld 1995

Beck, Ulrich: Risikogesellschaft. Auf dem Weg in die Moderne, Frankfurt/Main 1986

Binding, Karl: Die Normen und ihre Übertretung, 4. Bd.: Die Fahrlässigkeit", Leipzig 1919

Bock, Barbara: Produktkriminalität und Unterlassen, Aachen 1997

Bottke, Wilfried: Krankmachende Bauprodukte, ZfBR 1991, 233

Brammsen, Joerg: Strafrechtliche Rückrufpflichten bei fehlerhaften Produkten, GA 1993, 97

-: Die Entstehungsvoraussetzungen der Garantenpflichten, Berlin 1986; zit.: Entstehungsvoraussetzungen

---

[1] Die Werke werden wie folgt zitiert:

- Beiträge in periodischen Druckwerken: "Autor u. Fundstelle"
- Festschriften: "Autor, FS für ..., Seite"
- Andere Werke: "Autor, Seite/Randnummer/Kapitel", sofern nur ein (sonstiges) Werk dieses Autors Eingang in die Arbeit gefunden hat, sonst ergänzt durch den Titel bzw. den Herausgeber, das jeweils angegebene Stichwort oder aber eine Abkürzung des Gesamtwerkes bspw. bei Kommentaren.

-: Kausalitäts- und Täterschaftsfragen bei Produktfehlern, Jura 1991, 533

-: Erfolgszurechnung bei unterlassener Gefahrverminderung durch einen Garanten, MDR 1989, 123

Braun, Stefan: Strafrechtliche Produkthaftung, KritV 1994, 179

Bruns, Hans-Jürgen: Faktische Betrachtungsweise und Organhaftung, JZ 1958, 461

-: Ungeklärte materiell-rechtliche Fragen des Contergan-Prozesses, FS für Heinitz, Berlin/New York 1972, S. 317

-: Ungeklärte verfahrensrechtliche Fragen des Contergan-Prozesses, FS für Maurach, Karlsruhe 1972, S. 469

Cramer, Peter: in Schönke/Schröder, Strafgesetzbuch Kommentar, 25. Aufl., München 1997

Creifelds, Carl: Rechtwörterbuch, 10.Aufl., München 1990

Dallinger, Wilhelm: Aus der Rechtsprechung des Bundesgerichtshofes in Strafsachen, MDR 1953, 270; 1958, 139; 1966, 22; 1971, 361

Demme, Helmut: Lebensmittelrecht, Göttingen 1967

Demuth, Hennrich/Schneider, Tilmann: Die besondere Bedeutung des Gesetzes über Ordnungswidrigkeiten für Betrieb und Unternehmen, BB 1970, 642

Dencker, Friedrich: Gefährlichkeitsvermutung statt Tatschuld?, StV 1988, 262

-: Ingerenz: Die defizitäre Tathandlung, FS für Stree/Wessels, Heidelberg 1993, S. 160

Deutscher, Jörg/Körner, Peter: Die strafrechtliche Produktverantwortung von Mitgliedern kollegialer Geschäftsleitungsorgane, wistra 1996, 292 u. 327

Deutscher Bundestag: Entwurf eines Strafgesetzbuches (StGB) E 1962, Drucksache IV 650

Dreher, Meinrad: Die persönliche Verantwortlichkeit von Geschäftsleitern nach außen und die innergesellschaftliche Aufgabenteilung, ZGR 1992, 21

Eidam, Gerd: Unternehmen und Strafe, Köln/Berlin/Bonn/München 1993

Eichinger, Harald: Die strafrechtliche Produkthaftung im deutschen Vergleich zum anglo-amerikanischen Recht, Frankfurt am Main/Berlin/Bern/New York u.a. 1997

Engisch, Karl: Die Kausalität als Merkmal der strafrechtlichen Tatbestände, Tübingen 1931

Ehrhardt, Anne: Unternehmensdelinquenz und Unternehmensstrafe, Berlin 1994

Eser, Albin: in Schönke/Schröder, Strafgesetzbuch Kommentar, 25. Aufl., München 1997

Exner, Franz: Fahrlässiges Zusammenwirken, FG I für R.v. Frank, Aalen 1969, S. 569

Fincke, Martin: Arzneimittelprüfung, strafbare Versuchsmethoden: „erlaubtes Risiko bei eingeplantem fatalen Ausgang; Heidelberg u.a. 1977

Freund, Georg: Erfolgsdelikt und Unterlassen, Köln/Berlin/Bonn/München 1992

-: Strafrecht Allgemeiner Teil, Berlin/Heidelberg/New York 1998, zit.: AT

-: Der Entwurf eines 6. Gesetzes zur Reform des Strafrechts, ZStW 109, 455

Fünfsinn, Helmut: Der Aufbau des fahrlässigen Verletzungsdelikts durch Unterlassen im Strafrecht, Frankfurt am Main/Bern/New York 1985

Furtner, Georg: Hilfeleistung nach § 330c StGB trotz Gefahr eigener strafgerichtlicher Verfolgung, NJW 1961, 1196

Gallas, Wilhelm: Die strafrechtliche Verantwortlichkeit der am Bau Beteiligten, Heidelberg, 1963

Göhler, Erich: Zur strafrechtlichen Verantwortlichkeit des Betriebsinhabers für die in seinem Betrieb begangenen Zuwiderhandlungen, FS für Dreher, Berlin/New York1977

-: Zur bußgeldrechtlichen Verantwortung der juristischen Person bei aufgespaltener Zuständigkeit ihrer Organe, wistra 1991, 207

-: Ordnungswidrigkeitenrecht, 12. Aufl., München 1998

Gössel, Karl Heinz: Zur Lehre vom Unterlassungsdelikt, ZStW 96, 321

Goll, Eberhard/Winkelbauer, Wolfgang: in Graf von Westphalen, Produkthaftungshandbuch, Bd. I, 2. Aufl., München 1997

Gollwitzer, Walter: Löwe/Rosenberg, Großkommentar StPO, Band 3 (§§ 198-295), 24. Aufl., Berlin, New York 1984, zit.: LR

Groß, Karl-Heinz: Gegen den Missbrauch strafrechtlicher Ermittlungen zur Vorbereitung eines Zivilverfahrens, GA 1996, 151

Große Vorholt, André: Behördliche Stellungnahmen in der strafrechtlichen Produkthaftung, Baden-Baden 1997

Grünwald, Gerald: Die Beteiligung durch Unterlassen, GA 1959, 110

-: Zur gesetzlichen Regelung der unechten Unterlassungsdelikte, ZStW 70, 412

Haft, Fritjof: Strafrecht Allgemeiner Teil, 8. Aufl., München 1998

Hainmüller, Dietmar: Der Anscheinsbeweis und die Fahrlässigkeitstat im heutigen deutschen Schadensersatzprozeß, Tübingen 1966

Hamm, Rainer: Strafrechtliche Produktverantwortung, phi 1985, 15

-: Der strafprozessuale Beweis der Kausalität und seine revisionsrechtliche Überprüfung, StV 1997, 159

Hardwig, Werner: Verursachung und Erfolgszurechnung, JZ 1968, 289

Hassemer, Winfried: Anmerkung zu BGHSt 37, 106, JuS 1991, 253

-: Produktverantwortung im modernen Strafrecht, Heidelberg 1994; zit.: Produktverantwortung

-: Symbolisches Strafrecht und Rechtsgüterschutz, NStZ 1989, 553

Heine, Günter: Die strafrechtliche Verantwortlichkeit von Unternehmen, Baden-Baden 1995

-: Beweislastumkehr im Strafverfahren?, JZ 1995, 651

Heinitz, E.: Über den Zusammenhang zwischen dem Irrtum und der Vermögensverfügung beim Betruge, JR 1959, 386

Heinrichs, Helmut: in Palandt, Bürgerliches Gesetzbuch, 59. Aufl., München 2000

Herdegen, Gerhard: Bemerkungen zur Beweiswürdigung, NStZ 1987, 193

Herzberg, Rolf Dietrich: Täterschaft und Teilnahme, München 1977

Hilgendorf, Eric: Gibt es ein „Strafrecht der Risikogesellschaft"?, NStZ, 1993, 10

-: Strafrechtliche Produzentenhaftung in der Risikogesellschaft, Berlin 1993; zit.: Risikogesellschaft

-: Fragen der Kausalität bei Gremienentscheidungen am Beispiel des Lederspray-Urteils, NStZ 1994, 561

-: Strafrechtliche Haftung für die Produktion von und den Handel mit vergifteten Gegenständen, NJW 1986, 153

-: Der „gesetzmäßige Zusammenhang" im Sinne der modernen Kausallehre, Jura 1995, 514

-: Strafprozessuale Probleme im Licht der modernen Kausallehre am Beispiel der jüngsten Produkthaftungsfälle, FS für Lenckner, München 1998, S. 699

-: Zur Lehre vom „Erfolg in seiner konkreten Gestalt", GA 1995, 515

Hillenkamp, TH.: Anmerkung zu BGH JR 1992, 72, JR 1992, 74

Hirte, Heribert: Annmerkung zu BGHSt 37, 106, JZ 1992, 257

Honig, Richard: Kausalität und objektive Zurechnung, FS für v. Frank, Bd. I, Tübingen 1930, S. 174

Horn, Eckhard: Strafrechtliche Haftung für die Produktion von und den Handel mit vergifteten Gegenständen, NJW 1986, 153

-: Konkrete Gefährdungsdelikte, Köln 1973

-: in Systematischer Kommentar zum Strafgesetzbuch, Band IV, 7. Aufl., Neuwied/Kriftel/Berlin 1999; zit.: SK

Hoyer, Andreas: Die traditionelle Strafrechtsdogmatik vor neuen Herausforderungen: Probleme der strafrechtlichen Produkthaftung, GA 1996, 160

Jakobs, Günther: Strafrecht Allgemeiner Teil, 2. Aufl., Berlin New York 1991

-: Kriminalisierung im Vorfeld einer Rechtsgutverletzung, ZStW 97, 751

-: Risikokonkurrenz – Schadensverlauf und Verlaufshypothese im Strafrecht, FS für Lackner, Berlin/New York 1987, S. 53

Jennen, Birgit: Meldeverfahren für mangelhafte Produkte geplant, FTD 30. März 2000, S. 13

Jescheck, Hans-Heinrich/Weigend, Thomas: Lehrbuch des Strafrechts, Allgemeiner Teil, 5. Aufl., Berlin 1996

-: in StGB Leipziger Kommentar, 11. Aufl., Berlin/New York 1993, zit.: LK

Kamm, Simone: Die fahrlässige Mittäterschaft, Berlin 1999

Kassebohm, Kristian/Malorny, Christian: Die strafrechtliche Verantwortung des Managements, BB 1994, 1361

Kaufmann, Arnim: Die Dogmatik der Unterlassungsdelikte, Göttingen 1959; zit.: Die Dogmatik

-: Tatbestandsmäßigkeit und Verursachung im Contergan-Verfahren, JZ 1971, 569

-: Die Bedeutung hypothetischer Erfolgsursachen im Strafrecht, FS für Eb. Schmidt, Aalen 1971, S. 200

Kienapfel, Diethelm: Das erlaubte Risiko im Strafrecht, Frankfurt/Main 1966

Kleinknecht, Theodor/Meyer-Großner, Karlheinz: Strafprozessordnung, 44. Aufl., München 1999

Köhler, Michael: Strafrecht Allgemeiner Teil, Berlin/Heidelberg/New York 1997

Kopp, Ferdinand/Schenke, Wolf-Rüdiger: Verwaltungsgerichtsordnung, 11. Aufl., München 1998

Krauß, Detlef: Strafgesetzgebung im Rechtsstaat, KritV 1993, 183

Kühl, Kristian: in Lackner/Kühl, Strafgesetzbuch mit Erläuterungen, 23. Aufl., München 1999, zit.: Lackner/Kühl

-: Strafrecht Allgemeiner Teil, 2. Aufl., München 1997

Kühne, Hans-Heiner: Strafrechtliche Produkthaftung in Deutschland, NJW 1997, 1951

Kuhlen, Lothar: Strafhaftung bei unterlassenem Rückruf gesundheitsgefährdender Produkte, NStZ 1990, 566

-: Fragen einer strafrechtlichen Produkthaftung, Heidelberg 1989; zit.: Fragen

-: Grundfragen der strafrechtlichen Produkthaftung, JZ 94, 1142

-: Zum Strafrecht der Risikogesellschaft, GA 1994, 347

-: Strafrechtliche Produkthaftung, 2000, zit.: FS für den BGH[2]

Lampe, Ernst-Joachim: Ingerenz oder dolus subsequenz, ZStW 72, 93

Landscheidt, Christoph: Zur Problematik der Garantenpflichten aus verantwortlicher Stellung in bestimmten Räumlichkeiten, Berlin 1985

Langkeit, Jochen: Anmerkung zu BGH NJW 1995, 2933, WiB 1995, 1017

-: Verhaltensmaximen für Produzenten zur Strafbarkeitsvermeidung bei Schadensmeldungen, WiB 1995, 934

Lenckner, Theodor: in Schönke/Schröder, Strafgesetzbuch Kommentar, 25. Aufl., München 1997

Louven, Klaus: Prima-facie-Beweis im Strafrecht, MDR 1970, 295

Maiwald, Manfred: Grundlagenprobleme der Unterlassungsdelikte, JuS 1981, 473

-: Kausalität und Strafrecht, Göttingen 1980

Medicus, Dieter: Bürgerliches Recht, 18. Aufl., Köln/Berlin/Bonn/München 1999

Meier, Bernd-Dieter: Verbraucherschutz durch Strafrecht?, NJW 1992, 3193

Merkel, Adolf: Kriminalistische Abhandlungen, Leipzig 1867

Mersch, Thomas: Wie sich traditionsreiche Marken retten und vernichten lassen, FTD 10. Juli 2000, S. 30

Mezger, Edmund: Strafrecht I Allgemeiner Teil, 9. Aufl., München, Berlin 1960

Micklitz, Hans-W.: Holzschutzmittelprozesse: Stand der Rechtsprechung, NJW 1989, 1076

Müller-Guggenberger, Christian: in ders., Wirtschaftsstrafrecht, Münster 1987

Ostermeyer, Helmut: Kollektivschuld im Strafrecht, ZRP 1971, 75

Otto, Harro: Grundsätze der strafrechtlichen Produkthaftung nach dem „Holzschutzmittel"-Urteil, WiB 1995, 929

---

[2] Die Seitenzahl bezieht sich auf den Einzelbetrag, da das Erscheinungsmedium erst nach Fertigstellung der Arbeit veröffentlicht wurde.

-: Mittäterschaft beim Fahrlässigkeitsdelikt, Jura 1990, 47

-: Vorangegangenes Tun als Grundlage strafrechtlicher Haftung, NJW 1974, 528

-: Kausaldiagnose und Erfolgszurechnung im Strafrecht, FS für Maurach, Karlsruhe 1972, S. 91ff

Pfeiffer, Gerd: in Karlsruher Kommentar zur Strafprozessordnung, 4. Aufl., München 1999

Pohle, Rudolf: Bemerkungen zur Lehre von der Beweislast, MDR 1949, 386

Prittwitz, Cornelius: Funktionalisierung des Strafrechts, StV 1991, 435

-: Strafrecht und Risiko, Frankfurt/Main 1993

Puppe, Ingeborg: Anmerkung zur BGHSt 37, 106, JR 1992, 30 (31)

-: Anmerkung zu BGH NJW 1995, 2930, JZ 1996, 318

-: Zurechnung und Wahrscheinlichkeit, ZStW 95, 287

-: Die Beziehung zwischen Sorgfaltswidrigkeit und Erfolg bei den Fahrlässigkeitsdelikten, ZStW 99, 595

-: Der Erfolg und seine kausale Erklärung im Strafrecht, ZStW 92, 863

-: „Naturgesetze" vor Gericht, JZ 1994, 1147

-: in Nomos Kommentar zum Strafgesetzbuch, Bd. 1 Allg. Teil, Baden-Baden 1995; zit: NK-Puppe

Ranft, Otfried: Rechtsprechungsbericht zu den Unterlassungsdelikten – Teil 1, JZ 1987, 859

Ransiek, Andreas: Gesetz und Lebenswirklichkeit: das strafrechtliche Bestimmtheitsgebot, Heidelberg 1989

-: Zur deliktischen Eigenhaftung des GmbH-Geschäftsführers aus strafrechtlicher Sicht, ZGR 1992, 203

-: Unternehmensstrafrecht, Heidelberg 1996

Rebmann, K. /Roth, W. /Herrmann, S.: Gesetz über Ordnungswidrigkeiten, Kommentar, Stuttgart u.a., Stand 1991

Renzikowski, Joachim: Restriktiver Täterbegriff und fahrlässige Beteiligung, Tübingen 1997

Rogall, Klaus: Die Verwaltungsakzessorietät des Umweltstrafrechts, GA 1995, 299

Rotberg: Ordnungswidrigkeitenrecht Kommentar, 5. Aufl., München 1975

Rotsch, Thomas: Unternehmen, Umwelt und Strafrecht – Ätiologie einer Misere, wistra 1999, 321 u. 368

-: Die Rechtsfigur des Täters hinter dem Täter bei der Begehung von Straftaten im Rahmen organisatorischer Machtapparate und ihre Übertragbarkeit auf wirtschaftliche Organisationsstrukturen, NStZ 1998, 491

Roxin, Claus: Ein „neues Bild" des Strafrechtssystems, ZStW 83, 369

-: Kriminalpolitik und Strafrechtssystem, Berlin 1973

-: Täterschaft und Tatherrschaft, 7. Aufl., Berlin/New York 2000, zit.: Roxin TuT

-: Strafrecht, Allgemeiner Teil Band I, 3. Aufl., München 1997; zit.: Roxin AT

-: Strafverfahrensrecht, 25. Aufl., München 1998

-: Gedanken zur Problematik der Zurechnung im Strafrecht, FS für Honig, Göttigen 1970, S. 133

-: Pflichtwidrigkeit und Erfolg bei fahrlässigen Delikten, ZStW 74, 411

-: in StGB Leipziger Kommentar, 11. Aufl., Berlin/New York 1993; zit.: LK

-: An der Grenze von Begehung und Unterlassung, FS für Engisch, Frankfurt/Main 1969, S. 380

-: Literaturbericht Allgemeiner Teil, ZStW 78, 214

Rudolphi, Hans-Joachim: Vorhersehbarkeit und Schutzzweck der Norm in der strafrechtlichen Fahrlässigkeitslehre, JuS 1969, 549

-: Die zeitlichen Grenzen der sukzessiven Beihilfe, FS für Jescheck, Berlin 1985, S. 559

-: Die Gleichstellungsproblematik der unechten Unterlassungsdelikte und der Gedanke der Ingerenz, Göttingen 1966

-: in Systematischer Kommentar zum Strafgesetzbuch, Band 1, 7. Aufl., Neuwied/Kriftel/Berlin 1999; zit.: SK

Samson, Erich: Hypothetische Kausalverläufe im Strafrecht, Frankfurt/Main 1972

-: Probleme strafrechtlicher Produkthaftung, StV 1991, 182

-: in Systematischer Kommentar zum Strafgesetzbuch, Band 1, 7. Aufl., Neuwied/Kriftel/Berlin 1999; zit.: SK

Sangenstedt, Christof: Garantenstellung und Garantenpflicht von Amtsträgern, Frankfurt a.M./Bern/New York/Paris 1989

Sarstedt, Werner/Hamm, Rainer: Die Revision in Strafsachen, 6. Aufl., Berlin 1962

Schäfer, Karl: Löwe/Rosenberg, Großkommentar StPO, Band 1 (Einl., §§ 1-111n), 24. Aufl., Berlin, New York 1988, zit. LR

Schaffstein, Friedrich: Die Risikoerhöhung als objektives Zurechnungsprinzip im Strafrecht, insbesondere bei der Beihilfe, FS für Honig, Göttingen 1970, S. 169

Schlehofer, Horst: Risikovorsatz und zeitliche Reichweite der Zurechnung beim ungeschützten Geschlechtsverkehr des HIV-Infizierten, NJW 1989, 2017

Schmid, Niklaus: Von der zivilrechtlichen zur strafrechtlichen Produktehaftung, FS für Max Keller, Zürich 1989

Schmid, Wolfgang: in Müller-Guggenberger, Christian, Wirtschaftsstrafrecht, Münster 1987

Schmidhäuser, Eberhard: Zur Frage nach dem Ziel des Strafpozesses, FS für Eb. Schmidt, Aalen 1971, 521ff

Schmidt-Salzer, Joachim: Konkretisierungen der strafrechtlichen Produkt- und Umwelthaftung, NJW 1996, 1

-: Strafrechtliche Produktverantwortung, NJW 1990, 2966

-: Verbraucherschutz, Produkthaftung, Umwelthaftung, Unternehmensverantwortung, NJW 1994, 1305

-: Produkthaftung, Bd. 1. Strafrecht, 2. Aufl., Heidelberg 1988

-: Zivilrechtliche und strafrechtliche Produktverantwortung, JA 1988, 465

-: Strafrechtliche Produktverantwortung, NJW 1988, 1937 (1942)

-: Entscheidungssammlung Produkthaftung: Strafrecht, Newied/Kriftel/Berlin Stand 1992; zit.: ES

Schöne, Wolfgang: Unterlassensbegriff und Fahrlässigkeit, JZ 1977, 150

-: Unterlassenen Erfolgsabwendungen und Strafgesetz, Köln/Berlin/Bonn/München1974

Scholl, Claus: Strafrechtliche Verantwortlichkeit und zivilrechtliche Haftung einer Reifenhändlers, NJW 1981, 2737

-: „Groß und renommiert“ als Rechtsbegriff? – Zur Untersuchungspflicht von Händler, Importeur und Quasihersteller, MDR 1981, 718

Schröder, Friedrich-Christian: in StGB Leipziger Kommentar, 11. Aufl., Berlin/New York 1994; zit.: LK

Schünemann, Bernd: Unternehmenskriminalität und Strafrecht, Köln/Berlin/Bonn/München 1979; zit.: Unternehmenskriminalität

-: Strafrechtsdogmatische und kriminalpolitische Grundfragen der Unternehmenskriminalität, wistra 1982, 41

-: Die Strafrechtliche Verantwortlichkeit der Unternehmensleitung im Bereich von Umweltschutz und technischer Sicherheit, UTS 1994, 137

-: Die Unterlassungsdelikte und die strafrechtliche Verantwortlichkeit für Unterlassungen, ZStW 96, 287

-: Anmerkung zu BGH StV 1985, 229

-: Grund und Grenzen der unechten Unterlassungsdelikte, Göttingen 1971; zit.: Grund und Grenzen

-: Zur Kritik der Ingerenz-Garantenstellung, GA 1974, 231

-: Neue Horizonte der Fahrlässigkeitsdogmatik?, FS für Schaffstein, Göttingen 1975. S. 159

-: Die Regeln der Technik im Strafrecht, FS für Lackner, Berlin/New York 1987, S. 367

-: Kritische Anmerkungen zur geistigen Situation der deutschen Strafrechtswissenschaft, GA 1995, 201

-: Unternehmenskriminalität, München 2000; zit.: FS für den BGH[3]

-: Zum gegenwärtigen Stand der Dogmatik der Unterlassungsdelikte in Deutschland, Gimbernat u.a., Internationale Dogmatik der objektiven Zurechnung und der Unterlassungsdelikte, Heidelberg 1995, S. 49; zit.: Internationale Dogmatik

Schulz, Lorenz: Strafrechtliche Produkthaftung bei Holzschutzmitteln, ZUR 1994, 26

Schumann, Heribert: Rezensionen Produkthaftung, StV 1994, 106

-: Zur Wiederbelebung des „voluntativen" Vorsatzelementes durch den BGH, JZ 1989, 427

Schwartz, Martina: Strafrechtliche Produkthaftung, Frankfurt am Main/Berlin/Bern u.a. 1999

Seebald, Rudolf: Nachweis der modifizierenden Kausalität des pflichtwidrigen Verhaltens, GA 1969, 193

Spendel, Günter: Zur Unterscheidung von Tun und Unterlassen, FS für Eb. Schmidt, Aalen 1971, S. 183

Sprau, Hartwig: in Palandt, Bürgerliches Gesetzbuch, 59. Aufl., München 2000

Steiner, Udo: in Berg/Knemeyer/Papier/Steiner, Staats- und Verwaltungsrecht in Bayern, 6. Aufl., Stuttgart/München/Hannover/Berlin 1996

Steinmann, Christina: Abdingbarkeit der Wareneingangskontrolle in Qualitätssicherungsvereinbarungen, BB 1993, 873

---

[3] Siehe Fn. 2

Stoffers, Kristian F.: Die Formel „Schwerpunkt der Vorwerfbarkeit" bei der Abgrenzung von Tun und Unterlassen?, Berlin 1992

Strathenwerth, Günter: Bemerkungen zum Prinzip der Risikoerhöhung, FS für Gallas, Berlin/New York 1973, S. 227

-: Arbeitsteilung und ärztliche Sorgfaltspflicht, FS für Eb. Schmidt, Aalen 1971, S. 383

-: Strafrechtliche Unternehmenshaftung?, FS für Rudolf Schmitt, Tübingen 1992, S. 295

-: Prinzipien der Rechtfertigung, ZStW 68, 41

-: Zukunftssicherung mit Mitteln des Strafrechts?, ZStW 105, 679

-: Strafrecht Allgemeiner Teil, 4. Aufl., Köln/Berlin/Bonn/München 2000, zit.: AT

Stree, Walter: in Schönke/Schröder, Strafgesetzbuch Kommentar, 25. Aufl., München 1997; zit.: SK

Struensee, Eberhard: Objektive Zurechnung und Fahrlässigkeit, GA 1987, 97

-: Die Struktur der fahrlässigen Unterlassungsdelikte, JZ 1977, 217

-: Der subjektive Tatbestand des fahrlässigen Delikts, JZ 1987, 53

-: Handeln und Unterlassen, Begehungs- und Unterlassensdelikt, FS für Stree/Wessels, Heidelberg 1993, S. 133

Swoboda, Christoph: Täterschaft und Teilnahme beim Unterlassensdelikt, Jura 1986, 399

Thomas, Heinz: in Palandt, Bürgerliches Gesetzbuch, 59. Aufl., München 2000

Thomas, Heinz: in Thomas/Putzo, Zivilprozessordnung, 22. Aufl., München 1999

Tiedemann, Klaus: Die strafrechtliche Vertreter- und Unternehmenshaftung, NJW 1986, 1842

-: Buchbesprechungen (Müller-Guggenberger), NJW 1988, 1311

-: Buchbesprechungen (Kuhlen), NJW 1990, 2051

-: Zur Reform der Vermögens- und Wirtschaftstatbestände, ZRP 1970, 256

-: in Immenga/Mestmäcker, GWB Kommentar, München 1992

-: Wirtschaftskriminalität und Wirtschaftsstrafrecht, Bd. 1 Allg. Teil, Reinbek 1976

Tröndle, Herbert/Fischer, Thomas: Strafgesetzbuch und Nebengesetze, 49. Aufl., München 1999

Ulsenheimer, Klaus: Erfolgsrelevante und erfolgsneutrale Pflichtverletzungen im Rahmen der Fahrlässigkeitsdelikte, JZ 1969, 364

-: Das Verhältnis zwischen Pflichtwidrigkeit und Erfolg bei den Fahrlässigkeitsdelikten, Bonn 1965

Vogel, Joachim: Verbraucherschutz durch strafrechtliche Produkthaftung, GA 1990, 241

Volk, Klaus: Kausalität im Strafrecht, NStZ 1996, 105

-: Anscheinsbeweis und Fahrlässigkeit im Strafprozess, GA 1973, 161

Voß, Ulrike: Diskussionsbericht zu den Referenten Papier und Schünemann, UTS 1994, 179

Wassermeyer, Heinz: Der prima-facie-Beweis, Münster 1954

Welp, Jürgen: Vorangegangenes Tun als Grundlage einer Handlungsäquivalenz der Unterlassung, Berlin 1968; zit.: Vorangegangenes Tun

Welzel, Hans: Zur Problematik der Unterlassungsdelikte, JZ 1958, 494

-: Studien zum System des Strafrechts, ZStW 58, 491

Wessels, Johannes: Die Aufklärungsrüge im Strafprozess, JuS 1969, 1

-/Beulke, Werner: Strafrecht, Allgemeiner Teil, 29. Aufl., Heidelberg 1999; zit.: AT

-/Hettinger, Michael: Strafrecht, Besonderer Teil/1, 23. Aufl., Heidelberg 1999; zit.: BT

Weyreuther, Felix: Die höchstrichterliche Rechtsprechung zum Anscheinsbeweis, DRiZ 1957, 55

Wilhelm, Dorothee: Strafrechtliche Fahrlässigkeit bei Arbeitsteilung in der Medizin, Jura 1985, 183

Wohlers, Wolfgang: Generelle Kausalität als Problem richterlicher Überzeugungsbildung, JuS 1995, 1019

Wolff, Ernst Amadeus: Kausalität von Tun und Unterlassen, Heidelberg 1965

Yamanaka, Keiichi: Die Entwicklung der japanischen Fahrlässigkeitsdogmatik im Lichte des sozialen Wandels, ZStW 102, 928

§ 1.Einleitung

„Strafrechtliche Produkthaftung“ – nicht nur in der breiten Bevölkerung ein unbekanntes Terrain, sondern oft auch für Juristenkreise Neuland. Mit Produkthaftung als solcher mag man vielleicht noch etwas in Verbindung setzen, jedoch bleibt der Bezug zum Strafrecht verborgen. Erst Stichwörter wie „Contergan“ oder „Xyladecor“ bringen – auch bei Rechtsunkundigen – etwas Licht in das Dunkel. Und die Liste von Verbrauchsgütern, die in den letzten drei Jahrzehnten mehr als einmal nicht nur die Gemüter der Strafjustiz, sondern – wenn auch unbewusst – ebenso die der Bevölkerung erregt haben, ließe sich wohl unendlich weiterführen, zumal im Zeitalter einer fortschreitenden Technologisierung wahrlich an jeder Ecke neue Gefahren aufzulauern scheinen. Nicht zuletzt der mit Eintritt ins 21. Jahrhundert verbundene, allseits befürchtete „Millenium-Bug“ hat die in unserer Konsumgesellschaft stets latente Gefahrträchtigkeit erneut ins Bewusstsein gerufen. Ebenso weckt das nun auch in Deutschland – wenn gleichwohl zunächst vor den Zivilgerichten – eingeleitete Verfahren gegen die Zigarettenindustrie neue Aufmerksamkeit, der sich auch die Strafrechtswissenschaft nicht entziehen kann[4].

A.Ziel der Arbeit

Mag auch die letzte höchstrichterliche Entscheidung eines Strafsenats von produkthaftungsrechtlicher Relevanz einige Jahre zurückliegen[5] – an Bedeutung hat diese Materie keineswegs verloren[6]. Seit mit dem Einstellungsbeschluss des LG Aachen im „Contergan-Verfahren“ die Ära[7] einer strafrechtlichen Produkthaftung begonnen hat, hat sich mittlerweile eine schier unendliche Flut von Literatur angesammelt und die Zahl der jährlichen Neuerscheinungen ebbt nicht ab. Doch meist[8] setzten sich diese Werke nur mit Teilaspekten und Einzelproblemen

---

[4] Es bleibt abzuwarten, ob die zivilrechtliche Klage gegen die Tabakindustrie („Phillip Morris“) auch strafrechtliche Konsequenzen haben wird.

[5] Es ist dies die Verkündung des Revisionsurteils in Sachen „Holzschutzmittel“ am 2. August 1995. Endgültig fand der Prozess mit dem Einstellungsurteil des LG Frankfurt im Jahre 1997 sein Ende, NJW 1997, 1994.

[6] So auch ein Beitrag in der FAZ Nr. 71 vom 24. März 2000, S. 22.

[7] Für die historische Entwicklung der Produktverantwortung im Strafrecht sei auf die ausführlichen Darstellungen bei Dreher ZGR 1992, 21 (43ff) und Hilgendorf, Risikogesellschaft, S. 89-104, verwiesen.

[8] Bedeutendste Ausnahme ist wohl Schünemanns „Unternehmenskriminalität und Strafrecht“, das schon 1979 ein Gesamtkonzept u.a. zur Lösung produktbezogener Sachverhalte beinhaltete. Sein einziger Nachteil liegt allein darin, dass sich die eigentliche Rspr. auf diesem Terrain erst über zehn Jahre später entwickelte und deshalb zwangsläufig noch nicht verarbeitet war. Gleiches gilt für Kuhlens „Fragen einer strafrechtlichen Produkthaftung“ aus dem Jahr 1989.

aus Anlass von spektakulären Gerichtsentscheidungen auseinander und lassen den Gesamtüberblick in der verhältnismäßig neuartigen Materie verlieren[9].

Vor allem bei der Erörterung einer möglichen eigenständigen Dogmatik strafrechtlicher Produktverantwortung gehen die Meinungen weit auseinander: Für das „Lederspray-Verfahren“ verweist beispielsweise Hilgendorf[10] auf die schulmäßige Argumentation und sorgfältige Darlegung dogmatischer Strukturen durch den BGH[11]. Schmidt-Salzer[12] schreibt demgegenüber dieser Entscheidung nur anwendungspolitische Bedeutung zu und verneint mit Hinweis auf das von den Strafgerichten zu respektierende Analogie- und Rechtsfortbildungsverbot jegliche Selbständigkeit dieser Materie[13]. Es gehe vielmehr um die schlichte Subsumtion der für Produkthaftungsschäden typischen Sachverhalte unter die strafrechtlichen Normen.

Damit aber streut Schmidt-Salzer gleichsam Salz in eine offene Wunde: Denn, wie sich noch zeigen wird, entbehrt die rechtliche Erfassung jeglicher Einfachheit. Durch die für die „Strafrechtliche Produktverantwortung“ geradezu typischen, äußerst diffusen Sachverhaltskonstellationen wird das traditionelle Instrumentarium regelmäßig auf eine harte Probe gestellt[14]. Um eine strafrechtliche Antwort zu finden, kann es u.U. zu einer rechtsstaatlich bedenklichen Flexibilisierung lang anerkannter strafrechtlicher Dogmen kommen[15], die zu ihrer Legitimation einen Begründungsbedarf auslöst[16].

---

[9] So beispielsweise Schumann StV 1994, 106, zu Schmidt-Salzer, Produkthaftung, der dem Buch eine durchdachte dogmatische Konzeption versagt und auf unnötige Wiederholungen hinweist. Auch enthalte das Werk des öfteren divergierende Aussagen zu ein und demselben Thema. Ebenso bietet m.E. die Arbeit von Schwartz ein Beispiel dafür: Sie will die Rückrufpflicht allein im Rahmen der Pflichtwidrigkeitsbestimmung – gemeint sind die Sorgfaltsmaßstäbe im Rahmen von Fahrlässigkeitsdelikten – behandeln, ohne auf die Verknüpfung zu den Garantenpflichten einzugehen, a.a.O, S. 94.

[10] NStZ 1993, 10 (15).

[11] Ebenso Kassebohm BB 1994, 1361.

[12] NJW 1990, 2966 (2967).

[13] In diese Richtung geht auch Meier NJW 1992, 3193 (3199), da von einem „Sonderrechtsgebiet“ für unternehmensbezogene Kriminalität keine Rede sein könne.

[14] Schünemann wistra 1982, 41 (42), spricht in diesem Zusammenhang von der Quadratur des Kreises.

[15] Hilgendorf NStZ, 1993, 10 (14), unter Hinweis auf Hassemer. Er selbst teilt diese Bedenken nicht, a.a.O. S. 16.

[16] Auch das Zivilrecht, das gleichsam als Vorreiter fungierte, musste diese Schwierigkeiten erfahren, konnte den grenzüberschreitenden Großrisiken aber schon bald, insbesondere auch der überkommenen Verschuldenshaftung sowohl durch richterliche Rechtsfortbildung als auch durch eine umfangreich ausgestaltete Gefährdungshaftung (u.a. § 84 AMG, ProdHaftG) begegnen, vgl. Hilgendorf, Risikogesellschaft, S. 12. Dieser Weg blieb und bleibt dem Strafrecht durch das Schuld- und Gesetzlichkeitsprinzip gerade verwehrt.

Deshalb muss im Vordergrund jeder Analyse zunächst einmal stehen, ob das geltende Strafrecht einer Bearbeitung „Strafrechtlicher Produktverantwortung" rechts*dogmatisch* mächtig ist[17]. Dass dies freilich nicht unbesehen mit „strafbar" gleichgesetzt werden darf, ist offensichtlich. Denn auch wenn das „antiquierte" Strafrecht eine Bestrafung nicht zu verwirklichen vermag, muss dies akzeptiert werden[18]. Dann kann man sich allenfalls noch Gedanken darüber machen, ob eine Strafe gleichwohl rechts*politisch* wünschenswert wäre[19].

B.Das „strafrechtliche" an der „Strafrechtlichen Produkthaftung"

Neuartig ist die Problematik der Produkthaftung wohl keineswegs mehr, beschäftigt sie doch seit Jahren in schier endloser Fülle die Rspr. der Zivilgerichte[20]. Zu Beginn der 90er Jahre wurde sie im ProdHaftG schließlich eigens gesetzlich verankert. Ob die zivilrechtliche Produkthaftung allerdings Rückschlüsse auf eine strafrechtliche Verantwortung erlaubt[21], lässt sich daraus gleichwohl nicht entnehmen.

Ausgangspunkt jeder Betrachtung muss sein, dass das Strafrecht stets selbst entscheidet, ob sein Anwendungsbereich eröffnet ist. Hierzu kann es weder aus der Kriminalpolitik noch aus dem Zivilrecht gedrängt werden[22]. Zwar gebietet vor allem das Strafprozessrecht mit dem herrschenden Offizial[23]- und Legalitätsprinzip[24] grundsätzlich alle den Behörden zur Kenntnis gelangenden Straftatbestände zu verfolgen, ohne Rücksicht auf einen entsprechenden Willen oder nur Wunsch des Geschädigten[25], und eine Verletzung der Normen zum Schutz der persönlichen Güter wie Leben und Gesundheit drängt sich in den produktbezogenen Sachverhalten geradezu auf[26]. Deshalb schreibt auch Hassemer, dass zweifelsohne Konstellationen strafrechtlicher Produktverantwortlichkeit ins Strafrecht gehörten, jedoch nur dort, „wo das Strafrecht imstande ist, sie zu be-

---

[17] Hoyer GA 1996, 160 (161), spricht von „systematischer Gesamtimplikation".

[18] So auch Hoyer a.a.O.

[19] Nach Hoyer GA 1996, 160 (161), letztlich eine reine Kosten-Nutzen-Kalkulation.

[20] Vgl. die umfangreiche Kasuistik bei Palandt/,Thomas § 823 Rdn. 201-220.

[21] Der BGH hat in der „Lederspray-Entscheidung" diese Frage bewusst offengelassen, BGHSt 37, 106 (115). So auch Tröndle/Fischer, § 13 Rdn. 11a.

[22] So auch Hassemer, Produktverantwortung, S. 28: Niemand empfehle bislang, die Produktverantwortlichkeit ohne weiteres aus dem Strafrecht herauszuhalten.

[23] D.h. Anklagemonopol Kleinknecht/Meyer-Großner, § 152 Rdn. 1.

[24] D.h. Verfolgungszwang, Kleinknecht/Meyer-Großner, § 152 Rdn. 2.

[25] Niklaus Schmid, FS für Max Keller, S. 649.

[26] Das Legalitätsprinzip kann auch nicht vor einer schwierigen Aufklärung im tatsächlichen wie im rechtlichen Bereich zurückschrecken.

greifen und zu verarbeiten.“[27] Denn stets gilt es, sich seine Eigenheiten zu vergegenwärtigen.

I.Funktion des Strafrechts

Strafrechtliche Eingriffsbefugnisse, wie überhaupt alle Rechtsregeln, existieren nicht um ihrer selbst willen, sondern weil sie sich vielmehr im Interesse der Allgemeinheit der Bewältigung bestimmter Aufgaben verpflichtet fühlen. Das hat im Strafrecht um so mehr zu gelten, als nur mit einem zweckorientierten Strafrecht, das diese Zwecke auch zu erfüllen vermag[28], eine aufgeklärte Gesellschaft ein so scharfes Schwert als Intervention erdulden kann[29].

Im einzelnen bedarf es hierzu zunächst einer differenzierenden Betrachtung der „Strafe“: Der Straf*ausspruch* soll Schuldvergeltung und Normstabilisierung bewirken. Die darin immanente Schuldfeststellung stigmatisiert geradezu durch die entsozialisierende Übelzufügung. Der Rechtsstaat ist dem Vorrang des Rechts verpflichtet, dessen Geltung er – notfalls mit den Mitteln des Strafrechts – zu verteidigen hat[30]. Gerade in der Verurteilung von Unrecht versucht er, sowohl den Täter als auch die Gesellschaft zur Aufrechterhaltung des Rechts zu ermuntern. Demgegenüber ist der Straf*vollzug* vom Sozialstaatsprinzip motiviert auf eine Resozialisierung und Wiedereingliederung allein des Bestraften in das Alltagsleben bedacht[31].

Hier interessieren allein die Wirkungen des Urteils*spruchs*: Ihre sozial nützlichen Folgen sind es, die Strafe legitimieren[32]. Gleichwohl kann es nicht bei der Intention von Normstabilität allein verbleiben. Auch sie wird nämlich nicht um ihrer selbst willen verlangt[33]. Durch normkonformes Verhalten sollen vielmehr ungestörtes Zusammenleben der Menschen und deren elementare Rechtsgüter geschützt werden[34]. Prävention muss immer verstanden werden als die Bekämpfung unerwünschter Verhaltensweisen im allgemeinen und die Verhinderung von Rechtsgutverletzung im besonderen. Indes verdeutlicht das, dass der Strafausspruch primär nur restituierend wirkt, wenn es bereits zu einem Bruch des Rechts gekommen ist. Der repressive Gedanke durch Vergeltung und Sühne[35] ist

---

[27] Hassemer, Produktverantwortung, S. 74.

[28] Prittwitz StV 1991, 435 (438).

[29] Prittwitz StV 1991, 435 (437).

[30] Vogel GA 1990, 241 (243).

[31] Hassemer NStZ 1989, 553 (556).

[32] Prittwitz StV 1991, 435 (437).

[33] So auch Vogel GA 1990, 241 (260), der dem Rechtsgüterschutz allerdings nur mittelbare Funktion zuschreibt und deshalb irrigerweise der Normstabilisierung eine eigenständige Berechtigung zuerkennen will, a.a.O., S. 258.

[34] Dreher ZGR 1992, 21 (48) und allgemein Wessels/Beulke AT Rdn. 6-8.

[35] Jescheck/Weigend AT § 8 II.2.

offensichtlich[36]. Erst durch die *Schärfe* der mit der Urteilsfällung verbundenen Konsequenz – Strafe bzw. Maßregel – wird die Bevölkerung und in besonderem Maße der Schuldige zur *Bewahrung* der Rechtsgüter ermahnt, deren Erhalt es präventiv vorzubeugen gilt.

II. Subsidiarität des Strafrechts

Mag es auch diese Prävention – sei es die spezielle oder generelle[37] - sein, die dem Strafrecht seine eigenständige Funktion neben dem Zivilrecht verleiht, dem es vorrangig um den nachträglichen Schadensausgleich geht[38], darf man sich dennoch nicht der bereits angesprochenen repressiven Wirkung verschließen. Die Schuldvergeltung kann nämlich als „ultima ratio“[39] wegen des Verhältnismäßigkeitsprinzips[40] nur als letztes Mittel eingesetzt werden. Strafrecht darf und kann niemals weiter reichen als zivil- und verwaltungsrechtliche Maßnahmen[41], zumal nie vergessen werden darf, dass die zivilrechtliche Wiedergutmachungspflicht ungeachtet jedes strafrechtlichen Ausgangs regelmäßig unproblematisch bejaht und auch durchgesetzt werden kann. Die Auslegung strafrechtlicher Rechtsbegriffe hat sich deshalb primär an den strafrechtlichen Gegebenheiten zu orientieren und verbietet geradezu eine unreflektierte Übernahme der Begrifflichkeit aus anderen Rechtsgebieten, mögen sie dort auch noch so anerkannt sein. Im Folgenden führt das dazu, dass die Eigenständigkeit, aber auch die Grenze des Strafrechts nie aus den Augen verloren werden darf und in jede weitere Betrachtung mit einfließen muss. Das beginnt bereits bei der allgemeinen Definition der Produkthaftung und setzt sich nahtlos bei der materiellen Prüfung fort.

---

[36] Vogel GA 1990, 241 (253).

[37] Zur Unterscheidung vgl. Schönke/Schröder/Stree, Vor §§ 38 ff., Rdn. 2.

[38] Hassemer, Produktverantwortung, S. 76.

[39] Ransiek, Gesetz und Lebenswirklichkeit, S. 86.

[40] Dazu Jakobs, AT 2/26-28.

[41] Dies verkennt Hirte JZ 1992, 257, der die strafrechtliche Ausweitung durch den BGH begrüßt, aber die Folgen auf das Zivilrecht einschränken will. Ebenso Ransiek ZGR 1992, 203 (231); wie hier dagegen Kuhlen NStZ 1990, 566 (567).

§ 2.Problemaufriss

A.Allgemeine Begriffsklärung

Fall 1[42]: Reifenhändler R hatte bei einem Großhändler Reifen gekauft. Mehrere Jahre später veräußerte er sie an den Kunden K. Kurz zuvor hatte jedoch der Hersteller der Reifen diese zurückgerufen, da sich herausgestellt hatte, dass sich bei ihnen im Falle starker Beanspruchung die Lauffläche lösen konnte. Dieser Rückruf war mittels Rundschreiben an Großhändler sowie über Rundfunk und erfolgt. R hatte allerdings von der Rückrufaktion nichts mitbekommen und er erfuhr auch später nichts über die Gefährlichkeit der fraglichen Reifen. Mehrere Monate später löste sich beim Pkw des K während einer Fahrt auf der Autobahn die Lauffläche eines der Reifen ab. Das Fahrzeug überschlug sich daraufhin und K sowie seine Beifahrer wurden erheblich verletzt.

Fall 2[43]: In einer Fabrik wurden durch den Inhaber an Arbeiter Ziegenhaare, aus denen Pinsel hergestellt werden sollten, verteilt. Die Ziegenhaare waren vorher nicht desinfiziert worden, obwohl der Inhaber auf die Notwendigkeit einer Desinfektion hingewiesen worden war. Mehrer Arbeiter bzw. Arbeiterinnen infizierten sich daraufhin mit Milzbrand. Vier Arbeiterinnen starben daran.

Fall 3[44]: Ein Pharmakonzern stellte einen Impfstoff gegen Grippeerkrankung her, die durch Bakterien übertragen wurde. Zunächst zeigte das Mittel die gewünschte Wirkung. Selbst bei gehäuftem Kontakt mit an Grippe erkrankten Patienten mussten die Geimpften nicht mit einer Erkrankung rechnen. Später jedoch verlor der Impfstoff seine Wirkung, weil sich neuartige Bakterien gebildet und ausgebreitet hatten, die gegen das Medikament resistent waren. Gleichwohl unterblieb eine Warnung durch den Hersteller, so dass auch geimpfte Patienten zum Teil heftig an der Grippe erkrankten.

Schon der Begriff der „Produkthaftung", wie er von Rspr., Lit. und auch Gesetzgeber[45] gebraucht wird, zeichnet sich durch eine Mannigfaltigkeit seiner Bedeutung aus, so dass ohne genauere Definition seine Verwendung im Strafrecht unmöglich erscheint. Beispielhaft zeigen dies die Erörterungen Eichingers[46], der insbesondere die Frage nach der Zugehörigkeit der Umwelthaftung aufwirft.

Die größte Ungenauigkeit, die eine unreflektierte Aufnahme ins Strafrecht verbietet, birgt der Wortteil „Haftung". Im Zivilrecht steht er allgemein für das Unterworfensein des Schuldnervermögens unter den Vollstreckungszugriff des Gläubigers[47]. Aber auch weitere Bedeutungen werden ihm zuteil, so als Verpflichtetsein, d.h. Schulden bzw. Einstehenmüssen, ferner als reine Sachhaf-

---

[42] OLG Karlsruhe NJW 1981, 1054.

[43] RGSt 63, 211ff.

[44] Angelehnt an BGHZ 80, 186.

[45] Vgl. Produkthaftungsgesetz.

[46] S. 3.

[47] Palandt/Heinrichs, Vor § 241 Rdn. 13.

tung ohne persönliche Schuld im Rahmen der Verwertungsrechte und schließlich als Haftung für fremde Schuld[48]. Diese unterschiedlichen Bedeutungen sind dem Strafrecht nicht nur zum Teil wesensfremd, sondern bringen in ihrer Variation auch keine entscheidende Klärung. Es ist deshalb vielmehr von „Verantwortung" zu sprechen ist, so dass schon in der Bezeichnung einerseits der personale Bezug zum Ausdruck kommt, andererseits das Prinzip der Schuldvergeltung gegenüber der zivilrechtlichen Kompensation hervorgehoben wird[49]. Diese Präzisierung geht mit der Begrifflichkeit des Zivilrechts konform: § 276 I 1 BGB normiert ebenso wie auch § 823 I BGB für eine Haftung das Verschuldensprinzip[50], das von der persönlichen Fähigkeit zur Verantwortung abhängt, §§ 276 I 3, 827, 828 BGB[51]. Auch Eichinger[52] gelangt insbesondere unter Hinweis auf die Definition von Vogel[53] zu dem Ergebnis, dass der Ausdruck „Verantwortung" dem Strafrecht eher gerecht wird[54].

Bei der Suche nach einer *allgemeinen* Definition muss der Begriff der Produktverantwortung vor allem von verwandten Konstellationen abgegrenzt werden. Die Fälle 1 bis 3 verdeutlichen exemplarisch, wie dehnbar das Wort „Produktverantwortung" sein kann. Würde man allein das Kriterium, dass eine gefährliche Ware die Letztursache einer Verletzung war, ausreichen lassen, um von strafrechtlicher Produktverantwortung zu sprechen, ließen sich alle drei Sachverhalte unproblematisch hierunter subsumieren. Etwas genauer betrachtet lassen sich jedoch feine Unterschiede herausarbeiten, die dem typischen Anwendungsbereich der Produktkriminalität fremd sind. So geht es beispielsweise in Fall 1 um die Einstandspflicht des Händlers und nicht des Herstellers. Aber schon die zivilrechtliche Produkthaftung zeigt uns, dass der Lieferant allenfalls subsidiär haften soll (§ 4 III ProdHaftG)[55].

---

[48] Palandt/Heinrichs, Vor § 241 Rdn. 14.

[49] So auch Schmidt-Salzer NJW 1994, 1305 (1306), der mit Verweis auf die US-amerikanische Begrifflichkeit „enterprise responsibility/enterprise liability" das Haftungsrecht dem Strafrecht gegenüberstellt und insoweit von Verantwortung spricht.

[50] So zeigt sich auch, dass Haftung vielmehr die Verantwortung einschließt.

[51] Vgl. auch Palandt/Heinrichs, Übbl. Vor § 1 Rdn. 3; Einl. Vor § 104 Rdn. 1 und § 276 Rdn. 3.

[52] S. 2.

[53] GA 1990, 241 (246). Er spricht in Anlehnung an das angloamerikanische Recht auch von „Produktkriminalität", wodurch jedoch nur eine umfangreichere, nicht aber exaktere Begriffsbestimmung gewonnen wird.

[54] Im Übrigen stellt Eichinger, S. 2, vielmehr den Unterschied zwischen Produkt- und Produzentenhaftung in den Vordergrund seiner Überlegungen.

[55] Das OLG Karlsruhe (NJW 1981, 1054ff), suchte ersichtlich nach einem Schuldigen, nachdem es für den Hersteller ausreichen hat lassen, seine Rückrufaktion an die Großhändler gerichtet zu haben, vgl. insoweit die abl. Anm. Scholl S. 2737/4. Allgemein zu den Untersuchungspflichten eines Händlers, Importeur etc, ders. MDR 1981, 718ff.

Für Fall 2 wird häufig der Begriff „Betriebsstätten-Fall" herangezogen[56], weil sich die Gefährlichkeit des Produktes noch innerhalb des betrieblichen Produktionsvorgangs realisierte. Hier lässt sich abermals die beschränkte Reichweite des Zivilrechts ins Feld führen. Nach § 1 II Nr. 1 ProdHaftG ist entscheidendes Element das „Inverkehrbringen". Das ergibt sich auch daraus, dass die Produkthaftung gerade im zivilrechtlichen Bereich immer mit Blick auf den Schutz des Endverbrauchers entwickelt wurde. Für die Sicherheit der Arbeitnehmer hält das Arbeitsrecht seinerseits ein in sich abgestimmtes Regelwerk bereit, dass einen Rückgriff auf das allgemeine Zivilrecht regelmäßig entbehrlich oder sogar unmöglich macht, zumal es sich bei der Verarbeitung von Teilbestandteilen auch nur schwerlich von bestimmungsgemäßer Verwendung sprechen lässt.

Den Begriff der „Schädlichkeit" schneidet schließlich Fall 3 an. Mag es zwar in der zivilrechtlichen Rspr. noch gerechtfertigt sein, Produkte, deren Gefährlichkeit allein in ihrer Wirkungslosigkeit liegt, als Schadensursache zu bezeichnen[57], darf man m.E. nicht übersehen, dass die Rechtsgutverletzung letztlich gar nicht aus der Anwendung eines Produktes resultiert, sondern eigentlich gerade aus der Nichtanwendung. Für den Patienten macht es nämlich keinen Unterschied, ob er ein Heilmittel nicht einnimmt oder aber dieses seine heilende Kraft nicht entfaltet. Im Vordergrund dieses Falles steht vielmehr die Fürsorgepflicht des Erzeugers als die gefahrtragende Produktion.

Nach dieser Abgrenzung verbleibt damit für die Produktverantwortung im engeren Sinne die Einstandspflicht des *Herstellers* für Schäden *Dritter* durch bestimmungsgemäßen oder aber fahrlässig nicht verhinderten bestimmungswidrigen Gebrauch von Produkten, *losgelöst* von dessen spezifisch *bezweckten Nutzen.*

B.Thematische Eingrenzung

Wenngleich es an einem speziellen Institut für die Bestrafung von Produktverletzungen[58] im Kernstrafrecht fehlt[59], so weist doch der Versuch, das StGB auf derartige Ereignisse anzuwenden, regelmäßig an denselben Stellen Schwierigkeiten auf. Eine Zeitreise durch die Rspr. der letzten Jahrzehnte anhand der bedeutsamsten Entscheidungen verdeutlicht das.

I.Entwicklung der Rspr.

Den Anfang bildete der sog. „Zwischenstecker-Fall" im Jahre 1959[60]:

---

[56] Eichinger, S. 4.

[57] Vgl. dazu Medicus, Rdn. 650c.

[58] D.h. für Rechtsgutverletzungen, die auf fehlerhafte Produkte zurückzuführen sind.

[59] So u.a. Kühne NJW 1997, 1951, und Eidam, S. 297.

[60] BGH RdE 1959, 47; ähnlich auch AG Berlin-Tiergarten RdE 1959, 93.

Eine Waschmaschine war mit einem fehlerhaften Zwischenstecker, der entgegen den VDE-Richtlinien keine Erdung der Waschmaschine herstellte, an die Steckdose angeschlossen worden. Als daraufhin das Waschmaschinengebäude wegen einer defekten Isolierung des Zuleitungskabels unter Strom gesetzt wurde, erlitt eine Benutzerin beim Waschen mit der Maschine einen tödlichen Stromschlag.

Nachdem der Inhaber der Herstellerfirma bei der Produktion wusste, dass der von ihm hergestellte Zwischenstecker nicht den VDE-Bestimmungen entsprach, wurde er vom LG wegen fahrlässiger Tötung verurteilt. Der BGH bestätigte den Schuldspruch.

Im folgenden Jahrzehnt wurde die Öffentlichkeit durch das „Contergan-Verfahren" erregt, das wohl heute noch in der Aufmerksamkeit der Bevölkerung die weitreichendsten Spuren hinterlassen hat[61]:

Ein Pharmaunternehmen hatte Ende der 50er Jahre das Schlafmittel „Contergan" in den Handel gebracht und jahrelang in vielen Ländern der Welt vertrieben. Als in der Folgezeit die Zahl irreparabel Nervengeschädigter sowie schwerster Missgeburten in der Bevölkerung dramatisch anstieg und zwar immer im Zusammenhang mit der Einnahme des Schlafmittels, wurde der Verdacht laut, dass Contergan ursächlich war.

Es erfolgte eine Anklage von neun leitenden Angestellten des Unternehmens wegen fahrlässiger Körperverletzung (soweit die Nervenschäden auf einer Einnahme beruhten, bevor der Unternehmensleitung sichere Hinweise für die Gesundheitsgefahren des Produkts vorlagen sowie bezüglich der Schwangerschafts- und Fruchtschäden der ungeborenen Kinder), gemeinschaftlich begangener, vorsätzlicher Körperverletzung (für die Nervenerkrankungen, die dadurch herrührten, dass Contergan trotz der Vielzahl von Verdachtsmomenten weiter vertrieben wurde), fahrlässiger Tötung (der infolge schwerer Missbildungen lebensunfähigen Neugeburten) sowie wegen besonders schwerer Fälle von gemeinschaftlichem vorsätzlichen Inverkehrbringens von schädlichen Arzneimitteln und Verkaufs dieser Arzneimittel unter irreführenden Angaben (§§ 6 Nr. 1; 8; 44 I, III AMG 1961).

Nach einer Gesamtverfahrensdauer von neun Jahren (6 ½ Jahre Ermittlungsverfahren und 2 ½ Jahre Prozessdauer) stellte das LG Aachen das Verfahren gemäß § 153 III StPO ein. Wenn auch nach Ansicht des Gerichts das Verschulden der Angeklagten wahrscheinlich war, so seien für sie doch so ungewöhnlich hohe Belastungen entstanden, die eine Verurteilung nicht nur unverhältnismäßig, sondern in Anbetracht erheblicher finanzieller Entschädigung der Geschädigten auch entbehrlich erschienen ließen.

Nur kurze Zeit später kamen erneut strafrechtliche Ermittlungen wegen des Vertriebes gefährlicher Produkte in Gang, nämlich im „Monza-Steel-Verfahren" vor dem LG München II[62]:

Ein Reifenhersteller fertigte und vertrieb Stahlgürtel-Hochgeschwindigkeitsreifen, die aufgrund zahlreicher Defekte (Konstruktions- und Fabrikationsfehler) die Lauf-

---

[61] LG Aachen JZ 1971, 507ff.

[62] LG München II, Schmidt-Salzer, ES IV.28.

fläche stückweise oder auch vollständig abwarfen. Dadurch ereigneten sich zahlreiche Verkehrsunfälle mit insgesamt sieben Toten, 22 Verletzten und hohem Sachschaden. Erst mehr als zwei Jahre nach Bekanntwerden der ersten Reklamationen fand jedoch eine Rückrufaktion statt.

Ursprünglich waren vier Mitarbeiter aus dem top- und middle-management des Herstellerunternehmens, u.a. dessen Vorstandsvorsitzender, angeklagt, von denen allerdings einer verstarb und zwei verhandlungsunfähig wurden.

Der verbleibende Angeklagte, der Abteilungsleiter für Reifentechnische Entwicklung, wurde wegen siebenfacher fahrlässiger Tötung und 22-facher fahrlässiger Körperverletzung verurteilt.

Grund hierfür waren die ihm anzulastenden Konstruktionsfehler bei der Reifenentwicklung sowie ein Verstoß gegen Prüfpflichten bei der Reifenerprobung.

Etwas unbekannter, jedoch für Rspr. und Wissenschaft keinesfalls von untergeordneter Bedeutung blieb das Urteil des BGH in Sachen „Mandelbienenstich“[63]:

Ein Unternehmen stellte Mandelbienenstich her, der durch Staphylokokken-Bakterien kontaminiert war. Diesen Kuchen lieferte die Großhandelsfirma Vo(-GmbH), die zur Firmengruppe R/Vo gehörte, am 17.10.1984 an ein Krankenhaus.

Am 25.10.1984 erfuhr der spätere Angeklagte S (der für den Einkauf zuständige Produktmanager der Firma R) von Erkrankungen anderer Konsumenten des Kuchens. Daraufhin leitete er sofort Sicherheitsmaßnahmen, wie die Überprüfung der Lagerbestände, Aussonderung, Kenntlichmachung und Vertriebssperrung der verdorbenen Ware sowie Unterrichtung der belieferten Regionalgesellschaften ein. Außerdem verständigte er die späteren Mitangeklagten V (den Gesamtvertriebsleiter der Firma R) und W (den Geschäftsführer der Firma Vo) vom gesamten Sachstand.

In einer für den 26.10.1984 anberaumten Geschäftsführerbesprechung beschlossen W und der mitangeklagte Vo (der Geschäftsführer der Firmen Vo und R, den seinerseits V und W eingeschaltet hatten), eine entsprechende Warnaktion nicht durchzuführen, weil sie damit verbundenen zeitlichen, finanziellen und sachlichen Aufwand sowie eine eventuelle Rufschädigung ihres Unternehmens befürchteten. S und V hingegen sprachen sich erfolglos für eine umfassende Rückrufaktion aus.

Durch den Verzehr des schädlichen Kuchens erkrankten am 6.11.1984 insgesamt 109 Personen zum Teil lebensbedrohlich an Bauchschmerzen, Erbrechen und Durchfall.

Das LG verurteilte die Angeklagten Vo und W wegen gemeinschaftlich begangener vorsätzlicher Körperverletzung in Tateinheit mit vorsätzlichem Inverkehrbringen verdorbener Lebensmittel, da die Angeklagten es pflichtwidrig unterlassen hätten, trotz rechtzeitig erlangter Kenntnis der Gefahr die Krankenhausleitung vor den Gefahren des Verzehrs des Kuchens zu warnen. Die Angeklagten S und V hingegen wurden vom Vorwurf der vorsätzlichen Körperverletzung durch Unterlassen und eines Verstoßes gegen das LMBG freigesprochen.

---

[63] BGH NStE § 223 StGB Nr. 5.

Auf die Revision des W und der Staatsanwaltschaft hin bestätigte der BGH sowohl die Verurteilung des W als auch die Freisprüche von S und V, die alles ihnen Mögliche und Zumutbare unternommen hätten, um eine Gefährdung der Kunden durch den verseuchten Kuchen zu verhindern.

Für die Entwicklung der strafrechtlichen Produktverantwortung von geradezu bahnbrechender Bedeutung war zu Beginn der 90er Jahre die Entscheidung des BGH im „Lederspray-Verfahren“[64]:

Ein Unternehmen (die W&M-GmbH) stellte Pflege-, Imprägnierungs- und Färbesprays für Lederwaren her. Ab dem Herbst 1990 gingen bei ihm Schadensmeldungen ein, denen zufolge Produktbenutzer nach dem Gebrauch von Ledersprays der Marke S Gesundheitsbeeinträchtigungen (Atembeschwerden, Husten, Übelkeit, Fieber, Schüttelfrost bis hin zu lebensbedrohlichen Lungenödemen) erlitten hatten. Jedoch ergaben weder firmeninterne Untersuchungen einen Fabrikationsfehler, noch brachten Fachgespräche mit Toxikologen und einem Arzt eine Klärung. Auch Rezeptur- und Lieferantenwechsel blieben erfolglos. Vielmehr kamen später noch Beschwerden für eine weitere Marke, E, hinzu. Erst eine besonders nachdrückliche Schadensmeldung vom 14.02.1981 veranlasste das Unternehmen zu einem kurzfristigen Produktions- und Vertriebsstopp für bestimmte Sprays, der aber nach erneut ergebnislosen Untersuchungen bereits wenige Tage später wieder aufgehoben wurde.

Am 12.05.1981 fand eine Sondersitzung der Konzernleitung (der W&M-GmbH) statt, an der die Geschäftsführer und der Chefchemiker teilnahmen. Hierbei führte der Chefchemiker aus, dass nach dem Stand der bisherigen Untersuchungen kein Anhalt für die Gefährlichkeit der Sprays und somit kein Anlass für eine Rückrufaktion gegeben sei. Sein Vorschlag war, eine externe Institution mit weiteren Untersuchungen zu beauftragen sowie Warnhinweise auf den Spraydosen anzubringen. Dem schloss sich die Geschäftsleitung an. Einigkeit bestand auch insoweit, dass ein Vertriebsstopp bzw. eine Warn- und Rückrufaktion nur erfolgen sollte, wenn weitere Untersuchungen einen „echten Produktfehler“ oder ein „nachweisbares Verbraucherrisiko“ ergeben würden. Die beiden jeweiligen Geschäftsführer der Firmen S und E, die an der Sondersitzung selbst nicht teilgenommen hatten, wurden später über den Sachstand informiert. Sie übernahmen die getroffenen Entscheidungen für ihren jeweiligen Verantwortungsbereich. Als sich weitere Gesundheitsschäden nach dem Gebrauch der betroffenen Ledersprays ereigneten, die seitens des Unternehmens ohne Reaktion zur Kenntnis genommen wurden, intervenierte schließlich das Bundesgesundheitsamt und das Bundesministerium für Jugend, Familie und Gesundheit mit einer Aufforderung zum Verkaufsstopp und einer Rückrufaktion, die ab dem 20.09.1983 erfolgte.

Obgleich bis zur mündlichen Verhandlung vor dem LG die Frage der toxische Wirkung der Sprays ungeklärt blieb, verurteilte es schließlich die beiden Geschäftsführer der W&M-GmbH wegen fahrlässiger Körperverletzung in vier Fällen (zwischen 14.02.1981 und 12.05.1981) und wegen 38-facher gefährlicher Körperverletzung (nach dem 12.05.1981). Der Geschäftsführer der Firma S wurde wegen fahrlässiger Körperverletzung in drei Fällen und wegen gefährlicher Körperverletzung verurteilt, der der Firma E lediglich wegen einfacher fahrlässiger Körperverletzung und gefähr-

[64] BGHSt 37, 106ff.

licher Körperverletzung. Dem Chefchemiker wurde schließlich Beihilfe zur gefährlichen Körperverletzung zur Last gelegt.

Insoweit differenzierte das LG zwischen den Schadensfällen, die sich zwischen dem 14.02.1981 und dem 12.05.1981 ereignet hatten und denjenigen nach dem 12.05.1981. Für den ersten Zeitraum wurde fahrlässiges, für den letztgenannten vorsätzliches Verhalten angenommen. Außerdem wurde zwischen einer Schadensverursachung durch positives Tun (hinsichtlich der Schäden, die durch die Verwendung von Sprays eintraten, die nach dem 12.05 produziert oder vertrieben worden waren) und durch Unterlassen (hinsichtlich der Schäden, die durch Sprays verursacht wurden, die sich zum genannten Zeitpunkt bereits im Handel befanden, den Verbraucher aber noch nicht erreicht hatten) unterschieden.

Auf die Revision der Angeklagten hin bestätigte der BGH im wesentlichen[65] die Verurteilungen der jeweiligen Geschäftsführer und sprach nur den Chefchemiker gemäß § 354 I StPO frei. Er habe seine Informationspflichten gegenüber der Geschäftsleitung voll erfüllt, selbst keine Garantenstellung hinsichtlich der fehlerhaften Sprays und schließlich keinen Vorsatz bezüglich der Haupttat gehabt.

Den vorläufigen Abschluss schließlich, was zumindest die rechtswissenschaftliche[66] Bedeutung betrifft, bildete das „Holzschutzmittel-Verfahren"[67]:

Das Unternehmen D stellte seit Jahren Holzschutzmittel mit den Inhaltsstoffen PCP und Lindan her, die bekanntermaßen als giftig galten. Durch Verwendung des Holzschutzmittels im Innenraum wurden angeblich mindestens 29 Personen körperlich geschädigt, wobei die dargelegten Krankheitsbilder im Einzelnen sehr unterschiedlich ausfielen und zum Teil auch erst lange nach dem Gebrauch auftraten.

Der technische und der kaufmännische Geschäftsführer des Herstellerunternehmens wurden daraufhin wegen fahrlässiger Körperverletzung und fahrlässigen Freisetzens von Giften angeklagt und vom LG schließlich auch für schuldig befunden und zwar sowohl hinsichtlich derjenigen Holzschutzmittel, die von der Firma D ab dem 01.01.1978 in Verkehr gebracht wurden, als auch derjenigen, deren Verwendung im Innenraum nicht verhindert wurde, nachdem sie schon vorher in Verkehr gebracht worden waren.

Auf die Revision der Angeklagten hin hob der BGH das Urteils auf und wies es zur erneuten Verhandlung an das LG zurück, weil es sich u.a. nicht in der für die revisionsgerichtliche Überprüfung gebotenen Art und Weise mit den verschiedenen wissenschaftlichen Standpunkten, die zur höchst umstrittenen Frage der Kausalität zwischen Holzschutzmittelverwendung und Gesundheitsschädigung existierten, auseinandergesetzt hatte. Die Revision der Staatsanwaltschaft, die auf eine Bestrafung der Angeklagten wegen vorsätzlicher Tatbegehung gerichtet war, hatte dagegen keinen Erfolg.

---

[65] Lediglich die Frage der Konkurrenzen wurde vom ihm anders beantwortet, vgl. BGHSt 37, 106 (133ff.).

[66] Das Ermittlungsverfahren gegen den Amalgamhersteller Degussa AG ist mehr von rechts*politischer* Bedeutung, dazu unten § 8.B.V.2.

[67] BGH NJW 1995, 2930ff.

Mittlerweile wurde das Verfahren vor allem wegen finanzieller Zusagen der betroffenen Unternehmen an die Geschädigten eingestellt[68].

II.Gleichlauf der Entscheidungen

Die Sachverhalte geben einerseits eine Vorstellung, wie reichhaltig die Palette der Produktkriminalität ist. Anderseits lassen die Richtersprüche fundamentale Parallelen erkennen, die im Laufe der letzten Jahre dazu geführt haben, gewisse Problemkreise unter dem Stichwort „Strafrechtliche Produktverantwortung“ zu verorten.

1.Erfolgsdelikte des Kernstrafrechts

Besonders auffällig ist, dass sich die Anklagen wie auch Verurteilungen nahezu ausnahmslos auf den Bereich des Kernstrafrechts konzentrieren und das Nebenstrafrecht allenfalls streifen[69]. Der Schwerpunkt liegt auf den schlichten[70] Erfolgsdelikten[71] (überwiegend §§ 222, 223, 224, 229 StGB)[72] – naturgemäß bedingt sind durch ihren engen Bezug zu den verletzten Rechtsgütern[73]. Tätigkeitsdelikte, deren sich vor allem das Nebenstrafrecht bedient[74], lassen demge-

---

[68] LG Frankfurt NJW 1997, 1994.

[69] Die Bedeutung des Nebenstrafrechts überschätzen m.E. Westphalen-Goll/Winkelbauer, § 46 Rdn.1. Indes wirft Kühne NJW 1997, 1951, (1954), wiederum zu Recht die Frage nach dem Verhältnis zwischen Nebenstrafrecht und StGB dergestalt auf, ob ihm nicht insofern der Vorrang gebührt, als bei Beachtung aller nebenstrafrechtlich auferlegten Verhaltensgebote trotz eingetretener produktbedingter Schäden jegliche Strafbarkeit entfallen müsste. Allgemein zum Nebenstrafrecht Eidam, S. 310ff.

[70] Im Gegensatz zu den verhaltensgebundenen. Folge ist, dass die Entsprechungsklausel des § 13 I 2.HS. StGB regelmäßig nicht Prüfungsgegenstand ist. Vgl. zur Ausnahme im Rahmen der Mittäterschaft unten § 6.C.II.1.a(IV).

[71] Zu denen freilich auch die konkreten Gefährdungsdelikte zählen, die sich von den Verletzungsdelikten nur durch die Intensität der Rechtsgutbeeinträchtigung unterscheiden, vgl. zur Abgrenzung Tröndle/Fischer, Vor § 13 Rdn. 13/13a m.w.N.

[72] Gelegentlich erlangen auch §§ 319, 320, 323c und 330a StGB Bedeutung, vgl. zu §§ 319, 320, 330a StGB Hilgendorf, Risikogesellschaft, S. 164ff, und Horn NJW 1986, 153ff; zu § 323c StGB Dreher ZGR 1992, 21 (48).

[73] So auch Westphalen-Goll/Winkelbauer, § 47Rdn. 46, und Niklaus Schmid, FS für Max Keller, S. 652. Freund AT 5/61, erklärt das auch durch den Charakter der Fahrlässigkeitsdelikte, weil ohne nachweislichen Erfolg ein fahrlässiges Verhalten nicht von den Strafnormen erfasst wird.

[74] Dort stellt der Gesetzgeber regelmäßig in einem allgemeinen, strafrechtsneutralen Teil Verhaltensvorschriften materieller oder formeller Art auf, die seiner Ansicht nach im weiteren Sinne dem Schutz des Verbrauchers dienen und an deren Verstöße – soweit sie mit dem Hervorbringen einer (abstrakten) Gefahr verbunden sind – strafrechtliche Sanktionen geknüpft werden, vgl. Kühne NJW 1997, 1951 (1954).

genüber mit der Bestrafung lediglich bestimmter Verhaltensweisen diesen Bezug gerade vermissen[75].

Mit Ausnahme des „Contergan-Verfahrens", in dem sich vorrangig die Frage stellte, ob pränatale Einwirkungen tatbestandsmäßig im Sinne der §§ 222, 230 StGB a.F. sind[76], zeigt sich außerdem, dass die eigentliche Schwierigkeit einer Bestrafung nicht so sehr auf dem Besonderen, als vielmehr im Allgemeinen Teil des StGB liegt[77].

2.Produktbedingte Schäden

Den Beginn der Prüfung bildet durchwegs die Feststellung, dass das tatbestandlich geschützte Rechtsgut gerade durch ein Produkt verletzt wurde. Das erlaubt uns denn auch, von einer *Produkt*verantwortung zu sprechen. Zugleich beinhaltet das aber auch die erste Hürde, die es zu überwinden gilt: Das Produkt muss nämlich für den verpönten Erfolg ursächlich geworden sein. So konnte zwar beispielsweise im „Zwischenstecker-Urteil" unter Bezugnahme auf die entsprechende VDE-Richtlinie relativ problemlos der Zusammenhang zwischen dem fehlerhaften Stecker und dem Tod der Waschmaschinenbenutzerin nachgewiesen werden. Wenn es insoweit jedoch an naturwissenschaftlichen Erkenntnissen fehlt – so im „Lederspray-Verfahren" – oder aber die Fachwissenschaft uneins über mögliche, schädliche (Neben-)Wirkungen ist – wie z.B. im „Holzschutzmittel-Prozess" –, bereitet diese Feststellung den Gerichten u.U. größte Schwierigkeiten. Mit diesem Fragenkreis gilt es sich deshalb zu Beginn der materiellen Prüfung näher auseinander zu setzen[78].

3.Multikausale Ursache contra individuelle Schuld

Da aber das Produkt selbst nicht zur Rechenschaft gezogen werden kann, schließt sich sofort die Frage an, *welche menschliche Betätigung* diesen Zusammenhang zu verantworten hat. Das umfasst eine ganze Fülle von Problemen, die stichpunktartig mit den etwas laienhaften Begriffen „Einordnung" des zu bestrafenden Verhaltens und „Zuordnung" zu einem strafbaren Rechtssubjekt zusammengefasst werden können.

---

[75] So umgeht das produkthaftungsrechtliche Nebenstrafrecht geschickt ein Zentralproblem strafrechtlicher Produktverantwortung, weil schließlich für die Tätigkeitsdelikte die Verursachung eines Erfolgs gerade keine Rolle spielt, vgl. auch Kühne NJW 1997, 1951, und allg. Tröndle/Fischer, Vor § 13 Rdn. 15.

[76] Ablehnend heute im Hinblick auf § 218 StGB, BVerfGE 39, 1 (36ff). Im Übrigen siehe dazu die ausführliche Auseinandersetzung mit der Problematik von Kaufmann JZ 1971, 569ff, und Bruns, FS für Heinitz, S. 322ff.

[77] So auch Schumann StV 1994, 106. Deshalb wird auf nähere Erörterungen zu den einzelnen Strafrechtstatbeständen verzichtet.

[78] Siehe unten § 4.

Diese Grobeinteilung hat folgenden Hintergrund: Das historische Strafrecht wurde am Bild des Alleintäters entwickelt, der in vollem Umfang die tatbestandlichen Voraussetzungen einer Strafnorm in seiner Person erfüllt[79]. Demgegenüber zeigt uns die Realität, dass im Zeitalter der Industrie die Schadensfälle häufig nur multikausal zu erklären[80] und insbesondere durch das Phänomen der Arbeitsteilung um ein Vielfaches komplexer sind[81]. In den allermeisten Fällen handelt es sich nämlich nicht mehr um den klassischen Handwerker in der Form des Ein-Mann-Betriebes. Vielmehr werden in den Produktionsvorgang nicht nur eine Vielzahl von Beteiligten eingespannt, sondern das herstellende Unternehmen ist meist darüber hinaus noch juristisch verselbständigt[82]. Da das deutsche Strafrecht selbst aber keine Verantwortlichkeit des Unternehmens kennt und seine Sanktionen stets bei der individuellen Schuld anknüpft[83], muss die strafrechtliche Einstandspflicht auf einzelne Mitarbeiter verlagert werden[84].

a.Unternehmensbezogene Betrachtungsweise

Wenn man – wie es unser Individualstrafrecht nahelegt – nun mit der Suche bei einzelnen Verantwortlichen beginnen will[85], wird man sogleich auf massive Schwierigkeiten stoßen[86]. Denn die innerbetriebliche Organisation lässt nicht mehr nur das Verhalten eines Einzelnen, sondern eine ganze Geschehenskette als ursächlich für die Fehlerhaftigkeit des Produktes und den dennoch fortgeführten Vertrieb erscheinen. Auch sind es häufig die Verhaltensregelungen selbst, die bei einem bestimmten Betrieb als lebender Organismus bzw. seiner „Rolle“ ansetzen – ungeachtet seiner Eigenschaft als natürliche Person, juristische Person oder nur nichtrechtsfähiger Personenverband – und nicht auf die einzelnen Mitglieder Bezug nehmen[87]. Um das geltende Strafrecht nicht schon zu Beginn der Untersuchung scheitern zu lassen, bietet sich deshalb eine zweistufige Betrachtung an, die zunächst das Unternehmen als geschlossenes Ganzes betrachtet und erst in einem zweiten Schritt mit Blick auf die betrieblichen Strukturen den oder die konkret Verantwortlichen ermittelt[88].

---

[79] Schmidt-Salzer NJW 1996, 1 (3).

[80] Hilgendorf, Risikogesellschaft, S. 11.

[81] Schmidt-Salzer NJW 1990, 2966 (2967).

[82] Schmidt-Salzer NJW 1988, 1937 (1938).

[83] Das verdeutlicht § 46 StGB: Nicht nur die Strafe als solche, sondern auch das Strafmaß knüpft an die persönliche Schuld an, vgl. auch Schönke/Schröder/Stree, Vor § 38ff Rdn. 6.

[84] Statt vieler Deutscher/Körner wistra 1996, 292 (293).

[85] So vor allem Schünemann wistra 1982, 41ff, und jüngst ders., FS für den BGH, S. 3ff; ebenso Rotsch wistra 1999, 321 (326) und Heine, S. 158ff.

[86] Vgl. nur Schmidt-Salzer NJW 1996, 1.

[87] Schmidt-Salzer NJW 1988, 1937 (1938).

[88] Im Anschluss an BGHSt 37, 106, befürwortet u.a. von Kuhlen JZ 94, 1142 (1144) und Schmidt-Salzer NJW 1996, 1 (4); so auch Hilgendorf NStZ 1994, 561 (565), als Erleichterung

Diese Vorgehensweise hat den Vorteil, dass sie eine Lösung sowohl im Fall arbeitsteiliger Verbände als auch bei herkömmlichen Einzelbetrieben bieten kann. Zudem trägt sie dem (zivilrechtlichen) Umstand Rechnung, dass nicht eine einzige natürliche Person, sondern ein Verbund von ihnen als selbständiges Rechtssubjekt das Produkt vermarktet. So widerfährt es auch dem Konsumenten: Für sein verletztes Rechtsgut macht es nämlich keinen Unterschied, ob *eine* natürliche (d.h. straffähige) Person oder ein grundsätzlich[89] strafunfähiges juristisches Gebilde, bestehend aus *vielen* Personen gehandelt hat. Auch der Gerechtigkeitsgedanke verlangt, dass aus der Arbeitsteilung der Wirtschaft im Vergleich zum Einzelhändler und -hersteller weder Vor- noch Nachteile erwachsen dürfen, weil sich etwa die auftretenden Schwierigkeiten nur durch gelockerte Anforderungen kompensieren ließen.

Ein anschauliches Beispiel liefert hierzu der Sachverhalt in der „Lederspray-Entscheidung“: Als nach dem Vertrieb der Verdacht der Schädlichkeit des Produkts aufkeimte, kamen die Mitglieder der Geschäftsleitung in einer Sondersitzung zur Beratung über das weitere Vorgehen zusammen und fassten schließlich den einstimmigen Beschluss, Aktionen in der Öffentlichkeit, wie einen Rückruf oder eine Warnung, zunächst zu unterlassen. Bei unmittelbarem Rückgriff auf den einzelnen Geschäftsführer wäre es nun wegen dessen aktiver Mitwirkung an der Beschlussfassung durchaus denkbar, von einem positiven Tun zu sprechen[90]. Eine Garantenstellung (als einengendes Korrektiv!?!) wäre dann entbehrlich, obgleich dem Opfer allein das Unterlassen durch das Gesamtunternehmen begegnet.

Ein weiteres Argument für dieses Vorgehen liefert schließlich § 14 StGB: Dem StGB ist nämlich eine Betrachtung von der juristischen – grundsätzlich straflosen – Person hin auf die sie repräsentierenden Organe nicht fremd. Mit Hilfe der zweistufigen Betrachtung wird das Strafrecht vielmehr losgelöst von der herkömmlichen Fixierung auf den in einem naturalistischen Sinne „Tatnächsten“ und der Blick auf die innerhalb der Organisation verantwortlichen Entscheidungsträger gelenkt[91]. Denn ein rechtsstaatliches, fair zurechnendes Strafrecht darf nicht die Verantwortlichkeit bei dem ausführenden Organ enden lassen.

---

zur Klärung der Kausalitätsfrage. Ebenso Eichinger, S. 117-119; kritisch dagegen Schünemann, FS für den BGH, S. 5ff, der in dem Vorgehen des BGH die Anwendung eines neuartigen Handlungsbegriffes sehen will, der im bisherigen Strafrechtssystem seinesgleichen entbehrt und deshalb intensiver dogmatischer Herleitung bedurft hätte. Hier soll indes nur die zweistufige Betrachtung zum Zuge kommen ohne den – in der Tat – äußerst gewagten, leichtfertigen Zurechnungsschritt des BGH.

[89] Eine gewisse Ausnahme bildet lediglich § 30 OWiG, der aber mit der Verbandsbuße auch nur die Möglichkeit der Verhängung einer Geldbuße und nicht einer Strafe eröffnet, vgl. dazu Schünemann wistra 1982, 41 (47ff) und Göhler wistra 1991, 207ff.

[90] So beispielsweise Schünemann, FS für den BGH, S. 16.

[91] Kuhlen JZ 1994, 1142 (1144).

Freilich wird man dem Ansatz einen Verstoß gegen das Schuldprinzip vorhalten wollen[92]. Andere Autoren sehen hierin die Kreation neuer Täterschaftsstrukturen[93] oder die Revolution des Handlungsbegriffs[94]. Doch auch diese Kritik trägt nicht, da es gerade Aufgabe der zweiten Stufe ist und sein muss, die organisationsbezogene Pflichtverletzung nicht ohne weiteres, sondern vielmehr unter Berücksichtigung der konkreten Organisationsrolle zuzurechnen. Die Position des Einzelnen wirkt deshalb begrenzend und nicht nur konstituierend[95].

Die Aufspaltung erleichtert eine detailliertere Erfassung der Thematik, indem verschiedene, grundsätzlich auseinanderzuhaltende Problemkreise, mögen sie auch in vergleichbaren strafrechtlichen Instituten wurzeln, ihrer Eigenart entsprechend behandelt werden können.

So taucht beispielsweise das Merkmal der Kausalität gleich an drei Stellen der Prüfung auf, jedoch jeweils mit unterschiedlichen Zielrichtungen[96]: Gleich zu Beginn bei der Produktursächlichkeit, des weiteren im Hinblick die Wirksamkeit einer öffentlichen Warnung oder eines an Händler und Verbraucher gerichteten Rückrufs und schließlich bei der Mitwirkung/Verweigerung mehrerer Mitglieder der Geschäftsleitung an einem entsprechenden Durchführungsbeschluss.

Letztlich kann das zweistufige Vorgehen auch der strafrechtlichen Ermittlung zugute kommen. Wenn nämlich schon das produzierende Unternehmen als solches – ausgenommen des für Verbände auf mangelnder Schuldfähigkeit beruhenden Strafhindernisses – strafrechtlich relevante Defizite im allgemeinen Kernstrafrecht aufweist, ist jede weitere Prüfung, die sich mit dem zusätzlichen Spezifikum innerbetrieblicher Arbeitsteilung und der hieraus resultierenden Verantwortungsverteilung belasten muss, überflüssig[97].

b.Besondere Relevanz des fahrlässigen Unterlassens

Auf der ersten Stufe, also bei der Frage nach der „Einordnung", hat die Durchsicht der gerichtlichen Entscheidungen erkennen lassen, dass nicht nur fahrlässiges Handeln überwiegt. Vielmehr tritt eine deutliche Dominanz des un-

---

[92] So beispielsweise Yamanaka ZStW 102, 928 (937ff), zur vergleichbaren japanischen Rechtslehre.

[93] So insbesondere Heine, S. 158ff, der insoweit von „Täterkloning" spricht, S. 161; in dieselbe Richtung Rotsch wistra 1999, 321 (326).

[94] So Schünemann, FS für den BGH, S. 2.

[95] Kuhlen JZ 1994, 1142 (1145).

[96] Roxin, FS für Honig, S. 145, unterscheidet deshalb beispielsweise innerhalb der Unterlassungsdelikte die jeden Erfolgsdelikten immanente *Erfolgs*zurechnung von der vorangestellten *Verhaltens*zurechnung, durch die die Untätigkeit als strafrechtlich relevant zugewiesen werden soll.

[97] Das hebt auch Schmidt-Salzer NJW 1996, 1 (3), besonders hervor.

echten[98] Unterlassens zu Tage[99], die bereits im „Contergan-Verfahren“ anklang und ihren Höhepunkt in der „Lederspray-Entscheidung“ erfuhr.

Diese Parallelen lassen sich regelmäßig darauf zurückführen, dass dem Hersteller eine positive Kenntnis über die mögliche Gefährlichkeit der Produktion fehlt und erst nach Auslieferung der Ware durch die Reaktion der Verbraucher eine entsprechende Vermutung aufkommt. Äußerst prekär ist dabei, dass sich dieser Verdacht in der überwiegenden Zahl der Fälle nicht einmal im gerichtlichen Verfahren bestätigen lässt.

Angesichts der Fülle von Streitfragen, die die Produktkriminalität aufwirft, wird sich die Arbeit auf die Analyse des aufgezeigten Schwerpunkts – das fahrlässige Unterlassen – konzentrieren[100]. Besondere Aufmerksamkeit ist dabei dem Umstand zu schenken, dass gerade in der Mehrzahl der geschilderten Verfahren weder dem produzierenden Gewerbe noch der Wissenschaft sichere positive Erkenntnisse über die Schädlichkeit des Produktes vorlagen oder -liegen.

So betrachtet schlägt wiederum die „Zwischenstecker-Entscheidung“ aus der Reihe: Dort gab es mit den VDE-Richtlinien nicht nur wissenschaftliche Erkenntnisse; vielmehr war dem Inhaber gleichermaßen bei Produktion und Vertrieb das Abweichen von den einschlägigen Vorschriften bewusst. Aber auch das „Holzschutzmittel-Verfahren“ ist unter diesem Aspekt von einer Besonderheit gekennzeichnet: Dass PCP und Lindan Gifte darstellten, war damals bereits allseits bekannt. Unerforscht blieben nur ihre konkreten Auswirkungen auf den menschlichen Organismus.

Zum einen wird die Frage aufzuwerfen sein, ob die „Einordnung“ als Unterlassen überhaupt notwendig und gerechtfertigt ist und wie die Konsequenzen (beispielsweise Garantenstellung, Kausalität des Unterlassens) anzugehen sind. Zum anderen soll bei dieser Gelegenheit auch das Zusammenspiel von Fahrlässigkeit und Unterlassen näher beleuchtet werden, das sich schon in der gängigen Formulierung, dass „fahrlässig (...) *handelt*, wer es *unterlässt*, die gebotene Sorgfalt anzuwenden“ instruktiv niederschlägt[101]. Diese strukturellen Gleichheiten[102] sind u.a. auch für den Prüfungsaufbau auf der ersten Stufe verantwortlich.

---

[98] Vgl. zur Abgrenzung „echtes-unechtes“ Unterlassen Tröndle/Fischer, Vor § 13 Rdn. 12.

[99] So auch Westphalen-Goll/Winkelbauer, §§ 46 Rdn. 21 und 47 Rdn.4.

[100] Trotz der Spezifizierung auf den Bereich der Produktkriminalität werden insoweit allgemeine Erwägungen wohl nicht völlig zu vermeiden sein, bieten sie doch oft gerade erst die Grundlage für die Ausgestaltung und Argumentationsführung im Einzelfall. Im Übrigen wird aber versucht, ausschließlich auf die im Rahmen der Produktverantwortung spezifischen Besonderheiten einzugehen.

[101] Schöne JZ 1977, 150 (152), warnt allerdings davor, deshalb eine Fülle von Verhaltensweisen als fahrlässige Unterlassensdelikte zu behandeln, bei denen es in Wirklichkeit um die Vornahme unsorgfältiger Handlungen, d.h. um Begehungsdelikte geht. Vgl. dort auch die Nachweise in den Fn. 18, 19.

[102] Vgl. auch Wessels/Beulke AT Rdn. 699, und Roxin AT § 24 Rdn. 12; einschränkend insoweit Brammsen, Entstehungsvoraussetzungen, S. 111/112.

Nachdem sowohl das fahrlässige Verhalten als auch die Tatbestandsverwirklichung durch Unterlassen aus der Sicht des Gesetzgebers eine Ausnahme darstellt – gemäß § 15 StGB muss nämlich Fahrlässigkeit *ausdrücklich* mit Strafe bedroht werden und Unterlassen ist nach § 13 StGB nur unter zusätzlichen Voraussetzungen strafbar – bedarf es in beiden Fällen zu allererst einer Abgrenzung zu dem jeweiligen Pendant[103]. Dieser Ausnahmecharakter ist es auch, der im Hinblick auf die Subsidiarität des Strafrechts nach einer besonderen Rechtfertigung ihrer Bestrafung verlangt. Nicht zuletzt der Gefahr einer uferlosen Ausdehnung strafrechtlicher Eingriffsbefugnisse muss anhand nachvollziehbarer Kriterien begegnet werden. Um insoweit den Kreis der potentiellen Täter zu beschränken, verlangen die Unterlassungsdelikte das Bestehen einer Garantenstellung[104]. Sie fungiert als ein Element der objektiven Zurechnung[105], der ganz allgemein sowohl im Bereich des Unterlassens als auch der Fahrlässigkeit erhöhte Aufmerksamkeit gewidmet werden muss. Im Rahmen der Fahrlässigkeitsdelikte gilt das um so mehr, als hier allein der Eintritt des Erfolges für sich die Möglichkeit nach Strafe auslöst.

Um jedoch diesen besonderen Bezug zwischen tatbestandlichem Erfolg und der zu überprüfenden Verhaltensweise herstellen zu können, ist es zuvor notwendig, objektiv erkennbare, d.h. willkürfreie Maßstäbe einerseits für die Bestimmung der von § 13 I StGB geforderten Handlung[106], andererseits für die Feststellung einer Sorgfaltspflichtverletzung[107] zu entwickeln. Erst im Anschluss daran kann man sich der Frage nach einer Ursächlichkeit gerade dieses Verhaltens für die Rechtsgutverletzung zuwenden[108].

c.Zurechnung auf den Einzelnen

Wenn auf diese Weise die Unternehmensebene auf ein strafwürdiges Verhalten etc. hin erkundet wurde, muss das so gewonnene Ergebnis auf der zweiten Stufe den in Betracht kommenden Unternehmensangehörigen zugewiesen werden[109], da erst die individuelle Pflichtverletzung zu einer Bestrafung führen kann[110]. Hier gilt es dann getreu dem Gebot der individuellen Bestrafung der mit der Verantwortungsverteilung verbundenen konkreten Pflichtenstellung durch zusätzliche korrigierende Ausschlussmomente hinreichend Rechnung zu tragen. Denn eine pauschale Zurechnung von Pflichten und Verhaltensweisen der Orga-

---

[103] Siehe unten § 5.A und § 5.B.

[104] Vgl. dazu § 5.C.

[105] So auch Arzt JA 1980, 553.

[106] Ausführlich unter § 5.D.I.

[107] Dazu § 5.D.II.

[108] Im einzelnen § 5.E.

[109] Allgemein § 6.

[110] Zum Fehlen einer Kollektivschuld § 6.A.

nisation selbst auf deren Mitglieder würde ohne das Erfordernis eines persönlichen Schadensbeitrages in krassem Widerspruch zum Schuldprinzip stehen[111]. Das bedeutet zum einen, dass die jeweilige Rolle des am Produktionsvorgang Beteiligten (vom „Fließbandarbeiter" hinauf bis zur Geschäftsführung) eingehend gewürdigt[112], zum anderen das konkrete Verhalten auf seine innere Beziehung zum Erfolg untersucht werden muss[113].

---

[111] Kuhlen JZ 1994, 1142 (1145).

[112] Dazu allgemein § 6.B und im Besonderen § 6.B.IV.

[113] Schließlich § 6.C.

§ 3.Industrielle Produktion als Ausdruck von Sozialadäquanz

Eingangs wurde bereits auf die spezifischen Eigenheiten des Strafrechts hingewiesen, die es u.a. gebieten, Schlüsse aus anderen Rechtsbereichen mit Bedacht anzugehen. Dieser typischen Merkmale, vor allem Rechtsgüterschutz und Subsidiarität, sollte man sich bei *jeder* strafrechtlichen Prüfung gegenwärtig sein. Dagegen werden besonders die Verfahren von produktkrimineller Relevanz durch ein weiteres Phänomen geprägt: Es ist regelmäßig der Verbraucher selbst, der sich des Fabrikats bedient. Nicht nur, dass stets sein eigener Willensentschluss notwendig zwischen die gefährliche Ware und den tatbestandlichen Erfolg tritt, mag er hierzu auch durch die Konsumgesellschaft angestachelt worden sein. Das Besondere daran ist vielmehr der persönliche Nutzen, den er sich durch dessen Gebrauch erhofft und meist auch bekommt. Gerade dadurch aber drängt sich die Frage auf, ob ihm wirklich jede Verantwortung für den Schutz seiner Rechtsgüter zu Lasten des produzierenden Gewerbes genommen werden muss. Bedarf es nicht vielmehr eines angemessenen Ausgleichs zwischen Verbraucher und Hersteller und wenn ja, wie sollte dieser ausgestaltet sein? Diesem Aspekt gilt es, vor dem Einstieg in die eigentliche Prüfung auf den Grund zu gehen, da sich sein Ausgang u.U. auf die noch folgenden materiellen Rechtsfragen auswirken kann[114].

A.Vorzüge der industriellen Produktion

Ganz allgemein lässt sich wohl guten Gewissens sagen, dass technische Entwicklungen trotz einer latenten Gefährlichkeit doch zu erheblichen Vorteilen für den Verbraucher im alltäglichen Leben führen[115]. Zu denken ist beispielsweise an die rasante Steigerung der Lebensqualität. Dem Verbraucher wird es ermöglicht, seine spezifischen Bedürfnisse nicht mehr durch mühevolle Selbstherstellung und unter großem Zeitaufwand, sondern kostengünstig über die breite Palette der am Markt angebotenen fremdhergestellten Güter und Waren zu befriedigen. Auch gewähren die vielfältigen Ausdifferenzierungen im Prozess der gewerblichen Warenproduktion regelmäßig eine schier unüberblickbare Fülle beruflicher Betätigungsfelder mit der Folge besserer, meist auch lukrativer Einsetzbarkeit und Ausnutzbarkeit ihrer individuellen Fähigkeiten und Kenntnisse[116].

---

[114] Zu den einzelnen materiellen Angriffsmöglichkeiten unten § 3.B.I.

[115] Prittwitz StV 1991, 435 (437 bzw. 440).

[116] Brammsen, GA 1993, 97. Das trägt im Übrigen auch in erheblichem Umfang zur Fortentwicklung der Persönlichkeit des Einzelnen bei und dient so der Verwirklichung seines grundrechtlich gewährleisteten allgemeinen Persönlichkeitsrechts.

Darüber hinaus erkannte schon Binding[117] zu Beginn des 20. Jahrhunderts, dass es unzählige menschliche Handlungen gibt, die kaum ohne die Möglichkeit, Wahrscheinlichkeit oder gar Gewissheit unbeabsichtigter Rechtsgefährdungen oder Rechtsverletzungen ausgeführt werden könnten. Ebenso hat auch das Reichsgericht[118] entschieden, dass es unmöglich sei, alle Handlungen, die selbst bei Anwendung allergrößter Aufmerksamkeit die Verwirklichung der mit der Handlung verbundenen Gefahren nicht völlig auszuschließen vermögen, unterschiedslos als fahrlässig zu qualifizieren. Das würde der Absicht des Gesetzes widersprechen und zu Konsequenzen führen, deren Unvereinbarkeit mit den bestehenden Lebensverhältnissen und den Bedürfnissen des Verkehrs offensichtlich sei. Ein allgemeines Gefährdungsverbot kann deshalb in einer hochtechnologisierten Gesellschaft nicht ohne Einschränkungen bleiben.

Durch den sozialen Nutzen gefährlicher Unternehmungen wird der unvermeidliche Rest der mit ihnen typischerweise verbundenen Gefahren von der Rechtsordnung hingenommen[119], d.h. das Risiko erlaubt. Das ist Ausdruck sozialer Adäquanz: Es gibt Handlungen, die zur Aufrechterhaltung des sozialen Lebens und Verkehrs unerlässlich sind und deshalb selbst bei Kausalität für eine Rechtsgutverletzung aus dem Tatbestand ausgeschieden werden müssen. Nicht mehr die Verhinderung jeglicher Rechtsgüterverletzung soll beabsichtigt werden, sondern vielmehr nur noch die Reduzierung auf ein erträgliches Ausmaß[120], so dass erst die soziale Inadäquanz den Tatbestand als Grenze kennzeichnet[121].

B.Begrifflichkeit ohne Inhalt?

So notwendig und einleuchtend diese Ausführungen erscheinen mögen, bringen sie jedoch in ihrer Allgemeinheit keinerlei Gewinn für eine allumfassende Lösung. Daraus resultiert wohl auch, dass der Problemkreis „erlaubtes Risiko“ oder allgemein „Sozialadäquanz“ gleichsam ein Kuckucksei in der Juristerei darstellt: Wo es sich auch befindet, scheint es nicht hinzugehören. So bezeichnet beispielsweise Kienapfel[122] das „erlaubte Risiko“ als Leerformel ohne jeden systematischen, erkenntnistheoretischen oder praktischen Wert. Solche Straffreiheitsformeln würden zwar durch ihre Einprägsamkeit bestechen, vernachlässigten wegen ihrer scheinbaren Inhaltsfülle aber die eigentliche Begründung. Roxin sieht darin die Gefahr von Willkür, da der Begriff „Sozialadäquanz“ unbestimmt und auch indifferent sei[123].

---

[117] S. 433f.

[118] RGSt 30, 25 (27).

[119] Schönke/Schröder/Cramer, § 15 Rdn. 145.

[120] Schünemann StV 1985, 229 (230).

[121] Roxin AT § 10 Rdn. 36/37.

[122] S. 29.

[123] AT § 10 Rdn. 39/40.

Die Kritiken Kienapfels und Roxin führen indes nicht zu einem völligen Leugnen derartiger Systemkonflikte. Beide wollen nur hervorheben, dass es ein eigenständiges Institut – sei es das der Sozialadäquanz oder aber des erlaubten Risikos – innerhalb des Strafrechts weder gibt noch eines solchen bedarf. Vielmehr soll die Problematik, die mit jenen Ausdrücken schlagwortartig umschrieben werde, mit Hilfe der herkömmlichen dogmatischen Kategorien zu lösen sein.

I.Ansätze der Lehre

Kienapfel verweist insoweit auf den Gebrauch des normativen Handlungsbegriffs, der nur sozialerhebliches Verhalten erfassen will, auf die Tatbestandsauslegung, den Bereich selbständiger Rechtfertigungsgründe, vor allem aber auf den Fahrlässigkeitsvorwurf: Dieser richtet sich nach der vom Täter einzuhaltenden, im Verkehr erforderlichen Sorgfalt, deren Grenzen sich stets aus dem konkreten Pflichtenkreis und aus den durch die jeweilige Situation gebotenen Umständen ergeben[124].

Cramer[125] spricht von einer Modifikation des jeder Rechtsordnung immanenten Verbots des „neminem laede" einerseits zivilrechtlich durch die Einführung der Gefährdungshaftung, sanktionsrechtlich[126] in der Aufstellung konkretisierter Sorgfaltsanforderungen. Durch sie soll erreicht werden, dass die mit den genannten Unternehmungen verbundenen Risiken zunächst auf ein Mindestmaß reduziert werden, im Gegenzug dazu eine noch verbleibende Gefahr selbst bei Einhaltung aller Sicherheitsvorschriften von der Rechtsordnung nicht mehr verboten werden kann. Auch für ihn nimmt das „erlaubte Risiko" also seinen Platz insbesondere im Tatbestand eines Fahrlässigkeitsdeliktes ein, wenn das Maß der im Verkehr erforderlichen Sorgfalt bestimmt werden soll.

Roxin stellt zu allererst auf das Geringfügigkeitsprinzip ab: Er bezeichnet geringfügige, sozial allgemein tolerierbare Handlungen als tatbestandslos. Die einschränkende Interpretation von Strafrechtsnormen kann mittels der Auslegung[127] oder aber teleologischer Reduktion[128] ergeben, dass das geschützte Rechtsgut nicht verletzt ist. Das erfordert allerdings eine sorgfältige Abwägung über die soziale Tragfähigkeit, insbesondere anhand detaillierter Sicherheitsvor-

---

[124] Kienapfel, S. 28.

[125] Schönke/Schröder, § 15 Rdn. 145.

[126] Im Sinne von „strafrechtlich".

[127] Innerhalb der Wortlautgrenzen.

[128] Jenseits des Wortlauts. Da die Einschränkung zugunsten des Täters erfolgt, spielt Art. 103 II GG keine Rolle.

schriften[129]. Im Übrigen knüpft seiner Meinung nach die Zurechnung zum Tatbestand allgemein bei der Verwirklichung eines unerlaubten Risikos an. Wenn er im Anschluss allerdings das erlaubte Risiko bzw. die unerlaubte Gefahrschaffung mittels Rechtsnormen, Verkehrsnormen oder auch dem Vertrauensgrundsatz, wie er durch eine Arbeitsteilung entstanden sei, konkretisiert wissen will[130], verweist letztlich auch er auf eine Tatbestandsbegrenzung, wenn auch unter dem Vorzeichen der Zurechnung.

II.Auswirkungen auf die Gerichtspraxis

Die uneinheitlichen, teils auch recht verschwommenen Ansätze verdeutlichen dennoch die Schwierigkeit, den der Gegensatz „Produktgefährlichkeit" versus „Sozialnutzen" zeitigt. Auch die Rspr. findet keine gerade Linie: Der BGH hat dem LG Mainz folgend das Kriterium des erlaubten Risikos zwar in seiner „Lederspray-Entscheidung" angesprochen[131], lässt jedoch eine klare dogmatische Einordnung vermissen. Sofern er dort für die Einstandspflicht des Ingerenten ein pflichtwidriges Vorverhalten verlangte[132], sei das Entfallen der Pflichtwidrigkeit bei Vorliegen eines sog. „Ausreißers", d.h. eines fehlerhaften Fabrikats, das auch bei der Fertigung generell einwandfreier Massenprodukte nicht zu vermeiden ist, zumindest diskutabel. Für ihn beschränkt sich somit der denkbare Anwendungsbereich allenfalls auf das Bestehen einer Garantenstellung.

III.Stellungnahme

Diese Kurzsichtigkeit erscheint gerade mit Blick auf eine ältere Entscheidung des BGH nicht unbedenklich[133]: Dort hatte der BGH hervorgehoben, dass ein sozial übliches und von der Allgemeinheit gebilligtes Verhalten wie das Ausschenken und der Genuss alkoholischer Getränke in einer Gastwirtschaft trotz der damit verbundenen, meist sogar voraussehbaren Gefahren eine Garantenstellung regelmäßig nicht begründen könne[134]. Was aber rechtfertigt es, insoweit die Verantwortlichkeit eines Gastwirtes unter dem Aspekt des erlaubten Risikos fehlen zu lassen, wenn er seine Gäste trotz *ersichtlichem* Alkoholeinfluss nicht vom dem Gebrauch ihrer Pkws abhält, während dem Produzenten in der Massenherstellung, obwohl er gerade nach dem Stand der Technik die Ge-

---

[129] In die gleiche Richtung weist Schünemann StV 1985, 229 (230), der die Strafbarkeit erst ab Überschreiten eines erträglichen, kraft einer Güter- und Interessenabwägung hinzunehmenden Ausmaßes beginnen lassen will.

[130] Roxin AT § 24 Rdn. 25.

[131] BGHSt 37, 106 (118).

[132] Dazu im einzelnen noch weiter unten § 5.C.III.2.a(II)(2).

[133] BGHSt 19, 152 (154f).

[134] Er geht insoweit nämlich von einem pflichtgemäßen Vorverhalten aus, so BGHSt 25, 218 (221); dazu auch Schönke/Schröder/Stree, § 13 Rdn. 35.

fährlichkeit seiner Fabrikate *nicht erkennen* kann, dieser Punkt nur bei „Ausreißern“ gutgeschrieben wird? Man könnte hier zwar anführen, dass der Gast eine eigenverantwortliche Verletzungshandlung vornimmt, der Verbraucher, dem regelmäßig die Einsicht in die Gefahrträchtigkeit der Verwendung des Produktes fehlt, demgegenüber seine mögliche Schädigung nicht steuern kann oder könnte. Erstens aber wird dieses Argument vom BGH an keiner Stelle erwähnt. Und zweitens ist es m.E. auch hinfällig, wenn der Hersteller ebenso die mögliche Gefährlichkeit nicht kennt[135], zumal u.U. gerade auch der Gast im Zustand der Trunkenheit seiner Eigenverantwortlichkeit entbehrt. Darin zeigt sich nur einmal mehr die Gefährlichkeit solcher Floskeln, die es ermöglichen, nach Belieben, allein von kriminalpolitischen Erwägungen geleitet, zu entscheiden.

So kritisiert denn auch Eichinger[136] im Anschluss an Binding[137] und Hilgendorf[138] die vom BGH stillschweigend befürwortete Beschränkung. In Wirklichkeit gehe dieser Grundsatz viel weiter und erfasse alle Konstellationen, in denen ein riskantes Verhalten als nicht tatbestandsmäßig oder aber rechtmäßig anzusehen sei, weil entgegenstehende Interessen entweder völlig fehlten oder aber das Eingehen des Risikos durch überwiegende Interessen legitimiert sei[139]. Es komme stets auch auf die (Un-)Entbehrlichkeit, d.h. die (Un-)Vermeidbarkeit der mit dem Risiko behafteten Handlung in den Augen des Rechts an, unter Berücksichtigung des Verhältnisses von Risiko zum rechtlichen Wert der Handlung[140].

Zwar scheint auch der BGH den Weg einer wertenden Betrachtung gehen zu wollen. Er begnügt sich nämlich gerade nicht mit der insbesondere von Cramer vorgeschlagenen Grenzziehung der Sozialüblichkeit durch die geltenden Sicherheitsvorschriften und -standards[141], um eine Garantenstellung abzulehnen[142]. Für Cramer aber spricht vor allem die eindeutige und nachvollziehbare Bestimmbarkeit für das Verhalten des Produzenten, wohingegen die Vorgehensweise vom BGH wegen der latenten Gefahr der Willkür äußerst gewagt anmutet. Im Übrigen müsste selbst der BGH bei seiner Abwägung, wie es Eichinger veranschaulicht hat, gleichermaßen den Vorteil, den der Kunde durch den Gebrauch der

---

[135] So auch Deutscher/Körner wistra 1996, 292 (301).

[136] S. 303.

[137] S. 440ff.

[138] Risikogesellschaft, S. 90ff.

[139] Hassemer JuS 1991, 253 (254), verweist schlicht auf den denkbaren Einwand der Verantwortlichen, das *Verkehrsübliche* getan zu haben, lässt aber jegliche rechtlich fundierte Auseinandersetzung vermissen – wohl mit Rücksicht auf die Kürze seiner dortigen Urteilsanmerkung im Rahmen einer Ausbildungszeitschrift.

[140] Als Beispiel bringt er das Risiko geringfügiger und vorübergehender, gesundheitlicher Beeinträchtigungen bei für die Gesellschaft außerordentlich nützlichen Produkten, wie Heilmittel für Krebs, Malaria, AIDS, Alzheimer´sche Krankheit, S. 304.

[141] Was die Handlung als pflichtgemäß erscheinen lassen müsste.

[142] BGHSt 25, 218 (222).

u.U. gefährlichen Güter hat, berücksichtigen. Schließlich ist der Geschädigte auch keineswegs schutzlos gestellt, bleibt ihm doch der strafbewehrte allgemeine Anspruch auf Hilfeleistung gem. § 323c StGB[143].

C.Der Vertrauensgrundsatz als Sonderproblem

Eine spezielle Ausprägung des „erlaubten Risikos" schafft nicht zuletzt auch der Vertrauensgrundsatz[144]. Er wurde ursprünglich im Straßenverkehr entwickelt[145], worauf sein Anwendungsbereich aber keineswegs beschränkt ist[146]. Allgemein zieht auch er gewissermaßen die Grenze zwischen noch erlaubtem und schon verbotenem Wagnis[147]. Im Rahmen der industriellen Produktion ist indes zu differenzieren, je nachdem wer wem Vertrauen schenkt:

So kann durch die mit der Arbeitsteilung verbundenen Beschränkung des Aufgabenfeldes die „im Verkehr erforderliche Sorgfalt" eine Modifizierung erfahren[148]. Sofern keine außergewöhnlichen Umstände auf das Vorliegen von Gefahren aus anderen Arbeitsbereichen hindeuten, darf sich der Einzelne auf die Einhaltung der Maßregeln durch seine Kollegen verlassen. Er darf auf Eingriffe verzichten, ohne strafrechtliche Konsequenzen befürchten zu müssen[149]. Hier hat damit das Vertrauensprinzip die dem erlaubten Risiko eigentümliche strafbarkeits*beschränkende* Wirkung. Gleiches gilt für die Erwartung des Herstellers im Hinblick auf eine bestimmungsgemäße Produktverwendung[150].

Anders dagegen aus der Opferperspektive: Der Verbraucher begibt sich regelmäßig im Vertrauen auf die Einhaltung der Sorgfaltsanforderungen in die Hände des Produzenten und unterlässt u.U. notwendige Schutzmaßnahmen[151]. Insoweit steht nicht seine potentielle Strafbarkeit, sondern seine Verletzung auf dem Spiel. Diesem Vertrauen kommt folglich möglicherweise ein strafbarkeits*begründender* Effekt zu.

---

[143] Das erkennt sogar der BGH a.a.O.

[144] Er sei an dieser Stelle nur der Vollständigkeit halber erwähnt. Im Übrigen muss für die Ausgestaltung vor allem auf die Erörterungen unter § 6.B.VI verwiesen werden.

[145] Ständige Rspr. des BGH, vgl. nur BGHSt 4, 188 (191).

[146] Schönke/Schröder/Cramer, § 15 Rdn. 151.

[147] Wilhelm Jura 1985, 183 (186).

[148] Zu den Einzelheiten siehe unten § 6.B.VI.

[149] Zur Gesamtverantwortung und Allzuständigkeit der Geschäftsleitung aber weiter unten § 6.B.IV.1.c.

[150] Deutscher/Körner wistra 1996, 292 (330).

[151] Nach Brammsen, Entstehungsvoraussetzungen, S. 123, soll dieses Vertrauen jedoch eine Verhaltenserwartung begründen, der die Entstehung einer Garantenstellung korrespondiert, die auf einer nach außen erkennbaren Überantwortung eines besonderen sozialen Einflussbereiches beruht.

Aus dem Blickwinkel der Berechtigung des Vertrauens kann jedoch sogar ein gewisser Gleichlauf verzeichnet werden: Nur das *berechtigte* Vertrauen verhilft dem Mitarbeiter zur Straffreiheit. Und solange das Vertrauen des Opfers *berechtigt* ist, weil die Sorgfaltsstandards eingehalten werden, kann auch der Hersteller nicht strafrechtlich belangt werden. Erst wenn sich das Vertrauen des Verbrauchers in von Seiten der Industrie unreflektierten Aussagen und Verhaltensweisen verliert, ist es gerechtfertigt, seine eigene Verantwortung zu begrenzen und auf das Unternehmen zu verlagern.

D.Zusammenfassung

Die vorangegangenen Ausführungen haben einerseits die stete Präsenz und vor allem Aktualität des Aspektes „Sozialadäquanz" bzw. „erlaubtes Risiko" für die Produktverantwortlichkeit gezeigt. Andererseits wurde aber auch deutlich, wie schwer sich Lit. und Rspr. in der Behandlung dieser Problematik tun – nicht nur was die klare dogmatische Einordnung betrifft, sondern auch im Hinblick auf die sich daraus ergebenden Konsequenzen. Abschließend sollte jedoch m.E. zumindest festgehalten werden, dass die gängigen strafrechtlichen Be-griffe und Institute nie unreflektiert bleiben, sondern, wenn produktbedingte Schäden auf dem Prüfstand stehen, stets eines Blickes auf die Sozialnützlichkeit industrieller Fertigung bedürfen und zwar nicht nur im Rahmen der Pflichtwidrigkeit des Vorverhaltens. Dies im Hinterkopf gilt es nun, in die eigentliche materielle Prüfung einzusteigen.

§ 4.Kausalität zwischen Produkt und tatbestandlichem Erfolg

Ausgangspunkt ist nach alledem die Frage nach der Produktursächlichkeit, d.h. die Verwendung eines (fehlerhaften) Produktes muss ein tatbestandlich geschütztes Rechtsgut verletzt haben. Diese Kausalfeststellung erlangt im Prozess einen besonderen Stellenwert, wenn wissenschaftlich nicht geklärt ist, dass ein bestimmter, in dem Fabrikat enthaltener Wirkstoff schädliche Eigenschaften aufweist, die regelmäßig oder jedenfalls bei Zusammentreffen mit weiteren Faktoren die den Punkt der Anklage bildenden Verletzungen hervorrufen. Seit der „Contergan-Entscheidung“ wird hierfür vor allem in Fällen undurchsichtiger Zusammenhänge die Kausalitätsprüfung regelmäßig zweistufig angegangen. Denn erst nach der Feststellung der „generellen“ Kausalität – verstanden als die bloße Existenz einer Gesetzmäßigkeit zwischen typusmäßigen Handlungen und Erfolg – kann im Rahmen der „konkreten“ Kausalität[152] überprüft werden, ob die Ursache im konkreten Einzelfall für die zu untersuchende Rechtsgutverletzung *wirksam* geworden ist.

Auf die Produktkriminalität übertragen bedeutet das, dass das Produkt zunächst allgemein geeignet sein muss, Schäden der vorliegenden Art verursachen zu können[153]. Erst wenn diese Frage beantwortet ist, kann im einzelnen geprüft werden, ob die der Anklage zu Grunde liegenden Verletzungen Folge der jeweiligen Produktverwendung sind[154].

A.Definition von Kausalität

Dabei kommt man nicht umhin, sich über den Ursachenbegriff als solches einige Gedanken zu machen. Denn erst wenn seine Reichweite feststeht, kann man sich der Frage widmen, wie der Kausalzusammenhang ermittelt werden kann[155].

---

[152] Anschaulich die Entscheidung des LG Aachen JZ 1971, 507 (511 u. 514); Maiwald, S. 107, scheint dieser Trennung ablehnend gegenüber zu stehen.

[153] So auch § 6 AMG. Im Anschluss an diese Vorschrift schlägt Kaufmann JZ 1971, 569 (576), vor, einen neuartigen Deliktstypus einzuführen in Form von Risikodelikten, wonach schon die Produktion generell schädlicher Produkte strafbar sein soll.

[154] Hier unterläuft Hilgendorf, FS für Lenckner, S. 705 Fn. 28, ein Fehler, wenn er unter konkreter Kausalität nur versteht, ob die Schädlichkeit des Produkts auf ein Verhalten Einzelner der Herstellerunternehmen zurückzuführen ist. Vielmehr setzt die konkrete Kausalität schon bei der schlichten Produktursächlichkeit an, wenn der *angeklagte* Schaden unter die Gesetzmäßigkeit subsumiert werden soll.

[155] Hoyer GA 1996, 161, unterscheidet dementsprechend zwischen Kausal*nachweis* und Kausal*begriff*.

I.Die „Bedingungstheorie"

Die Rspr. *definiert*[156] ihn seit Institutionalisierung des RG[157] bis in die jüngsten Tage des BGH *ausschließlich*[158] über die Bedingungstheorie, die von Julius Glaser eingeführt und Maximilian von Buri für das deutsche Rechtsgebiet ausgebaut worden ist[159]. Ursächlich ist danach jede Tatsache, die nicht hinweggedacht werden kann, ohne dass der Erfolg entfiele[160], sog. „conditio sine qua non[161]". Doch die Anwendung dieser Formel als Begriffsbestimmung unterliegt einem ganz gewaltigen Irrtum, weil sie die Bejahung der Kausalität einer Bedingung nämlich bereits voraussetzt[162]. Mit welcher Berechtigung will das Gericht sonst eine Antwort darauf geben, ob eine Tatsache hinweggedacht werden kann, ohne dass der Erfolg entfiele oder nicht?[163] Erst wenn über die mögliche Ursächlichkeit eines Umstandes Klarheit herrscht, kann das Verfahren der c.s.q.n. durchgeführt werden[164]. Es dient im Ergebnis einzig und allein der Feststellung, dass in der angeklagten Tat die *bekannte* Ursache-Folge-Relation auch tatsächlich wirksam geworden ist.

Die Ansicht der Rspr. lässt sich nur aus der Aufgabe des Tatrichters erklären: Ihm ist es primär überantwortet, den Sachverhalt festzustellen, und für die Feststellung der ursächlichen Verknüpfung soll er sich eben dieses hypothetischen Eliminationsverfahrens bedienen. Das Tückische daran ist, dass die Hypothese auch in den meisten Fällen Erfolg bringen wird, dann nämlich, wenn sich der Prozess lediglich mit Alltagsfragen beschäftigt, die der Richter bereits mit seinem eigenen Wissen über empirische Gesetzmäßigkeiten lösen kann[165]. Doch nützt es gerade wenig, wenn sein begrenztes Erfahrungswissen ihm keine Antwort mehr auf die Frage ermöglicht, ob ein bestimmter Faktor den Eintritt eines Erfolges überhaupt beeinflusst hat[166]. Dann kann vielmehr nur mehr das sachkundige Urteil eines Fachmanns zur Aufklärung beitragen[167].

---

[156] Im Unterschied zu „ermittelt", vgl. Hilgendorf NStZ 1994, 561 (566).

[157] RGSt 1, 373 (374).

[158] Eindrucksvoll das LG Aachen JZ 1971, 507 (511).

[159] Jescheck/Weigend AT § 28 II.2.

[160] BGHSt 1, 332 (333).

[161] Schönke/Schröder/Lenckner, Vor § 13 Rdn. 73; Tröndle/Fischer, Vor § 13 Rdn. 16.

[162] U.a. Bachmann/Beulke JuS 1992, 737 (738).

[163] So auch Jescheck/Weigend AT § 28 II.4.

[164] Strathenwerth AT § 8 Rdn. 18.

[165] Hilgendorf, FS für Lenckner, S. 709.

[166] Wessels/Beulke AT Rdn. 156.

[167] Maiwald, S. 6, weist darauf hin, dass auch den Gerichten ohne den Nachweis gesetzmäßiger Zusammenhänge ein Rückgriff auf die Äquivalenzformel verwehrt ist: Der „Contergan-Prozess" ist geradezu Paradebeispiel, weil dort die Richter, wie es ihr „täglich Brot" ist, Sachverständige heranzogen, um die naturgesetzliche Aneinanderreihung von Ursache und

II.Die „Formel von der gesetzmäßigen Bedingung“

Deshalb ist der Anwendung der c.s.q.n. die „Formel von der gesetzmäßigen Bedingung“ logisch vorgelagert, die auf Engisch[168] zurückgeht[169]. Sie fragt danach, „ob sich an eine Handlung zeitlich nachfolgende Veränderungen in der Außenwelt angeschlossen haben, die mit der Handlung gesetzmäßig verbunden waren und sich als tatbestandsmäßiger Erfolg darstellen.[170]“ So erklärt sich auch das Vorgehen des Schrifttums: Die Lehre streitet zwar keinesfalls die Bedeutung der Bedingungstheorie für die gerichtliche Feststellung ab[171]. Doch nimmt sie regelmäßig einen umgekehrten Blickwinkel ein, der mit der Suche nach einer allgemeinen Erfahrungsregel beginnt, kraft derer sich aus einer Ursache im Zusammenspiel mit weiteren singulären Tatsachen eine Wirkung ableitet[172]. So wird das Kausalgesetz integraler Bestandteil des festzustellenden Kausalzusammenhangs[173] und die Funktion der Bedingungsformel reduziert sich auf ein bloßes Kriterium, die *anderweitig* nachzuweisende Ursächlichkeit einzuschränken[174].

Das gilt, entgegen der Ansicht Kuhlens[175], auch für die im Rahmen der Produktkriminalität einzig relevanten schlichten Erfolgsdelikte. Mag er auf den ersten Blick noch durchaus zu Recht die Aufgabe, die Existenz bestimmter Kausalgesetze als Auslegung des Kausalitätsmerkmals zu begreifen[176], als schwierig bezeichnen, setzten doch diese Erfolgsdelikte, insbesondere im Fahrlässigkeitsbereich durch §§ 222, 229 StGB veranschaulicht, allein bei der „irgendwie gearteten“ Verursachung an. Er verkennt jedoch, dass das Kausalgesetz diese Ursächlichkeit erst zu konkretisieren vermag. Die Unzulänglichkeit der „Bedingungs-Formel“ gilt gleichermaßen für die schlichten Erfolgsdelikte wie auch für die sonstigen Straftatbestände, zumal deren Wortlaut zumindest im Hinblick auf die Kausalität keine wesentlichen Unterschiede zu den Erfolgsdelikten aufweist, die es angeblich erleichtern würden, aus ihrem gesetzlichen Tatbestand die Notwendigkeit für das Bestehen eines Kausalgesetzes herauszulesen. Vielmehr kann auch im Rahmen der schlichten Erfolgsdelikte die c.s.q.n. erst zur Anwen-

---

Folge zu untersuchen. Für ein schlichtes Hinwegdenken hätte es aber niemals der Unterstützung sachverständigen Rates bedurft.

168 S. 21.

169 Jescheck/Weigend AT § 28 II.4.

170 Jescheck/Weigend AT § 28 II.4.

171 Statt vieler Jescheck/Weigend AT § 28 II.1.

172 Vgl. nur Puppe JZ 1992, 30 (31); Otto WiB 1995, 929/930; Hilgendorf Jura 1995, 514 (515).

173 Puppe JZ 1994, 1147 (1149).

174 Hilgendorf NStZ 1994, 561 (566).

175 NStZ 1990, 566 (567).

176 So aber Kaufmann JZ 1971, 569 (572).

dung kommen, wenn durch ein Naturgesetz der Zusammenhang zwischen Ursache und Wirkung hinreichend geklärt ist.

III. Statistische Korrelation gegen Kausalität

Nur soweit es um die Feststellung der *konkreten* Kausalität geht, vermag sich der Richter eigenständig die Überzeugung zu bilden, dass die Rechtsgutverletzung entfallen würde, wenn das Produkt seine schädigende Wirkung nicht entfaltet hätte. Wenn die grundsätzliche Schädlichkeit eines Produktes einschließlich seiner Auswirkungen auf den Menschen feststeht und die Beweisaufnahme im zu überprüfenden Fall sowohl den Produktgebrauch als auch die nachfolgende *bekannte* Nebenwirkung ergeben hat, ist der Schluss des Gerichts ohne weiteres nachvollziehbar. Volk[177] erklärt das damit, dass die Frage nach der jeweiligen *Realisierung* einer Ursache in einem Erfolg nur mit statistischen Aussagen zu beantworten sei. Im Rahmen der *generellen* Kausalität birgt ihre Anwendung aber stets die Gefahr in sich, durch die rein zahlenmäßige Häufung die Grenze zwischen bloßer Zufälligkeit, statistischer Regelmäßigkeit und Gesetzmäßigkeit zu verlieren.

Die Statistik[178] allein kann immer nur starkes Indiz sein, niemals aber den Nachweis der Kausalität völlig ersetzen, da sie eben so gut die bloß zeitliche Überschneidung zweier voneinander unabhängiger Phänomene wiedergeben könnte[179]. Rein statistische Korrelationen[180] vernachlässigen nämlich die Beachtung von Einzelheiten[181]: Sie sind das Ergebnis eines Zusammenspiels abhängiger und unabhängiger Variablen, die in Bereichen komplexer Wechselbeziehungen vielfältiger potentieller Wirkfaktoren eine Art von Vernetzung beschreiben, die als Indiz für partielle Kausalitäten fungieren können. Ihr evidenter Nachteil besteht jedoch darin, dass intervenierende Variable in ihrer Berechnung falsche Spuren legen können[182], weshalb die empirischen Sozialwissenschaften jedes korrelative Ergebnis nur unter dem Vorbehalt etwaiger nicht kontrollierter Nebeneffekte anerkennen.

---

[177] NStZ 1996, 105 (108).

[178] Der Unterschied zu den naturwissenschaftlichen Erfahrungssätzen besteht in der Voraussagbarkeit bzw. Erklärbarkeit (sog. moderne Erkenntnistheorie, Nachweise bei Roxin AT § 11 Rdn. 4): Ein Nachweis für die Ursächlichkeit einer Bedingung ist im naturwissenschaftlichen Sinn erbracht, wenn der Erfolg *reproduzierbar* ist. Demgegenüber geht der nur statistische Nachweis von einer in der Regel Gauß´schen Verteilung aus, bei der zwar eine große Häufigkeit des Erfolgseintrittes gegeben ist, nicht aber dessen Ausschließlichkeit, so die Aussage von Prof. Dr.-Ing. Robert H. Schmucker der TU München.

[179] Maiwald, S. 93. Demgegenüber will Hilgendorf, FS für Lenckner, S. 702, neben deterministischen auch statistische Kausalgesetze genügen lassen.

[180] Zu diesem Begriff instruktiv Kühne NJW 1997, 1951 (1952/1953).

[181] Hassemer, Produktverantwortung, S. 44.

[182] Das gerade verkennt Hilgendorf, FS für Lenckner, S. 706, wenn er meint, durch statistische Gesetzmäßigkeiten könnten Alternativursachen ausgeschlossen werden.

Ein anschauliches Beispiel liefert Hoyer[183]: Wenn ein Alkoholiker die Ursache seiner Rauschzustände zu ergründen suchte, könnte er bei rein statistischer Analyse das Produkt „Sodawasser“ als Wirkungsfaktor feststellen, weil sein Rausch stets eintrat, nachdem er zuvor Whisky mit Soda, Brandy mit Soda, Rum mit Soda oder Gin mit Soda getrunken hatte. Demgegenüber sind die eigentlichen Ursachen untereinander so verschiedenartig, dass jede für sich betrachtet statistisch unauffällig blieb.

So schreibt auch Horn[184] zu Recht, dass die Statistik zwar den höchsten Anlass gebe, um Untersuchungen über kausalgesetzliche Zusammenhänge an- oder einzustellen. Für sich genommen sei sie aber niemals ein positives Argument für oder gegen das Vorhandensein spezifischer Wirkmomente in einem beobachteten Sachverhalt. Mag sich der Richter auch im Bereich der konkreten Kausalität auf die Statistik stützen können und müssen, so gilt das eben nicht für den generellen Ursachenzusammenhang[185].

IV. Zusammenfassung

Wenn aber schon die schädigende Wirkung, also die grundsätzliche Schadenseignung des Produkts nicht geklärt werden konnte, erübrigen sich Erörterungen über die konkrete Kausalität jedes der Anklage zugrunde liegenden Einzelfalls. Die generelle Kausalität ist vielmehr zwingende Voraussetzung eines jeden individuellen Kausalzusammenhangs[186]. Eindrucksvoll hebt das auch und gerade die „Formel von der gesetzmäßigen Bedingung“ hervor: Ein Ereignis darf als „kausal“ gelten, wenn es aufgrund einer gesetzmäßigen Bedingung (= generelle Kausalität) im *konkreten* Fall *tatsächlich wirksam* geworden ist (= individuelle Kausalität). Die reine Anwendung der Bedingungsformel läuft im Ergebnis auf eine Verschleierung von genereller und individueller Kausalität hinaus[187], deren strikte Trennung[188] gerade auch die Rspr. für sich in Anspruch nimmt[189].

---

[183] GA 1996, 160 (164).

[184] Konkrete Gefährdungsdelikte, S. 132.

[185] Wie Hilgendorf, FS für Lenckner, S. 706, möchte auch Lackner/Kühl, Vor § 13 Rdn. 12 a.E., gerade im Bereich der Produktverantwortung mit einem Begriff der statistischen Kausalität hantieren, der dadurch gekennzeichnet sei, dass zwar die Verursachung tatbestandsmäßiger Erfolge feststehe, ihre Zuordnung zu bestimmten Rechtsgutobjekten aber nicht möglich sei und insoweit eine Opfer-Wahlfeststellung anzustrengen sei.

[186] So auch Kuhlen NStZ 1990, 566 (567 Fn. 17); ders., Fragen, S. 70/71.

[187] Daher auch die Argumentation des BGH, der Strafrichter habe über einen konkreten Fall, nicht aber über eine abstrakte Rechtsfrage zu entscheiden, NJW 1995, 2930 (2932).

[188] Ransiek, Unternehmensstrafrecht, S. 13 Fn. 25, hält sie demgegenüber als wenig hilfreich, weil sich generelle Aussagen auch nur aus Einzelaussagen ableiten ließen und sie daher die Kenntnis der konkreten Verursachung schon voraussetzten.

[189] Vgl. nur LG Aachen JZ 1971, 507 (511).

B.Feststellung der Kausalität

Hat man sich darauf verständigt, dass Teil des materiellen Kausalitätsbegriffes das Bestehen einer Gesetzmäßigkeit zwischen Ursache und Folge ist, muss nun die Frage beantwortet werden, wie diese gesetzmäßige Bedingung ermittelt werden kann.

I.Prozessrechtliche Einordnung

Die überwiegende Meinung in Rspr.[190] und Lehre[191] nimmt hierfür eine prozessrechtliche Haltung ein. Zwar ist insoweit zwischen dem Erfordernis der Kausalität als normativem Tatbestandsmerkmal und dem auf Tatsachen fundierten Kausalitätsnachweis zu trennen[192]. Auch wenn das materielle Recht selbst aber die Kausalität verlangt, ist es immer noch Sache des Prozessrechts, die Kausalität überhaupt zu erkennen[193]. Denn nicht nur der der Kausalität zugrunde liegende Sachverhalt, sondern gerade auch die Existenz eines verbindenden Kausalgesetzes zählt zu der Sachverhaltsebene und ist deshalb vom Tatrichter zu seiner subjektiven Überzeugung zu ergründen.

II.Materielle Ebene

Nur vereinzelte Stimmen in der Lit. argumentieren rein materiell und bezeichnen im Anschluss an Kaufmann[194] die Kausalität als Blankett, das der Ausfüllung durch Naturgesetze bedürfe[195]. Dessen Existenz sei Teil des gesetzlichen Tatbestandes, unter den der Sachverhalt subsumiert werden müsse[196]. Ob eine

---

[190] So vor allem in der „Contergan-Entscheidung“, JZ 1971, 597 (511) und im „Holzschutzmittel-Verfahren“, NJW 1995, 2930 (2932).

[191] U.a. Bruns, FS für Maurach, S. 479/480; Kühne NJW 1997, 1951 (1952); SK-Rudolphi, vor § 1 Rdn. 42; Schumann JZ 1989, 427 (433); Brammsen Jura 1991, 533 (535f, 538); Kuhlen, Fragen, S. 66; Otto WiB 1995, 929 (930); Maiwald, S. 107/108.

[192] Braun KritV 1994, 179 (181); Fincke, S. 76.

[193] Fincke, S. 76.

[194] JZ 1971, 569 (574).

[195] In diese Richtung auch der Spanische Oberste Gerichtshof in der „Rapsöl-Entscheidung“, NStZ 1994, 37: Anfang der 80er Jahre tauchte in mehreren Regionen Spaniens eine neuartige Krankheit mit einer bislang unbekannten, aber einheitlichen Pathologie auf, die zum Teil einen tödlichen Verlauf nahm. Nach Aufnahme einiger Studien nährte sich in medizinischen Fachkreisen der Verdacht eines Zusammenhanges mit dem Konsum bestimmter Speiseöle. Deren chemische Untersuchung ergab eine Beimischung von mit Anilin vergälltem Rapsöl, das gewöhnlich zu Industriezwecken importiert wird. Ein ganzes Geflecht von Firmen hatte das Rapsöl für den Lebensmittelvertrieb eingeführt. Der Versuch der Vertreiber, die Giftstoffe aus dem Öl zu eliminieren, blieb offensichtlich erfolglos. Die erste Instanz verurteilte u.a. einen Angeklagten, der das Rapsöl importiert und an Speiseölhändler geliefert hatte, wegen fahrlässiger Tötung und Körperverletzung. Der Gerichtshof bestätigte diese Entscheidung vor allem unter dem Aspekt der Kausalitätsfeststellung wie auch der Vorhersehbarkeit der Schäden.

[196] Schwankend Jakobs AT 7/12 Fn. 14; instruktiv zur ablehnenden Ansicht Maiwald, S. 108.

gesetzmäßige Regel bestehe, die das Zusammenwirken mehrerer Umstände erkläre, sei eine durch Auslegung zu ermittelnde Rechtsfrage und deshalb der subjektiven Überzeugungsbildung des Richters entzogen[197]: „Der Gedanke, dass ein Gericht über die Existenz eines zeitlosen Naturgesetzes mit *geisteswissenschaftlichen Methoden* nach seiner subjektiven Überzeugung und ohne vollständige Bindung an die existenten naturwissenschaftlichen Methoden zur Überprüfung solcher Naturgesetze sollte entscheiden können, ist schwer nachvollziehbar."[198] Vielmehr sei es nach dem Grundsatz „iura novit curia" ureigene Aufgabe des Richters, sich die Kenntnis über das von ihm anzuwendende Recht selbst zu verschaffen. Nur wenn sein Bestehen „objektiv gewiss", d.h. in naturwissenschaftlichen Fachkreisen allgemein anerkannt sei, könne es die Urteilsgrundlage bilden[199]. Allenfalls, ob die Fachwissenschaft überhaupt über ein entsprechendes Erfahrungswissen verfüge, sei Teil des vom Tatgericht festzustellenden Sachverhalts, für den das Prozessrecht mit seinen Beweisgrundsätzen und -regeln Bedeutung erlange und der der subjektiven Überzeugungsbildung unterliege[200].

III. Auswertung

Die zweite Blickweise ist aber zu kurzsichtig. Sie übersieht nämlich, dass Erkenntnis aus Erfahrung keine Rechtssetzung im engeren Sinne ist[201]. Andernfalls würde man den empirischen Wissenschaften die Kompetenz erteilen, den Tatbestand von Strafgesetzen zu bestimmen[202]. Dies ist aber einzig und allein dem parlamentarischen Gesetzgeber überantwortet, zumal sonst u.U. falsifizierbare Tatbestandsmerkmale erschaffen würden[203]. Empirische Sätze haben im Gegensatz zu Rechtsgesetzen gerade keinen normativen Inhalt; sie sind vielmehr Tatsachen, wenn auch nicht singuläre, sondern allgemeine[204].

Deshalb bleibt festzuhalten, dass die Ermittlung des Kausalzusammenhangs, bestehend aus gesetzmäßiger Bedingung allgemein und hypothetischer Elimination im Einzelfall, grundsätzlich der Prozessebene zugeordnet werden kann.

Dem widerspricht im Ergebnis auch nicht die kritische Ansicht Puppes, wonach mit Mitteln des Prozessrechts allenfalls *singuläre* Tatsachen nach dem Maßstab des § 261 StPO bewiesen werden könnten. Der Nachweis *allgemeiner* theoretischer Sätze könne dagegen nur mit experimenteller und statistischer Be-

---

[197] Ihm folgt auch Bruns, FS für Maurach, S. 480.

[198] JZ 1971, 569 (573).

[199] Kaufmann JZ 1971, 569 (574).

[200] JZ 1971, 569 (574); in diese Richtung auch Eichinger, S. 197, und Kuhlen NStZ 1990, 566 (567).

[201] Otto WiB 1995, 929 (930).

[202] Puppe JZ 1994, 1147 (1150).

[203] Deutscher/Körner wistra 1996, 292 (297).

[204] Puppe JZ 1994, 1147 (1150).

tätigung sowie durch ihre Vereinbarkeit mit anderen bereits allgemein anerkannten theoretischen Sätzen gelingen[205]. Dafür biete der räumlich und zeitlich beschränkte Prozess der Tatsacheninstanz aber keine Gelegenheit.

In der Tat kann es zwar niemals Aufgabe des Juristen oder allgemein des Strafprozesses sein, sich über die generelle Existenz eines Kausalgesetzes Gedanken zu machen, weil ihm regelmäßig die Kompetenz fehlen wird[206]. Deshalb kritisierte beispielsweise die 26. Strafkammer des LG Frankfurt im „Holzschutzmittel-Prozess“[207] zu Recht, dass sich das Gericht nicht selbst an Stelle des maßgeblichen Fachkreises setzen könne und „anhand der getürmten Abhandlungen, der eindrucksvollen Bilder und der verwirrenden Diagramme, die die Sachverständigen hinterlassen, einem behaupteten Naturgesetz zur strafrechtlichen Anerkennung verhelfen.[208]“ Hierzu muss es sich vielmehr fachwissenschaftlichen Rates bedienen. Dem Richter obliegt es dann aber, sich im Rahmen der mündlichen Verhandlung durch die Mittel der Beweiserhebung die Überzeugung zu verschaffen, dass in der Wissenschaft sein Bestehen, also die Allgemeingültigkeit des Erfahrungssatzes – als Tatsache – gesichert gilt. Prozessual dient ihm dazu der Sachverständigenbeweis[209], durch den das außerhalb der Verhandlung ermittelte Wissen mit Hilfe eines Gutachtens in den Prozess eingeführt wird.

C.Fehlen eines gesicherten Erfahrungswissens

Doch nützt das dem Gericht regelmäßig wenig, wenn eine entsprechende Meinungsbildung in den Fachkreisen überhaupt fehlt oder aber strittig ist. Dann muss man sich der Diskussion stellen, ob die Kausalität nun auch ohne einen solchen Erfahrungssatz allein mit Hilfe von § 261 StPO bestimmt werden kann. Die eigentliche Frage lautet deshalb, ob der Strafprozess verlangt, dass für die Annahme einer Gesetzmäßigkeit über die Existenz eines entsprechenden Naturgesetzes im wissenschaftlichen Sinne Klarheit herrschen muss[210] oder aber die

---

[205] JZ 1996, 318 (320) bzw. 1994, 1147 (1150); so auch Hoyer GA 1996, 160 (164).

[206] Es sei denn, er hat eine entsprechende, zusätzliche Ausbildung durchlaufen.

[207] Schmidt-Salzer, ES IV.3.31 (2).

[208] So die Worte Kaufmanns JZ 1971, 569 (574).

[209] Insofern verneint Puppe JZ 1994, 1147 (1150), das Vorliegen eines Beweisvorganges, weil der Sachverständige nicht über eine eigene Wahrnehmung, etwa durch Experimente, berichtet, sondern von Beweisleistungen, die von anderen Wissenschaftlern erbracht worden sind. Sie übersieht dabei aber zweierlei: Zunächst hängt diese These immer von dem jeweils ausgewählten Sachverständigen ab. Soweit im „Holzschutzmittel-Verfahren“ diverse Professoren gehört wurden, erörterten sie nämlich gerade ihre eigenen wissenschaftlichen Forschungsprojekte. Und zweitens ist auch der Zeuge vom Hörensagen ganz allgemein als Beweismittel anerkannt, vgl. nur Kleinknecht/Meyer-Großner, § 250 Rdn. 4.

[210] So u.a. Maiwald, S. 109; Bruns, FS für Maurach, S. 479/480.

anderweitig gestützte subjektive Überzeugung des Tatrichters über einen Kausalzusammenhang genügt.

Kühne veranschaulicht die Problematik mit einem Vergleich aus der sozialgerichtlichen Rechtsprechung, gleichermaßen ein Verfahren, das dem Prinzip der objektiven Wahrheitsermittlung unterliegt. Dort wurden in letzter Zeit mehrfach Klagen gegen die Berufsgenossenschaften auf Zuspruch einer Berufsunfähigkeitsrente aufgrund Giftexpositionen am Arbeitsplatz abgewiesen, weil die fast unbegrenzte Vielfalt potentiell gesundheitsschädlicher Stoffe in der Umwelt so viele Kausalpotentiale eröffne und nur ein streng naturwissenschaftlicher Nachweis der Schadenswirkung einen solchen Anspruch rechtfertigen könne[211]. Dann könne seiner Ansicht nach als Voraussetzung für die schärfste staatliche Reaktion – die strafrechtliche Verurteilung – nicht mindere kausale Erfordernisse aufgestellt werden – zumindest keinesfalls mit Blick auf rein fiskalische Interessen[212].

Die Diskussion eröffnet in der Praxis gleichsam ein Spannungsfeld zwischen empirischer Wirkungsforschung und den unverzichtbaren Voraussetzungen eines rechtsstaatlich bestimmten Strafrechts[213]. Die Grenze zwischen dem zuverlässigen Wissen um empirische Zusammenhänge und der lediglich zufälligen zeitlichen und örtlichen Übereinstimmung von Produktbenutzung und Schaden drohen zu verwischen, weil nicht ersichtlich ist, was der Richter bei fehlenden wissenschaftlichen Kenntnissen sonst zu seiner Urteilsgrundlage machen soll als die bloße statistische Häufigkeit einer Ursache-Folge-Relation.

I.Vorgehen des BGH

Dennoch hat der BGH in der „Holzschutzmittel-Entscheidung“, teilweise zurückgehend auf den Einstellungsbeschluss des LG Aachen eine Reihe von Beurteilungsprinzipien für die *prozessuale* Kausalitätsermittlung formuliert[214]. Sie gilt es nun auf ihre Rechtfertigung hin zu untersuchen.

1.Keine grundsätzliche Beschränkung auf naturwissenschaftlich geklärte Kausalzusammenhänge

Aufgabe des Strafrichter sei es, ein Urteil über die Strafbarkeit des Angeklagten zu fällen. Diese Gewissensentscheidung verlange von ihm, dass er im Rahmen seiner Möglichkeiten die Wahrheit erforsche und sich mit dem Sachverhalt erschöpfend auseinandersetze[215]. Da dies auch für Fallgestaltungen zu-

---

[211] Kühne NJW 1997, 1951 (1953).

[212] Kühne NJW 1997, 1951 (1954).

[213] Hassemer, Produktverantwortung, S. 28f.

[214] Vgl. dazu auch Schmidt-Salzer NJW 1996, 1 (6).

[215] Roxin, Strafverfahrensrecht, § 15 Rdn. 14.

treffe, in denen Aussage gegen Aussage stehe[216], gebiete ihm sowohl seine Aufklärungspflicht als auch der Grundsatz der freien Beweiswürdigung, dass er sich ebenso mit wissenschaftlich umstrittenen Meinungen kritisch befasse. Selbst das Bedürfnis eines Sachverständigenbeweises begründe insoweit keine Besonderheit[217].

a.Argumentationslinie des BGH

Zunächst einmal habe der Richter die Tatsachen eines *konkreten* Sachverhalt, zu denen auch die Feststellung von Kausalzusammenhängen zähle, nicht aber eine *abstrakte* Fachfrage zu beurteilen. Bei dieser Beurteilung sei aber – zurückgehend auf die „Contergan-Entscheidung des LG Aachen – zwischen der Kausalität im Rechtssinne und dem naturwissenschaftlichem Nachweis zu trennen[218]: Erforderlich sei keine mathematische, jede Möglichkeit des Gegenteils ausschließende Gewissheit, also absolut sicheres Wissen[219], da es absolute Wahrheitserkenntnis sowieso nicht gäbe[220]. Vielmehr werde der Strafprozess durch andere Standards beherrscht[221]. Denn das Tatsachengericht müsse nach dem Inbegriff der Hauptverhandlung von den zu beweisenden Tatsachen, zu denen auch die Ursächlichkeit gehört, nur voll überzeugt sein[222]. Entscheidend sei hierzu ein besonnener, gewissenhafter und lebenserfahrener Blickwinkel, der nur reale, nicht aber abstrakte, auf theoretischen Konstruktionen beruhende Zweifel berücksichtige[223]. Das Strafprozessrecht müsse insoweit dem Umstand Rechnung tragen, dass die Urteilsfindung ein Prozess geisteswissenschaftlichen Erkennens beinhalte und dementsprechend nicht auf unmittelbar einsichtigem Denken beruhe[224]. Da sich bei einem solchen menschlichen Denkvorgang Zweifel auch noch so theoretischer Art praktisch nie vollständig ausräumen ließen, könne es nicht auf die für den naturwissenschaftlichen Nachweis objektive, vielmehr nur auf die subjektive Gewissheit des urteilenden Richters ankom-

---

[216] BGH NStZ 92, 347.

[217] So schon das LG Aachen JZ 1971, 507 (511) und BGH NJW 1995, 2930 (2932).

[218] Auch Hilgendorf, FS für Lenckner, S. 703, gebraucht in der Jurisprudenz die „Kausalität" als Rechtsbegriff, deren Definition anderen Disziplinen entsprechen kann, aber nicht muss. Die Anforderungen an ein brauchbares Kausalgesetz könnten in den Wissenschaften durchaus verschieden ausfallen. Das naturwissenschaftliche Kausalgesetz unterscheide sich insoweit regelmäßig in seinem „Sicherheitsgrad" von dem der Rechtswissenschaften. Dem Richter obliege es dann, zu entscheiden, auch eine unsichere Gesetzmäßigkeit gelten zu lassen, a.a.O, S. 712. Kritisch dagegen Hassemer JuS 1991, 253 (254), der den juristischen Wahrheitsbegriff mit schlichter statistischer Korrelation gleichsetzt.

[219] BGH VRS 39, 103ff.

[220] Louven MDR 1970, 295.

[221] Kuhlen NStZ 1990, 566 (567).

[222] LG Aachen JZ 1971, 507 (510).

[223] LG Aachen JZ 1971, 507 (511).

[224] BGH NJW 1951, 122.

men[225]. Eine absolute, unanzweifelbare Gewissheit sei deshalb weder erforderlich noch überhaupt möglich[226].

b.Stellungnahme

Schon das Argument des BGH, die Entscheidung beschränke sich schließlich auf den konkreten Einzelfall, trägt nicht. Die Feststellung, ob zwischen zwei Ereignissen ein Kausalzusammenhang besteht, kann nie singulären Charakter haben[227], denn inzidenter enthält auch die für einen konkreten Fall getroffene Feststellung über die Wirkung eines Stoffes eine Aussage über dessen generelle Wirksamkeit[228]. Damit ist aber eine derartige Einzelfallbeschränkung schlichtweg nicht durchführbar[229]. Auch wäre weitere zwingende Folge, dass aus *einer* Konstellation keinerlei Rückschlüsse auf *andere* Fälle – und seien sie auch gleichgelagert – gezogen werden könnten[230].

Ferner erscheint der Ansatz des BGH auch insoweit kritikwürdig, als er damit erneut begriffliche Definition und prozessuale Feststellung vermengt. Denn, ob ein Kausalzusammenhang besteht, ist eine empirische Frage, deren Beantwortung nicht davon abhängig ist, ob sie im Kontext der Naturwissenschaften oder anderer wissenschaftlicher Disziplinen gestellt wird[231]. Auch übersieht das LG Aachen bei seinem Beschluss eine damals aktuelle Entscheidung des BGH aus dem Vorjahr, in der er sich mit dem Verhältnis von juristischem und naturwissenschaftlichen Ursachenbegriff auseinander setzte[232]. Danach kann die juristische Kausalität, also der von der Kammer in Anspruch genommene „Nachweis im Rechtssinne“ nur in einer *Einengung* des naturwissenschaftlichen Verursachungsbegriffs dahin bestehen, dass bestimmte Verursachungsabläufe als rechtlich nicht zumutbar außer Betracht bleiben[233]. Das enthält e contrario die Aussage, dass ein rechtstechnischer Verursachungsbegriff niemals eine naturwissen-

---

[225] Zum Begriff der subjektiven Gewissheit vgl. LR-Gollwitzer, § 261 Rdn. 7ff, insb. 13.

[226] So auch Louven MDR 1970, 295.

[227] Maiwald, S. 108: Stets sei es erforderlich zu prüfen, ob in „Fällen dieser Art“ eine bestimmte Aufeinanderfolge erkennbar ist – eben ein gesetzmäßiger Zusammenhang. Aus dieser Gesetzmäßigkeit ergebe sich dann die Voraussagbarkeit und damit Steuerbarkeit bestimmter Ereignisse.

[228] BGH NJW 1995, 2930 (2932). Puppe JZ 1996, 318, geht noch weiter, indem sie jede Feststellung der Kausalität im Einzelfall als implizite Anerkennung desjenigen Kausalgesetzes begreift, unter das der Einzelfall subsumiert wird.

[229] So auch Puppe JZ 1996, 318.

[230] Vgl. Hilgendorf, FS für Lenckner, S. 707.

[231] Das räumt auch Hilgendorf, FS für Lenckner, S. 710, ein.

[232] NJW 1970, 1970 (1971/1972).

[233] Das verkennt auch Wohlers JuS 1995, 1019 (1022), der dem strafrechtlichen Kausalbegriff allein die Funktion zuweist, Verantwortung zuzuschreiben, um hieran rechtliche Sanktionen zu knüpfen, nicht hingegen um allgemeingültige Vorhersagen zu ermöglichen bzw. ein bestimmtes Weltbild zu begründen.

schaftlich zu verneinende Kausalität „juristisch" bejahen kann[234]. Die vom BGH ermöglichte und auch geforderte Auseinandersetzung mit wissenschaftlich ungeklärten Zusammenhängen läuft so auf den ersten Eindruck darauf hinaus, eine schlichte Abwägung zwischen rein zufälligem Zusammentreffen oder aber prognostizierbarer Häufung zuzulassen[235]. Für sich genommen nagt das bedenklich an den vom Strafprozess geforderten Rechtssicherheiten. Dagegen spricht auch nicht, dass allgemein bei Statistiken Unsicherheiten und Ungenauigkeiten nicht völlig auszuschließen seien[236]. Denn es bedürfte schon keines Rückgriffes auf Statistiken, wenn es bei der Forderung nach dem Bestehen eines anerkannten Naturgesetzes im deterministischen Sinne bliebe[237].

Gleichwohl muss man sich aber stets vergegenwärtigen, dass die gesetzmäßige Bedingung als Teil der Wirklichkeit gerade unabhängig davon besteht (oder eben nicht), ob sich die Wissenschaft hierüber im Klaren ist. Es geht allein darum, ob und wie man ihrer habhaft wird. Auch verbietet es schon der Gerechtigkeitsgedanke, sich leichtfertig im Zweifel für den Angeklagten zu entscheiden[238].

Der Strafprozess ist geradezu geprägt von der subjektiven Überzeugungsfindung des Tatgerichts. Da der Richter bei der Verurteilung oft über ein Menschenschicksal entscheidet, muss allein *er*, um für diese Entscheidung Verantwortung übernehmen zu können, sie mit *seinem* Gewissen in Einklang bringen können. Das erfordert von ihm regelmäßig eine umfassende Auseinandersetzung mit dem Sachverhalt und verbietet ihm, sich vorschnell auf eine Deutungsvariante zu stützen[239]. Wegen seiner Unabhängigkeit, die mit Art. 97 I GG sogar im Grundgesetz verankert ist, ist er insoweit nur dem Gesetz und seinem eigenen Gewissen unterworfen und trägt Verantwortung nicht auch für andere Meinungen. Deshalb begnügt sich die Rspr. auch damit, dass der Richter nur *eigene*

---

[234] So auch Bruns, FS für Maurach, S. 480/481, mit Verweis auf eine Entscheidung des BGH aus dem Jahre 1957. Dort stellte der BGH ganz zum Schluss fest, dass das vom Schuldgrundsatz beherrschte Strafrecht sich nicht mit einer rein naturwissenschaftlichen Verknüpfung bestimmter Ereignisse *begnügen* dürfe, um die Frage nach dem Verhältnis zwischen Ursache und Erfolg zu beantworten. „Für eine das menschliche Verhalten wertende Betrachtung ist vielmehr wesentlich, ob die Bedingung nach rechtlichen Bewertungsmaßstäben für den Erfolg bedeutsam war." Das spricht dafür, dass die naturwissenschaftliche Erklärung nur die erste Hürde ist, die der Strafrichter bei seiner Entscheidung nehmen muss.

[235] So auch das LG Aachen JZ 1971, 507 (512).

[236] So aber das LG Aachen JZ 1971, 507 (512).

[237] Demgegenüber will Hilgendorf, FS für Lenckner, S. 702, auch statistische und sogar probabilistische Gesetzmäßigkeiten genügen lassen.

[238] Louven MDR 1970, 295 (296).

[239] Roxin, Strafverfahrensrecht, § 15 Rdn. 14. Dass er seiner Überzeugungsfindung keine Erfahrungssätze zugrunde legen darf, die objektiv nicht begründbar sind, ist insoweit selbstverständlich und hat eigentlich nur kontrollierende Funktion, vgl. BGH NStZ 1988, 235 (236).

Zweifel auszuschließen hat[240]. Auch der Grundsatz „in dubio pro reo“ tritt als prozessuale Folge erst dann ein, wenn nach Gebrauch aller möglichen Beweismittel zur Feststellung der erheblichen Tatsachen Zweifel nicht ausgeräumt werden können[241].

Und selbst bei eigenen Zweifel gilt gerade der Aufklärungsgrundsatz. Das bedeutet zwar, dass der Richter, wenn er zweifelt, von Amts wegen mit allen Mitteln des Prozessrechts ihnen nachgehen muss, weil den Angeklagten im Strafprozess niemals – auch nicht die materielle – Beweislast trifft[242]. Die Pflicht aus § 244 II StPO verlangt dabei von ihm, allen konkreten Anhaltspunkten für einen anderen Geschehensablauf nachzugehen und damit u.U. auch subjektive Zweifel erst zu begründen[243]. Fehlt es aber schon an solchen Anhaltspunkten, kann auch die Aufklärungspflicht nicht weiterhelfen. Insoweit obliegt es doch dem Angeklagten, im eigenen Interesse das Bewusstsein des Richters über alternative Geschehensabläufe zu aktualisieren[244], zumal ihm hierzu das Verfahrensrecht mit der Möglichkeit eines Beweisantrags helfend zur Seite steht. Deshalb sind auch dem Erfolg einer Aufklärungsrüge in der Revision beachtliche Grenzen gesetzt[245]. Der Richter verletzt sie erst, wenn der bekannte oder zumindest erkennbare Sachverhalt die Benutzung weiterer Beweismittel „nahe legte“[246].

Schließlich kann es selbst in den Naturwissenschaften keine unverrückbaren Wahrheitsnachweise geben. Auch sie wird niemals vor einer nachträglichen Falsifizierung ihrer Thesen gefeit sein[247]. „Alles Wissen über die Wirklichkeit beginnt mit der Erfahrung und endet mit ihr.“[248] Selbst wenn man von gesichertem Erfahrungswissen sprechen möchte, wird hier nur eine Wahrscheinlichkeit, wenn auch von äußerst hohem Grade, beschrieben[249]. Und diese Wahrscheinlichkeitsaussagen[250] lassen sich – auch soweit sie auf naturwissenschaftlichen Forschungsergebnissen beruhen – empirisch u.U. zwar widerlegen, nie aber ve-

---

[240] Hassemer, Produktverantwortung, S. 46; so auch Wohlers JuS 1995, 1019 (1022) m.w.N. unter Fn. 45. Das BVerfG NJW 1988, 477, hat klargestellt, dass es nur auf die Zweifel ankommt, die der Richter ausweislich der Urteilsgründe tatsächlich gehabt hat, nicht, die er nach Meinung des Angeklagten hätte haben müssen.

[241] Kleinknecht/Meyer-Großner, § 261 Rdn. 26.

[242] LR-Gollwitzer, § 261 Rdn. 106.

[243] LR-Gollwitzer, § 261 Rdn. 108.

[244] Volk GA 1973, 161 (164).

[245] Sarstedt/Hamm, Rdn. 513ff, insb. 550ff.

[246] LR-Gollwitzer, § 244 Rdn. 93; BGH NJW 1951, 83.

[247] Maiwald, S. 109.

[248] So schon Einstein, On the Method of Theoretical Physics, 1933, 7, Nachweise bei Hoyer GA 1996, 160 (164).

[249] Volk NStZ 1996, 105 (108). Bei gesicherten wissenschaftlichen Erkenntnissen wird die sehr hohe Wahrscheinlichkeit jedoch nahezu 100% betragen, a.a.O. S. 106.

[250] Herdegen NStZ 1987, 193 (198); Hilgendorf, Risikogesellschaft, S. 124.

rifizieren[251]. Vor diesem Hintergrund ist dem BGH sicher zuzugeben, dass die richterliche Aufklärung nicht bei dem Bedürfnis nach gesicherter Erkenntnis verharren darf. Dazu braucht es nicht einmal – wie das LG Aachen meint – eines Rückgriffs auf die Natur menschlicher Denkvorgänge.

2.Subjektive Überzeugung durch Gesamtabwägung

Der BGH geht aber noch weiter: Wenn der Richter nicht zur Überzeugung gelangen könne, dass in den Fachkreisen eine unstrittige Erfahrungsregel bestehe, sei er eben gehalten mit Hilfe einer Abwägung der für und gegen die noch nicht allgemein anerkannten Methoden und Ergebnisse sprechenden Gesichtspunkte im Rahmen der Beweiswürdigung zu einem für ihn vertretbaren Ergebnis zu gelangen[252]. Da aber das Strafverfahren stets entsprechende Anknüpfungstatsachen verlange, könne nur eine umfassende Gesamtschau der Einzelfälle unter Würdigung aller Erkenntnisse und Indizien den Streit in der Wissenschaft überwinden[253].

a.Wesen der richterlichen Überzeugungsbildung

Dabei erfährt die richterliche Überzeugungsbildung auch durch die mit dem Wesen eines Erkenntnisprozesses verbundenen Regeln eine gewisse Einschränkung, dem die Argumentationsführung des Tatsachengerichts im Hinblick auf die intersubjektive Vermittelbarkeit des Urteils genügen muss. Ziel des Erkenntnisprozesses ist es, ein in der Vergangenheit liegendes Geschehen zu rekonstruieren und strafrechtlich zu bewerten. Als ein Akt des schlussfolgernden Denkens basiert dieser Vorgang zwingend auf den im Erfahrungswissen einer Gesellschaft zur Verfügung stehenden Erfahrungssätzen[254]. Schlussfolgerungen des Richters müssen stets so objektiv fundiert sein, dass sie einen vernünftigen, d.h. rationalen Argumenten zugänglich gedachten Diskussionspartner dazu zwingen, sie als plausibel zu akzeptieren[255].

Selbst der BGH[256] fordert deshalb, um einer Subjektivierung der Beweiswürdigung entgegenzuwirken, objektiv eine hohe Wahrscheinlichkeit für den

---

[251] So schon Maiwald, S. 109.

[252] Das zieht die Möglichkeit einer revisionsrechtlichen Überprüfung nach sich.

[253] Diese sah die 26. Strafkammer des LG Frankfurt im „Holzschutzmittel-Verfahren" zunächst nicht in ausreichendem Maß als gegeben an, so dass es die Eröffnung des Hauptverfahrens ablehnte. Erst auf die sofortige Beschwerde der Staatsanwaltschaft und der Nebenkläger wurde der Beschluss durch das OLG Frankfurt m.E. zu Recht aufgehoben, da zumindest in diesem Stadium die Ablehnung der Prozessführung mangels durchgeführter Hauptverhandlung zu weit ging, vgl. Schmidt-Salzer, ES IV.3.31 (2/3).

[254] Wohlers JuS 1995, 1019 (1023).

[255] Wohlers JuS 1995, 1019 (1024).

[256] NStZ 1990, 402.

Ursachenzusammenhang[257]. Doch fragt sich, welcher Grad insoweit erforderlich sein muss[258]. Näher konkretisierte vernünftige Zweifel müssen jedenfalls stets ausgeschlossen werden oder aber zugunsten des Angeklagten wirken[259]. Daraus resultiert die Schwierigkeit, wann die Grenze rein theoretischer Denkmöglichkeiten hin zu ernsthaften Alternativen überschritten wird[260] und der Grundsatz „in dubio pro reo" Anwendung findet.

b.Funktion des Strafurteils

Das findet Bestätigung in der Funktion des Richters und des Strafrechtsurteils, wie sie Maiwald schon 1980 erläuterte: Zweck des einen Strafprozess abschließenden Urteils ist es, Rechtsfrieden zu schaffen. Das wird aber nicht durch beliebige Entscheidungen erreicht, sondern nur durch eine Anzahl solcher, die wenigstens im großen und ganzen den Wertvorstellungen – dem „Gerechtigkeitsempfinden" – der Allgemeinheit entsprechen[261], denen man also das „gewissenhafte Streben nach Gerechtigkeit" attestieren kann[262]. Das gilt nicht nur für die Einhaltung der Denkgesetze und der Sätze der Erfahrung, die sich deshalb an der klassischen Logik zu orientieren haben[263], sondern auch und gerade, wenn wissenschaftliche Erkenntnisse in Rede stehen.

Überzeugungskraft wird dem Urteil nur zuteil, wenn es vom „Alltagsverstehen" im Sozialleben getragen wird[264]. Deshalb kann sich der Richter über einhellige wissenschaftliche Erkenntnisse – bejahender oder verneinender Art[265] – niemals hinwegsetzen und Zweifel anmelden, mag er sie auch persönlich nicht

---

[257] Hassemer, Produktverantwortung, S. 46 und 49; Herdegen NStZ 1987, 193 (197).

[258] Die Problematik ähnelt der der Hinzuziehung psychologischer und psychiatrischer Sachverständiger, bei denen aufgrund der in diesen Disziplinen herrschenden Schulenstreite ebenfalls so gut wie nie allgemeine Übereinstimmung innerhalb der gesamten Fachrichtung zu erzielen ist und deshalb der Richter über die für ihn maßgebliche Theorie selbst entscheiden muss, Puppe JZ 1994, 1147 (1150/1151); dies. ZStW 92, 863 (902 Fn. 59). Derartige Fallgestaltungen unterscheiden sich aber insoweit von der vorliegenden, als mit Hilfe der psychiatrischen und psychologischen Gutachten regelmäßig *innerpsychische* Vorgänge zu beweisen sind, die der Außenwelt sowieso nicht zugänglich sind. Über sie kann *niemals* völlige Gewissheit bestehen. Hier wird regelmäßig allein die Plausibilität nach der eigenpsychischen Erfahrung des Beurteilers geprüft, a.a.O. S. 1148. Das verkennt Otto WiB 1995, 929 (930). Aber sogar der BGH unterscheidet regelmäßig innere Vorgänge von Ursachenzusammenhängen in der äußeren Natur, Dallinger MDR 1958, 139 (140).

[259] Otto WiB 1995, 929 (931).

[260] Bachmann/Beulke JuS 1992, 737 (739).

[261] Maiwald, S. 101.

[262] Schmidhäuser, FS für Eb. Schmidt, S. 521ff.

[263] Maiwald, S. 102.

[264] Maiwald, S. 104.

[265] D.h. das Gericht darf weder ein Kausalgesetz als ungültig behandeln, dessen Gültigkeit naturwissenschaftlich gesichert ist, noch als gültig, wenn seine Ungültigkeit fachlich erwiesen ist, Hoyer GA 1996, 160 (165).

als wahr empfinden[266]. Er darf bei empirisch gesichertem Wissen weder dessen Existenz generell in Frage stellen noch neue Kausalzusammenhänge postulieren[267], sondern nur das Bestehende auswerten[268]. Würde der Richter trotz anerkannter wissenschaftlicher Erkenntnis dennoch mit Hilfe seiner eigenen subjektiven Überzeugung auswählen dürfen, ob er sich diese Meinung zu eigen machen will, wird es regelmäßig an der Akzeptanz eines derartigen Urteils von der Allgemeinheit und der unmittelbar adressierten Beteiligten fehlen[269]. Ihm würde vielmehr die subjektive Beliebigkeit einer inkompetenten Person attestiert. Da in der praktischen Strafrechtspflege nur der Rekurs auf sachverständige Personen möglich, der Zugriff auf die Wahrheit selbst dagegen nicht denkbar ist, weil – wie gezeigt – das Naturgesetz losgelöst von der insoweit geführten Diskussion besteht oder nicht[270], muss es mit dieser Personalisierung sein Bewenden haben[271]. Andernfalls fragt sich, wenn der Richter einen wissenschaftlichen Streit entscheiden könnte, warum er sich überhaupt wissenschaftlichen Rates hat bedienen müssen. Letztlich kann insoweit der Richter durch seine persönliche Überzeugung allenfalls die Verantwortung dafür übernehmen, dass das dem Urteil zugrunde gelegte Gutachten die anerkannte wissenschaftliche Erkenntnis wiedergibt[272].

c.Ermittlung der Kausalgesetze als Haupttatsachen im Indizienprozess

Dennoch darf auch nicht übersehen werden, dass sich der BGH immerhin auf die vom Prozessrecht vorgegebene Situation stützen kann. Begreift man nämlich die Kausalität und insoweit die Existenz eines Kausalgesetzes, das für die Bejahung der Ursächlichkeit erwiesen sein muss, als Haupttatsache[273], so

[266] Kuhlen, Fragen, S. 67; Volk NStZ 1996, 105 (106), mit Verweis auf BGHSt 10, 208 (211). Der Verteidigung halber muss das Gericht das für gültig erklärte Kausalgesetz dem Angeklagten namhaft machen, Puppe JZ 1994, 1147 (1149/1150). Ausreichend ist dabei aber die Formulierung eines entsprechenden „Immer wenn A, dann B“-Satzes, weil die anschließende Anwendung der c.s.q.n. den Zusammenhang nur voraussetzt, nicht aber nennt, Hilgendorf, FS für Lenckner, S. 718.

[267] Hilgendorf, FS für Lenckner, S. 718.

[268] Hilgendorf, FS für Lenckner, S. 708; Kaufmann JZ 1971, 569 (574/575). Demgegenüber räumen Otto WiB 1995, 929 (930) und Ransiek, Unternehmensstrafrecht, S. 14, dem Richter sogar die völlige Entscheidungsfreiheit über die Existenz genereller Kausalgesetze ein: Als schlichtem Wahrscheinlichkeitsaussage über Grund-Folge-Verhältnisse sei es ein normaler Fall freier Beweiswürdigung. Da es keine absolute, unabänderliche Gewissheit gäbe, sei mehr als eine hinreichend sichere und vernünftige Erklärung ohnehin unmöglich. Sie verkennen jedoch den Unterschied zwischen naturwissenschaftlichem und statistischem Nachweis.

[269] Maiwald, S. 105.

[270] So auch oben Herdegen und Hilgendorf, Fn. 250.

[271] Maiwald, S. 109.

[272] LR-Gollwitzer, § 261 Rdn. 7.

[273] So insbesondere Puppe JZ 1994, 1147 (1149). Ihr hält Volk NStZ 1996, 105 (108), entgegen, dass das Kausalgesetz selbst nur Indizienschlüsse vermittle, aber nicht eigens als

muss es dem Gericht jedenfalls grundsätzlich erlaubt sein, auf diese Haupttatsache mit Hilfe von Indizien[274] schließen zu können[275]. Und weil in diesem Fall allgemein anerkanntes Wissen ja gerade nicht vorliegt, setzt sich der Richter auch nicht darüber hinweg[276]. Andererseits darf die generelle Gestattung eines Indizienbeweises nicht im Gegenzug dazu führen, dass sich der Verdächtige durch eine andere plausible Kausalerklärung zu entlasten hat[277].

Wie eng die Gratwanderung ist, zeigt die Entscheidung des BGH in seinem „Lederspray-Urteil": Dort genügte ihm nämlich trotz widersprechender Gutachten, allein weil er für die Gesundheitsbeeinträchtigungen keine anderweitige Kausalerklärung finden konnte, als hinreichendes Indiz der zeitliche Zusammenhang[278] zwischen Produktverwendung und Auftreten von Lungenödemen. Zwar war der Sachverhalt durch das Vorliegen äußerst konsistenter Krankheitsbilder[279] geprägt. Gleichwohl hätte die jahrelange Verträglichkeit der Produkte und eine im Vergleich zur Gesamtpopulation äußerst geringe Anzahl bekannt gewordener Fälle[280] mindestens Anlass zu Ermittlungen geben müssen, wenn nicht gar zu unausräumbaren Zweifeln.

Um mithin einen gerechten Ausgleich zwischen Indizienprozess und rechtsstaatlichem Verfahren zu finden, nötigt das zu einigen allgemeinen Aussagen über das im Strafprozess geltende Beweisrecht:

Haupttatsache fungiere. In diesem Sinne auch Wohlers JuS 1995, 1019 (1022), der fälschlicherweise die anerkannte Existenz eines Kausalgesetzes als bloßes Hilfsindiz begreift, das das normative Tatbestandsmerkmal der „konkreten Verursachung" zwar ausfüllen könne, nicht aber zwingend müsse. Damit übergeht er das Kausalprinzip, das durch feststehende, wenn auch unerkannte Gesetzmäßigkeiten überzeugt.

[274] Bei dieser Beweisart werden mittelbar bedeutsame Tatsachen zum Beweis einer unmittelbar bedeutsamen Tatsache herangezogen, näher LR-Gollwitzer, § 261 Rdn. 60ff.

[275] Zu Recht bemerkt allerdings Kühne NJW 1997, 1951 (1952), dass dies in der Theorie zwar leicht gesagt, in der Praxis wohl aber nicht weiterhilft. Denn woher soll das Gericht sich die relevanten Indizien verschaffen, die es in die Lage versetzen, eine höhere Erkenntnis zu erlangen als dies die Naturwissenschaften vermögen? Von den Naturwissenschaften jedenfalls nicht. Hierzu bleibt der BGH im „Holzschutzmittel-Prozess" einer Antwort schuldig, wohl auch deshalb, weil er das Urteil des LG sowieso aufhob.

[276] Kuhlen NStZ 1990, 566 (567); Otto WiB 1995, 929 (930).

[277] Deshalb wird auch verlangt, dass eine Theorie, die einen bestimmten statistischen Befund allgemein als Kausalzusammenhang erklärt, genannt werden muss, weil nur sie überprüft, angegriffen oder widerlegt werden könnte, andernfalls die Position des Angeklagten unmittelbar beeinträchtigt wird, Puppe JZ 1994, 1147 (1150), die als Bestätigung auf die Gegenansicht von Kuhlen, Fragen, S. 72, und BGHSt 37, 106 (112 Fn. 4), hinweist. Otto WiB 1995, 929 (932), erkennt aber insoweit zu Recht, dass die fehlende Namhaftmachung einer solchen Theorie nur den Ungewissheitsgrad über den hinreichend sicheren Ausschluss von Ersatzursachen erhöhe, nicht aber den Sachverhalt verändere.

[278] Demgegenüber erkannte selbst das LG Aachen, dass die zeitliche und sogar auch örtliche Übereinstimmung für sich gesehen keinen absoluten Beweiswert habe, sondern lediglich einen starken Verdacht begründe, vgl. Wohlers JuS 1995, 1019 (1020).

[279] Vgl. beispielsweise auch den „Contergan-Prozess" und die „Rapsöl-Entscheidung" des Spanischen Obersten Gerichtshofes, NStZ 1994, 37.

[280] Kuhlen NStZ 1990, 566 (567), für den „Lederspray-Prozess".

(I)Ermittlungsgrundsatz

Ausgangspunkt bildet der Ermittlungsgrundsatz, der auch als Prinzip der materiellen[281] Wahrheit bezeichnet wird[282]. Er ist im Gesetz in §§ 155 II, 244 II StPO verankert, wonach die Gerichte zur selbständigen Tätigkeit verpflichtet und mit Hilfe der von Amts wegen vorzunehmenden Beweisaufnahme zur Erforschung der Wahrheit aufgerufen werden[283]. Das bedeutet zunächst, dass der Angeklagte zur Mitwirkung an der Sachverhaltsaufklärung zwar *berechtigt* ist, insbesondere durch seine eigene Aussage (§ 243 IV 1 StPO) und die Stellung von Beweisanträgen (§§ 219, 244 III-VI StPO), aber keinesfalls *verpflichtet*[284]. Insoweit schreibt nämlich § 244 II StPO ausdrücklich vor, dass sich die Ermittlungspflicht auch auf die dem Täter günstigen Umstände zu erstrecken hat[285]. Entscheidender ist aber die sich daraus für die Beweislastverteilung[286] ergebende Konsequenz: Wer nicht zur Aufklärung beitragen muss, den können auch keinesfalls[287] die Folgen fehlender Erweislichkeit treffen[288]. Nachdem es aber Sache des Staates ist, die wirkliche Sachlage zu erkunden, ist zu seinen „Lasten"[289] die Tatsache als nicht geschehen zu akzeptieren, wenn ihm der Beweis nicht gelingt. Nichts anderes besagt der Grundsatz „in dubio pro reo"[290]. Im Strafprozess ist also die Beweislastverteilung von vornherein zugunsten des Angeklagten geregelt[291], wofür auch vielfach die Unschuldsvermutung (Art. 6 II MRK[292]) ergänzend herangezogen wird[293].

---

[281] Im Zivilprozess gilt demgegenüber mit der Verhandlungsmaxime das Prinzip der formellen Wahrheit, Thomas/Putzo, Einl. I Rdn. 1-3, und Schulz ZUR 1994, 26 (31).

[282] Schulz ZUR 1994, 26 (31).

[283] Roxin, Strafverfahrensrecht, § 15 Rdn. 3.

[284] Das verbietet schon der „nemo-tenetur-Grundsatz", vgl. dazu Roxin, Strafverfahrensrecht, § 15 Rdn. 9.

[285] Das ist eigentlich selbstverständlich, da der staatliche Strafanspruch nicht um seiner selbst willen bestehen kann, sondern nur wirklich geschehene Vorfälle sanktionieren möchte.

[286] Damit wird ausgedrückt, welche Regel im Prozess zu gelten hat, wenn eine entscheidungserhebliche Tatsache nicht bewiesen werden konnte, Volk NStZ 1996, 105 (106).

[287] Auch das materielle Recht enthält heute keine Schuldvermutungen mehr. Wenn § 186 StGB dem Täter die Nichterweislichkeit der Wahrheit seiner Behauptung auferlegt, resultiert dies allein aus der Struktur des Tatbestandes als Risikodelikt, so auch Roxin, Strafverfahrensrecht, § 15 Rdn. 37.

[288] Anders noch das RG im „Novokain-Fall", Nachweise bei Exner, FG I für R.v. Frank, S. 587 Fn. 2.

[289] Volk NStZ 1996, 105 (106), wehrt sich insoweit gegen diese Begrifflichkeit, da die Folge – Freispruch des Angeklagten – wahrlich keine Last beschreiben könne.

[290] Volk NStZ 1996, 105 (106).

[291] LR-Gollwitzer, § 261 Rdn. 106; BGH StV 1983, 186. Zu den Versuchen einer Durchbrechung dieser Beweislastverteilung siehe unten § 8.B.IV.1.

[292] Der den Rang eines Bundesgesetz hat, Bach MDR 1976, 19 (20).

[293] Heine JZ 1995, 651 m.w.N.

Das verdeutlicht aber auch, dass das, was letztlich das zivilrechtliche Produkthaftungsrecht ausmacht[294] – dezidierte Beweislastverteilung nach Gefahr- und Herrschaftsbereichen mit Beweiserleichterungen bis hin zur völligen Umkehr – im Strafrecht keinesfalls fruchtbar gemacht werden kann[295]. Aus dem materiellen Recht folgt zwar, dass im Gegensatz zum Zivilrecht nur der Täter, nicht aber das Opfer individualisiert werden muss, da die Bestrafung nicht vom geschädigten Bürger, sondern vom Staat verfolgt wird und auch die Strafnormen stets bei dem Täter anknüpfen[296]. Das ändert aber nichts an den Anforderungen, die an die Tat und Täterermittlung zu stellen sind[297].

(II)Obliegenheit zur Mitwirkung an der Aufklärung

Eine gewisse Durchbrechung erfährt die Beweislastverteilung nur durch die faktische Beschränkung der richterlichen Aufklärungspflicht. Wo der Richter eine Sachverhaltsvariante nicht erkennt, weil er sie nicht ohne weiteres erkennen konnte, kann er auch keine Aufklärung betreiben – selbst wenn hierfür entsprechende Beweismittel existiert hätten[298]. Dann obliegt es vielmehr dem Angeklagten, im eigenen Interesse die Chancen der Beweisführung zu nutzen[299], zumindest aber die Untersuchungspflicht des Gerichts durch greifbare, konkrete Anhaltspunkte zu aktualisieren[300]. Mit Beweislastumkehr hat das aber nichts zu tun[301].

d.Die freie Beweiswürdigung

Diese Erörterungen gilt es nun, für die weitere Betrachtung fruchtbar zu machen. Vor allem für die Anwendung von § 261 StPO ergeben sich dadurch Konsequenzen – formeller wie materieller Art – , die auch der Tatrichter nicht zu durchbrechen vermag.

---

[294] Vgl. insbesondere die „Hühnerpestentscheidung" in BGHZ 51, 91ff.

[295] Besonders deutlich weist Hassemer, Produktverantwortung, S. 47, auf die Gefahr hin, mit einem unsicheren Indizienbeweis allein nach zivilrechtlichen Grundsätzen zu urteilen.

[296] Darauf weist Kuhlen, Fragen, S. 59ff, hin, was nach Tiedemann NJW 1990, 2051 (2052), in der Regel aber nur im Fall von statistisch signifikanter, aber nicht abschließend nachweisbarer Kausalität (beispielsweise die Erhöhung von Krebserkrankungen im Umkreis von Atomkraftwerken) zum Tragen komme.

[297] Binding, S. 557.

[298] Volk GA 1973, 161 (164/166).

[299] Volk NStZ 1996, 105 (107).

[300] Volk GA 1973, 161 (164).

[301] So auch LR-Gollwitzer, § 261 Rdn. 106.

(I)Reichweite der *subjektiven* Überzeugung

Seit jeher findet und fand die Beweiswürdigung ihre Grenzen in der Willkür[302]. Das umfasst nach ständiger höchstrichterlicher Rspr. und herrschender Lehre die volle Nachprüfung, ob die Beweiswürdigung erschöpfend vorgenommen worden ist, ob sie gegen Gesetze der Logik oder der Lebenserfahrung verstößt oder ob sie aus anderen Gründen widersprüchlich ist[303]. So hat denn auch der BGH nicht zuletzt die Revision im „Holzschutzmittel-Verfahren" dazu genutzt, das Verständnis von § 261 StPO abermals zu präzisieren: Wenn Feststellungen nur mit Hilfe von naturwissenschaftlichen Methoden möglich sind, kann sich der Tatrichter nicht von den wissenschaftlichen Standards lösen, d.h. die Anforderungen an seine Beweiswürdigung entsprechen denen einer wissenschaftlichen Untersuchung. Er darf sich nicht zu den Gesetzen der Logik und dem gesicherten wissenschaftlichen Erfahrungswissen in Widerspruch setzen. Um zu prüfen, ob der Richter dem gerecht wurde, verlangt der BGH materiell eine detaillierte Auseinandersetzung mit den einzelnen Ansichten[304]. Formell ist dazu in den Urteilsgründen die Mitteilung aller Tatsachen notwendig, die das Revisionsgericht benötigt, um die Schlüssigkeit des umstrittenen Gutachtens und seine Vereinbarkeit mit den gesicherten Erkenntnissen der Wissenschaft zu überprüfen[305].

Damit fordert der BGH aber im Ergebnis nichts anderes, als dass der Tatrichter die Stellung eines Wissenschaftlers einnehmen muss. Was jener aber nicht zu beweisen oder widerlegen vermag, kann auch der – nur juristisch vorgebildete – Richter nicht. Mit seinen formellen Anforderungen impliziert der BGH schließlich, dass er sich nicht gehindert sieht, im Falle einer unschlüssigen Argumentation das Urteil aus diesem Grunde aufzuheben, weil andernfalls die detaillierte Darlegungspflicht sinnlos wäre[306].

---

[302] Kleinknecht/Meyer-Großner, § 261 Rdn. 38.

[303] Otto WiB 1995, 929 (930). Das verkennt Kühne NJW 1997, 1951 (1952), der meint, der Spanische Oberste Gerichtshof, NStZ 1994, 37, hätte als erster und einziger eine Verlagerung der Kausalitätsfeststellung mit dem Argument abgelehnt, dass richterliche Überzeugung kein Ersatz für Sachaufklärung sei. Das Objektive, was er der Erkenntnisgewinnung abverlangen will, nämlich die Beachtung von Natur- und Denkgesetzen ist seit jeher Ansatzpunkt des BGH zur revisionsrechtlichen Kontrolle der Beweiswürdigung. Kritisch allerdings auch Puppe JZ 1994, 1147 (1150).

[304] Das verkennt Hilgendorf, FS für Lenckner, S. 711, wenn er demgegenüber meint, die Anforderungen an den Tatrichter zur Darlegung dürften dabei nicht überspannt werden.

[305] NJW 1995, 2930 (2932).

[306] A.A. wohl Hilgendorf, FS für Lenckner, S. 711.

(II)Konsequenzen am Beispiel des „Holzschutzmittel-Verfahren"

Das spiegelt sich auch in der Urteilsaufhebung durch den BGH im „Holzschutzmittel-Prozess" wider[307]:

> Dort sah das LG die Ursächlichkeit mit Hilfe der medizinischen Semiotik als erwiesen an, wonach der Wahrheitsgehalt einer Krankheitsvorstellung *allein* am therapeutischen Erfolg überprüft wird[308]. Sachverstand eines medizinischen Theoretikers sollte demgegenüber für die weiteren Transformationsschritte von der Diagnose über die Zellfunktion zur Schadstoffquelle entbehrlich sein[309]. Durch Zeugenvernehmung stellte es hierzu insbesondere fest, dass nach der Entfernung der potentiellen Schadensquelle – der behandelten Holzbalken – überwiegend eine Linderung der Beschwerden eintrat[310].

(1)Materielle Auseinandersetzung

Auffällig an dieser Vorgehensweise ist zwar, dass das Eliminationsverfahren im Gegensatz zur Anwendung der c.s.q.n. nicht auf einer bloßen Hypothese, sondern vielmehr auf Tatsachen beruht. Gleichwohl haben die Grundsätze der medizinischen Semiotik als solche immer noch vehement um substantielle Anerkennung zu ringen[311]. Problematisch war insoweit auch das Spektrum relativ unspezifischer und äußerst vielschichtiger Symptome, in denen sich die Giftstoffe der Holzschutzmittel niedergeschlagen haben sollten, ein wesentlicher Unterschied zu den Vorgängerprozessen „Contergan", „Lederspray" oder auch „Speiseöl"[312].

Mag auch die generelle toxische Wirkung der bioziden Inhaltsstoffe Lindan und PCP seit langem festgestanden haben[313], so war doch der Toxikologie bislang keine Feststellung über eine spezifische Dosis-Wirkungs-Relation gelungen[314]. Würde man aber die Notwendigkeit der Kenntnis einer solchen Relation bestreiten wollen, hieße das im Ergebnis, die Toxikologie als Pseudowissenschaft abzuqualifizieren[315]. Denn, anders als im „Lederspray-Verfahren", fehlte

---

[307] NJW 1990, 2930 (2932).

[308] Schulz ZUR 1994, 26 (30), mit Auszügen aus dem Originaltext.

[309] Schmidt-Salzer, ES IV.3.31 (6). Die Besonderheit des Falles lag allerdings darin, dass der Vorsitzende der entscheidenden Kammer des LG Frankfurt selbst als wissenschaftlicher Beirat in der interdisziplinär zusammengesetzten Deutschen Gesellschaft für Semiotik seit ihrer Gründung im Jahre 1975 arbeitete und deshalb den anderen Mitgliedern des Gerichts die Bedeutung der Semiotik im Zusammenhang der interessierenden Fragestellungen vermitteln konnte, vgl. Schulz ZUR 1994, 26 (30).

[310] Schmidt-Salzer, ES IV.3.31 (5).

[311] Hoyer GA 1996, 160 (165); Schulz ZUR 1994, 26 (31).

[312] Vgl. dazu schon oben Fn. 195.

[313] Schulz ZUR 1994, 26 (29/31).

[314] Schulz ZUR 1994, 26 (31).

[315] Schulz ZUR 1994, 26 (31).

es insoweit an einer zeitlichen Nähe zwischen Anwendung des Produkts und Auftreten der Schäden. Zwar war die Sachlage in diesem Punkt dem „Contergan-Prozess" ähnlich, doch lag jenem nur eine zeitlich sehr begrenzte Einnahme des Medikaments zugrunde[316]. Aufgrund der im Niedrigdosisbereich notwendigen Langzeitexposition war es hier vielmehr nicht ohne weiteres auszuschließen, dass sich nicht diese Dämpfe, sondern andere (Umwelt-)Einflüsse in den Gesundheitsbeeinträchtigungen zeigten[317].

Jeder einzelne der genannten Aspekte hätte schon für sich genommen Anlass genug sein müssen, das gefundene Ergebnis kritisch zu überprüfen, um entsprechende Zweifelsfragen gegebenenfalls ausräumen zu können. Weil das LG jedoch eine entsprechende Auseinandersetzung unterließ, hatte es die Konsequenzen, nämlich die Aufhebung und Zurückverweisung durch den BGH, zu tragen.

(2)Formelle Darlegungsalternativen

Wohlgemerkt: Der BGH hat es dem LG nicht verwehrt, den Kausalzusammenhang als existent anzusehen – bei entsprechendem Begründungsaufwand[318]. Hierfür hält er denn auch drei alternative Vorgehensweisen bereit: Neben dem positiven Nachweis über die (Mit-)Wirkungsweise des jeweiligen Stoffes aus dem Produkt auf den menschlichen Organismus soll die Kausalität danach entweder durch Aufzählung und Ausschluss *aller* sonst in Betracht kommenden (Allein-)Ursachen (sog. Eliminationsverfahren)[319] oder, wenn Ersatzursachen nicht vollständig erörtert werden können, durch den Nachweis der Mitursächlichkeit mit Hilfe einer Gesamtbewertung aller Indizien festgestellt werden können[320]. Diese Alternativen müssen jedoch kritisch begutachtet werden[321].

(a)Untauglichkeit des Ausschlussverfahrens im Allgemeinen

Schon das Eliminationsverfahren als solches hat in der Lit. herbe Kritik erfahren: Ein Alternativausschluss ist bei unspezifischen Symptomen – nur dann aber wird es in der Regel an anerkanntem Erfahrungswissen fehlen – unmöglich, weil der aktuell verfügbare Wissensstand viel zu umfangreich ist. Die Komplexität der Welt müsste drastisch reduziert werden, um das Ausschlussverfahren überhaupt praktikabel werden zu lassen[322]. Es wird regelmäßig die Gefahr in sich

---

[316] Schulz ZUR 1994, 26 (31).

[317] Wohlers JuS 1995, 1019 (1020).

[318] Das übersieht Kühl § 4 Rdn. 6a.

[319] So auch der Spanische Oberste Gerichtshof NStZ 1994, 37.

[320] BGH NJW 1995, 2930 (2932).

[321] Grundsätzlich ablehnend Kaufmann JZ 1971, 569 (573); Horn, Konkrete Gefährdungsdelikte, S. 140ff.

[322] Volk NStZ 1996, 105 (109).

bergen, dass nur die bekannten, nicht aber die unbekannten, möglicherweise ursächlichen Umstände[323] einbezogen werden.

Das gilt letztlich nicht nur für das „Holzschutzmittel-Verfahren", in welchem die Verlässlichkeit einer Verursachungsfeststellung schon deshalb nicht garantiert wird, weil wegen der Inkonsistenz des Symptombildes[324] das Ziel des Suchvorgangs nicht feststand. Auch wenn nämlich, wie im „Lederspray-Verfahren", auf ein Namhaftmachen der relevanten Wirkungsfaktoren verzichtet wird[325], kann die signifikante Übereinstimmung von Krankheits- und Heilungsverlauf insoweit zwar Indiz für dieselbe Ursache sein. Keinesfalls muss sie deshalb aber zwangsläufig deckungsgleich mit der Produktverwendung sein, zumal, wenn der Erfolg nicht *stets*, sondern trotz millionenfacher Anwendung des Mittels nur bei einer extrem geringen Zahl auftrat[326].

Das sprengt letztlich den Rahmen der Bedingungstheorie hin zu einer offenen Zurechnung gesellschaftlicher Risiken[327]. Der Suchvorgang kann durch nichts anderes angeleitet sein als durch statistische Korrelationen und Hypothesen einer nicht nur zufälligen Gleichzeitigkeit, die man allenfalls für plausibel halten kann, niemals aber wird bestätigen oder falsifizieren können[328].

Die Problematik wird dadurch verschärft, dass die Aufklärungspflicht der Gerichte und mit ihr verbunden die Möglichkeit eine Aufklärungsrüge in der Revision zu erheben, von der Rspr., aber auch von der Lit. im Laufe der Jahre stark eingeschränkt wurde. Um dem Richter alle denkbaren Alternativen aufzuzeigen und damit den Alternativausschluss auszuhebeln, bedürfte es so reger Mithilfe des Angeklagten, wenn er der Aufklärungsrüge nicht verlustig gehen möchte[329], dass es im Ergebnis contra legem zu einer Beweislastumkehr käme.

Volk geht sogar noch weiter, indem er mit dem Ausschlussverfahren nicht nur eine beweistechnische Reduktion der Kausalitätsanforderungen verbindet, sondern sie als die substantielle, *materiellrechtliche* Änderung des Kausalbegriffs begreift[330]: Danach sei die Lehre von der gesetzmäßigen Bedingung suspendiert und durch eine Lehre vom *plausiblen* Zusammenhang, von statistischen

---

[323] Schönke/Schröder/Lenckner, Vor § 13 Rdn. 75.

[324] LG Frankfurt, Schmidt-Salzer, ES IV.3.31 (5).

[325] So insbesondere Samson StV 1991, 182 (183); Puppe JR 1992, 30 (31) und Hassemer, Produktverantwortung, S. 42. Letzterer gebraucht hierfür den Begriff „Black-Box". Allerdings ist er der Ansicht, dass das einzige Problem des Falles in der *Benennung* der einzelnen Substanz lag, die allgemeine Produktursächlichkeit demgegenüber bereits feststand, JuS 1991, 253 (254). Dann aber wäre die Verantwortlichkeit des Produzenten zu bejahen gewesen, weil er für das gesamte Produkt einzustehen hat.

[326] Samson StV 1991, 182 (183).

[327] Braun KritV 1994, 179 (184); Samson StV 1991, 182 (183), weist deshalb zutreffend auf das Bedürfnis nach einem gesetzgeberischen Eingriff hin.

[328] Hassemer, Produktverantwortung, S. 43.

[329] Wessels JuS 1969, 1 (3/4).

[330] NStZ 1996, 105 (109).

Wahrscheinlichkeiten ersetzt. Weil sich alle denkgesetzlich möglichen Ursachen, die zu gleicher Wirkung führen, niemals in einem konkreten Falle widerlegen lassen, man sich allenfalls (mit den Worten des BGH[331]) mit den „in Betracht kommenden" begnügen kann, kommt letztlich auch die Kausalität allenfalls „in Betracht", d.h. muss sie also nur möglich sein[332].

Im Übrigen bedeutet die Ablehnung möglicher Alternativen durch den Richter im Ergebnis seine Überzeugung, dass in der Wissenschaft strittige Meinungen gerade nicht als denkbar erscheinen, obwohl dieser Schluss nicht einmal der Fachwissenschaft selbst gelingt[333]! Damit maßt sich der Richter eine überschießende Kompetenz an[334].

(b)Mitverursachung im Besonderen

Gerade aber um diesem Vorwurf zu entgehen, meint der BGH mit dem Verzicht auf die „vollständige Erörterung" der Ersatzursachen eine neue dritte Alternative aufzeigen zu können. Erstens aber war und ist es seit jeher Ausdruck der *Äquivalenz*theorie gewesen, dass alle Bedingungen eines Erfolges als gleichwertig angesehen werden[335]. Es wird nur verlangt, dass der Wirkstoff notwendig, nicht aber hinreichend für die Verursachung war, er also durchaus auch auf andere zusätzliche Faktoren, u.U. auch beim Opfer vorhandene Anlagen angewiesen sein kann[336]. An die bloße Mitverursachung sind schon deshalb keine geringeren Anforderungen zu stellen als an den positiven Nachweis selbst[337]. Wenn es insoweit aber an vergleichbaren Folgen, d.h. einem einheitlichen Krankheitsbild mangelt und an gesichertem Wissen über Mindestdosis und Langzeitwirkung fehlt, bleibt die Feststellung in hohem Maße vage, weil man nicht mehr unterscheiden kann, ob sich zwei Faktoren verstärkt haben oder aber gegenseitig ausschließen[338]. Vielmehr kann man mit der gleichen Berechtigung einer Addition der Gefahrenpotentiale mit der Folge einer Mitursächlichkeit *al-*

---

[331] BGHSt 37, 106 (112).

[332] Volk NStZ 1996, 105 (108/109). Die einzige Berechtigung könnte diese Beschränkung aus § 244 II StPO erfahren, da der Aufklärungsgrundsatz den Richter nur zwingt, bei bekannten oder zumindest erkennbaren Sachverhalten weitere Nachforschungen anzustellen, vgl. Volk GA 1973, 161 (166).

[333] Volk NStZ 1996, 105 (110), wie schon Maiwald, S. 109.

[334] Vgl. dazu auch Wohlers JuS 1995, 1019 (1020), u. Kuhlen, Fragen, S. 70/71.

[335] Vgl. Jescheck/Weigend AT § 28 II.1.

[336] Anders dagegen beispielsweise im AMG: Die Strafbarkeit nach § 44 AMG verlangt, dass die „schädlichen Wirkungen (...) nicht die Folge von besonderen Umständen des Einzelfalles" sind, vgl. Bruns, FS für Heinitz, S. 331.

[337] Otto WiB 1995, 929 (932).

[338] Volk NStZ 1996, 105 (109). Das aber ist die Konsequenz, wenn man sich mit dem BGH mit der bloßen Plausibilität oder Wahrscheinlichkeit begnügt.

ler Einzelursachen durch Hinweis auf den jeweils alternativen Grund auch *jegliche* Kausalität verneinen[339].

(III)Allgemeine Schlussfolgerungen

Weil aber der BGH insbesondere mit Hilfe seines dreifachen Entscheidungsweges die Kausalfeststellung weiter ermöglichen möchte, wollen ihm nun viele Stimmen in der Literatur unterstellen, er habe durch sein Urteil die Hürden für die tatrichterliche Feststellung des Kausalnachweises verringert[340]. Abgesehen von der dargelegten Kritik an der Form der Begründung kann dem jedoch nicht beigepflichtet werden.

Muss sich der Richter nämlich ebenso wie die Wissenschaft auch mit den gegen den Kausalnachweis sprechenden Aspekten auseinandersetzen, wird ihm dessen Bejahung niemals – rechtsmittelfest – im Widerspruch zu den bislang vorhandenen wissenschaftlichen Erkenntnissen gelingen[341]. So betrachtet läuft eine Anwendung von § 261 StPO schließlich darauf hinaus, dass eine wirklich freie Beweiswürdigung nur mehr in Fällen denkbar ist, in denen sich die Wissenschaft noch überhaupt kein Urteil – und damit auch kein widerstreitendes – gebildet hat.

Entgegen einer verbreiteten Meinung eröffnet der BGH insoweit auch keinerlei Neuigkeiten für die Gerichtspraxis[342]. Es lag und liegt stets am Tatrichter, sich mit einem vernünftigen Maß an Gewissheit von der Existenz von Tatsachen, d.h. dem Sachverhalt zu überzeugen. Selbst wenn er zu dessen näherer Erläuterung der Unterstützung durch Sachverständige bedurfte und bedarf, ist es Aufgabe des entscheidenden Richters, eine eigene Einschätzung der Lage im Rahmen der Beweiswürdigung zu erzielen, um somit durch die subjektive Überzeugung Verantwortung für seine Entscheidung zu übernehmen, was niemals durch die objektive Feststellung einer an Sicherheit grenzenden Wahrscheinlichkeit ersetzt werden kann[343]. Primäres Anliegen der freien Beweiswürdigung ist es nämlich, zu verbieten, dem Richter eine Überzeugung aufzunötigen. Da aber auch der Angeklagte gleichermaßen vor der subjektiven Fehleinschätzung

---

339 Volk NStZ 1996, 105 (109) und Hamm StV 1997, 195 (164), mit Hinweis auf Ermittlungen gegen Amalgam-Hersteller, dazu näher unten § 8.B.V.2.

340 Die Kritik resultiert wohl auch daraus, dass der BGH noch in der „Lederspray-Entscheidung“, worauf insbesondere Samson StV 1991, 182 (183), aufmerksam gemacht hat, eine solche revisionsgerichtliche Überprüfung für ausgeschlossen erachtete, BGHSt 37, 106 (127).

341 Das verkennt Hoyer GA 1996, 160 (165), wenn er annimmt, bis auf den formellen Fehler des LG hätte der BGH ihm *jede* Entscheidung zugestanden. Nur beiläufig erwähnt er die Beschränkung des BGH im Hinblick auf den entsprechenden Begründungsaufwand, der aber m.E. gerade ausschlaggebend ist.

342 So auch Schmidt-Salzer NJW 1996, 1 (7).

343 BGHSt 10, 208 (210).

des Gerichts geschützt werden muss, versteht sich von selbst, dass das Urteil an Rationalität entbehrt, wenn es nicht auf einer objektiv hohen Wahrscheinlichkeit beruht[344]. Erst solche Fakten ermöglichen es dem juristischen Laien, aber auch Rechtskundigen, den Urteilsbildungsprozess nachvollziehen zu können[345]. Und letztlich gebietet das auch das allgemeine Verständnis von dem Grundsatz „in dubio pro reo", der ja nur verletzt ist, wenn der Richter urteilt, obwohl er zweifelt[346]. Erst durch die so vorgenommene Konkretisierung von § 261 StPO wird nämlich die Rüge eröffnet, der Richter hätte zweifeln müssen.

e.Andere Zurechnungskriterien

Übrig bleibt allein der Versuch, durch einen Rückgriff auf andere Zurechnungskriterien das Problem der umstrittenen Kausalität zu lösen.

(I)Der probabilistische Kausalitätsbegriff nach Hoyer

So fordert Hoyer[347] beispielsweise eine grundsätzliche Abstandnahme vom deterministischen Kausalitätsbegriff hin zu einem probabilistischen, wonach sich die Ursache durch einen Intensivierungs- und einen Übernahmeeffekt ausgewirkt haben muss. Er begründet seine Ansicht mit der vergleichbaren Zurechnung eines tatbestandlichen Erfolges auf den mittelbaren Täter bzw. Anstifter, die wegen der Unberechenbarkeit des Mittelmannes nicht deterministischer Art sei und dennoch die Bestrafung gleich einem Täter gem. §§ 25 I 2. Alt., 26 StGB rechtfertige. Dann könne für das mechanische Werkzeug nichts anderes gelten. Ausreichend müsse insoweit sein, dass das Verhalten des Täters eine Risikosteigerung für den Erfolgseintritt beinhaltet, die durch die moderne Wahrscheinlichkeitstheorie nachgewiesen werden könnte[348].

Indes geht sein Ansatz fehl: Zunächst einmal, weil ja in seinen angeführten Fällen jedenfalls die Ursächlichkeit des menschlichen Werkzeugs für den Schaden, was allein der Produktursächlichkeit entspräche, ermittelt werden kann. Alles andere ist allein eine Frage der Vorhersehbarkeit des Kausalverlaufes und betrifft den subjektiven Tatbestand. Weiter aber auch, weil probabilistische Gesetze im Vergleich zu deterministischen mit zusätzlichen Problemen und Unsicherheitsfaktoren belastet sind: Sie können nämlich im Gegensatz zu wissenschaftlichen Erkenntnissen nicht einmal falsifiziert werden, was wissenschaftstheoretisch suspekt anmutet. Ihre Aussagen lassen sich zudem nicht auf eine unendlich große Menge, sondern nur auf Teilmengen beziehen[349]. Und schließlich,

---

[344] Roxin, Strafverfahrensrecht, § 15 Rdn. 15.

[345] BGH NStZ 87, 473/474.

[346] Karlsruher Kommentar-Pfeiffer, StPO, Einl. Rdn. 19.

[347] GA 1996, 160 (167 u. 171).

[348] Hoyer GA 1996, 160 (168).

[349] Zu allem Hilgendorf, FS für Lenckner, S. 707.

weil er zum Nachweis der Risikosteigerung allein die signifikante Häufung ausreichen lassen will, wodurch er im Ergebnis reiner Statistik folgt, deren Fehlerhaftigkeit bereits eingehend dargelegt wurde[350].

(II)Risikoerhöhungslehre[351]

Seinem Denkansatz ähnlich ist der der Risikoerhöhungslehre, der – soweit die Frage nach der Produktursächlichkeit zu beurteilen ist – auf Brammsen zurückzuführen ist[352]: Er begreift allgemein das Risikoerhöhungsprinzip als *das* Kriterium einer modernen Zurechnungslehre, die den Absprung von einem zu sehr am Faktischen orientierten Kausalverständnis ermöglichen soll[353]. Und seiner Ansicht nach soll gerade die vom BGH vorgenommene prozessuale Lösung die Anwendung dieses Prinzips beinhalten. Bevor jedoch die Ausgestaltung der Risikoerhöhungslehre näher beleuchtet werden kann, muss man sich ihren ursprünglichen Zweck vergegenwärtigen.

(1)Ursprung

Die überwiegende Zahl ihrer Befürworter, allen voran ihr Begründer Roxin[354], bedient sich ihrer, weil „es in der Rechtswissenschaft *nicht allein*[355] auf die Feststellung des Kausalzusammenhanges ankommen kann“, vielmehr für den strafrechtlichen Haftungszusammenhang zwischen Verhalten und Erfolg „zum Kausalurteil als *weiteres* selbständiges Urteil, das über die objektive Zurechnung *hinzutrete*, welches die axiologische Frage zu prüfen habe, nämlich die Bedeutsamkeit des Kausalzusammenhangs für die Rechtsordnung, gemessen an Maßstäben, die mit der Rechtsordnung selbst gegeben seien.“[356] Dieses *zusätzliche* Element, das der Weite der Äquivalenztheorie entgegenwirken sollte[357], sieht Roxin eben in der Risikoerhöhung begründet, die der Täter mit seiner Pflichtverletzung gesetzt hat[358]. Ein Erfolg sollte dem Täter nur dann als strafrechtlich relevant zugerechnet werden können, wenn seine Handlung das Risiko des Erfolgseintritts ex ante gesehen messbar erhöht hat[359].

---

[350] Siehe oben § 4 A III

[351] Dazu Roxin ZStW 74, 411 (430ff); Otto, FS für Maurach, S. 101ff; Seebald GA 1969, 193 (209); Rudolphi JuS 1969, 549ff, insb. 554.

[352] Jura 1991, 533 (536).

[353] Brammsen Jura 1991, 533 (537).

[354] Vgl. Roxin AT § 11 Rdn. 78.

[355] Hervorhebung durch die Verfasserin.

[356] So schon Honig, FS für v. Frank, S.175.

[357] Maiwald, S. 4, und Schaffstein, FS für Honig, S. 169, der von der Notwendigkeit spricht, auch im Strafrecht die Haftung sinnvoll zu reduzieren.

[358] Roxin, FS für Honig, S. 135, und Schaffstein, ebenda, S. 172.

[359] Vgl. auch Schaffstein, FS für Honig, S. 169ff, und Roxin, ebenda, S. 138ff; Stratenwerth, FS für Gallas, S. 277ff.

Das setzt aber implizit die Bejahung der Kausalität voraus und kann eigentlich niemals an die Stelle ihrer Prüfung treten[360]. Roxin betont denn auch explizit ihren strafbeschränkenden Dienst[361]: Die Risikoerhöhung sei nach normativen Maßstäben zu beurteilen, d.h., zu vergleichen sei, ob die ex ante formulierte Norm über die Grenze des erlaubten Risikos auch noch auf der Grundlage des ex post Wissens als sinnvolles, das Erfolgsrisiko reduzierende Verbot anerkannt werden könne oder aber von dem neuen Kenntnisstande aus als in concreto untauglich oder zumindest untunlich erscheine[362]. Selbst wenn beidesmal die schlichte Kausalität bejaht werden würde, könnte man nur im ersten Fall von Erfolgszurechnung sprechen. Ihren Hauptanwendungsbereich hat die Risikoerhöhungslehre denn auch in der Frage der Beachtlichkeit rechtmäßigen Alternativverhaltens bzw. hypothetischer Schadensursachen[363]. Auch dort geht es darum, einen *gegebenen* Kausalzusammenhang mit Hilfe der Risikoerhöhungstheorie unter Wertungsgesichtspunkten aufrechtzuerhalten bzw. ihn allenfalls – folgt man dieser Theorie nicht – als *nicht mehr* zurechenbar anzusehen[364].

(2)Definition

Demgegenüber schreibt zwar Schaffstein[365] der Risikoerhöhungslehre die Aufgabe zu, gerade dort, wo ein Kausalzusammenhang zwischen dem rechtswidrigen Verhalten und einem Erfolg überhaupt nicht gegeben sein kann oder doch keine sinnvolle Haftungsgrundlage darstellt, die *alleinige* Grundlage für die objektive Zurechnung zu bilden[366]. Wenn man sich aber die Definition der Risikoerhöhungslehre vor Augen führt, wird ihre einschränkende Bedeutung fast selbstverständlich: Gefragt wird nach einem Verhalten, d.h. der Vertrieb eines Produkts, das den Erfolg nicht nur wahrscheinlich, sondern sogar *wahrscheinlicher* gemacht hat. Wie aber soll diese Risiko*erhöhung* festgestellt werden, ohne das Risiko zunächst selbst zu benennen? So hebt denn auch Stratenwerth[367] hervor, dass ihr Prinzip nicht schon dann greift, wenn der Täter *irgendein* Risiko für das bedrohte Rechtsgut geschaffen oder erhöht oder zu vermindern unterlassen hat, sondern nur, wenn ihm *diejenige* Gefahr zur Last fällt, die in den Verletzungserfolg umgeschlagen ist. Wie aber soll die Bestimmung des ursächli-

---

[360] Auch nach Brammsen MDR 1989, 123 (126), kommt ihr üblicherweise im Rahmen der Begehungskausalität rein beschränkender bzw. allenfalls bei der Möglichkeit alternativer Ursachen erhaltender Wert zu, niemals aber kausalitätsbegründender.

[361] AT § 11 Rdn. 82.

[362] Roxin ZStW 74, 411 (434).

[363] Vgl. Roxin AT § 11 Rdn. 76-87.

[364] Dazu noch näher unten § 5.E.II.2.

[365] FS für Honig, S. 170.

[366] Auch Stratenwerth, FS für Gallas, S. 227, weist auf Bestrebungen hin, den Kriterien der Zurechnung allgemein, statt dem der Kausalität Gewicht beizumessen.

[367] FS für Gallas, S. 228.

chen Risikos anders erfolgen als mit Hilfe der Kausalität? Deshalb entgegnet er den Kritikern der Risikoerhöhungslehre[368], wie zuvor schon Roxin, dass zur ex ante-Prognose uneingeschränkt[369] eine ex post-Betrachtung hinzutreten müsse, die klärt, ob der eingetretene Erfolg auf der vom Täter gesetzten oder gesteigerten Gefahr beruhe[370]. Im Ergebnis verweist er damit auf die Ursächlichkeit, d.h. die Kausalität.

(3)Erhöhung des spezialgesetzlich erlaubten Risikos

Da Voraussetzung jeglicher Einstandspflicht des Unternehmens bzw. seiner Mitglieder ist, dass das Produkt zu den Schäden geführt hat, wäre es auch verfehlt, an dieser Stelle auf die Einhaltung der mit Produktion und Vertrieb verbundenen Sorgfaltsanforderungen einzugehen. In jenen wollte der Gesetzgeber – so sie in Spezialgesetzen wie dem AMG oder dem LMBG ausdrücklich normiert wurden – zwar die Grenzen des erlaubten Risikos ausgedrückt wissen, so dass ein Verhalten des Täters jenseits dieser Grenzen das Risiko steigerte und zur Zurechnung führen müsste. Weil der Gesetzgeber mit der „Rechtsfigur“[371] des erlaubten Risikos aber regelmäßig der sozialen Nützlichkeit von u.U. gefährlichen Verhaltensweisen in der Weise Rechnung tragen will, dass *erst ab* einem gewissen Grad der Gefahrträchtigkeit eine Zurechnung möglich sein soll, obwohl unterhalb dieser Schwelle die Ursächlichkeit schon feststeht[372], würde eine kausalitätserweiternde, allgemeine Risikoerhöhungslehre dem krass widersprechen. Vielmehr muss auch ein normatives Kriterium wie die Risikoerhöhungslehre dieser Intention Beachtung zollen, so dass sie erst in einem zweiten Schritt ihre wertende Wirkung entfalten kann. Wenn also schon die Kausalität nicht ermittelt werden kann, hilft auch die Risikoerhöhungslehre, so weit ihre Bedeutung auch reichen mag, nicht weiter[373].

---

[368] Allen voran Ulsenheimer, Das Verhältnis zwischen Pflichtwidrigkeit und Erfolg bei den Fahrlässigkeitsdelikten, S. 134ff bzw. ders. JZ 1969, 364 (365ff).

[369] Nach Roxin ZStW 78, 214 (221), soll genügen, bei der ex ante Beurteilung die wirkliche Sachlage zu Grunde zu legen.

[370] Strathenwerth, FS für Gallas, S. 230.

[371] So man ihr die Berechtigung eines eigenen rechtlichen Institutes zuschreiben möchte, dazu schon oben § 3.B.

[372] Roxin, FS für Honig, S. 138. Schünemann StV 1985, 229 (230), spricht von einem Wandel weg von der Verhinderung jeglicher Rechtsgutverletzungen hin zu ihrer Reduzierung auf ein erträgliches Ausmaß.

[373] Im Übrigen stellt Brammsen selbst fest, dass die höchstrichterliche Umsetzung eines materiellrechtlichen Prinzips ins Prozessrecht noch einer Präzisierung bedürfe, für die auch er weder in Jura 1991, 533ff, noch, soweit ersichtlich, an anderer Stelle eine Lösung bereit hält. Auch Eichinger, S. 193, verweist nur mit einem Satz auf die Meinung Brammsens. Kühne NJW 1997, 1951 (1954), versteht unter der Anmerkung Brammsens, dass er für eine Risiko*haftung* überhaupt plädiere, folgert dann aber zu Recht, dass es freilich nicht Aufgabe der Rechtsprechung sein kann, ein solches Risikostrafrecht zu schaffen, sondern vielmehr dem Gesetzgeber vorbehalten bleiben müsse.

II.Zusammenfassung

Abschließend lässt sich für den Zusammenhang zwischen Produktverwendung und Schaden festhalten, dass der Richter in der Tatsacheninstanz in prozessrechtlicher Hinsicht gem. § 261 StPO vom Bestehen einer Gesetzmäßigkeit überzeugt sein muss. Um jedoch nicht einer objektiven Grundlage zu entbehren, ist es insoweit gerechtfertigt, von dem Instanzgericht zu verlangen, dass sich seine Ansicht mit den Darlegungen der Fachwissenschaftler – wenn solche existieren – decken. Ist jenen aber ein unzweifelbarer Schluss (noch) nicht möglich, so werden die allgemeinen Grenzen der freien Beweiswürdigung unter Berücksichtigung der vom BGH gemachten Einschränkung den Tatrichter regelmäßig daran hindern, dass ihm ein akzeptables Urteil mit entsprechend abweichender Folgerung gelingt, das den Anforderungen an die Gesetze der Logik und damit letztlich auch der Überprüfung in der Revision standhält. Das gilt auch bei Anwendung des Eliminationsverfahrens, das in seiner Berechtigung mehr als fragwürdig ist. Allenfalls, wenn sich die Fachkreise noch gar mit der zur Debatte stehenden Materie befasst haben, so dass entgegenstehende Ansichten gerade nicht entkräftet werden müssen, ist noch Raum denkbar für eine auf Indizien beruhende, eigene Meinungsbildung des Tatrichters. Wenn auch somit das Prozessrecht im Rahmen der Produktkriminalität nicht selten eine Lücke in der Strafbarkeit verursacht, kann nicht der Umstand, dass in den Naturwissenschaften viele Bereiche Gegenstand fachlicher oder interdisziplinärer Kontroversen sind[374], zur Aufgabe tragender Grundprinzipien führen. Hier kann nur der Gesetzgeber abhelfen[375]. Im Übrigen müssen aber die Prinzipien des geltenden Prozessrechts ihre volle Wirkung entfalten.

---

[374] So aber Eichinger, S. 197.

[375] Das erkennt selbst Eichinger, S. 198, der es als den falschen Weg bezeichnet, diese Lücken durch Verurteilungen nach Erfolgstatbeständen schließen zu wollen. Er plädiert insoweit für die Schaffung abstrakter Gefährdungsdelikte als Auffangnormen mit entsprechend geringerem Strafrahmen. Dazu vgl. unten § 8.B.V.2.

§ 5.Verantwortlichkeit des Gesamtunternehmens

Nachdem sich schon die Feststellung der Produktursächlichkeit als ausgenommen schwierig dargestellt hat, der Nachweis gleichwohl nicht völlig ausgeschlossen ist, muss nun im Folgenden der Zusammenhang zwischen herstellendem Unternehmen und Produktschädlichkeit näher beleuchtet werden. Das findet, wie erläutert, in der Weise statt, dass in einem ersten Schritt das für die Produktschädlichkeit ursächliche Verhalten herausgearbeitet wird, wobei der Produzent zunächst fiktiv als Einzelperson betrachtet wird. Nur soweit diese Untersuchung ein fahrlässiges Unterlassen ergibt, schließt sich die Prüfung der damit verknüpften Zusatzvoraussetzungen, insbesondere der Garantenstellung und der Handlungsmodalität einschließlich des anzuwendenden Sorgfaltsmaßstabes, an. Den Schluss dieses Kapitels bildet erneut eine Ursachenfeststellung, die sich mit der Spezialfrage einer Unterlassenskausalität zu befassen hat.

A.Einordnung des ursächlichen Verhaltens

I.Strukturdifferenz von Begehen und Unterlassen

Das Bedürfnis nach einer Qualifizierung in positives Tun oder aber Unterlassen resultiert nicht erst aus deren objektiv gegenläufigen Zielrichtung, sondern bereits aus ihrer Wesensverschiedenheit: Tun ist willkürliche Bewegung. Unterlassen ist dagegen nicht Handlungsmöglichkeit, sondern vielmehr schlichtes „Nichts“, das erst im normativen Bereich Bedeutung erlangt[376]. Es erhält Substanz erst durch eine wertende Betrachtung über das Nichtssein, was beispielsweise schon die bloße, aber unentbehrliche Feststellung über die *Möglichkeit* einer Handlung verdeutlicht[377]. Erst eine enttäuschte Erwartung fokussiert das „Nichts“ auf eine Tätigkeit bestimmter Art, denn nur die Nichtvornahme der *geforderten* Handlung kann rechtliche Relevanz erlangen. Schöne[378] betont deshalb, dass Unterlassen nicht „Nichtstun“, sondern „Etwas-nicht-tun“ bedeutet. Rechtsethische Differenzen liefert insbesondere das Trägheitsargument[379]: Es gehört weit mehr verbrecherische Energie dazu, aktiv auf einen verbotenen Erfolg hinzuwirken, als einer von anderen Menschen oder von der Natur ausgehenden Bedrohung ihren Lauf zu lassen[380].

---

[376] Instruktiv Haft AT 2. Teil § 2 Nr. 1 zurückgehend auf Radbruch: „Die Handlung ist ein Teil der empirischen Realität. Die Unterlassung (dagegen) ist ein Urteil“, d.h. sie besitzt keine Realität.

[377] Schönke/Schröder/Stree, Vor § 13 Rdn. 139.

[378] JZ 1977, 150 m.w.N. in Fn. 1.

[379] Arzt JA 1980, 553 (556).

[380] So muss sich denn auch der Begehungstäter erst die „Gelegenheit“ schaffen; der Unterlassungstäter findet sie immer (!) vor, ist in diesem Sinne also stets „Gelegenheitstäter“ und als Gewohnheitsverbrecher nur äußerst schwer vorstellbar.

II. Unscharfe Trennlinie gerade im Fahrlässigkeitsbereich

So einleuchtend das auf den ersten Blick erscheint, zeigt sich im Fahrlässigkeitsbereich bisweilen ein völlig anderes Bild. Hier bedarf es nämlich oft nur einer geringfügigen, für die rechtsethische und kriminalpolitische Bewertung regelmäßig ganz unerheblichen Variation des Sachverhalts, um das pflichtwidrige Verhalten von einem Begehungsdelikt in ein unechtes Unterlassungsdelikt zu verwandeln[381].

Beispielsweise macht es wohl rechtspolitisch keinen Unterschied, ob ein Arzt eine fahrlässige Tötung durch eine pflichtwidrige Überdosierung eines Medikamentes herbeiführt oder dadurch, dass er dessen Injektion versäumt. Auch mutet es im Interesse eines umfassenden Verbraucherschutzes seltsam an, dass jemand, der jegliche Versuchserprobung über eine mögliche Gefährlichkeit unterlässt, zur Bestrafung einer Garantenstellung bedarf, demgegenüber derjenige, der die Versuchserprobung nur unsorgfältig ausführt, aus zwar fahrlässigem, aber aktivem Tun und damit regelmäßig leichter belangt werden kann.

Das wirft die Frage nach der Existenz einer eigenständigen Unterlassensfahrlässigkeit auf. Es ist nämlich keineswegs selbstverständlich, dass es für die Bestimmung des Fahrlässigkeitsvorwurfes überhaupt eines Rückgriffs auf § 13 I StGB bedarf, zumal der Strafrahmen der Fahrlässigkeitsdelikte bereits deutlich hinter dem der korrespondierenden Vorsatztaten zurückbleibt[382] und so einer weiteren, wenn auch nur fakultativen Strafmilderung gem. § 13 II StGB durchaus entbehren könnte[383].

Das Bedürfnis nach einer gesetzlichen Verankerung der Unterlassensstrafbarkeit resultierte damals aus dem verfassungsrechtlichen Analogieverbot, weil in der Subsumtion unter die *Begehungs*delikte eine Überspannung der gesetzlichen Tatbestände gesehen wurde. Diesem Vorwurf hätten sich m.E. die fahrlässigen Erfolgsdelikte aber gar nicht ausgesetzt sehen müssen. Indem sie nämlich zur Verwirklichung des pönalisierten Erfolges allein auf die Verursachung „durch Fahrlässigkeit" abstellen, war und ist das Unterlassen vielmehr bereits ohne weiteres im Tatbestand enthalten[384]. Es kommt insofern nur mehr auf die Konkretisierung der Sorgfaltsanforderungen an. Diesen Weg ging unausgesprochen auch das RG[385] in der „Ziegenhaar-Entscheidung", in dem es statt an die unterlassene Desinfektion an die (aktive) Ausgabe der Ziegenhaare anknüpfte

---

[381] Schaffstein, FS für Honig, S. 172.

[382] Vgl. nur §§ 222, 229 StGB gegenüber §§ 211, 212, 223ff StGB.

[383] So meint beispielsweise Hilgendorf NStZ, 1994, 561 (566 Fn. 70), dass im Fahrlässigkeitsbereich per se auf positives Tun abzustellen sei.

[384] Allerdings scheint Jakobs AT 29/3, in der Verursachung „durch Fahrlässigkeit" die Beschreibung einer Handlung durch *Begehen* zu verstehen. Er verwendet nämlich gerade § 222 StGB als Beispiel für die über § 13 I StGB zu ergänzende Kausalität als das Nicht-Ursächlich-Werden für die Abwendung des Todes.

[385] RGSt 63, 211 und allgemein Wessels/Beulke AT Rdn. 699.

und das Unterlassensmoment nur als sorgfaltswidrige Art und Weise des Handlungsbedarfs heranzog.

§ 13 I StGB behält jedoch auch hier insofern seine Berechtigung, als die Sorgfaltsanforderungen regelmäßig von den mit den Garantenstellungen verbundenen Erwartungshorizonten beeinflusst werden. Das veranlasst wiederum einen Teil der Lit., die eigenständige Bedeutung des Sorgfaltsverstoßes in Abrede zu stellen. Die Garantenstellung könne stets nur die Vornahme einer sorgfältigen Handlung gebieten. Pflichtenerfüllung und sorgfaltsgemäßes Verhalten ließen sich kaum mehr trennen[386]. Aber auch diese Ansicht verkennt die Funktion von § 13 I StGB, nämlich den Ommittenten erst in die Stellung als potentiellen Täter zu rücken. Steht seine Position fest, wird von ihm die Abwendung des Erfolges verlangt. Und erst die Durchführung dieser Handlung – das *Wie* – wird mit Hilfe der Fahrlässigkeit bestimmt[387]. Diese Trennung gewährleistet, den verschiedenartigsten Fallgestaltungen hinreichend Rechnung zu tragen[388].

Ein Beispiel bietet der Fall, in dem der Täter zwar die Gefahr sieht, die zu beseitigen er verpflichtet ist, aber infolge eines Sorgfaltsverstoßes nicht erkennt, auf welche Weise er der Gefahr wirksam begegnen kann.

Deshalb muss es, auch wenn die Grenzen fließend sind, gerade im Fahrlässigkeitsbereich ein besonderes Anliegen sein, eine griffige, willkürfreie Abgrenzungsmethode anzuwenden.

III.Problembereiche in der Produktkriminalität

Die Handlungen, auf die sich die Ermittlungsbehörden im Bereich der Produktverantwortung konzentrieren werden, können im wesentlichen auf das Inverkehrbringen (d.h. Entwicklung, Produktion, Vertrieb) schädlicher Produkte, das Unterlassen von ausreichenden Warnhinweisen oder eines Produktionsstopps oder/und das Imfeldbelassen schädlicher Produkte reduziert werden. Die hierbei auftretenden Qualifizierungsschwierigkeiten lassen sich am besten am Beispiel von Produktions- und Vertriebsstopps verdeutlichen.

Die Fortsetzung von Produktion und Vertrieb trotz des Verdachts einer Produktgefährlichkeit kann einerseits als Unterlassen eines entsprechenden Stopps, andererseits aber auch als notwendige Vorstufe zum Inverkehrbringen als aktives Tun relevant werden.

---

[386] Fünfsinn, S. 98.

[387] Brammsen, Entstehungsvoraussetzungen, S. 110.

[388] Schönke/Schröder/Cramer, § 15 Rdn. 143. Auch Arzt JA 1980, 553 (554), betont, dass weitgehend Einigkeit darüber bestehe, dass die fahrlässige Erfolgsherbeiführung durch Unterlassen von der durch Tun unterschieden werden kann.

1.Vorrang des aktiven Tuns

Nach der Rspr. und einigen Stimmen in der Lit.[389] spricht im Verhältnis zwischen Begehen und Unterlassen eine Vermutung für die Begehung[390]. Sie sollte Ausgangspunkt jeder strafrechtlichen Betrachtung sein[391], da auch das Kernstrafrecht regelmäßig[392] von der Tatbestandsverwirklichung durch positives Tun ausgeht und für die Strafbarkeit des Unterlassens sich der Hilfsnorm des § 13 StGB bedienen muss[393].

Ohne näher auf die Richtigkeit dieser These eingehen zu wollen, ist das m.E. zumindest im Bereich der Produktverantwortung insoweit stringent, als stets die Produktion gefährlicher Produkte im Raum steht. Sie bildet den Anfang jeglicher schädlicher Folgen, denn jedes Unterlassen eines Produktionsstopps, jeder fehlende Vermerk von Warnhinweisen oder aber ausbleibende Rückruf als denkbare Unterlassungstaten setzten notwendigerweise eine vorangegangene Begehung voraus.

Im Übrigen nimmt die Rspr.[394] im Hinblick auf die wertende Betrachtung des sozialen Handlungssinnes die Abgrenzung regelmäßig nach dem Schwerpunkt der Vorwerfbarkeit[395] vor.

2.Die „Schwerpunktformel"

Sie wird jedoch von gewichtigen Stimmen in der Lit. kritisiert, da sie Resultat eines „irrationalen Gefühlsurteils" des Rechtsanwenders bleibe[396] und das Ergebnis der Untersuchung schon voraussetze[397]. M.E. kann sie sich auch nicht des Vorwurfs erwehren, unter Abkehr vom geltenden Tat- und Schuldstrafrecht[398] den Weg hin zu einem Gesinnungsstrafrecht zu öffnen. Indem sie näm-

---

[389] Spendel und Kaufmann, FS für Eb. Schmid, S. 194, 212.

[390] Zur Geltung des Grundsatzes „in dubio pro reo" bei der Abgrenzung, vgl. Tröndle/Fischer, § 13 Rdn. 3 a.E. m.w.N.

[391] In der Rspr. lässt sich jedoch eine gegenläufige Tendenz gerade bei Straftaten im betrieblichen Bereich erkennen. Bock, S. 93, vermutet dahinter in der Produktkriminalität wegen der Häufigkeit der Fahrlässigkeitsvorwürfe das diesen innewohnende Unterlassensmoment.

[392] Ausnahme bilden die echten Unterlassenstatbestände.

[393] Vor Einführung des § 13 StGB war darüber hinaus – vor allem verfassungsrechtlich – unklar, ob die Bestrafung von Unterlassungen aus Begehungstatbeständen *überhaupt* zulässig oder aber verbotene Analogie war und schon deshalb besser eine aktive Tätigkeit vorzuziehen war, vgl. dazu Welp, Vorangegangenes Tun, S. 140ff m.w.N.

[394] Vgl. schon BGHSt 6, 46 (59) und jüngst BGH NStZ 1999, 607.

[395] Sie geht auf Mezger AT S. 75/76, zurück, wonach die Unterscheidung „keine Tatsachen-, sondern eine Wertungsfrage sei", weil nicht die äußere Gestalt, sondern der rechtliche Vorwurf entscheidend sei.

[396] Vgl. nur Gössel ZStW 96, 321 (325).

[397] Bock, S. 91.

[398] Vgl. nur Schönke/Schröder/Lenckner, Vor § 13 Rdn. 3, 105.

lich für die Schwerpunktsetzung wertend auf objektive *und* subjektive Elemente abstellen will, vernachlässigt sie den Opferblickwinkel, für dessen Rechtsgüterschutz zuallererst das objektive Verhalten maßgeblich ist. Die in der fehlerhaften Willensbildung zum Ausdruck gekommene Gesinnung kann erst im Rahmen der Schuldfrage[399] und der daran anknüpfenden Strafzumessung[400] Bedeutung erlangen.

Gerade auch der Fahrlässigkeitsbereich hat die Schwierigkeit der Abgrenzung mit Hilfe wertender Kriterien gezeigt. Dort ist es letztendlich immer möglich, eine Aktion durch Übergewichtung des Fahrlässigkeitsmoments – Außerachtlassen der erforderlichen Sorgfalt – in eine Untätigkeit umzudeuten, zumal die Vornahme einer pflichtwidrigen, weil schädigenden Handlung zugleich das Unterlassen der gebotenen implizieren wird. Und auch umgekehrt ist es häufig denkbar, der Ommission ein Begehungselement zuzuordnen, beispielsweise in der positiven Beschlussfassung der Führungskräfte, den Vertriebsstopp nicht zu veranlassen. Die Einordnung liegt dann in der Hand des Beurteilers und entbehrt jeglicher Rechtssicherheit.

Ferner muss sie sich u.U. das Entstehen von unüberwindlichen Strafbarkeitslücken vorhalten lassen. Denn es drängt sich wegen ihres normativen Elements zwangsläufig die Frage auf, ob sich die einmal vorgenommene Entscheidung für Tun bzw. Unterlassen zugunsten der anderen Alternative revidieren lässt[401].

> Notwendig wird das u.a. dann, wenn sich nach Annahme einer Begehungstat bei der Prüfung der tatbestandlichen Voraussetzungen im maßgeblichen Zeitpunkt weder Vorsatz noch Fahrlässigkeit nachweisen lassen, sondern das subjektive Element erst zeitlich versetzt hinzugetreten ist, wie es in der Produktkriminalität geradezu üblich ist: Im Produktions- und Vertriebszeitpunkt haben Versuchsproben nicht mal den Anschein einer Gefährlichkeit geweckt. Gleichwohl muss dieser Verdacht nach Auslieferung der Ware aufkeimen, weil sich Verbraucherbeschwerden häufen. Dann bleibt allein der Rückgriff auf das nachfolgende Unterlassen.

Der Schwerpunkt ist stets zu Beginn der Prüfung aus dem Zusammenspiel von objektiver Erscheinungsform und subjektiver Wertungsgesichtspunkte auszumachen. Ausschlaggebend ist mithin schon an dieser Stelle der Grad der kriminellen Energie, der dezidiert aber erst nach der Prüfung des subjektiven Tatbestandes feststeht. Niemand wird denn auch bezweifeln, dass, wenn Herstellung und Vertrieb von schädlichen Waren (= positives Tun) vorsätzlich durchgeführt werden, der Schwerpunkt der Tätigkeit auf der Begehung liegt[402]. Muss man aber bei der weiteren Analyse der subjektiven Merkmale feststellen, dass der subjektive Gehalt des Verhalten weitaus geringer ausfiel, weil kein vorsätz-

---

[399] Schönke/Schröder/Lenckner, Vor § 13 Rdn. 119.

[400] Tröndle/Fischer, § 46 Rdn. 19.

[401] Vgl. dazu Arzt JA 1980, 714; 652.

[402] So auch der BGHSt 37, 106 (116).

liches Verhalten, sondern allenfalls Sorglosigkeit oder gar keine Pflichtwidrigkeit vorlag, verließe die Lehre vom Schwerpunkt ihre eigene Argumentationsführung, wenn sie meint, nunmehr auf ein nachfolgendes Unterlassen umschwenken zu können[403]. Mit der vorangegangenen Festlegung auf die Begehung hat sie eine kriminalpolitische Wertung über den Unwertgehalt des Täterverhaltens gerade auch unter Berücksichtigung seiner inneren Einstellung zu der Tat getroffen, den sie nicht einfach rückgängig machen kann[404]. Im Übrigen würde sie auch nicht mehr die Abwehr von rechtsgutgefährdendem Verhalten bezwecken, sondern allein die in dem Verhalten zum Ausdruck gekommene Gesinnung beurteilen.

In der „Lederspray-Entscheidung" wird das besonders offensichtlich, wenn die Kenntnis über eine gehäufte Anzahl von Beschwerden genügen soll, die im Anschluss daran fortgeführte Produktion und den Vertrieb als strafbares positives Tun aufzufassen[405], obwohl im Zivilrecht die Haftung für eine fehlerhafte Konstruktion als positives Tun am Stand von Wissenschaft und Technik anknüpft, also die Gefährlichkeit erkennbar und ermittelbar sein muss[406].

3.Abgrenzung nach objektiven Kriterien

Vorzugswürdiger erscheint daher die Abgrenzung *allein* nach objektiven Kriterien[407]. Abzustellen ist darauf, wie das Verhalten einem objektiv neutralen Beobachter widerfährt. Roxin will dazu alle in Betracht kommende Einzelzüge des Gesamtvorganges mit Hilfe sämtlicher denkbarer Zurechnungskriterien durchmustern[408].

Begonnen wird beispielsweise mit der Prüfung, ob eine aktive Handlung, wie die Konstruktion eines Fabrikats kausal und vorwerfbar für den Erfolg war. Wenn das abgelehnt werden muss, weil etwa im Zeitpunkt der Herstellung weder dem Produzenten, noch allgemein der Fachwissenschaft Erfahrungswerte über schädliche Auswirkungen vorlagen, gilt es auf ein mögliches Unterlassen zurückzugreifen, beispielsweise, weil der Hersteller in der Folgezeit, obwohl er nun aus sicheren Quellen über die Gefährlichkeit unterrichtet wurde, gleichwohl weder eine öffentliche Warnung ausspricht, noch seine vertriebene Ware aus dem Handel zurückzieht.

---

[403] Brammsen, Entstehungsvoraussetzungen, S. 275.

[404] Dass in der Rspr. eine solches „Umschwenken" nicht offensichtlich auftaucht, resultiert m.E. maßgeblich daraus, dass die Gerichte ein *Urteil* fällen, mithin der gutachtliche Gedankenprozess auf dem Weg dorthin in den Entscheidungsgründen zwangsläufig nicht mehr auftaucht. Nur in freisprechenden Urteilen sind sie verpflichtet, die „Tat" unter allen Aspekten zu würdigen, § 264 I StPO.

[405] BGHSt 37, 106 (114), mit Hinweis auf die Entscheidung der Strafkammer.

[406] Palandt/Thomas, BGB § 823 Rdn. 205, und ProdHaftG § 3 Rdn. 9; Kuhlen, NStZ 1990, 566 (568 Fn. 41), erkennt deshalb hierin straflose Entwicklungsschäden.

[407] Sie geht mit dem Energiekriterium auf Engisch, S. 29, zurück.

[408] Roxin ZStW 74, 411 (417).

Das rechtfertigt sich auch aus Konkurrenzgesichtspunkten, da jedenfalls bei Mischsachverhalten die Begehung vor der Unterlassung in aller Regel den Vorrang genießt[409]. Erst bei Vorliegen zusätzlicher Elemente, wie der aufgezeigten Defizite im Moment der Handlungsvornahme im subjektiven Bereich und der Schuld, kann dann bei einem Zusammentreffen von Tun und Unterlassen auf ein zeitlich nachfolgendes Unterlassen abgestellt werden.[410].

Die Lehre vom Schwerpunkt könnte damit zwar auf den ersten Blick der gebotenen Zurückhaltung des Strafrechts eher gerecht werden, da sie – konsequent durchgehalten – das nachfolgende Unterlassen überhaupt nicht mehr prüfen und deshalb seltener einen Strafvorwurf erhärten kann. Doch dieser Schein trügt. Wenn nämlich wie bei der objektiven Betrachtung die Strafbarkeit des ersten Geschehenselementes am subjektiven Tatbestand scheitert, bedarf schließlich jede Strafbarkeit eines nachfolgenden Unterlassen ausnahmslos zusätzlich der Erfüllung eines Garantietatbestandes im Sinne des § 13 I StGB, den es erst noch zu begründen gilt.

Im obigen Beispiel wird für die unterlassene Warnung oder den Rückruf nun insbesondere die Garantenstellung wegen vorrangegangenem Tun erwogen[411]. Allerdings unterläuft m.E. die unreflektierte Bejahung von Ingerenz in solchen Fällen aneinandergereihter Verhaltensweisen das Koinzidenzprinzip, da das vorangegangene Tun schließlich gerade mangels subjektiver Vorwerfbarkeit eine Strafbarkeit nicht zu rechtfertigen vermochte[412].

So wird im Ergebnis ein voreiliger Rückgriff auf das Unterlassen vermieden, was auch unter verfassungsrechtlichen Gesichtspunkten seinen Beifall finden muss. Besonders in der Fahrlässigkeitsstrafbarkeit zwingt das Zusammentreffen von Unterlassung und Pflichtwidrigkeit geradezu, das Auge zunächst auf eine mögliche Begehung zu richten, um die Kumulation unbestimmter Garantievoraussetzungen und ungeschriebener Sorgfaltsanforderungen zu verhindern[413]. Trotz der vielfältigen literarischen Bemühungen um materielle Kriterien für die Rechtfertigung der Unterlassenstäterschaft darf nämlich nicht übersehen werden,

---

[409] Strittig: mit Blick auf § 330 c StGB BGHSt 3, 65 (68) und Furtner NJW 1961, 1196; Rudolphi, FS für Jescheck, S. 566; Baumann/Weber/Mitsch, AT, § 15 Rdn. 27. Eine zusammenfassende Übersicht zum Meinungsstand findet sich bei Struensee, FS für Stree/Wessels, S. 152ff.

[410] Demgegenüber wollen Lampe ZStW 72, 93 (105) und Brammsen, Entstehungsvoraussetzungen, S. 403, in diesem Fall stets auf die Begehungsstrafbarkeit abstellen und nur die Voraussetzungen für Vorsatz, Fahrlässigkeit oder gar des gesamten Unrechtes der Straftat modifizieren. Zur Fehlerhaftigkeit dieses Ansatzes, vgl. u.a. Dencker, FS für Stree/Wessels, S. 163.

[411] So auch im „Lederspray-Verfahren“, BGHSt 37, 106 (116).

[412] Ausführlich noch unten § 5.C.III.2.a(II).

[413] Schöne JZ 1977, 150 (152).

dass es sich bei diesem Bereich weitgehend um Rechtsschöpfung handelt[414]. Völlig verbietet es sich, in *jeder* Fahrlässigkeit per se ein Unterlassen zu erblicken[415], da dann das erniedrigte Strafmaß der Fahrlässigkeitstat wegen der fakultativen Strafmilderung gem. § 13 II StGB seine Berechtigung verlöre.

4. Kompensation des Unrechts durch nachfolgende aktive Momente

Bleibt auch dieser Lehre bei der Analyse scheinbar nur der Rückgriff auf ein Unterlassen, kann es damit aber noch nicht sein Bewenden haben. Bislang wurde lediglich die Variante angesprochen, dass auf die aktive Handlung eine Unterlassung folgt. Gerade in der Produktkriminalität wird jedoch das Unterlassensmoment häufig von einer (weiteren) *nach*folgenden Begehung getragen, ohne die eine Beeinträchtigung fremder Rechtsgüter schlichtweg undenkbar erscheint.

Die Nichtdurchführung einer Erprobung (=Unterlassen) wird beispielsweise erst relevant, wenn das Produkt später auch vertrieben wird (=positives Tun). Die Nichtdesinfektion von Ziegenhaar (=Unterlassen) kann unbeachtet bleiben, wenn es nicht in der Folge an die Mitarbeiter zur Weiterverarbeitung ausgehändigt wird (=positives Tun)[416].

Dann ist es vielmehr nur im Rahmen der aktiv begangenen Fahrlässigkeit zu würdigen und enthält keinen eigenständigen Unrechtsgehalt mehr.

Andernfalls zieht es u.U. kuriose Konsequenzen nach sich, wie sie der BGH einst ausgeurteilt hat[417]: Er ordnet zunächst die fehlende Warnung über die Gefährlichkeit der Skipiste durch den Liftbetreiber als Unterlassen ein. Als Erfolgsabwendung verlangt er dann aber das *Unterlassen* des Liftbetriebs, obwohl die Unterlassungsgebote gerade den Begehungsdelikten entspringen.

Selbst wenn man hier mit Roxin bei der der Begehung vorgelagerten Unterlassung mit der Prüfung beginnen will, wird man dazu kommen müssen, dass jedenfalls die Unterlassung für sich betrachtet nicht ursächlich für das *vollendete* Delikt war[418]. Wäre es bei ihr geblieben, könnte allenfalls ein Versuch und dieser auch nur bei entsprechendem Vorsatz im Hinblick auf die Rechtsgutverletzung angenommen werden. Erst die aktive Betätigung schafft das Bindeglied, dass das Unterlassen sich in einem Erfolg realisiert. Und selbst bei Vorliegen eines

---

[414] So Roxin, Kriminalpolitik und Strafrechtssystem, 19/20, dort insbesondere Fn. 44, mit Hinweis auf die unterschiedlichen Ergebnisse der Autoren von Monographien zur Gleichstellungsproblematik; ihm folgend Dencker, FS für Stree/Wessels, S. 159.

[415] Bock, S. 94.

[416] Bock, S. 94/95 m.w.N.

[417] GA 71, 333 (334).

[418] Struensee, FS für Stree/Wessels, S. 156, bezeichnet das im Vorfeld liegende Unterlassen als einen nur „täterpsychischen Vorgang" ohne Existenz einer gefährdenden Handlung.

strafbaren Versuches tritt dieser schließlich aus Konkurrenzgründen bei anschließender Vollendung zurück[419].

5.Festlegung auf die zu analysierende Verhaltensform

Lediglich, wenn demnach auch die (nachfolgende) Begehung straflos bleibt oder eine solche gar nicht existiert, gilt es, ein etwaiges Unterlassen als weitere Anknüpfungsmöglichkeit zu untersuchen. Sinn macht das natürlich nur, wenn sich die Sachlage derart verändert hat, dass nunmehr der Grund für die zunächst verneinte Strafbarkeit entfallen ist, beispielsweise dem Produzenten mittlerweile die Gefährlichkeit seiner Herstellung zumindest erkennbar ist. Und selbst dann können positive Elemente, etwa der Fortgang des Vertriebes, nicht stets hinter einer zeitgleichen Unterlassung, beispielsweise einer öffentlichen Warnung, zurücktreten[420]. Vielmehr müssen beide Verhaltensformen gesondert analysiert werden, schon wegen der konkreten Ursächlichkeit für den eingetretenen Schaden.

Obwohl sich der Verdacht über eine Gefährlichkeit der Ledersprays erhärtet hatte, wurde einerseits Produktion und Handel fortgesetzt, andererseits wegen der damals schon im Handel befindlichen Produkte weder Warnung noch Rückruf ausgesprochen. Dann muss insoweit unterschieden werden zwischen den Gesundheitsbeeinträchtigungen, die auf der gleichwohl weitervertriebenen Ware beruht und denjenigen, in denen sich die Schädlichkeit der zuvor in den Handel gelangten Sprays realisiert hat[421].

Nachdem aber bei einer objektiven Verhaltensabgrenzung jedes Geschehenselement selbständig zu prüfen ist[422], bleibt schließlich noch folgender Ansatzpunkt erwägenswert: Eigentlich stellt sich erst die Produkt*verwendung* durch den Verbraucher als unmittelbar zum Schaden führende Handlung dar und zwar als positives Tun[423]. Wenn in diesem Zeitpunkt dem Unternehmer die Gefahrträchtigkeit schon bekannt oder auch nur erkennbar ist[424], wäre an eine Bestra-

---

[419] Tröndle/Fischer, Vor § 52 Rdn. 19.

[420] Bock, S. 95; so aber Westphalen-Goll/Winkelbauer, § 47 Rdn. 4/5.

[421] So auch der BGH im Anschluss an das LG, BGHSt 37, 106 (110).

[422] Roxin, ZStW 74, 411 (416).

[423] Das setzt allerdings voraus, dass für die Abgrenzung Tun – Unterlassen auf den Tatmittler abgestellt wird. Hierzu lässt sich der Literatur, soweit sie sich überhaupt mit dieser Frage befasst, zumindest nichts Gegenteiliges entnehmen. Es entspricht im Übrigen der objektiven Abgrenzung, weil sich das Opfer einer aktive Tat, wenn auch seiner eigenen, ausgesetzt sieht – eine Konstellation, wie sie aus der Abgrenzung strafbarer Fremdgefährdung in mittelbarer Täterschaft von der straflosen Beteiligung an einer Selbstgefährdung bekannt ist, vgl. dazu Wessels/Hettinger BT 1 Rdn. 41ff, insb. 51ff.

[424] Das richtet sich nach den subjektiven Voraussetzungen, die man bei der mittelbaren Täterschaft verlangen will. Diskutiert wird nämlich auch die fahrlässige mittelbare Täterschaft, vgl. dazu nur Schönke/Schröder/Cramer, StGB, Vor § 25 Rdn. 114, und Renzikowski, S. 262ff.

fung als mittelbarer Täter aufgrund des Wissensvorsprungs zu denken[425], sofern der Verwender seinerseits einem entsprechenden Wissensdefizit unterliegt[426]. Diese Anschauung ließe den Rückgriff auf das Unterlassen nur dann nicht mehr entbehrlich erscheinen, wenn sich der Gebrauch durch den Bürger nicht als Tat des Herstellers qualifizieren lässt[427].

Zu weit geht m.E. Schmidt-Salzer[428], der ein allgemeines Verhaltensgebot (auch im Rahmen der Vorsatzdelikte) normiert wissen will, gemäß dem im Rahmen des Erforderlichen alle möglichen und zumutbaren Maßnahmen zu treffen sind, um voraussehbare Verletzungen strafrechtlich geschützter Rechtsgüter Dritter zu vermeiden. Er lässt damit jede Unterscheidung zwischen Tun oder Unterlassen vermissen, mit der fatalen Folge, dass selbst in Fällen eindeutig nur passiver Verhaltensweisen, wie der Untätigkeit im Hinblick auf die bereits in den Handel gelangten Produkte, die Strafbarkeit nicht anhand von § 13 I StGB korrigiert werden kann. Und Schumann wirft ihm zu Recht vor, dass bei einem Begehungsdelikt die erfolgsvermeidende rechtmäßige Verhaltensalternative gerade nicht in einem *anderen* Handeln, sondern schlichtweg im Unterlassen liegt[429].

6.Zusammenfassung

So lässt sich abschließend festhalten, dass entgegen einer weit verbreiteten Gerichtspraxis bei produktbezogenen Sachverhalten nur in äußerst seltenen Fällen überhaupt einmal eine Unterlassung relevant werden dürfte. Da ohne Herstellung und Inverkehrbringen ein Kontakt des Verbrauchers mit dem Produkt undenkbar ist, sind sie als aktive Betätigung einer vorrangigen Prüfung zu unterwerfen. Unachtsamkeiten in diesem Zusammenhang spielen dann allein im Rahmen der Fahrlässigkeit eine Rolle, gestalten das Verhalten aber keinesfalls in ein Unterlassen um. Wenn insoweit dem Produzenten in Bezug auf das je erfolgsursächlich gewordenen Produkt spätestens im Zeitpunkt seines Vertriebes ein subjektiver Vorwurf nachgewiesen werden kann, weil er um die Fehlerhaftigkeit wusste oder aber hätte wissen können[430], steht seiner Verurteilung aus der

---

[425] Diesen Aspekt wollen Bachmann/Beulke JuS 1992, 737 (740), insbesondere bei der Begründung einer neuartigen Garantenstellung aufgrund der gesteigerten Wirkungsmöglichkeiten des Produzenten berücksichtigen.

[426] Vgl. zu den Kriterien für die Ermittlung der mittelbaren Täterschaft bei einem tatbestandslos handelnden Werkzeug, Roxin TuT S. 225ff; SK-Samson, § 25 Rdn. 57, 63.

[427] Das bedarf jedoch einer detaillierten Prüfung, der schon mit Blick auf den Schwerpunkt der Arbeit, aber auch auf ihren Umfang hier nicht näher nachgegangen werden kann.

[428] Nicht einmal in seiner Abhandlung zur „Lederspray-Entscheidung“ verliert er ein Wort über die Unterscheidung, vgl. NJW 1990, 2966 ff.

[429] Schumann StV 1994, 106 (108).

[430] Das setzt jedenfalls voraus, dass gewichtige Stimmen in der Fachwissenschaft von der Schädlichkeit überzeugt sind und nicht bloß ein vager Verdacht besteht, vgl. dazu unten unter Sorgfaltsmaßstab § 5.D.II.1.b(I).

entsprechenden Begehungstat – zumindest auf dieser Ebene[431] – wohl nichts mehr im Wege. Nur soweit eine Verurteilung scheitert, weil sich ein subjektiver Vorstoß nicht erhärten lässt, gilt es dann auf den zeitlich nachfolgenden Nichtausspruch von Warnung oder Rückruf zurückzugreifen. Und das wohlgemerkt allenfalls dann, wenn die zwischenzeitlich veränderte Sachlage entsprechende Erkenntnisse über die Gefährlichkeit hervorgebracht hat, die sich auch der Hersteller hätte zueignen müssen[432], und auch nur im Hinblick auf die Ware, die den betrieblichen Bereich zu diesem späteren Zeitpunkt schon verlassen hatte, vorausgesetzt eine mittelbare Täterschaft ist ausgeschlossen.

B. Vorsätzlich oder fahrlässiges Verhalten

Weiter schließt sich dann die Abgrenzung zwischen Vorsatz und Fahrlässigkeit an. Die Einordnung dieser Erörterung in den Bereich des objektiven Tatbestandes wird vor allem durch § 15 StGB verdeutlicht, der den Bereich der Fahrlässigkeitsstrafbarkeit erheblich einschränkt und bereits bei der Suche möglicher Straftatbestände eine entsprechende Qualifizierung verlangt.

I. Wesensverschiedenheit

Die Unterscheidung rechtfertigt sich aus den verschiedenen Wesen von Fahrlässigkeits- und Vorsatzdelikt, denn das Fahrlässigkeitsdelikt als solches ist gegenüber dem vorsätzlichen strukturell ein aliud: Abgesehen von der Erfolgsaussicht bei der bewussten Fahrlässigkeit weist es nämlich keinen subjektiven Tatbestand auf[433]. In der Wendung „durch Fahrlässigkeit" wird namentlich ein Element der Schuld verobjektiviert. Als tatbestandliche Handlung wird mit der „Fahrlässigkeit" die Pflichtwidrigkeit bezeichnet, die jedoch etwas Irreales ist[434]. Verursachen kann nicht ein reiner Schuldvorwurf, sondern nur ein Verhalten, nämlich das Außerachtlassen der im Verkehr erforderlichen Sorgfalt[435]. Gerade deshalb rückt im Bereich der Fahrlässigkeitsdelikte das *Unterlassen* der gebotenen Sorgfalt als vorzuwerfende Handlung in den Mittelpunkt[436] und verdeutlicht so die Nähe zwischen Fahrlässigkeit und Unterlassen: Zentrales und verbindendes Element ist das der Pflichtverletzung[437]. Die Besonderheit im Un-

---

[431] Zu den Einschränkungen auf der 2. Stufe siehe unten § 6.

[432] Schließlich ist er verpflichtet, seine Produktion stets auf dem aktuellen Stand von Wissenschaft und Technik zu betreiben, dazu noch § 5.D.II.1.b(I).

[433] Roxin AT § 24 Rdn. 67. Demgegenüber aber Struensee JZ 1987, 53 (60), der den subjektiven Tatbestand darin sehen will, „dass der Handelnde von den Bedingungen des eingetretenen Erfolges einen tatbestandsrelevanten Ausschnitt kennt, von dem nach Bewertung der Rechtsordnung eine intolerable Gefahr (ein unerlaubtes Risiko) ausgeht."

[434] Exner, FG I für R.v. Frank, S. 583/84.

[435] Vgl. Spendel, FS für Eb. Schmidt, S. 193.

[436] So auch Roxin ZStW 74, 411 (418) m.w.N.

[437] Schönke/Schröder/Cramer, § 13 Rdn. 14.

terlassensbereich ist nur, dass sich dort die Pflichtwidrigkeit regelmäßig aus drei Elementen, nämlich der Garantenstellung, -pflicht und der Sorgfaltspflichtverletzung im engeren Sinne, zusammensetzt. Ihnen gilt es sich nach einer kurzen Abgrenzung von Vorsatz und Fahrlässigkeit eingehend zu widmen.

II.In der Produktverantwortung

Abgrenzungsschwierigkeiten ergeben sich in der Regel nur zwischen Eventualvorsatz und bewusster Fahrlässigkeit, deren Übergang oftmals fließend ist. Erschwert wird die Entscheidung, weil der dolus eventualis mittlerweile nahezu den Prototyp vorsätzlichen Verhaltens darstellt, indem er nur das Wissen um das Risiko der Tatbestandsverwirklichung als Vorsatzmerkmal postuliert.[438]

Der Vorsatz zeichnet sich allgemein durch ein kognitives und ein voluntatives Element aus[439]. Für den bedingten Vorsatz genügt dabei das Erkennen der Möglichkeit des Erfolgseintrittes und dessen billigende Inkaufnahme[440]. Demgegenüber liegt nur bewusste Fahrlässigkeit vor, wenn der Täter auf das Ausbleiben des schädigenden Erfolges – selbst in leichtfertiger Weise[441] – vertraut hat.

Auf die Produktverantwortlichkeit übertragen beinhaltet das die Feststellung, dass der Produzent die Gefährlichkeit des Produktes erkennt und *gleichwohl* handelt bzw. von der gebotenen Handlung Abstand nimmt[442]. Das wird ihm in der Regel nicht nachweisbar sein[443], da die Interessenlage des Produzenten, auch bei Betonung der ökonomischen Perspektive, sicher nicht die Schädigung oder gar Tötung des Kunden umfasst, der schließlich Quelle seines Verdienstes ist[444]. Dennoch erkannte das LG Mainz und mit ihm der BGH im „Lederspray-Urteil"[445] auf Vorsatz[446]:

> Wer den Weiterverkauf eines als gesundheitsschädlich anerkannten Produktes nicht stoppt, obwohl er mit weiteren Schadensfällen rechnet, kann sich bei deren Eintritt nicht mehr glaubhaft darauf berufen, diese nicht gewollt zu haben[447]. Das LG stellt insbesondere darauf ab, dass der Geschäftsleitung durch die Entscheidung zwar weitere Untersuchungen, nicht aber ein Vertriebsstopp oder ein Rückruf zu veranlassen,

---

[438] Vgl. Prittwitz StV 1991, 435 (438).

[439] Vgl. Schönke/Schröder/Cramer, § 15 Rdn. 10/11.

[440] Vgl. zum Diskussionsstand statt vieler Schönke/Schröder/Cramer, § 15 Rdn. 72 ff. Eine dezidierte Darstellung würde den Rahmen dieser Arbeit sprengen.

[441] Eidam, S. 303.

[442] So auch Langkeit WiB 1995, 934.

[443] So Eidam, S. 303, auch für den bedingten Vorsatz.

[444] Kühne NJW 1997, 1951.

[445] BGHSt 37, 106 (132).

[446] In der Produktkriminalität soweit ersichtlich ist das die erste Verurteilung wegen Vorsatz, vgl. Deutscher/Körner wistra 1996, 292 (293).

[447] Eidam, S. 306.

bewusst war, dass hierdurch die von den Produkten ausgehende Gefahr nicht gebannt werden konnte[448]. Zunehmend wird sogar schon in der Verweigerungshaltung der Führungskräfte, Bedenken ihrer Untergebenen entgegenzunehmen und ihren Anregungen nachzugehen, bedingt vorsätzliches Verhalten gesehen[449].

Eine gewisse Rechtfertigung mag die Annahme eines Vorsatzes noch aus der Irrtumslehre erfahren, wonach nur die wesentlichen Eckpunkte des Kausalverlaufs in das Bewusstsein aufgenommen werden müssen[450]. Dennoch mutet die Feststellung bedenklich an: Erstens konnten die Angeklagten wegen des damaligen wissenschaftlichen Erkenntnisstandes nicht positiv von einer Schädlichkeit ausgehen.

Dem will das LG Mainz dadurch entgehen, dass es sich statt mit der Kenntnis mit dem dringenden Gefahrenverdacht begnügt und mit der Quantität eingegangener Schadensmeldungen argumentiert[451]. Doch lässt sich insoweit entgegenhalten, dass eine solche Abgrenzung – ernst zu nehmender Gefahrenverdacht gegenüber „öffentlicher Hysterie", „Medienkampagne" oder ähnlichem – gerade von dem Produzenten nur schwer nachzuvollziehen sein wird[452].

Zweitens ist ein entsprechend vorhandener Wille m.E. auch schlicht eine Unterstellung, die tatsächlicher Anhaltspunkte entbehrt. Das steht im Einklang mit der Entscheidung des BGH im „Holzschutzmittel-Prozess":

Dort bemängelte er nicht nur das Fehlen von entsprechenden Feststellungen durch das LG Frankfurt, sondern hob auch die entgegenstehende Interessenlage der Angeklagten hervor[453]: Selbst bei einer ernsthaften Erwägung, dass die Verwendung der vertriebenen Holzschutzmittel zu Gesundheitsschäden führt, sprächen die gesamten Umstände dafür, dass sie schließlich auf die Unschädlichkeit vertrauten. Sie hätten

---

448 Schmidt-Salzer, ES IV.3.22 (8).

449 Kassebohm BB 1994, 1361 (1362).

450 Vgl. statt vieler Schönke/Schröder/Cramer, § 15 Rdn. 55 m.w.N.: Abweichungen vom Kausalverlauf sind bedeutungslos, wenn sie sich noch innerhalb der Grenzen des nach allgemeiner Lebenserfahrung Voraussehbaren halten und keine andere Bewertung der Tat rechtfertigen.

451 Schon das LG Aachen ließ im Contergan-Verfahren den ernstzunehmenden Verdacht aufgrund gestiegener Schadensmitteilungen ausreichen, JZ 1971, 507 (515).

452 Kuhlen JZ 1994, 1142 (1147). Darüber hinaus mutet es seltsam an, dass der Gesetzgeber im Rahmen der Spezialgesetze zwar den positiven Nachweis der Schädlichkeit verlangt, dennoch als Höchststrafe gem. §§ 51ff LMBG drei Jahre Freiheitsentzug festsetzt, während für das Handlungsgebot gem. § 222 StGB der Verdacht der Schadenseignung genügen soll, obwohl die fahrlässige Tötung die Möglichkeit einer Bestrafung mit bis zu fünf Jahren Freiheitsstrafe eröffnet. Es erklärt sich jedoch daraus, dass die Verhaltensnormen beispielsweise des LMBG über die verbotene Tätigkeit hinaus keinen Erfolg – auch nur im Sinne einer konkreten Gefährdung – verlangen.

453 NJW 1995, 2930 (2933).

nämlich ein großes Interesse daran, dass ihre Produkte nicht in Verruf gerieten und ihre Firma keinen Schadensersatzforderungen ausgesetzt werden würde[454].

Anders ließe sich allenfalls in dem von Schmid[455] plastisch dargestellten, abschreckenden „Ford-Pinto-Case“ in den USA entscheiden:

> Der Geschäftsführung war bekannt, dass der Benzintank der Modellreihe „Pinto“ so konstruiert war, dass dieser schon bei leichten Auffahrunfällen bersten konnte. Gleichwohl änderte sie nicht die Konstruktion der Fahrzeuge. Dies beruhte auf einer unternehmensinternen Kalkulation, wonach für eine entsprechende Änderung der bereits vorbereiteten Produktion 137 Mio. $, demgegenüber aber etwaige Schadensersatzansprüche insgesamt „nur“ 49,5 Mio. $ kosten sollten. Als schließlich ein Ford Pinto bei einem Auffahrunfall aufgrund seines geplatzten Tanks in Flammen aufging, kamen drei Mitfahrerinnen ums Leben[456].

In der Behandlung der Ersatzansprüche als bloßer Kostenfaktor in der Abwägung für oder gegen einen Produktionsstopp zeigt sich zweifelsohne die Gleichgültigkeit in Bezug auf die Rechtsgutgefährdung.

Im Übrigen machen sich vereinzelt Tendenzen eines Risikovorsatzes zur Risikominderung breit[457], der geradezu als Gegenstück zur These vom „erlaubten Risiko“, d.h. dem Versuch, rational mit Risiken umzugehen[458], fungieren soll. Ihm könnte jedoch mangels allgemeiner Anerkenntnis über seine Existenz allenfalls erst dann nachgegangen werden, wenn man für eine Auflockerung strafrechtlicher Prinzipien plädiert.

C.Garantenstellung für das strafbare Unterlassen, §13 StGB

Wenn die bisherigen Untersuchungen trotz allem ergeben haben, dass die Strafbarkeit eines Unterlassens im Raum steht, muss man sich erneut die Gegensätzlichkeit zur Begehung vergegenwärtigen.

Dreh- und Angelpunkt jeder weiteren Analyse bildet nämlich § 13 StGB: Um einerseits aus dem schlichten „Nichts“ den Bereich rechtlich relevanter Untätigkeit auszusondern, andererseits Kriterien bestimmen zu können, wann von wem welche Handlung vorgenommen hätte werden müssen, wird darin postuliert, dass jemand nur dann strafrechtlich zur Verantwortung gezogen werden

---

[454] Auch Schmidt-Salzer NJW 1996, 1 (5), bekräftigt, dass von vorsätzlicher Begehung nicht gesprochen werden könne, wenn die Angeklagten, bestärkt von Wissenschaftlern, nach ihrem Informationsstand die Holzschutzmittel für unbedenklich hielten. Weil sie tatsächlich die Notwendigkeit rechtlich erforderlicher Maßnahmen nicht erkannten, liege seiner Ansicht nach lediglich unbewusste Fahrlässigkeit vor.

[455] FS für Max Keller, S. 649 Fn. 14.

[456] Gleichwohl wurde die Ford Motor Company aufgrund eines einstimmigen Votums der Geschworenen von jeder strafrechtlichen Verantwortung freigesprochen, Nachweise bei Kassebohm BB 1994, 1361 (1364).

[457] Schlehofer NJW 1989, 2017ff.

[458] Vgl. Prittwitz StV 1991, 435 (438 Fn. 36).

kann, „(...) wenn er rechtlich dafür einzustehen hat, dass der Erfolg nicht eintritt (...)". Daraus wird allgemein gefolgert, dass der Ommittent, bevor sich für ihn die Frage eines Eingriffs in den Geschehensablauf stellt, Träger einer Garantenstellung im Hinblick auf das gefährdete Rechtsgut sein muss[459]. Die Garantenstellung stellt also die objektiv-rechtliche Beziehung des Unterlassenden zum tatbestandlichen Erfolg her[460].

I. Verfassungsrechtliche Bedenken

Um den gegen die allgemeine Regelung in § 13 StGB vorgetragenen verfassungsrechtlichen Bedenken[461] zu begegnen, ist bei der Bestimmung der Garantenstellung in besonderem Maße das Gesetzlichkeitsprinzip in Art. 103 II GG zu würdigen[462].

1. Das Bestimmtheitsgebot im Allgemeinen

Allgemein wird das strikte Bestimmtheitsgebot der strafrechtlichen Tatbestände mit der Freiheit des Bürgers, der Gewaltenteilung, der Generalprävention, aber auch dem Schuldprinzip begründet: Durch die Bindung der Staatsgewalt an das abstrakte Gesetz soll die Freiheit des Staatsbürgers gegen obrigkeitliche Eingriffe gesichert werden. Die gewaltenteilende Demokratie erfordert, dass so einschneidende Eingriffe in die bürgerliche Freiheit, wie sie die Freiheitsstrafe ermöglicht, der Legitimation durch das staatstragende Volk bedürfen. D.h. nicht der Richter als bloßer Rechtsanwender, sondern allenfalls das Parlament als die gewählte Volksvertretung ist befugt, die Grundlage für derartige Eingriffe zu bereiten. Auch ist die Abschreckung potentieller Delinquenten nur bei exakter gesetzlicher Verankerung zu erreichen: Um die Rechtstreue zu stabilisieren und

---

[459] Vgl. statt vieler Tröndle/Fischer, § 13 Rdn. 5.

[460] Schönke/Schröder/Stree, § 13 Rdn. 60. Das verdeutlicht die enge Verknüpfung zur objektiven Zurechnung im Rahmen der Kausalitätsbeschränkung, dazu unten § 5.E.II.1.

[461] Vgl. beispielsweise Grünwald ZStW 70, 412 (418); Schöne, Unterlassene Erfolgsabwendungen, insb. S. 354 und 356.

[462] Zwar wurde früher vereinzelt vertreten, dass im Allgemeinen Teil des StGB eine Analogie zu Lasten des Täters zulässig sei, weil sie dort nicht im Tatbestandssinne strafbegründend wirke. Dem muss aber gerade bei der Garantenstellung im Sinne des § 13 StGB entgegengehalten werden, dass ohne sie der Täter gar nicht in die Stellung als Normadressat rückt. Dies gilt umso mehr, als auch der GrS des BGH die Garantenstellung als ungeschriebene Tatbestandsmerkmale des Besonderen Teils begreift, vgl. BGHSt 16, 155 (158). Dem Wortlaut des Art 103 II GG lässt sich jedenfalls kein Hinweis auf eine mögliche Differenzierung zwischen Allgemeinem und Besonderem Teil entnehmen. Hier ist vielmehr pauschal von der „Strafbarkeit der Tat" die Rede, die sich nun mal auch nach den Regeln des Allgemeinen Teiles bestimmt. Die Positivierung des § 13 StGB sollte gerade auch im Hinblick auf den Rechtsstaat für den Täter Rechtssicherheit verbürgen, um der Analogie im Rahmen der Tatbestände des Besonderen Teiles entgegenzuwirken. Dieser Intention des Gesetzgebers aber würde zuwidergelaufen werden, wenn nun durch die gesetzliche Verankerung jeder Analogie Tür und Tor geöffnet würde. Vgl. u.a. auch Bock, S. 117.

normentsprechende Verhaltensdispositionen aufzubauen, soll die Bewusstseinsbildung des Bürgers durch geschriebenes Gesetzeswerk geschärft werden. Und letztlich kann es nur dort Strafe geben kann, wo der Bürger Kenntnis über das Verbotensein seines Handeln hat[463].

2.Die Bestimmtheit von § 13 I StGB

Gerade der letzte Aspekt verdient im Rahmen der Unterlassensstrafbarkeit besondere Aufmerksamkeit: Wenn § 13 I StGB das Unterlassen, d.h. das Nichtstun bestrafen will, kann er das nur, indem er an eine *zuvor* erkennbare[464] Pflichtenstellung anknüpft. Insoweit kann nichts anderes gelten als bei den Gefährdungsdelikte, die wegen ihrer Vorfeldkriminalisierung nur bestehen können, wenn sie das Gefährdungsverhalten klar umschreiben, der Rechtsgutbezug ersichtlich ist und das Schuldprinzip gewahrt bleibt[465]. In diesem Zusammenhang muss § 13 I StGB eine uferlose Erfolgszurechnung an den schlicht Untätigen verhindern. Die Garantenstellung dient – vergleichbar der Kausalität beim positivem Tun – mit der Bestimmung des Personenkreises, der als Unterlassungstäter in Betracht kommt, als erstes „Sieb“[466]. Mit der Ermittlung der Garantenstellung rückt der Unterlassende erst in die Position des Normadressaten[467].

Eine zusätzliche Schwierigkeit ergibt sich daraus, dass das Verbot unbestimmter Strafgesetze als ein solches zu interpretieren ist, hinter den Standard des *betreffenden* Regelungsbereichs zurückzufallen bzw. auf die *erreichbare* Bestimmtheit zu verzichten. Dem wird in der Regel dadurch Rechnung getragen, dass man bei Vorschriften im *Allgemeinen Teil* des StGB nicht den durchschnittlichen Bestimmtheitsstandard des *Besonderen Teil* verabsolutieren darf[468]. So entspricht es auch seit jeher dem Willen des Gesetzgebers, allgemein die Klauseln des Allgemeinen Teiles bewusst weit zu fassen und die Klärung von Einzelfragen Rspr. und Wissenschaft zu überlassen[469]. Besonders bei der Ausgestaltung von § 13 StGB wurde deshalb auf die bereits bestehende Rechtsprechungspraxis zu den Garantenstellungen verwiesen[470]. Das steht in gewissem Gegensatz zur Auffassung des Großen Senats des BGH, der die Garantenstellung als unge-

---

[463] Roxin AT § 5 Rdn. 19ff.

[464] Dass die Garantenstellung überhaupt schon vor der relevanten Unterlassung entstanden sein muss, versteht sich von selbst.

[465] Roxin AT § 2 Rdn. 26.

[466] Arzt JA 1980, 553.

[467] So auch Bachmann/Beulke JuS 1992, 737 (740).

[468] So Jakobs AT 29/5.

[469] Bock, S. 119, mit Hinweis auf die Ausgestaltung der mittelbaren Täterschaft allein anhand des Wortlautes „durch einen anderen“ gem. § 25 I StGB, allgemein dazu Wessels/Beulke AT Rdn. 535-544.

[470] Bock, S. 115.

schriebenes Tatbestandsmerkmal der einzelnen Delikte des Besonderen Teiles begreift[471].

Im Hinblick auf § 13 I StGB verbietet sich deshalb – auch und gerade wegen seiner tatbestandlichen Unschärfe – eine großzügige Interpretation[472]. Aus dem früheren Analogieproblem[473] vor Einführung des § 13 I StGB ist insoweit ein Bestimmtheitsproblem geworden[474]. Seiner Konturierung kann nur eine im Grundsatz kontinuierliche Rechtspraxis, wie sie auch von der Lit. bislang gebilligt wurde, Rechnung tragen[475]. Der Rechtsanwender ist gehalten, auf der Auslegungsebene zu prüfen, was allgemein in der Gesellschaft dem Begriff der „Erfolgabwendungspflicht" zugeordnet wird[476].

II.Rechtliche Einstandspflicht

Das Untätigbleiben kann nur dann strafbegründende Relevanz erhalten, wenn der Täter *rechtlich* für das Ausbleiben des tatbestandlichen Erfolges einzustehen hat[477]. Was hierunter im Einzelnen zu verstehen ist, geht sonst aus dem Wortlaut nicht weiter hervor.

Die h.M. geht davon aus, dass jedenfalls auch ungeschriebene Gesetze und allgemeine Rechtsprinzipien ausreichen und nur rein tatsächliche Möglichkeiten oder sittliche Pflichten von vornherein ausgeschlossen sein sollen[478]. Und die allgemein anerkannte Einstandspflicht aus dem Familienrecht des BGB[479] zeigt wohl, dass nicht allein das Strafrecht, sondern auch außerstrafrechtliche Normen solche Pflichten begründen können. Ungeachtet dessen sind abstrakte, in anderen Rechtsgebieten aufgestellte Anforderungen nur begrenzt übertragbar[480]. Das ergibt sich schon aus Art. 103 II GG, der neben dem Analogieverbot, das seine Grenzen am Wortlaut findet, auch eine Auslegungsregel zur Norminterpretation enthält. Es bedarf stets eines besonderen strafrechtlichen Rechtsgrundes, um

---

471 So der GrS des BGH in BGHSt 16, 155 (158).

472 Schönke/Schröder/Stree, § 13 Rdn. 6. Arzt Ja 1980, 553, spricht bildhaft von „weit auseinanderliegenden Stegen, die über diesen zwischen Tun und Unterlassen liegenden Abgrund führen. Da diese Stege schmal (...), zudem infolge der von Monographien entfesselten Stürme ins Schwanken geraten oder im Nebel literarischer Stellungnahmen kaum noch sichtbar (seien, bedürfe) jeder Weg über diesen Abgrund reiflicher Überlegung und sorgfältiger Vorkehrungen gegen einen Absturz."

473 Vgl. dazu Welp, Vorangegangenes Tun, S. 142 Fn. 12; 146; 150 Fn. 49.

474 Dencker, FS für Stree/Wessels, S. 161.

475 Dencker, a.a.O.

476 Ransiek, Gesetz und Lebenswirklichkeit, S. 87. Er hat sich dabei am vom Gesetzgeber vorgegebenen Rechtsgüterschutz zu orientieren.

477 „Rechtlich" bedeutet insoweit „dem Rechte entsprechend", vgl. Creifelds, Stichwort Recht.

478 Vgl. BGHSt 30, 391 (393); Schönke/Schröder/Stree, § 13 Rdn. 7.

479 Schönke/Schröder/Stree, § 13 Rdn. 18.

480 Sangenstedt, S. 106f, 369f.

dem wertausfüllungsbedürftigen Regelungsrahmen des § 13 I StGB Gestalt zu geben[481]. Denn schon aus der Gesetzgebungsgeschichte lässt sich entnehmen, dass nicht bereits jede metastrafrechtliche Rechtspflicht den Rückschluss auf eine Garantenstellung zulassen soll[482]. Vielmehr bestand unter den Mitgliedern der Großen Strafrechtskommission Einigkeit darüber, dass die Handlungspflicht etwas Spezifisches und Seltenes sein sollte[483], wenn auch wegen der Schwierigkeiten einer vollständigen Aufzählung[484] und der Möglichkeit der Fortentwicklung des Rechtes[485] anhand der sich wandelnden gesellschaftlichen Anschauungen[486] bewusst auf eine explizite Positivierung der einzelnen Entstehungsgründe verzichtet wurde.

III.Allgemeine Entstehungsgründe

Deshalb muss allgemein untersucht werden, welche Entstehungsvoraussetzungen den Garantenstellungen als gemeinsame Basis zugrunde liegen[487]. Sie müssen – gerade um ihrer Akzeptanz in der Gesellschaft willen[488] – den tatsächlichen Verhältnissen in der Realität des Alltagsleben entspringen, also verstärkt von einer Ausrichtung an vorrechtlichen Pflichtenpositionen geleitet sein[489]. Ein abstrahierender und größere Zeiträume erfassender Blickwinkel, losgelöst von Einzelfällen, lässt diese Verknüpfung zwischen Garantenproblematik und den jeweils herrschenden tatsächlichen Verhältnissen augenscheinlich zu Tage treten[490].

1.Gesellschafts-tatsächliche Hintergründe

Das soziale Alltagsleben ist geprägt von Erwartungshaltungen: Der Einzelne orientiert sein eigenes Verhalten am Verhalten der Anderen. Nimmt aber Letzterer eine *besondere* Pflichtenposition wahr, kann sich die Erwartung verstärken und eine andere Ausrichtung erfahren. Aufgabe des Strafrechts ist es nun, als

---

[481] Bock, S. 125.

[482] Drucksache IV/650 S. 125.

[483] Bock, S. 114, mit Verweis auf Eb. Schmidt, Niederschriften 12.

[484] Drucksache IV/650, S. 124.

[485] BGHSt 1, 1 (2ff); 10, 157 (159).

[486] Dass dies keinen Verstoß gegen das Bestimmtheitsgebot darstellt, hat bereits Ransiek, Gesetz und Lebenswirklichkeit, S. 87, instruktiv erläutert, auf den deshalb verwiesen werden soll.

[487] Arzt JA 1980, 553 (560), erblickt diese Gemeinsamkeit in einer rudimentären Gefahrschaffung als Begehungselement. Ebenso Welp, Vorangegangenes Tun, S. 261ff, der deshalb Bedenken anmeldet gegen eine Garantenstellung im Sinne einer reinen Zustandshaftung ohne Ingerenz- bzw. Übernahmegesichtspunkte.

[488] Ransiek, Gesetz und Lebenswirklichkeit, S.78 und 87.

[489] Brammsen, Entstehungsvoraussetzungen, S. 27.

[490] Nachweise bei Brammsen, Entstehungsvoraussetzungen, S. 31.

Stabilisator durch die Positivierung von strafrechtlichem Unrecht diesen Erwartungshaltungen ihre Berechtigung zu verleihen und so den Einzelnen zu erwartungsgerechtem Verhalten aufzufordern.

Seine verhaltensregulierende Wirkung entfaltet es jedoch nur dann, wenn es seine Ge- und Verbote an steuerbarem, weil von menschlichen Willen beeinflussbarem Handeln orientiert[491]. Das ist der Kern der Normlogik[492]: Der Wunsch nach Ausbleiben des Erfolges kann stets nur insoweit das Motiv für eine gesetzliche Regelung bilden, als er durch das erwartete normgerechte Verhalten vermeidbar war[493]. Der Einzelne muss also schon im Vorfeld erkennen können, welche Erwartungen an ihn gestellt werden, um ihnen entsprechen zu können. Nicht nur das Gesetzlichkeitsgebot, sondern auch unsere gesellschaftliche Realität als determinierender Faktor für Planung und Ausgestaltung des Alltagsgeschehens gebieten das. Erst die gegenseitigen und gemeinsamen Erwartungsverhältnisse entlasten den Einzelnen und die Sozietät und bilden so bei größtmöglichem Einsatz der jeweils vorhandenen Potentiale und Fähigkeiten die Grundlage für eine sich ständig weiterentwickelnde, hochtechnisierte Gesellschaft[494]. Gerade das spielt in der Produktverantwortung eine wichtige Rolle.

Neben der gesellschaftlich geprägten, gegenseitigen Erwartungshaltung lassen sich aber durchaus auch noch weitere mehr oder weniger anerkannte Gründe für die Entstehung einer Garantieposition aufzeigen[495]. Erwähnt sei hier nur das Bedürfnis nach einem Näheverhältnis, das bereits *vor* Entstehen einer Handlungspflicht zwischen gefährdetem Rechtsgut und Ommittent bestehen muss[496]. Häufig wird außerdem der Vertrauensgedanke als tragendes Prinzip genannt, weil er regelmäßig eine besondere Verletzlichkeit vermittelt. Er erfährt jedoch eine Einschränkung dahingehend, dass der vertrauensbegründende Akt für einen *neutralen* Beobachter[497] ein Signal für die später zu erwartende Handlungspflicht gesetzt haben muss[498]. Ebenso soll das Gefährdungsmoment mit Ausnahme der

---

[491] Roxin, FS für Honig, S. 134, zurückgehend auf die Ausführungen Honigs.

[492] Dazu Prittwitz StV 1991, 435 (439)

[493] Brammsen, Entstehungsvoraussetzungen, S. 101.

[494] Brammsen, Entstehungsvoraussetzungen, S. 122.

[495] Demgegenüber wollen Baumann/Weber/Mitsch AT § 15 Rdn. 45ff, die Reichweite der Garantenpflicht jeweils im Einzelfall aus dem Sinn der Tatbestände des Besonderen Teiles bestimmen. Ebenso Grünwald ZStW 70, 412 (425) und Welp, Vorangegangenes Tun, S. 18ff. Kritisch dagegen Schünemann, Grund und Grenzen, S. 276ff, wonach die Vielzahl gemeinsamer Strukturelemente des Besonderen Teiles durchaus allgemeine dogmatische Sätze ermöglichen und auch erfordern würde.

[496] So explizit Androulakis, S. 205, 222; Roxin, Kriminalpolitik und Strafrechtssystem, S. 19; ebenso im Ergebnis Göhler, Festschrift für Dreher, 1977, 615 (617 bzw. 619).

[497] Es ist also auf eine objektive, nicht wie Schünemann, Grund und Grenzen, S. 251f. kritisiert, subjektive Sichtweise abzustellen.

[498] Welp, Vorangegangenes Tun, S. 216; Arzt JA 1980, 647 (650).

auf familiären Vertrauensverhältnissen oder enger Lebensgemeinschaft begründeten Garantenstellungen[499] Schlüsselmerkmal sein.

Bei all den aufgeführten Gründen tritt vor allem das Moment des „vorher“ offen zu Tage: Nur wenn sich der Garant seine aus der gesellschaftlichen Realität herrührende, besondere Stellung zumindest vergegenwärtigen konnte, ist es gerechtfertigt, an ihn mit besonderen Anforderungen heranzutreten. Gerade diese Gemeinsamkeit gilt es für die folgende Analyse der einzelnen Garantenstellungen im Auge zu behalten.

2.Rechtliche Konsequenzen

Rspr. und Lehre haben sich nun seit jeher bemüht, zur rechtlichen Ausgestaltung dieser Alltagswirklichkeit Fallgruppen herauszubilden, in denen sich insbesondere die gesellschaftlichen Erwartungshorizonte, aber auch die weiteren Entstehungsgründe so greifbar manifestieren, dass auch der potentielle Garant seine herausgehobene Position ex ante erkennen kann. Genannt werden hierfür Gesetz, Vertrag einschließlich der tatsächlichen Übernahme, vorangegangenes gefährdendes Tun, aber auch eine enge Lebensgemeinschaft[500]. In der neueren Lehre[501] triff man zwar häufig darüber hinaus eine Unterscheidung zwischen Beschützer[502]- und Überwachungsgaranten[503] an. Hierbei wird jedoch oft verkannt, dass diese Einteilung allein viel zu unspezifisch ist, um aus ihr *inhaltliche* Anforderungen an die einzelnen Garantenstellungen ableiten zu können. Sie fördert als ein übergreifendes Ordnungsprinzip allein die Klarheit[504], kann aber keinesfalls deren Herleitung erklären[505], sondern muss zur näheren Konkretisierung vielmehr stets auf die genannten Kriterien wie beispielsweise eine gesetzlich verankerte Obhutspflicht zurückgreifen.

Im wesentlichen werden im Bereich der Produktkriminalität drei[506] Ansätze diskutiert: die Garantenstellung aus Ingerenz, aus den zivilrechtlichen Verkehrssicherungspflichten oder schlicht aus der Überwachung einer Gefahrenquelle.

---

[499] Bock, S. 121, bezeichnet sie als „originäre Nähebeziehung“, für die eine aktuelle Verantwortungsübernahme entbehrlich sei.

[500] Nachweise bei Tröndle/Fischer, § 13 Rdn. 5a.

[501] Vgl. nur Tröndle/Fischer, § 13 Rdn. 5b/c; Wessels/Beulke AT Rdn. 716; Baumann/Weber/Mitsch § 15 Rdn. 46ff und Haft 7.Teil § 4 Nr. 1 lit.c.

[502] Also der „Rundumverteidigung eines bestimmten Rechtsgutes“.

[503] Zur Absicherung einer bestimmten Gefahrenquelle.

[504] So schon Schünemann ZStW 96, 288 (305).

[505] Schünemann, FS für den BGH, S. 17; so auch Jakobs AT 29/27.

[506] Das Fehlen einer dem § 357 StGB entsprechenden Vorschrift im allgemeinen Teil zeigt, dass es keine generelle Garantenstellung eines Unternehmens für Fehlverhalten seiner Mitglieder gibt, dazu SK-Rudolphi, § 13 Rdn. 35.

Aber auch neue Strömungen, wie eine Garantenstellung kraft Übernahme, zeichnen sich ab.

a.Ingerenz

Aus dem Verbot, andere zu verletzen wird allgemein zugleich das Gebot abgeleitet, eine selbstgeschaffene Gefahr zu beseitigen, wenn aus ihr die Verletzung fremder Rechtsgüter droht[507]. Dieser Grundsatz ist von der Rspr. stets – mit Verweis auf die lange Reihe von dementsprechenden Entscheidungen[508] – anerkannt worden.

Bereits gegen diesen Ausgangspunkt wendet Brammsen[509] beachtliche Argumente ein: Die Existenz eines der Rechtsordnung als ungeschriebenem Rechtssatz zugrundeliegenden Gebotes des „neminem laede" mag zwar im vorrechtlichen Bereich des sozialen Alltagslebens nicht zu bezweifeln sein; im Recht sei er jedoch nirgends positiviert und verstieße so in eindeutiger Weise gegen den Bestimmtheitsgrundsatz[510]. Zudem entbehre er in seiner vorhersehbarkeitsunabhängigen Reinform jeglicher subjektiver Unrechtselemente, die nach heute h.M. Mindestvoraussetzung für die Rechtswidrigkeit seien[511]. Auch impliziere der Umkehrschluss von Verbots- zu Gebotsbefehlen zugleich die Umwandlung der Gebots- in Verbotsnormen, so dass es wegen § 323c StGB einer weiteren Detaillierung, wie sie derzeit das StGB beherrsche, eigentlich gar nicht bedürfte. Hiernach sei nämlich bereits eine umfassende Pflicht aufgestellt, solche Unglücksfälle erst gar nicht herbeizuführen.

(I)Notwendigkeit und Berechtigung

Vor diesem Hintergrund stellt sich denn auch zunächst die Frage nach der Erforderlichkeit eines derartigen Instituts. Solange nämlich diese Art und Weise der Norminterpretation eine kontinuierliche Rspr. zum Ausdruck bringt, kann man aus Art. 103 II GG jedenfalls kein gegenläufiges Argument entnehmen können. Das folgt unmittelbar aus dem Wesen des § 13 I StGB als ausfüllungsbedürftiger Regelungsrahmen, der sich an der gesellschaftlichen Realität zu orientieren hat[512]. Doch fehlt es gerade an der weiteren Voraussetzung einer weit-

[507] Schönke/Schröder/Stree, § 13 Rdn. 32 m.w.N.

[508] Dass es sich hierbei um einen Zirkelschluss in der Begründung handelt, hebt Welzel JZ 1958, 494 (495), hervor: Ein Dogma lässt sich nicht damit rechtfertigen, dass es stets – wenn auch ohne Begründung – angewendet wurde.

[509] Entstehungsvoraussetzungen, S. 288.

[510] Brammsen, Entstehungsvoraussetzungen, S. 286.

[511] Brammsen, GA 1993, 97 (103/104).

[512] So schon oben Dencker, FS für Stree/Wessels, S. 161.

gehenden Billigung durch die Lehre[513]. Auch hebt Welzel insoweit die zahlreichen anders lautenden Entscheidungen des RG hervor[514]. Von einem Kontinuum in der BGH-Rspr. könnte dann nur nach intensiver Auseinandersetzung mit der früher gegenteiligen Meinung gesprochen werden[515].

Einen wesentlichen Kritikpunkt führte seinerzeit insoweit das RG an. Mit Hinweis auf die Entstehungsgeschichte des § 323c StGB[516] machte es eine wichtige gesetzgeberische Wertung deutlich, die durch die Rspr. nicht ohne weiteres unterlaufen werden kann[517]:

> Die allgemeine Hilfspflicht wurde aus der Verpflichtung des Kraftfahrzeugsführers gem. § 22 II KFG[518] entwickelt, wonach das Verlassen des Unfallopfers in hilfloser Lage mit bis zu 6 Monaten Gefängnis bestraft wurde. Die Eingliederung ins StGB sollte zwar die Strafbarkeit erhöhen[519], die Handlungspflicht erweitern[520] und die tatbestandlichen Voraussetzungen ausdehnen[521], nicht aber die in § 22 II KFG eingeschlossenen Fälle des vorangegangenen Tuns ausschließen und diese künftig nur noch unter den unechten Unterlassungsdelikten erfassen. Dieser Entscheidung des Gesetzgebers, der § 323c StGB gerade auch für das vorangegangene gefahrschaffende Tun angewendet wissen wollte, läuft aber eine Bestrafung aus unechten Unterlassungsdelikten zuwider, die auf eine Garantenstellung aus Ingerenz zurückgreifen will[522].

Schünemann führt als weiteres Gegenargument die erfolgsqualifizierten Delikte an. Dort habe der Gesetzgeber bereits die Passivität des Täters angesichts der in seiner vorherigen, vorsätzlichen Rechtsgutverletzung ruhenden weiteren Gefährlichkeit durch exorbitante Strafschärfungen abschließend gewürdigt[523].

---

513 Vgl. nur Schünemann, Grund und Grenzen, 281ff, 313ff; Welzel JZ 1958, 494ff und Brammsen, Entstehungsvoraussetzungen, S. 286ff.

514 JZ 1958, 494 (495).

515 Auch Schünemann, Unternehmenskriminalität, S. 70, weist auf das Fehlen einer detaillierten Begründung hin.

516 Vormals § 330c StGB.

517 Nachweise bei Welzel JZ 1958, 494/495.

518 Er ersetzte ab 3.9.1909 § 18 VII der Grundzüge des Bundesrats betr. den Verkehr mit Kraftfahrzeugen vom 3.5.1906.

519 Von 6 Monaten auf 2 Jahre Freiheitsstrafe.

520 Von der Anwesenheits- zur Hilfspflicht.

521 Von einem durch einen Kraftfahrer *verursachten* Unfall auf jeden Unglücksfall.

522 Welzel führt zusätzlich die Frage an, ob sich das Rechtsbewusstsein so stark gewandelt habe, dass dasselbe Verhalten, das im Jahre 1906 als bloße Übertretung, 1909 als leichtes Vergehen, 1939 als mittleres Vergehen beurteilt wurde, seit 1955 mit der Möglichkeit des Mordes durch Unterlassen (durch Verdeckung der zum Unfall führenden Straftat) zur Hochkriminalität stilisiert wurde. Doch lässt sich das wohl nur mehr aus seiner Warte im Jahre 1958 unproblematisch verneinen, wegen der Zunahme der Verbrechensbegehung nicht mehr jedoch aus heutiger Sicht.

523 StV 1985, 229 (233).

Dann bleibt aber für eine Strafbarkeit außerhalb dieser Tatbestände auch wegen des Verbotes einer strafbarkeitsbegründenden Analogie kein Raum mehr.

Abgesehen davon: Soll wirklich das Unrecht desjenigen, dem die Abwendung einer von ihm geschaffenen Gefahr, weil sie ihm zwar nicht in ihrer Entstehung, so doch *vor* ihrer Verwirklichung zur Kenntnis gereicht, schwerer wiegen[524] als desjenigen, bei dem sich die Kenntnis von der Gefahrschaffung erst *nach* der tatsächlichen Rechtsgutverletzung einstellt und dem deshalb eine Erfolgsabwendungspflicht von vornherein nicht zu Bewusstsein kommen konnte? Wegen der Zufälligkeit, die in der zeitlichen Abfolge liegen kann, wird man das wohl verneinen müssen, zumal wenn es beim fahrlässigen Unterlassen nur um das „Kennen-müssen" und nicht einmal um ein bewusstes Nichthandeln geht. Indes ist es gerade dieses Zeitmoment, das die Strafbarkeit des Ommittenten aufgrund der Ingerenz ausmachen soll[525].

Schließlich führt auch die Rspr. des GrS zur Fragwürdigkeit der Garantenstellung aus Ingerenz: Er differenziert insoweit allgemein zwischen den Umständen, die die Garantenstellung als solche ausmachen und denen, woraus die Rechtspflicht zum Handeln (Garantenpflicht) resultieren soll[526]. Einer entsprechenden Trennung ist die Ingerenz aber nur schwer zugänglich, soll durch das Vorverhalten doch die Gefahr für den Erfolgseintritt erst geschaffen worden sein. Konsequenz ist, dass sich die Handlungspflicht, diese Gefahr wieder zu beseitigen, im Ergebnis mit der Garantenstellung bei negativem Vorzeichen deckt. Damit wird die Begründung für den Haftungsgrund der Ingerenz vielmehr im Haftungsgrund selbst gesucht. Das aber unterscheidet den Ingerenzansatz von allen übrigen anerkannten Garantenstellungen, bei denen zur Handlungspflicht jeweils ein zusätzliches – davon unabhängig zu beurteilendes – Moment hinzutritt. Und nichts anderes verlangt auch § 13 I StGB mit dem Erfordernis der Einstandspflicht. Im Übrigen ist auch ihre *rechtliche* Verankerung beim Ingerenten äußerst fraglich, basiert seine Verpflichtung doch allein auf dem *tatsächlichen* Schaffen einer Gefahrenlage.

---

[524] U.U. sogar mit der Folge eines zwar fehlgeschlagenen, aber dennoch strafbaren Versuchs trotz Ausbleiben des Erfolges.

[525] Allenfalls wird man dies rechtfertigen können, um ein nur fahrlässiges Vorverhalten als ein vorsätzliches Unterlassen ahnden zu können - laut Schünemann wistra 1982, 41 (44), sowieso die Hauptfunktion der Ingerenz in der Praxis.

[526] BGHSt 16, 155 (158). Das hat u.a. für die Beurteilung von Irrtümern Bedeutung: Nur soweit sich die Fehlvorstellung auf das allgemeine Bestehen einer Garantenstellung bezieht, kommt dem Täter § 16 I StGB zu Gute, weil er sich nach Ansicht des GrS über ein (ungeschriebenes) Tatbestandsmerkmal geirrt habe. Im Übrigen bleibt allein die Annahme eines Verbotsirrtums gem. § 17 StGB, statt vieler Tröndle/Fischer, § 16 Rdn. 12 m.w.N.

(II)Voraussetzungen

Ungeachtet der grundsätzlichen Bedenken hat die „Lederspray-Entscheidung“ die Diskussion über das gefahrschaffende Vorverhalten, insbesondere was die Qualität des Vorverhaltens betrifft, erneut entfacht. Die dortige Argumentationsführung des BGH nötigt geradezu dazu, sich mit den Voraussetzungen der Ingerenzgarantenstellung eingehend auseinander zu setzen, zumal der BGH die Rspr. gerade im Bereich der Produktverantwortung in eine neue Richtung weist[527], ohne sich dies einzugestehen oder auch nur dessen bewusst zu werden.

Die ganz herrschende Meinung[528] geht zunächst davon aus, dass allein die Kausalität der vorangegangenen Betätigung ausreichen zu lassen, fatal wäre, führte sie doch im Ergebnis zur Strafbarkeit aus der Begehung unter Zuhilfenahme eines dolus subsequens[529]. Weitgehend Einigkeit besteht auch insoweit, als nur die Schaffung einer nahen, also adäquaten Gefahr für den Schadenseintritt genügen soll. Im Übrigen aber reichen die Standpunkte von einer schuldhaften Verursachung über die bislang vom BGH befürwortete objektive Pflichtwidrigkeit bis hin zur bloßen Risikoerhöhung, mit der sich die Lehre zuweilen zufrieden geben will.

(1)Schuldhaftes Vorverhalten

Stehen auch diejenigen, die nach einem Verschulden verlangen[530], deutlich in der Minderzahl, lässt sich ihre strenge Auffassung gleichwohl nicht leichtfertig von der Hand weisen: Auffällig ist nämlich die Nähe zur gesetzlich vorgegebenen Systematik von beendetem Versuch und strafbefreiendem Rücktritt, die sowohl bei Tatentschluss als auch für die Erfolgsverhinderung bewusstes Handeln verlangt.

Um einen Konkurrenten zu schädigen, stellt der Fabrikant F ein Produkt her, von dem er glaubt, dass es schädliche Nebenwirkungen erzeugt, und vermarktet es unter dessen Firma. Indes erfüllt seine Ware nicht seine „Erwartungen“; die erhofften Verbraucherbeschwerden und damit eine Rufschädigung und Umsatzrückgang des Wettbewerbers bleiben aus. Und obwohl nie auch nur irgendeine objektive Gefahr für Verbraucher oder auch nur das Konkurrenzunternehmen bestand, hilft F, um ohne

---

[527] Vgl. nur die landgerichtliche Entscheidung im „Holzschutzmittel-Verfahren“, Schmidt-Salzer, ES IV.3.31 (7), in welcher die Richter für die Begründung der Ingerenzgarantenstellung nur mehr auf die seinerzeitige BGH Entscheidung verweisen.

[528] Vgl. statt vieler LK-Jescheck, § 13 Rdn. 31.

[529] Gegen dessen Berechtigung, vgl. Schönke/Schröder/Cramer, § 15 Rdn. 49 und LK-Schröder, § 16 Rdn. 111; zust. etwa nur Lampe ZStW 72, 93 (105).

[530] U.a. Schünemann ZStW 96, 288, (308) fordert zumindest Fahrlässigkeit.

Strafe davon zu kommen, nur das ernsthafte Bemühen, den beabsichtigten Erfolg, beispielsweise durch Warnung oder Rücknahme, zu verhindern, § 24 I StGB[531].

Das unmittelbare Ansetzen zum Versuch schafft also gleichsam eine Garantenstellung für das Ausbleiben des Erfolges[532]; der unterbliebene Rücktritt stellt das Pendant zur Unterlassung dar. Das zwingt zu der Frage, wo neben dieser gesetzlichen Verankerung noch Raum für eine anderweitige Ausgestaltung sein kann, die eine Strafbarkeit bereits bei einem Vorverhalten unterhalb der Schwelle des Versuchs beginnen lassen will: Die Ingerenz wird nämlich keinesfalls auf ausgesuchte Tatbestände vergleichbar der Versuchsstrafbarkeit in § 23 I StGB beschränkt und verlangt – abgesehen von § 15 StGB – weder für das Vorverhalten noch für das Unterlassen Vorsatz. Man wird insofern nur das Moment des tatsächlichen Erfolgseintritts anführen können, das im Rahmen der Versuchsstrafbarkeit ja gerade fehlt bzw. nicht zurechenbar ist und die Tatsache, dass vom Versuchstäter mehr erwartet werden kann, nachdem er die Kausalkette schließlich mindestens bedingt vorsätzlich angestoßen haben muss.

Weiter ist eine gewisse Parallele zur „actio libera in causa" zu erkennen: Durch das Abstellen auf das vorangegangene Verhalten wird das Anknüpfungsmoment für die Vorwerfbarkeit gleichsam der a.l.i.c. vorverlagert. Und ihre Berechtigung muss sich seit einer Entscheidung des BGH aus dem Jahre 1996[533] scharfer Kritik ausgesetzt sehen:

Dort hatte ein Lkw-Fahrer im Zustand der Schuldunfähigkeit aufgrund Trunkenheit bei einer Polizeikontrolle weder angehalten noch abgebremst und vielmehr einen der Polizisten tödlich verletzt. Das LG hatte unter Anwendung der Grundsätze der a.l.i.c. den Fahrzeugführer u.a. wegen vorsätzlicher Gefährdung des Straßenverkehrs und vorsätzlichem Fahren ohne Fahrerlaubnis verurteilen wollen. Insbesondere mit Blick auf das Koinzidenzprinzip bzw. das Verbot strafbegründender Analogie erteilte jedoch der BGH diesem Vorgehen eine Absage und hob das Urteil nahezu vollständig auf.

Obgleich gerade auch der Garantenstellung aus Ingerenz häufig ein Verstoß gegen das Koinzidenzprinzip oder gegen das Analogieverbot vorgehalten wird, darf indes nicht übersehen werden, dass sich die Abkehr des BGH von seiner bisherigen Rspr. im genannten Fall nur auf Tätigkeitsdelikte[534] bezog, wohingegen in der strafrechtlichen Produktverantwortung primär die Erfolgsdelikte interessieren. Noch bestechender bei näherem Hinsehen ist der starke Gegensatz der

---

531 Tröndle/Fischer, § 24 Rdn. 7.

532 So auch Dencker, FS für Stree/Wessels, S. 170.

533 JZ 1997, 50.

534 Speziell des Straßenverkehrs. Nachdem nämlich direkt im Anschluss an das genannte Urteil eine heftige Diskussion über dessen Reichweite entbrannt war, hat sich der 3. Strafsenat schließlich weiter für die Anwendung der a.l.i.c. in Bereichen außerhalb der Straßenverkehrsdelikte ausgesprochen, vgl. Tröndle/Fischer, § 20 Rdn. 19a.

beiden Figuren: Weil die Strafbarkeit[535] des Ingerenten an Defiziten zur Zeit des Vorverhaltens scheitert, soll an *nachfolgende* Momente angeknüpft werden. Demgegenüber will die a.l.i.c., weil dem Täter die Schuldfähigkeit (§ 20 StGB) zur Zeit der pönalisierten Tätigkeit fehlt, sich mit *zurückliegenden* Gegebenheiten verhelfen.

Doch eines lässt sich festhalten und insoweit auch für die Ingerenzproblematik fruchtbar machen: Ungeachtet aller Bedenken, die der veralteten Rspr. und der Lit. zur a.l.i.c. entgegengebracht werden müssen, erlaubte dieses Institut ein „Auseinanderfallen" von objektivem und subjektivem Tatbestand nur, wenn der Täter bei Ingangsetzen einer Kausalkette, die im weiteren Verlauf zu einer Straffälligkeit im Zustand der Schuldunfähigkeit geführt hatte, zumindest fahrlässig gehandelt hatte, d.h., dass ihm seine spätere Straffälligkeit zumindest schon erkennbar war[536]. Auf die Ingerenz übertragen bedeutet das, dass auch sie eine Bestrafung nur dann rechtfertigt, wenn durch das Unterlassen gerade die Gefahr verwirklicht wird, für die der Beschuldigte durch sein *strafwürdiges* Vorverhalten den Boden bereitet hat.

So betont denn auch Meier, dass eine über die allgemeine Hilfspflicht gem. § 323 c StGB hinausgehende Strafbarkeit gem. § 13 I StGB sich nur bei einem Überschreiten der Grenzen der (subjektiv betrachteten) erlaubten Tätigkeit in Betracht kommen kann[537]. Otto[538] hebt mit der auch von der Rspr. akzeptierten personalen Unrechtslehre hervor, dass die Vorhersehbarkeit des missbilligten Erfolges ein konstitutives Unrechtselement sei. Und der von Schünemann herangezogene Vergleich mit den erfolgsqualifizierten Delikten würde eine derartige Garantenstellung sogar allenfalls bei vorsätzlichem Vorverhalten erlauben. Vor einem abschließenden Resümee sollen jedoch erst noch die weiteren Strömungen Beachtung finden. Die Rspr. erachtete nämlich demgegenüber bislang ein nur *objektiv* pflichtwidriges Vorverhalten für zwar notwendig, aber auch ausreichend.

(2)Objektiv pflichtwidriges Vorverhalten

Ausgangspunkt dabei ist, dass schon das Verhalten als solches missbilligt werden und diese Missbilligung gerade aus einer Norm hervorgehen muss, die zum Schutz des in Gefahr geratenen Rechtsgutes aufgestellt wurde[539]. In Abgrenzung zum schuldhaften Vorverhalten wird jedoch auf die subjektive Vor-

---

[535] Gemeint ist aus einem Begehungsdelikt.

[536] Sog. fahrlässige a.l.i.c., Nachweise bei Tröndle/Fischer, § 20 Rdn. 21.

[537] Meier NJW 1993, 3193 (3196), unter Bezugnahme auf die vergleichbare Fahrlässigkeitsstrafbarkeit.

[538] WiB 1995, 929 (933).

[539] Das betont der BGH nachdrücklich in seinem „Lederspray-Urteil" (vgl. BGHSt 37, 106 (115/116).

werfbarkeit im Zeitpunkt der Gefahrschaffung verzichtet. Was aber ist unter der verbleibenden objektiven Sorgfaltswidrigkeit zu verstehen?

Der BGH stützte sich in seiner „Lederspray-Entscheidung“ allein auf die Erwägung, dass die Rechtsordnung durch Art. 2 II GG bzw. Spezialgesetze[540] die Schaffung von Gefahren verbietet, die im weiteren Fortgang körperliche Schäden für Dritte hervorrufen. Dieser Ansatz ist aus mehreren Gesichtspunkten äußerst kritikwürdig:

(a)Das „Involvierungsprinzip“

Ruft man sich zunächst die eingangs angeführte Herleitung einer Garantenstellung aus Ingerenz ins Gedächtnis, so zeigt sich, dass durch dieses Postulat überhaupt kein eigenständiges Kriterium für die Bestimmung der Qualität des Vorverhaltens gewonnen wurde. Indem der BGH für die objektive Pflichtwidrigkeit schlicht die Grundlagen der Ingerenz wiederholt, vollzieht er zudem einen Zirkelschluss[541]. Ausreichend für ihn ist die rechtliche Missbilligung des Gefährdungs*erfolges*. Dagegen soll sich doch die objektive Pflichtwidrigkeit auf das Vor*verhalten* beziehen, denn es ist dieses Verhalten, dass zur Gefährdung geführt hat[542]. Andernfalls liefe das auf eine Reduzierung der objektiven Pflichtwidrigkeit hin zu einer bloßen Erfolgsverursachung hinaus[543], die mit unwesentlichen inhaltlichen Differenzierungen der von Adolf Merkel begründeten „Involvierungstheorie“[544] entspricht. Danach soll „das Verbot, die Ursache einer Rechtsverletzung zu erzeugen, das Gebot für die Handelnden involvieren, die mögliche Ursache für den Eintritt (...) einer Rechtsverletzung, die sie durch ihre Tätigkeit ins Leben gerufen haben, in dieser Ursächlichkeit zu vernichten“.

Dem kann aber keinesfalls zuzustimmen sein: Ließe man nämlich allein die rechtliche Missachtung des Erfolges ausreichen[545], wäre es ein Leichtes aus jeglichem, gefahrbegründenden Vorverhalten eine Garantenstellung abzuleiten – sogar ohne Rückgriff auf die Grundrechte oder Spezialgesetze. Denn sowohl durch die konkreten Gefährdungsdelikte als auch die Versuchsstrafbarkeit werden schon mit dem Kernstrafrecht nahezu alle denkbaren Rechtsgüter vor dem

---

540 Dort kamen Verstöße gegen Vorschriften aus dem LMBG in Betracht. Bedeutsam – wie im „Contergan-Verfahren“ – ist auch das AMG.

541 Das erkennt auch Otto WiB 1995, 929 (933).

542 So auch Schönke/Schröder/Stree, § 13 Rdn. 35. Jakobs AT 29/42 Fn. 93a, verweist insoweit allerdings nur auf die fehlerhafte ex post-Betrachtung durch den BGH, bei der der Schadensverlauf gerade ex ante nicht voraussehbar, also nicht zurechenbares Unglück gewesen sei.

543 So insbesondere Schünemann, FS für den BGH, S. 20, und Brammsen, GA 1993, 97 (107).

544 S. 89.

545 Hier verstanden als die Gefahr, die durch das Untätigbleiben in einen Schaden umschlägt.

Eintritt einer Gefährdung geschützt[546]. Allein die strafrechtlichen Verbotstatbestände würden so ohne jegliche Einschränkung das Handlungsgebot an den Ingerenten rechtfertigen. Damit aber wird nicht nur die eingrenzende Funktion des § 13 I StGB verkannt, sondern zugleich Schuldprinzip oder Bestimmtheitsgrundsatz ad absurdum geführt. Denn dieser Rückgriff birgt die Gefahr in sich, aus *gesetzlich präzisierten* Verboten der Beeinträchtigung fremder Rechtsgüter durch *mindestens fahrlässig-rechtswidriges* Verhalten eine darüber hinausgehende *allgemeine* Pflicht abzuleiten, eventuelle Gefahrrealisierungen nach eigenem gefährlichen Tun *immer und ausnahmslos* zu verhindern[547]!

(b)Die Grundrechte als Maßstab für die rechtliche Missbilligung

Zusätzlichen Bedenken ist die Anwendung von Grundrechten zu Lasten des Täters ausgesetzt[548]: Zwar enthält der Grund*recht*skatalog an einzelnen Stellen auch *Pflichten,* so dass ihm eine solche Verbotsbegründung nicht grundsätzlich fremd ist[549]. Von ihrem Grundgedanken her begründen die Grundrechte aber in erster Linie Abwehrrechte des Bürgers gegen den Staat; gegenüber Mitbürgern erhalten sie allenfalls mittelbar über die Generalklauseln des einfachen Rechts Geltung. Derartige Generalklauseln sind dem Strafrecht aber schon wegen Art. 103 II GG fremd. Und ein direkter Rückgriff verbietet sich wegen der äußerst unbestimmten und zum Teil uferlosen Weite des Grundrechtsschutzes, der gerade auf eine vorherigen Konkretisierung durch den Gesetzgeber angelegt ist[550]. Deshalb und wegen der empirischen Ungewissheit über die Eignung des Strafrechts gesteht auch das BVerfG dem *Gesetzgeber* eine Einschätzungsprärogative zu[551]. Ihm ist es überlassen, mit dem StGB und den strafrechtlichen Nebengesetzen inhaltliche Schutzmaßstäbe zu setzen. Erst an seine Ausgestaltung im Einzelnen hat sich dann der Rechtsanwender, respektive der Richter, im Rahmen des Wortlautes zu halten. Für den Bürger muss stets von vornherein erkennbar sein, was ihm erlaubt ist und was nicht, damit er sein Verhalten danach ausrichten kann und eine bestimmte Handlung zur Verhinderung eines Schadens vornimmt. Nur dann kann das Strafrecht seine generalpräventive Funktion vollbringen. Will man das Kriterium der Pflichtwidrigkeit nicht ad acta legen, kann da-

---

546 So auch Brammsen, Entstehungsvoraussetzungen, S. 287/288.

547 Brammsen, GA 1993, 97 (107).

548 Ebenso Brammsen, GA 1993, 97 (104/105).

549 Das veranschaulicht die Bayerische Verfassung in besonderem Maße, indem sie ihren Grundrechtskatalog mit der Überschrift „Grundrechte und Grundpflichten“ einleitet, siehe vor Art. 98 BV.

550 Im Straßenverkehrsrecht scheint der BGH das durchaus anzuerkennen. Andernfalls ließe sich nicht erklären, warum er bei Kfz-Unfällen, bei denen es zwar auch an einem Verhaltensverstoß fehlt, der Geschädigte aber gleichwohl in die Gefahr einer Verletzung geraten ist, nicht ebenso auf die Grundrechte zurückgegriffen hat. Vgl. dazu Schönke/Schröder/Stree, § 13 Rdn. 35, mit Verweis auf BGHSt 25, 218 (220) m.w.N.

551 BVerfGE 56, 54 (79/80).

mit aber niemals ausreichen, dass das Grundgesetz allgemein gefahrbringendes Verhalten verbietet. Dass dem Einzelnen dies untersagt ist und er sich dessen auch bewusst sein wird, bedarf keiner näheren Erörterung. Um hieraus aber *strafrechtliche* Konsequenzen ziehen zu dürfen, muss eine konkrete gesetzliche Verankerung gefordert werden, zumal die *objektive* Pflichtwidrigkeit ja auch darauf verzichtet, dass gerade dem Täter der Verstoß gegen das Verhaltensgebot bewusst ist.

(c)Ex post-Betrachtung des BGH

Ins Kreuzfeuer der Kritik ist zudem die vom BGH indirekt befürwortete ex post-Betrachtung[552] geraten, weil er damit letztlich das Kriterium der Pflichtwidrigkeit völlig aufgibt[553].

„Dass es sich um gesundheitsgefährdende Produkte handelte, die Gefährdung also in ihrer stofflichen Beschaffenheit selber begründet lag, ergibt sich aus den Erwägungen, die bei der Prüfung des Ursachenzusammenhangs zwischen Spraybenutzung und Schadenseintritt angestellt worden sind." Doch wurde das ja gerade erst in der mündlichen Verhandlung vor der Tatsacheninstanz erörtert und selbst zu diesem Zeitpunkt konnte die Schadensursächlichkeit wissenschaftlich nicht nachgewiesen werden.

(i)Zielrichtung von Verhaltensverboten

Zunächst einmal ist dem Schutzzweck aller Verbotsnormen zu ihrer Existenzberechtigung zu entnehmen, dass sie an steuerbares Verhalten anknüpfen[554]. Deshalb ist es bei den spezialgesetzlichen Verhaltensverboten, respektive aus dem LMBG oder dem AMG, eine wesentliche Intention des Gesetzgebers, das Verhalten des Produzenten gegenüber dem Verbraucher schon im Vorfeld so positiv zu beeinflussen, dass mögliche Schädigungen gar nicht erst entstehen[555]. Und da die Schädigungseignung der in den Verkehr gebrachten Arzneien, Lebensmittel und Bedarfsgegenstände regelmäßig eines positiven Nachweises bedarf[556], rechtfertigt sich ein derartiges Verbot nur, wenn der Nachweis ex ante zumindest möglich ist. Deshalb kann es nicht Sinn von Verhaltensnormen sein, bloß latente, d.h. im Voraus nicht erkennbare Gefahren zu unterbinden[557].

---

[552] BGHSt 37, 106 (117).

[553] Vgl. nur Samson StV 1991, 182 (184); Dreher ZGR 1992, 21 (46).

[554] Vgl. dazu Ulsenheimer, JZ 1969, 364 (368).

[555] Demme, S. 3.

[556] Westphalen-Goll/Winkelbauer, § 47 Rdn. 26; ebenso Bruns, FS für Heinitz, S. 325 Fn. 24, zu § 6 AMG, der ein Vertriebsverbot von dem Nachweis der schädlichen Nebenwirkungen abhängig macht.

[557] Strathenwerth, FS für Gallas, S. 230 Fn. 15; Vogel GA 1990, 241 (253).

(ii)Die Adäquanz

Pflichtwidrigkeit impliziert, dass dem Gesetzesübertreter pflichtgemäßes Verhalten zumindest möglich gewesen wäre, was dem Täter aber ohne *vorherige* Erkennbarkeit – auch bei noch so intensiver Gewissensanspannung – von vornherein verwehrt ist. Das gebietet schon der Adäquanzgedanke. Zur Haftungsbegrenzung kann das Adäquanzurteil nämlich nur auf der Basis des im Zeitpunkt der Handlung, d.h. ex ante vorhandenen (Erfahrungs-)Wissens beitragen[558] Aus diesem Blickwinkel muss der Gefahrenherd, der mit dem Vorverhalten eintritt, allgemein *im Voraus* erkennbar sein[559] und der Schadenseintritt als naheliegend erscheinen[560]. Wenn aber zur Zeit der Vorhandlung im gesamten Wissensvorrat der Welt keinerlei Erfahrungsregeln bestehen, die den späteren Schadenseintritt vorhersehbar erscheinen lassen, kann die Verwirklichung der Gefahr auch nicht nach der allgemeinen Lebenserfahrung adäquat sein. Und um der Begrenzungsfunktion der Adäquanz Rechnung zu tragen, kann nicht eine generell latente Gefährlichkeit genügen; vielmehr ist der *konkret* eingetretene Schaden in die Betrachtung einzustellen und unter dem Gesichtspunkt der allgemeinen Lebenserwartung zu würdigen.

(iii)Vergleich mit anderen Garantenstellungen

Zieht man ferner die sonst anerkannten Fallgruppen für die Begründung einer Garantenstellung vergleichend heran – die Schutzpflichten innerhalb enger familienrechtlicher Beziehungen oder anderer Lebens- und Gefahrengemeinschaften, die freiwillige Übernahme von Obhutspflichten, die Pflicht zur Beaufsichtigung Dritter oder aber die Herrschaft über eine gefährliche Sache –, so sind sie alle durch das Moment der Vorhersehbarkeit der Pflichtenstellung geprägt. Selbst wenn im jeweiligen Einzelfall dem Verpflichteten sein Normbezug zwar aktuell nicht bewusst ist, kann doch zumindest ein objektiver Betrachter seine Position als Adressat schon im Vorfeld bestimmen.

Und schließlich lässt sich dieses Bedürfnis vor allem aus den gesellschaftlichen Erwartungen begründen: Nur wenn man im Vorfeld weiß, an welche Person eine aufgrund ihrer besonderen Pflichtenstellung erhöhte Erwartung gerichtet wurde, kann man die Nichtbefolgung des individuellen Anforderungshorizontes anhand allgemein anerkannter Wertvorstellungen als positiv, negativ oder

---

[558] Dencker, FS für Stree/Wessels, S. 165, 170.

[559] So auch Brammsen, Entstehungsvoraussetzungen, S. 108/109, mit dem Hinweis, dass nur vorhersehbare Gefährlichkeit auch vermieden werden kann, andernfalls die strafrechtliche Pflichtenordnung in eine Zustandssicherungsordnung umgewandelt werden würde, in der der Normadressat ohne seinen Einfluss auf die Tatbestandsmäßigkeit gleichsam wie für Naturkatastrophen einzustehen hätte.

[560] Hassemer JuS 1991, 253 (255).

sozialschädlich beurteilen[561]. Auch die Ingerenz muss sich an diesen Vorgaben messen lassen[562]. Wenn sie das nicht kann, zeigt sich nur einmal mehr, dass sich das gefahrverursachende Vorverhalten nicht in das übrige Konzept zu § 13 I StGB einfügen lässt[563].

(d)Zusammenfassung

Damit lässt sich für das Kriterium der objektiven Pflichtverletzung zusammenfassend festhalten, dass es zwar nicht auf einen gerade dem angeklagten Täter vorzuwerfenden Pflichtenverstoß ankommt, gleichwohl die Sorgfaltswidrigkeit aber zumindest im Voraus erkennbar sein muss und so von einem umsichtigen Mitbürger hätte vermieden werden können. Das setzt aber auf den Bereich der Produktverantwortlichkeit übertragen die (wenn auch nur objektive) Erkennbarkeit der Gefährlichkeit des Produktes zur Zeit des Vorverhaltens voraus[564]. Fehlt es insoweit im Anknüpfungszeitpunkt an einem Nachweis über schädliche Wirkungen, kann von einem in diesem Sinne relevanten gefahrschaffenden Tun keine Rede sein, so dass eine Garantenstellung des Ingerenten verneint werden muss.

(III)Verzicht auf die objektive Pflichtwidrigkeit

Das verleitet nun Teile der Lit. dazu, von vornherein auf das Merkmal der objektiven Pflichtverletzung zugunsten anderer Kriterien, wie der Risikoerhöhung bzw. des Eingriffes in fremde Sphären, zu verzichten oder aber jegliches Vorverhalten ausreichen zu lassen und einen Ausgleich allein mit § 13 II StGB zu erreichen.

---

[561] Brammsen, Entstehungsvoraussetzungen, S. 99.

[562] Ebenso allgemein Brammsen, Entstehungsvoraussetzungen, S. 112: „Ein sog. „unechtes“ Unterlassungsdelikt kann mithin nur derjenige verwirklichen, der aufgrund seines besonderen Einflussbereiches zu einer besonderen – vorab bestimmbaren – Erfolgsvermeidung verpflichtet war.“

[563] Auch Lampe ZStW 72, 93 (98) erkennt die Sonderstellung der Ingerenz innerhalb der unechten Unterlassungsdelikte.

[564] Deutscher/Körner wistra 1996, 292 (299); Eichinger, S. 146; Ranft JZ 1987, 859 (864/865); Schönke/Schröder/Stree § 13 Rdn. 35; a.A. nun Wessels/Beulke AT Rdn. 728a. Dass der BGH selbst die Bedeutung seines eigenen Postulats „Objektive Pflichtwidrigkeit“ verkennt, wird zum Schluss seiner Begründungskette deutlich, die er mit dem Trugschluss, einer scheinbaren Unterscheidung zwischen Pflichtwidrigkeit und Sorgfaltspflichtverletzung beendet, vgl. BGHSt 37, 106 (118/119). Letztere setzt er fälschlicherweise mit fahrlässiger Verursachung, d.h. subjektiver Pflichtwidrigkeit gleich. Dabei übersieht er, dass das einzige, was den Begriff „Sorgfaltspflichtverletzung“ mit der Fahrlässigkeit verbindet, in der Bestimmung der Fahrlässigkeit selbst liegt und eine derartige Unterscheidung in der Lit. ihresgleichen entbehrt, vgl. dazu statt vieler Schönke/Schröder, Stichwortverzeichnis „Pflichtwidrigkeit“ mit Verweis auf „Sorgfaltspflicht“ und allgemein Samson StV 1991, 182 (184). Ebenso Schünemann, FS für den BGH, S. 20, der insbesondere die systematische Aufteilung von dem Tatbestand angehörender, objektiver Pflichtwidrigkeit und zur Schuld gehörender, individueller Vorwerfbarkeit vermisst.

(1)Risikoerhöhung

Vertreter der Risikoerhöhungstheorie[565] fordern demnach ein gesteigert riskantes Verhalten[566], das sich vom unumgehbaren alltäglichen Verhalten unterscheide[567].

(a)Ausgestaltung und Begründung

Zur Konkretisierung dieses Sonderrisikos sollen als Indiz die zivilrechtliche Gefährdungshaftung, Pflichtversicherungen oder aber die Verkehrsicherungspflichten dienen.

Als Beispiel führt Jakobs[568] den Betrieb eines Kfzs an: Die dem Halter aufgebürdete Gefährdungshaftung (§ 7 I StVG) sowie Pflichtversicherung (§ 1 PflVG) lasse darauf schließen, dass es nicht allein dem Opfer obliege, für seinen Unfallschutz zu sorgen, sondern auch den Halter entsprechende Rettungspflichten, wie die medizinische Versorgung des Unfallopfers, träfen. Er schränkt diese Verantwortung jedoch ein, wenn das Opfer in die Gefahrenlage nur durch den Gebrauch von Sonderrechten – beispielsweise durch Alkoholkonsum – geraten ist[569].

Für die Produktverantwortung ließe sich insoweit die Gefährdungshaftung gem. § 1 ProdHaftG ins Feld führen[570]. Ansatzpunkt ist dort schlicht das risikobehaftete Inverkehrbringen unsicherer Produkte[571]. Otto begründet das damit, dass solche erlaubten Risikohandlungen qualitativ etwas anderes seien als ein in jeder Weise rechtmäßiges Vorverhalten[572]. Als Ausgleich für die Erlaubnis des Risikos müsse der Produzent die Konsequenzen tragen. Schließlich werde der Verbraucher auch im Vertrauen auf eine Minderung von Gefahren eine eigene Vorsorge unterlassen[573]. Es existiere nämlich eine gegenseitige Erwartungshaltung, die seitens der Verbraucher das Vertrauen beinhalte, dass der Produzent das Produkt auch nach dem Vertrieb weiterhin auf seine Gefährlichkeit hin beobachte, seitens des Produzenten die Kenntnis von diesem Vertrauen und Möglichkeit sowie Bereitschaft zu entsprechendem Verhalten zur Folge habe[574]. Aus

---

565 So beispielsweise Kühl § 18 Rdn. 103.

566 Freund, S. 181ff, spricht von der Inanspruchnahme besonderer Freiheiten, die mit der Sonderverantwortlichkeit des Garanten kollidiere.

567 Jakobs AT 29/42. Kuhlen NStZ 1990, 566 (568) begnügt sich mit einer größeren Wirkungschance des Unternehmens aufgrund seines Überblicks, seiner Sachkenntnis und Organisation. Schon die gerade von „dessen" Produkt ausgehende Gefährlichkeit rechtfertige eine rechtliche Sonderverantwortung gegenüber dem „Ottonormalverbraucher".

568 AT 29/42.

569 Im Ergebnis ebenso BGHSt 25, 218ff.

570 So auch Bock, S. 134.

571 Deutscher/Körner wistra 1996, 292 (301).

572 WiB 1995, 929 (933).

573 Meier NJW 1992, 3193 (3196).

574 So Bock, S. 135f.

dem Vertrieb sei insoweit die Abgabe eines Sicherungsversprechen an die Verbraucher herzuleiten[575].

Beim Konsumenten bestehe die Erwartung, dass der Fabrikant ihm zugehende Schadensmeldungen sammle und – falls sich der Verdacht bezüglich einer Schädlichkeit des Produkts verdichte – auch einschreite. Der Hersteller habe ein überlegenes Wissen, wenn nicht gar Wissensmonopol. Er wisse auch, dass, obwohl in der Bevölkerung kaum Kenntnisse über die Wirkungen von Chemikalien existierten, niemand Erkundigungen über Beschaffenheit oder Statistiken über aufgetretene Schadensfälle einhole oder auf die Idee verfalle, selbst Sicherheitstest durchzuführen. Das Wissen um seine Verantwortung spiegele sich auch im Preis nieder. Dem Verbrauche bliebe die Einsicht regelmäßig versperrt, ob ihn ein Ausreißer getroffen habe oder aber die ganze Serie fehlerhaft gewesen sei.

(b)Stellungnahme

Indes können auch die Vertreter dieses Ansatzes sich einiger Kritik nicht verschließen[576]: Bereits die Abgrenzbarkeit des „gesteigerten Risikos“ erscheint äußerst schwierig[577]. Sie beginnt mit der Frage, an welchem Vorverhalten angesetzt werden soll[578].

In der Produktkriminalität kommt insoweit entweder die Inverkehrgabe oder bereits die Eröffnung des Betriebes in Betracht. Lässt man schon die Betriebseröffnung genügen, wird die konkrete Gefährlichkeit, wie sie die Ingerenz für sich in Anspruch nimmt, mit der abstrakten Gefahr der Verkehrssicherung vermischt. Damit verzichtet man im Ergebnis völlig auf eine Eigenständigkeit der Ingerenz im Vergleich zur Verkehrssicherungspflicht[579]. Auch würde die Einordnung der schlichten Betriebseröffnung als Begründung eines Sonderrisikos die Vorteile vernachlässigen, die eine solche Betriebseröffnung für die Allgemeinheit nach sich zieht. Hinzuweisen sei nur auf die Schaffung von Arbeitsplätzen[580].

Hassemer sieht insoweit das „gesteigert riskante Verhalten“ als Generalklausel an, weshalb er sogar einen Verstoß gegen das Bestimmtheitsgebot im Sinne des Art. 103 II GG erkennen will[581]. Auch wenn seine Kritik bedenklich anmu-

---

[575] Bock, S. 142.

[576] Deshalb haben die Obergerichte die Anwendung von Risikoerwägungen auch im Bereich der Ingerenz stets abgelehnt.

[577] Überzeugend insoweit van Gelder, Die Entwicklung der Lehre von der sog. Erfolgsabwendungspflicht aus vorangegangenem Tun im Schrifttum des 19. Jahrhunderts, Marburg 1967, S. 90 (Nachweise bei Brammsen, Entstehungsvoraussetzungen, S. 296). Das erkennt sogar Meier NJW 1992, 3193 (3196).

[578] So Bock, S. 138.

[579] Dazu noch unten § 5.C.III.2.b(IV).

[580] Insbesondere Otto WiB 1995, 929 (933), unterschätzt, dass der Gesetzgeber wegen des Nutzens für die Bevölkerung mit dem Eingeständnis eines erlaubten Risikos den Handlungen gerade ihre Strafwürdigkeit nehmen wollte.

[581] Produktverantwortung, S. 55.

tet, weil man das Bestimmtheitsgebot mehr als eine an den Gesetzgeber und Rechtsanwender zur Vorgabe und Sicherung von Leitlinien gerichtete Pflicht begreift denn als eine solche zu konkreten, im einzelnen vorhersehbaren Verurteilungsergebnissen, so entbehrt der Begriff doch in der Tat jeglicher Erwartungssicherheit seitens des Normadressaten. Ihm bleibt es verwehrt, im Kontinuum der Steigerung von riskantem Verhalten das strafrechtliche Risiko seines Handelns einzuschätzen[582].

Eine Parallele zum Zivilrecht zu ziehen, d.h., den Verkehrssicherungspflichten oder einer Gefährdungshaftung eine Indikatorwirkung zu entnehmen, hieße letztlich, die Subsidiarität des Strafrechts zu Gunsten einer Strafbarkeit „um jeden Preis" unterlaufen zu wollen[583]. Neben dem zweifelsohne gegebenen zivilrechtlichen Schadensersatzanspruch benötigt das nämlich eine tiefergehende Rechtfertigung[584]. Schließlich baut auch der (vermeintliche) gegenseitige Erwartungshorizont auf nichts anderem als eben diesen zivilrechtlichen Grundsätzen auf[585]. So soll letztlich nur eine spezifische „Betriebsgarantenstellung" begründet werden, die im System der Rspr. ihresgleichen vermisst[586] und damit in Konflikt zu Art. 103 II GG gerät. Ein Umkehrschluss aus § 357 StGB bestätigt das.

Deshalb will sich Bock[587] u.a. mit dem Begriff „besonders gefährlicher Güter" behelfen, wobei die Massenproduktion für sich genommen wegen der großen Zahl potentiell Gefährdeter schon genügen soll. Damit wird von ihr aber m.E. sogar das Erfordernis der gesteigerten Schadensträchtigkeit ad acta gelegt, da die heutige Industriegesellschaft von Massenherstellung geradezu geprägt ist.

Denkbar wäre allein, den mit der Quantität der Schadensmeldungen gesteigerten Gefahrverdacht im Rahmen des Vorverhaltens relevant werden zu lassen. Aber abgesehen davon, dass die erkennbare Schädlichkeit gegenüber der nur möglichen nicht nur ein *mehr*, sondern vielmehr etwas *anderes* darstellt, wird der Unsicherheitsfaktor dadurch nur unmerklich verringert. Denn erst ab dem Eingang und Ignorieren einer *gewissen* Anzahl von derartigen Beschwerden könnte hier die Garantenstellung durch das Vorverhalten

---

[582] Hassemer, Produktverantwortung, S. 55, 58.

[583] Für die Gefährdungshaftung gilt das um so mehr als sie auch im Bereich des Zivilrechts derzeit noch Ausnahmecharakter hat, vgl. Palandt/Thomas, Einf. vor § 823 Rdn. 1.

[584] Auch Deutscher/Körner wistra 1996, 292 (301), gestehen ein, dass die Risikoverteilung in der Gefährdungshaftung allein den *zivilrechtlichen* Bereich betrifft.

[585] Hoyer GA 1996, 160 (178).

[586] Darauf weist auch Schünemann wistra 1982, 41 (43), hin.

[587] Bock, S. 191.

entstehen[588]. Bis zu diesem Zeitpunkt müsste durch konsequente Anwendung von § 16 I StGB sichergestellt werden, dass eine Strafbarkeit erst einsetzen kann, wenn das Unternehmen in der Lage ist, die Grundlagen seiner Garantenstellung auszumachen, weil es erkennt (Vorsatz) oder nach Stand von Wissenschaft und Technik erkennen könnte (Fahrlässigkeit), dass das vertriebene Produkt eine gesteigerte Gefährlichkeit aufweist. Wann aber ist die Grenze einer unbedenklichen Zahl von Mitteilungen erreicht?

Zwar stellt das LG Mainz im „Lederspray-Verfahren" einen Millionenumsatz und eine 20-jährige beanstandungslose Produktion fest, begnügt sich dennoch und allem Anschein nach gerade deswegen mit 8 bzw. 13 Schadensfällen[589], spricht insoweit sogar von zahlreichen Schadensfällen[590] und geht auf die Relation zur Gesamtproduktion nur im Rahmen der wirtschaftlichen Auswirkungen einer Rückrufaktion ein[591].

Das Abstellen auf die Quantität von Verbraucherbeschwerden birgt nicht zuletzt extreme Schwierigkeiten für die Praxis, da es zusätzlicher Aufklärung bedürfte[592]. Für *jede* Handlungspflicht muss nämlich im Einzelnen geprüft werden, ob in *dem* Zeitpunkt, in welchem sie von dem Normadressaten gefordert wird, seine Garantenstellung bereits entstanden war und fortbesteht. Denn erst das Unterlassen nach Begründung der Garantenstellung kann für eine Strafbarkeit herangezogen werden. Das erfordert eine zweistufige Prüfung: Zunächst muss durch die Häufung der verdachtsbegründenden Schadensfälle der *Beginn* der Ingerenzgarantenstellung festgestellt werden. Erst nach diesem Zeitpunkt kann überhaupt das Vorverhalten mit der auf der Schadenshäufung basierenden Begründung für die Ingerenz bedeutsam werden. Und als tatbestandsmäßige Rechtsgutverletzungen können dann auch nur mehr diejenigen ausgesondert werden, die auf dem Gebrauch eines Produktes beruhen, das nach dem so festgestellten Zeitpunkt vom Unternehmen vertrieben worden war. Denn nur in ihnen realisiert sich die Gefahr, die durch die insoweit *relevante* Vorhandlung geschaffen wurde.

---

588 Instruktiv erläutert der BGH die Abgrenzungsschwierigkeit im Rahmen einer zivilrechtlichen Haftungsklage, NJW 1981, 1603 (1604): Nicht jede denkbare Gefahr einer Schädigung, sondern erst eine gewisse Verdichtung könnten Sicherungsmaßnahmen zur Pflicht machen. Der Verweis des LG Mainz, Schmidt-Salzer, ES IV.3.22 (28), auf die zivilrechtliche Rspr. ist zudem missverständlich, weil nicht präzisiert wird, welche Gefahrabwendungsmaßnahmen bei dringendem Verdacht vorzunehmen sind.

589 Schmidt-Salzer, ES IV.3.22 (7). Ob es 13 neue oder aber die 8 bisher umfassenden sein sollen, lässt sich darüber hinaus dem Urteil nicht entnehmen.

590 a.a.O. (31).

591 a.a.O. (37).

592 Bruns, FS für Heinitz, S. 332ff, hatte das sog. *Chargenproblem* bereits im „Contergan-Verfahren" entdeckt und eindrucksvoll erläutert. Instruktiv ist vor allem die beispielhafte, ausführliche Darstellung der denkbaren Konstellationen. Wenn sich seine Ausführung dort auch nur auf die Schuldfrage der einzelnen Angeklagten beziehen, sind sie durchaus bei der Begründung einer Garantenstellung fruchtbar.

Das verkannte schon das LG Aachen im „Contergan-Prozess“. Es sah dort die Offenbarungspflicht des Herstellers über die nachträgliche Gewissheit oder zumindest den ernstzunehmenden Verdacht der Gefahrträchtigkeit als Selbstverständlichkeit an[593], ohne die gleichzeitige Notwendigkeit einer Garantieposition für diese Eingriffspflicht zu erörtern. Notwendig wäre deshalb gewesen, zu ergründen, ob die angeklagten Rechtsgutverletzungen auf einem Produkt*gebrauch* beruhten, der nach Entstehen der Garantieposition erfolgte. Erst diesen hätte die pflichtgemäße Erfüllung des Handlungsgebotes nämlich unterbinden können.

(2)Eingriff in fremde Sphären

Teilweise soll das Vorverhalten dann strafrechtliche Relevanz erhalten, wenn es zugleich einen Eingriff in fremde Risikosphären beinhaltet[594].

(a)Unterteilung nach Risikobereichen

Für die Aufteilung wird insoweit auf die jeweiligen Gefahrenbereiche verwiesen, d.h. die Pflicht zur Abwendung obliegt demjenigen, dessen Risikosphäre die Gefahr zuzuordnen ist. Nach Deutscher/Körner[595] habe der Gesetzgeber nämlich insbesondere mit der Gefährdungshaftung eine klare Lastenverteilung getroffen:

> Der Hersteller stehe zu seinem Produkt in einer besonderen Nähebeziehung: Nur er könne durch Konstruktion, ständige Überwachung des Herstellungsprozesses, Erprobung unter Praxisbedingungen sowie die weitere Produktbeobachtung auf die Qualität Einfluss nehmen und damit Gefahrenquellen möglichst frühzeitig ausschalten[596]. Demgegenüber habe der Verwender nur die Möglichkeit, über die Marktparameter Angebot und Nachfrage auf eine optimale Produktverbesserung zu drängen[597].

In gleicher Weise will Meier[598] darauf abstellen, dass es keinen Unterschied machen könne, ob die Kenntnis über die Gefahr bereits bei Ingangsetzen der Ur-

---

[593] JZ 1971, 507 (515).

[594] Grundlegend zur Sphärentheorie Rotering (Nachweise bei Brammsen, Entstehungsvoraussetzungen, S. 294), als Entstehungsgrund der Garantenstellungen: Die Coexistenz der Staatsbürger verlange, dass „jeder in jedem Augenblicke sein Thun und Lassen so einrichtet, dass fremde Interessen unverletzt bleiben. Wir müssen bei jedem Unternehmen, welches Andere gefährden kann, zur Hand sein, in den Naturcausalismus eingreifen, die Bedingungen, wenn sie eine solche Richtung nehmen, in andere Wege ableiten.“ Die bloße Gefahr eines Unrechts aufgrund einer „Veränderung der Außenwelt (sei) normwidrig“. Dem ist aber gerade entgegenzuhalten, „dass es unzählige, mit einem Risiko behaftete Handlungen gibt, die nicht nur nicht rechtswidrig, sondern im Interesse eines geordneten Gemeinwohls sogar erwünscht sind“, so van Gelder, Fn. 577, S. 49, und die Rechtsordnung aufgrund der fragmentarischen Struktur des Strafrechts häufig nur gegen bestimmt geartete Angriffe schützt.

[595] Wistra 1996, 292 (301).

[596] In diese Richtung auch Meier NJW 1992, 3193 (3196).

[597] Deutscher/Körner wistra 1996, 292 (300). Kuhlen JZ 1994, 1142, spricht insoweit von dem ständig wachsenden technisch-wissenschaftlichen Kompetenzgefälle zwischen Produkthersteller und –verwender.

[598] NJW 1992, 3193 (3196).

sachenkette oder erst später vorhanden war, wenn jedenfalls der *Anlass* zum nun notwendigen Handeln von einer bestimmten Person gegeben wurde und deshalb in seine Risikosphäre fällt[599].

Da das Unternehmen die Ursache gesetzt habe und meist über gesteigerte *Einsichts*-möglichkeiten[600] verfüge, sei die Einstandspflicht des Unternehmens weiter zu ziehen als die jedermann überantwortete Pflicht aus § 323c StGB.

Dieser Ansatz ist zudem auf die Annahme zurückzuführen, dass für die Möglichkeit zur gesellschaftlichen Weiterentwicklung die Einräumung rechtlich freier Entfaltungsräume unabdingbare Notwendigkeit ist. Die Gewährung dieser Freiräume scheint aber nur akzeptabel, wenn zugleich Sorge dafür getragen wird, dass nicht auf Kosten anderer Gefahren geschaffen werden. In der Überschreitung dieser Handlungsspielräume soll die Verantwortung für die Gefahrverhinderung begründet sein[601]. Wegen der Überschneidung der Organisationsbereiche trifft das Opfer aber wenigstens eine *primäre* eigene Schutzpflicht.

Dementsprechend soll allein die Zuständigkeit für Sachen oder Betriebe u.U. sogar eine „verlängerte" Verkehrspflicht begründen[602], so dass auch nach Vertrieb von gefährlichen Produkten, d.h. trotz Gewahrsamsverlust bei erst nachträglich erkannter Gefährlichkeit der Produzent rettungspflichtig bleibt[603].

Für Freund gleichen vor allem die Vorteile für den Produzenten durch das ihm von Seiten der Verbraucher entgegengebrachte Vertrauen den Verzicht auf das Pflichtwidrigkeitserfordernis aus[604]. Die Inverkehrgabe gefährlicher Produkte sei zwar sozialadäquat, wenn nicht erkennbar sei, dass Konsumenten verletzt werden könnten, aber nur und solange der Hersteller auch die Produktbeobachtung übernehme und vor später bekannt werdenden Gefahren warnen würde[605]. Eine völlige Schadensrisikoverlagerung auf das Opfer sei deshalb – auch bei rechtmäßiger Gefahrschaffung – zumindest in einigen Fällen unangemessen[606].

---

[599] Auch der BGH, BGHSt 37, 106 (121), meint, weil der Unternehmer innerhalb seiner Betriebsorganisation über eine umfassende Einwirkungsmöglichkeit verfüge, nehme er eine machtpolitische Stellung in einem ökonomischen System wahr. Ebenso Kuglor, Ingerenz und Selbstverantwortung, Bochum 1972, S. 139 (Nachweise bei Brammsen, Entstehungsvoraussetzungen., S. 297), der bei Anstoßen eines Ursachenverlaufs durch eigene Handlungen sogar von einer Monopolstellung spricht.

[600] Die jedoch nicht mit *Einwirkungs*möglichkeiten verwechselt werden darf!

[601] Otto NJW 1974, 528 (532ff).

[602] Jakobs AT 29/42 a.E.

[603] So auch SK-Rudolphi, § 13 Rdn. 40 a, mit Verweis auf die Herbeiführung eines Dauerzustandes.

[604] S. 219/220; ders. in AT 6/72.

[605] Freund, S. 201ff; ders. in AT 6/71; so auch Bock, S. 136.

[606] Freund, S. 296ff.

Diese Erwägung liegt unausgesprochen auch dem „Contergan-Verfahren" zu Grunde[607]:

> Wenn die Klärung über die Frage nach der Gefährlichkeit der Ware noch in der Schwebe stehe, müsse eine Risikozuweisung stattfinden, wenn die Risikorealisierung sich nur schwer oder gar nicht teilen lasse. Dazu müsse eine Doppelhypothese vorgenommen werden, die die Folgen für den Konsumenten mit denen für den Hersteller vergleiche, wenn sich die Annahme jeweils als wahr bzw. falsch herausstelle. Wegen der möglichen Gesundheitsbeeinträchtigungen, die die wirtschaftlichen Konsequenzen meist überwiegen würden, schlüge die Waagschale regelmäßig zu Lasten des Produzenten aus, zumal er das Risiko auch viel besser übersehen könne als der Verbraucher. Dies werde durch die Zufälligkeiten bestätigt, von denen abhänge, ob und wie schnell sich ein wissenschaftlicher Nachweis über die schädliche Wirkung führen lasse.

(b)Kritik

Doch auch diese Ansicht kann nicht kritiklos bleiben: Der Sphärenhaftung ist entgegenzuhalten, dass nicht einmal das Zivilrecht eine solche kennt[608] und zudem der propagierte „freie Handlungsspielraum" für seine Abgrenzung in der Regel eine umfassende Interessenabwägung unter gleichzeitiger Berücksichtigung der besonderen pflichtenbegrenzenden Erlaubnissätze erfordert, was eine ex ante feststellbare Konturierung als Maßstab für eine mögliche Überschreitung nahezu ausschließt[609].

Bachmann/Beulke[610] schlagen deshalb vergleichbar Schünemann zur Eingrenzung die Beherrschbarkeit über den Verfahrensablauf vor: Ausfluss der Herrschaftsmacht sei auch der Verzicht auf sie. Folge davon ist aber nicht nur, dass die objektiven und subjektiven Anforderungen der Zurechnung auf den Zeitpunkt des Herrschaftsverlustes fixiert sind[611], sondern vielmehr dass eine Einstandspflicht nach Verlassen des betrieblichen Bereiches einer besonderen Begründung bedarf. Dann kommt eine Folgenzurechnung nur mehr bei vorsätzlichem oder fahrlässigem Herrschaftsverlust in Betracht, während bei einem sorgfaltsgemäßen Herrschaftsverlust selbst dann keine Zurechnung der Folgen

---

[607] Das LG Aachen JZ 1971, 507 (515), befasste sich – aus seiner Sicht korrekt bei der Frage nach den Maßnahmen eines ordentlichen und gewissenhaften Arzneimittelherstellers, da es Erfolgsabwendungspflichten nur im Rahmen des Sorgfaltsverstoßes, nicht aber bei dem Erfordernis einer Garantenstellung prüfte – mit der Risikoverteilung, soweit es ein Einschreiten des Produzenten zu einem Zeitpunkt verlangte, als die Schädlichkeit noch nicht endgültig wissenschaftlich geklärt war.

[608] Vgl. im Rahmen des § 645 BGB Palandt/Sprau, § 645 Rdn. 10, und dort auch den Verweis auf die Ablehnung durch den BGH. Ausnahmen ergeben sich nur in Teilbereichen, beispielsweise für die Beweislastverteilung im Rahmen der positiven Vertragsverletzung, wie sie der BGH auch für § 635 BGB anwendet.

[609] Brammsen, Entstehungsvoraussetzungen, S. 301.

[610] JuS 1992, 737 (740).

[611] Unternehmenskriminalität, S. 99.

stattfinden kann, wenn der ehemalige Garant später die von der Sache ausgehende Gefahr erkennt[612].

Besonders aber für den Bereich der Produktverantwortung lässt sich noch folgender Gedanke anführen: Strafbarkeit für Unterlassen rechtfertigt sich auch daraus, dass der Betroffene auf das Handeln des Beschuldigten vertraut und deshalb eigene Maßnahmen zu seinem Schutz unterlässt[613]. Wenn aber das Unternehmen nach dem Stand der Technik die Gefahr nicht erkennen konnte und deshalb Abwehrmaßnahmen unterlässt, beruht die Untätigkeit des Geschädigten nicht auf einem durch den Beschuldigten gesetzten Vertrauen, da mangels gesicherter wissenschaftlicher Erkenntnis der Betroffene gar nicht vertrauen durfte[614]. Die Erwartungshaltung des Opfers konnte nicht in strafrechtlich relevanter Weise verletzt werden, da der potentielle Täter seinerseits nicht erwarten musste, dass ihm das Opfer eine solche Erwartungshaltung entgegenbringt. Und schließlich entsteht die eigentliche Risikoverwirklichung gerade erst durch die verbraucherseitige Produktbenutzung. Ebenso wie aber dem Verbraucher bei mangelnder Kenntnis und sorgfaltsgerechtem Verhalten die Verursachung nicht vorgeworfen werden kann[615], handelt dann auch der Hersteller seinerseits erlaubt[616]. Die abweichende Meinung insbesondere von Freund läuft m.E. ohne jede Dogmatik auf eine rein kriminalpolitische Erwägung hinaus, zumal sie sich vorwiegend an Wertungen des Schadensausgleiches orientiert, wie sie nur dem Zivilrecht immanent sind[617].

Und letztlich unterscheidet sich die Rechtsmacht der Unternehmen zur Beeinflussung des weiteren Schicksals der Ware nach ihrem Inverkehrbringen nicht im Mindesten von einer staatlichen Behörde oder einem unabhängigen Sachverständigen, die ebenfalls die Gefährlichkeit nachträglich in Erfahrung bringen[618]. Bei staatlichen Stellen u.ä. wird aber keiner bezweifeln, dass sie allenfalls aus § 323c StGB eine Rechtspflicht zum Handeln treffen könnte. Gerade

---

612 Schünemann, Unternehmenskriminalität, S. 99. Deutscher/Körner wistra 1996, 292 (300), lehnt denn auch gesteigerte Einflussmöglichkeiten des Produzenten ab, wenn der Verwender die fehlerhafte Ware in Besitz nimmt bzw. hält.

613 SK-Rudolphi, § 13 Rdn. 40.

614 Das verkennt Bock, S. 120, die den Vertrauensgedanken als übergreifendes Merkmal aller Garantenstellungen erkennen will. Anders liegt es freilich dann, wenn das Unternehmen auf Nachfragen (u.U. ins Blaue hinein) bekannt gibt, es sei nichts zu befürchten, da das Produkt wissenschaftlich einwandfrei und auch entsprechend erprobt sei, vgl. dazu schon oben § 3.C a.E.

615 Vgl. dazu schon oben zur mittelbaren Täterschaft § 5.A.III.5.

616 Deutscher/Körner wistra 1996, 292 (301).

617 Im Übrigen übersieht er, dass die Vorteile aus der Produktion dem Unternehmen als Personenzusammenschluss zuteil werden, das mit der zu bestrafenden Einzelperson regelmäßig nicht identisch sein wird. Diese wird allenfalls mittelbar daran beteiligt sein.

618 Schünemann, Unternehmenskriminalität, S. 101.

für die Rückrufpflicht, die über die Ingerenz begründet werden soll, wird dem Unternehmen weitgehend die Steuerung des Kausalverlaufs entglitten sein[619]. Das gilt in besonderem Maße in der Massenproduktion: Dort wird es dem Unternehmen regelmäßig an einem Überblick über die potentiellen Opfer fehlen. Die bloße Kenntnis über die Identität seiner eigenen Vertragspartner ist insoweit wegen der regelmäßig mehrstufigen Vertriebswege (vom Hersteller über den Großhändler, evt. Zwischenhändler, schließlich Einzelhändler hin zum Endverbraucher) ohne jeden weiteren Nutzen, weil deren Information über die Schädlichkeit in der Regel nicht ausreichend sein wird[620].

(3)Verzicht auf jegliche besondere Qualifikation des Vorverhaltens

Nachdem damit aber Risikokriterien unbehelflich sind, gibt es schließlich sogar Stimmen in der Lehre, die in bestimmten Fällen jegliche Qualifikation des Vorverhaltens für entbehrlich halten, beispielsweise wenn hierdurch der Zustand eines Dauerdelikts[621] herbeigeführt wurde[622] oder aber, wenn die Rechtmäßigkeit auf § 904 S.1 BGB beruht, weil der Handelnde sich dann auf Kosten eines Unbeteiligten aus der Notstandslage befreit[623]. Noch weiter geht sogar Dencker[624]: Er ist der Ansicht, dass das Defizit, das einer Bestrafung aus der Begehung entgegensteht, bei der Bestrafung aus dem nachfolgenden Unterlassen schlicht hingenommen werden müsse. Denn durch die gesetzliche Verankerung in § 13 StGB sei das Streben nach einer völligen Gleichstellung von Begehen und Unterlassen hinfällig geworden[625]. Schon das Gesetz gehe gerade mit der fakultativen Strafmilderung gem. § 13 II StGB von einem geringeren Unrechtsgehalt des Untätigbleibens gegenüber dem positiven Tun aus. Auch könnten Eingrenzungskriterien wie die objektive Pflichtwidrigkeit oder die Risikotheorien nicht das Fehlen eines für die Begehungsstrafbarkeit konstitutiven Elements ausgleichen. Voraussetzung sei nur, dass die Vorhandlung alle, aber auch nur die Qualitäten aufweisen müsse, die die *objektiv* tatbestandsmäßige und rechtswidrige Handlung des Begehungsdeliktes verlange[626]. Einschränkend seien bei

---

[619] Niklaus Schmid, FS für Max Keller, S. 657.

[620] A.A. jedoch OLG Karlsruhe NJW 1981, 1054.

[621] Im Übrigen ein für die Produktverantwortung unbrauchbarer Ansatz, da ein solches Dauerdelikt nicht ersichtlich ist.

[622] Schönke/Schröder/Stree, § 13 Rdn. 42.

[623] Allgemein zur Notwehrproblematik Wessels/Beulke AT Rdn. 726.

[624] FS für Stree/Wessels, S. 169ff.

[625] Demgegenüber meint Schünemann wistra 1982, 41 (44 Fn. 26), dass § 13 StGB gerade die Notwendigkeit einer echten Entsprechung bekräftige.

[626] Er erkennt freilich, dass die Grenzen zwischen objektiven und subjektiven Elementen, gerade auch im Bereich der Rechtfertigung, oftmals fließend und nur schwer zu bestimmen sind. Beim Zusammentreffen mehrerer möglicher Verantwortlicher soll eine Betrachtung des „Gefälles" dienen, das auch durch ein überlegenes Sachwissen eines der Beteiligten eintreten kann.

der Bestrafung des Unterlassens dann lediglich die entsprechenden Konsequenzen, wie beispielsweise eine *obligate* Strafmilderung, zu ziehen.

Gerade aber die Produktverantwortung zeigt die Untauglichkeit seines Ansatzes: Im Bereich der Erfolgsdelikte – besonders der fahrlässigen – fehlt es regelmäßig an einer tatbestandsmäßig, spezifisch umschriebenen Handlung. Ausreichend sind vielmehr alle Betätigungen, die – die subjektiven Merkmale vorausgesetzt – in die Herbeiführung des Erfolges kausal einmünden. Es kann aber nicht angehen, zur Begrenzung der Strafbarkeit nunmehr nur auf die allgemeinen Kriterien, wie die Adäquanz, die objektive Zurechnung o.ä. zurückzugreifen, die auch die Begehungsstrafbarkeit begrenzen, ohne gleichzeitig zu würdigen, dass eine Begehungsstrafbarkeit gerade an dem Fehlen ihrer subjektiven Voraussetzungen scheitert[627]. Diese Argumentation nimmt nicht das Defizit der Garantenstellung aus Ingerenz hin, sondern übergeht es schlichtweg. Im Übrigen zeichnen sich derartige Strömungen auch durch im Ergebnis abzulehnende Einzelfallgerechtigkeit aus[628]. Besonders Samson warnt deshalb davor, dass dadurch die Rechtssicherheit auf der Strecke bleibt[629] und der Verzicht auf die Rechtswidrigkeit des Vorverhaltens äußerst unerwünschte Folgen außerhalb des Bereichs der Produktverantwortung haben wird[630].

(IV)Zwischenergebnis

Besonders die vorangegangenen Erörterungen haben gezeigt, dass, wenn man überhaupt eine Bedürfnis für eine Ingerenzgarantenstellung anerkennen möchte, jedenfalls eine besondere Qualifikation für dieses Vorverhalten unabkömmlich ist. Nachdem sich aber Kriterien wie die Risikoerhöhung oder der Sphärengedanke als äußerst kritikwürdig und zudem unpraktikabel erwiesen haben, bleibt allein die Möglichkeit, auf die Pflichtwidrigkeit des Vorverhaltens abzustellen. Zwar wird man insoweit wohl im Interesse des Rechtsgüterschutzes noch davon absehen können, dass gerade dem Täter selbst aus dem normwidrigen Verhaltens ein Vorwurf zu machen ist[631], zumal bei einer vorangegangenen schuldhaften Betätigung sowieso jede weitere Unterlassensprüfung hinfällig

---

[627] Daran ändert auch die Tatsache nichts, dass die Versuchung, den Täter notfalls über eine Unterlassungskonstruktion zu bestrafen, um so größer ist, je dringender der Verdacht einer Verantwortlichkeit schon für aktives Tun begründet ist. Denn ob es legitim ist, die Haftung für Unterlassung als Ergänzung (und bei Verdacht) der Haftung für Begehen einzusetzen, ist noch weitgehend ungeklärt, vgl. Arzt JA 1980, 712 (714) m.w.N. in Fn. 34.

[628] Deutscher/Körner wistra 1996, 292 (300).

[629] StV 1991, 182.

[630] StV 1991, 182 (184).

[631] Das wird mit Kassebohm BB 1994, 1361 (1367), bereits dann zu bejahen sein, wenn die Erhöhung der Gefahr nur wegen schlechter, nicht ausreichender oder gänzlich fehlender Qualitätsprüfungen nicht erkannt wurde, weil dann gerade entsprechendes Erfahrungswissen in der Wissenschaft vorhanden wäre.

wird[632]. Nicht verzichtet werden kann aber auf das objektiv unsorgfältige Verhalten, das seinerseits voraussetzt, dass die Gefahrenlage, die es geschaffen haben soll, und damit die Pflichtwidrigkeit bereits ex ante erkennbar war. Andernfalls bliebe nicht nur der Zweck des § 13 I StGB, den Untätigen in die Position des Normadressaten zu heben, sondern auch die Erwartungssicherheit für den Produzenten, ohne die eine Normstabilisierung nicht erreicht werden kann, auf der Strecke. Das wiederum bedeutet aber, dass in der Produktkriminalität die Ingerenz gerade in den hier interessierenden Fallkonstellationen, nämlich bei Fehlen gesicherter wissenschaftlicher Erkenntnisse, keinen fruchtbaren Lösungsansatz beinhaltet, weil insoweit die Produktschädlichkeit nicht nur vom Produzenten, sondern auch von der Fachwissenschaft nicht vorhersehbar war und sich somit letztlich jedes denkbare Vorverhalten des Herstellers als pflichtgerecht darstellt.

Damit aber ist die Fehlerhaftigkeit der „Lederspray-Entscheidung" auch in diesem Punkt offensichtlich. Gleichwohl bleibt der Versuch, eine Garantenstellung mittels anderer Erwägungen zu stützen, um das Urteil eventuell auf diese Weise entsprechend § 354 I StPO aufrechterhalten zu können. Diskutiert wird insbesondere eine Herleitung aus den allgemeinen Verkehrssicherungspflichten.

b.Anlehnung an die zivilrechtlichen Verkehrsicherungspflichten

Das Überbürden von Verkehrssicherungspflichten baut auf dem Gedanken auf, dass derjenige, der eine Gefahrenlage schafft oder andauern lässt, in seinem Verantwortungsbereich die erforderlichen Vorkehrungen zu treffen hat, um eine Schädigung anderer tunlichst abzuwenden[633]. Mit dieser Begründung will die Verkehrssicherungspflicht, die in gewisser Weise auch die Ingerenz als gefährdendes Vorverhalten umfasst[634], den Gefahren begegnen, die sich aus der Zulassung eines Verkehrs ergeben.

Geprägt wurde die Entwicklung des Verkehrssicherungsgedankens vornehmlich von der zivilrechtlichen Rspr.[635] im Bereich der deliktischen Haftung nach § 823 I BGB, die die vertraglich oder aber durch Schutzgesetze im Sinne des § 823 II BGB vielfach auferlegten Pflichten ergänzen soll[636]. Als Durchbruch für die zivilrechtliche Produkthaftung gilt insoweit die „Hühnerpest-Entscheidung"[637], in der der BGH sich umfassend zur Beweislastverteilung im

---

[632] Vgl. oben § 5.A.III.3.

[633] So BGH in GA 71, 333.

[634] Jakobs AT 29/31, unter Hinweis auf die abl. Ansicht s. dort Fn. 56.

[635] V. Bar, S. 8ff, 11ff, weist indes darauf hin, dass das Zivilrecht ursprünglich diese Rechtsfigur dem Strafrecht entnommen habe.

[636] Palandt/Thomas, § 823 Rdn. 58.

[637] BGHZ 51, 91ff.

Rahmen des deliktischen Verschuldens geäußert hat[638]. Im Laufe der Jahre wurde diese Rspr. unter konkreter Bezugnahme auf die einzelnen Verkehrssicherungspflichten detailliert ausgebaut und wiederholt bekräftigt, so dass sie sich mittlerweile auch weitestgehend in der zivilrechtlichen Literatur etabliert hat[639].

Gerade aber diese Ausweitung[640] bis hin zu einer reinen Gefährdungshaftung[641] macht eine uneingeschränkte Übernahme ins Strafrecht unmöglich. Selbst wenn nämlich der Schutzzweck eines Rechtsinstitutes, wie hier der erhöhte Rechtsgüterschutz[642], gleichsam in beiden Rechtsbereichen fruchtbar gemacht werden kann, muss die inhaltliche Ausgestaltung der Natur der Sache nach überall dort verschieden sein, wo die divergierenden Ziele gerechten Schadensausgleiches auf der einen und kriminalpolitisch sachgemäße Reaktion auf der anderen Seite abweichende Lösungen fordern[643]. Um der Aufgabendiskrepanz der beiden Rechtsgebiete willen muss sich das Strafrecht vielmehr in seiner Auslegungs- und Begriffsbildungsmethodik vom zivilistischen Denken befreien[644].

---

[638] BGHZ 51, 91 (104ff), allerdings eine Entscheidung, die wegen des den Strafprozess beherrschenden Amtsermittlungsgrundsatzes und auch wegen des – hier bedeutungslosen – Schadens durch die Wirkungslosigkeit des Präparats in der Produktkriminalität ohne Auswirkungen ist.

[639] Vgl. nur Palandt/Thomas, § 823 Rdn. 201ff.

[640] Das wird besonders deutlich an der erst jüngst ergangenen „Reißwolf-Entscheidung", NJW 1999, 2815/2816, wo der BGH die Warnpflichten eines Herstellers erneut ausgeweitet hat: Dort sollte der Verbraucher mit Hilfe eines Piktogramms stetig an die Gefahr erinnert werden, die durch die leichtsinnige Benutzung eines Papierreißwolfs für die körperliche Unversehrtheit bestehe. Demgegenüber galt bislang der Grundsatz, dass eine Warnung nur dann nötig sei, wenn der Produktbenutzer eine Gefahr nicht kennt oder doch ihr Ausmaß nicht überblickt, damit er durch die Warnung in die Lage gesetzt wird, sich und etwaige Schutzbefohlene zu schützen. Die Entscheidung des BGH – so sie sich als neuer Ansatz verallgemeinern lassen wird – würde nunmehr dazu zwingen, den Verbraucher vor sich selbst zu schützen. Durch das Zusammenspiel der Haftung des Herstellers nur für die im Verkehr erforderliche Sorgfalt (§ 276 I 2 BGB) und der Mitverschuldensmöglichkeit (§ 254 BGB) geht der Gesetzgeber aber ersichtlich von einer Selbstverantwortung des Verbrauchers aus, so dass auch der Hersteller seinerseits regelmäßig auf dessen Selbstschutz vertrauen darf und weitere Sicherungen unterlassen kann, so die Anmerkung von Foerste in FAZ vom 22.10.1999, Nr. 246, „Wirtschaft" S. 22.

[641] Die umfangreiche Ausgestaltung der Verkehrssicherungspflicht durch die Rspr. der Zivilgerichtsbarkeit resultiert im Bereich der Produzentenhaftung gerade auch daraus, der Lücke aus dem begrenzten zeitlichen Anwendungsbereich des ProdHaftG von 1990 entgegenzuwirken[641].

[642] So auch Bock, S. 115.

[643] Roxin, FS für Honig, S. 145, zur Frage der strafrechtlichen Geltung des ursprünglich zivilrechtlichen Zurechnungskriteriums „Schutzbereich der Norm".

[644] Bruns JZ 1958, 461.

(I)Uneinheitlicher Meinungsstand in Rspr. und Lit.

In der strafrechtlichen Wissenschaft und Praxis könnte denn auch die Diskussion über die Geltung von Verkehrssicherungspflichten nicht undurchsichtiger sein:

Erklärte noch der BGH im Jahre 1970[645] „ohne mit der Wimper zu zucken" deren ausnahmslose Gültigkeit für das Strafrecht[646] und zog die Grenze allein im Rahmen der Schuld, wurde demgegenüber im „Lederspray-Urteil" diese Möglichkeit lediglich angedeutet, aber keiner abschließenden Klärung zugeführt[647].

Ebenso verhält es sich in der Lit.: Teilweise wird die Verkehrssicherungspflicht explizit als ein Kriterium für die Garantenstellung befürwortet[648], andere nehmen dagegen auf sie nur im Rahmen der Überwachung von Gefahrenquellen Bezug[649] oder aber lehnen einen Rückgriff auf sie generell ab[650]. Bemerkenswert ist indes, dass auch ihre Befürworter regelmäßig auf weitere Kriterien wie die Ingerenz[651] oder die Übernahme[652] als Argumentationsstütze nicht verzichten wollen[653].

(II)Problemerfassung

Ausgangspunkt jeder Betrachtung muss eine Analyse sein, was sowohl Rspr. als auch Lit. unter der „Übernahme der zivilrechtlich entwickelten Verkehrsicherungspflicht ins Strafrecht" verstehen. Denn allein hierfür eine einheitliche

---

[645] Weil der mit dem 2. StrRG aus dem Jahre 1969 eingefügt § 13 StGB erst im Jahre 1975 in Kraft trat (Nachweise bei Schünemann ZStW 96, 288 (303)), allerdings noch ohne Hinweis auf diese Regelung.

[646] Ebenso das OLG Karlsruhe NJW 1977, 1930 (1931), mit direktem Bezug auf die „allgemeine Verkehrsicherungspflicht"; eindrucksvoll auch das LG Mainz als Vorinstanz im „Lederspray-Verfahren", vgl. Schmidt-Salzer, ES, IV.3.22 (28): „Jeder Warenhersteller ist aus dem Gesichtspunkt der Verkehrssicherungspflicht verpflichtet, seine Produkte für alle voraussehbaren Verwendungszwecke und für alle in Betracht kommenden Benutzer im Rahmen des Möglichen und Zumutbaren fehlerfrei, d.h., insbesondere frei von Gefahren für die Gesundheit der Verbraucher zu gestalten." In der Rspr. sei seit langem insoweit auch die Produktbeobachtungspflicht nach dem Inverkehrbringen der Ware anerkannt.

[647] BGHSt 37, 106 (114/115).

[648] Beispielsweise Wessels/Beulke AT Rdn. 723, oder Tröndle/Fischer, § 13 Rdn. 5c.

[649] Haft AT 7.Teil § 4 Nr.1 lit.c; ebenso Westphalen-Goll/Winkelbauer, § 47 Rdn. 9ff, 16f, im Rahmen der Pflichtwidrigkeit der Vorhandlung.

[650] Braun KritV 1994, 179 (186), spricht von einer Zurechnungswillkür. Auch Stratenwerth ZStW 68, 41 (61), sieht bei Vorliegen der Verkehrssicherungspflicht eine Garantenstellung des Produzenten noch nicht als gegeben an, sondern verlangt vielmehr nach einer spezifisch strafrechtlichen Pflicht.

[651] Gallas, Bau, S. 33.

[652] Jescheck/Weigend AT § 59 IV.4 lit. a.

[653] Bock, S. 112.

Linie zu finden, kommt der Quadratur des Kreises nahe[654]. Weil aber die schlichte Verwendung irgendwelcher Schlagworte für die Rechtsanwendung niemals gewinnbringend sein kann, vielmehr die Gefahr der Einzelfallgerechtigkeit bis hin zur Willkür in sich birgt[655], sind deutliche Kriterien von Grund und Grenzen, die der begrifflichen Unschärfe entgegenwirken[656], unentbehrlich. Und will man die Verkehrssicherungspflicht erst durch den Überwachungsgarant im allgemeinen und die Ingerenz im besonderen konkretisieren[657], verkümmert sie zu einem bedeutungslosen Oberbegriff und somit im Ergebnis zu einem überflüssigen Rechtsinstitut.

Wird der Rückgriff gleichwohl pauschal befürwortet, lässt das vor allem auch die Vermutung aufkeimen, dass es weniger um die Begründung einer eigenständigen, abstrakten Garantenstellung geht, als vielmehr nur der Weg geebnet werden soll, auf die von der zivilrechtlichen Rspr. im Rahmen der Verkehrssicherungspflicht ausformulierten Handlungspflichten[658] zurückgreifen zu können.

Vor allem das LG Mainz als Vorinstanz im „Lederspray-Verfahren" ist ohne nähere Begründung sofort auf die aus der Verkehrssicherungspflicht des Produzenten herrührende Produktbeobachtungspflicht eingegangen.[659].

Im Zivilrecht mag zwar eine derartige Ausrichtung am jeweiligen Einzelfall legitim sein, sieht es sich doch weder dem strikten Gesetzlichkeitsgebot des Art. 103 II GG verhaftet noch einer dem § 13 I StGB vergleichbaren Vorschrift ausgesetzt[660]. Im Strafrecht kommt man aber wegen § 13 I StGB nicht umhin, zunächst abstrakt den Normadressaten festzustellen. Denn sein Verhalten kann nur dann entsprechend dem Erwartungshorizont der Gesellschaft beeinflusst werden, wenn seine besondere Pflichtenposition unabhängig von den jeweiligen Handlungspflichten im Einzelfall zuvor erkennbar ist[661]. Als notwendige Pflichtenstel-

---

[654] Bock, S. 112.

[655] So Braun KritV 1994, 179 (186).

[656] Bock, S. 126.

[657] So beispielsweise Haft (oben Fn. 649) oder auch Schünemann ZStW 96, 288 (309/310), die auf den Begriff der „Verkehrspflicht" jeweils nur im Rahmen sonstiger Garantenstellungen Bezug nehmen. Arzt JA 1980, 712 (714), zieht den Zusammenhang, indem er die Verkehrseröffnung als vorangegangenes Tun begreift.

[658] In der Produkthaftung sind das vor allem Konstruktions-, Fabrikations-, Instruktions- und Produktbeobachtungspflichten.

[659] Vgl. Schmidt-Salzer, ES, IV.3.22 (28) und oben Fn. 646.

[660] Selbst wenn es ihr um die Begründung eines rechtlich relevanten Unterlassens geht, vgl. Palandt/Heinrichs, Vor §§ 249 Rdn. 84. So erklärt sich denn auch der Katalog von Pflichten bei Palandt/Thomas, § 823 Rdn. 64ff.

[661] Selbst wenn Arzt JA 1980, 647 (651), den Grund für eine Garantenstellung aus der Verkehrssicherungspflicht im Gesetz finden will, löst das mangels ausdrücklicher Normierung nicht das Problem der hinreichenden Bestimmtheit. Im Übrigen wird sich als gesetzliche Grundlage allenfalls das allgemeine Fremdschädigungsverbot aus § 823 I BGB anführen

lung käme dann aber für die strafrechtliche Produktverantwortung letztlich nur mehr die berufliche Tätigkeit als solche, also die Beschäftigung als Warenhersteller, in Betracht. Ob das allerdings für eine strafrechtliche Einstandspflicht ausreichend sein kann, ist mehr als fraglich[662], zumal bislang eine reine Produzentengarantenstellung zumindest strafrechtlich nicht anerkannt war und ist, weshalb auch der Hersteller sich nicht ohne weiteres einer solchen Stellung bewusst war.

(III)Systembedingte Differenzen als Grenzen für eine Anerkennung

Nun bedeuten zwar die aufgezeigten Systemunterschiede nicht per se Unvereinbarkeit, zumal auch innerhalb der Begründung anderer Garantenstellungen auf zivilrechtliche Tatbestände zurückgegriffen wird. Verwiesen sei nur auf die familienrechtlichen Pflichten aus §§ 1353, 1618a, 1619, 1626ff BGB. Unter der jahrzehntelangen zivilrechtlichen Anerkennung entsprechender unternehmerischen Handlungspflichten hat sich wohl auch eine gewisse gegenseitige soziale Rollenerwartung entwickelt. Und schließlich werden durch die Verkehrssicherungspflichten Regeln für die Aufgabenverteilung im Sozialleben festgelegt, die in besonderem Maße dem kollektiven und normativen Anspruch eines sozialen Verhaltensmusters gerecht werden[663].

Gleichwohl darf im Hinblick auf die Gesetzgebungsgeschichte, wonach zur Konkretisierung der Erfolgsabwendungspflicht auf die bestehende *Straf*rechtspraxis zurückgegriffen werden sollte[664], nicht unbesehen bleiben, dass es eine *gefestigte* Rspr., die den zivilrechtlich anerkannten Verkehrssicherungspflichten ein strafrechtliches Äquivalent im Rahmen des § 13 StGB gegenüberstellt, weder gab noch gibt[665]. Und weil eine Strafbarkeit letztlich nur vom StGB und den strafrechtlichen Nebengesetzen formuliert werden kann[666], ist auch ein Rückgriff auf außerstrafrechtliche, gewohnheitsrechtlich anerkannte Maßstäbe allenfalls ergänzend denkbar[667]. Insbesondere Kuhlen[668] fordert deshalb eine eigene Ausgestaltung für das Strafrecht, da eine reine Orientierung am Zivilrecht zu einer Überspannung der strafrechtlichen Pflichten führen würde[669], zumal die zivil-

---

lassen. Damit zeigt sich aber, dass Inhalt und Umfang der Verkehrssicherungspflicht gerade nicht ausdrücklich durch formelles Gesetz postuliert, sondern vielmehr von der Rspr. ausgestaltet wurden, so Bock, S. 104 Fn. 9.

[662] Vgl. dazu schon bei der Ingerenz § 5.C.III.2.a(III)(1)(b).

[663] Bock, S. 105.

[664] Vgl. dazu oben § 5.C.II.

[665] Bock, S. 106f, 115; a.A. Eichinger, S. 148, und Bachmann/Beulke JuS 1992, 737 (740).

[666] Schönke/Schröder/Eser, § 1 Rdn. 30ff; Sangenstedt, S. 368ff und schon oben § 5.C.II.

[667] Bock, S. 118.

[668] NStZ 1990, 566 (567).

[669] Zust. Tiedemann NJW 1990, 2051 (2052). Daran vermag auch der Bezug durch § 823 II BGB vom Zivil- auf das Strafrecht schon wegen dessen Subsidiarität nichts zu ändern.

rechtliche Rspr. gerade in jüngster Zeit wohl wegen der fortschreitenden Technologisierung wahrlich auszuufern droht[670]. Andernfalls ließe sich auch nicht erklären, welche eigenständige Funktion dem Strafrecht noch neben der zivilrechtlichen Ausgleichshaftung zukommen sollte[671].

In diesem Sinne weist auch der BGH auf die strukturellen Differenzen hin, weil er sich in besonderem Maße dem Schuldprinzip unterworfen sieht: Die zivilrechtliche Rspr. hat sich für die Ausgestaltung von Haftungsprinzipien am Schadensersatz zu orientieren, wohingegen das Strafrecht die persönliche Verantwortlichkeit des Einzelnen bestimmen möchte[672]. Schon deshalb muss jeder Tendenz hin zu einer reinen Gefährdungshaftung, d.h. einer verschuldensunabhängigen Einstandspflicht als eklatanter Verstoß gegen das Schuldprinzip[673] entgegengewirkt werden.

(IV)Notwendigkeit einer klaren Begriffsdefinition

Der Beginn jeder Überlegung muss eine „griffige“ Definition sein, die der Konturenlosigkeit des Begriffes begegnet und ihm einen Umfang zuteilt, der mit den strafrechtlichen Vorgaben[674] im Einklang steht[675]. Vor allem darf eine unsaubere Begriffsbestimmung nicht „durch die Hintertür“ der für die strafrechtliche Produktverantwortung untauglichen Garantenstellung aus Ingerenz zur Geltung verhelfen. Vielmehr gilt es, sich die Erkenntnisse, die deren Überprüfung ergeben haben, auch hier zu Nutze zu machen und stets in die Betrachtung einfließen zu lassen.

Für die Definition wird von besonderer Bedeutung sein, dass die Verkehrssicherungspflicht überwiegend im Bereich der Verkehrsdelikte[676], für am Bau Beschäftigte[677] oder den Grundstückseigentümer herangezogen wurde, d.h., dass sie

---

670 Bachmann/Beulke JuS 1992, 737 (740), kritisieren insbesondere die Reduzierung von Verkehr*sicherungs*pflichten auf sog. Verkehrspflichten.

671 So wünschenswert die Begründung einer strafrechtlich abgesicherten Erfolgsabwendungspflicht, insb. einer Rückrufpflicht wäre – die Parallele zum Zivilrecht reicht allein nicht aus, Samson StV 1991, 182 (184).

672 BGHSt 37, 106 (115). Die Nähe zur Gedankenführung in der „Skilift-Entscheidung“ aus dem Jahre 1970 ist evident, vgl. BGH GA 71, 333 (334/335).

673 Bock, S. 191.

674 Nochmals: Dazu zählen vorrangig das Gesetzlichkeitsprinzip, also die für den Rechtsgüterschutz notwendige vorhersehbare Festlegung, das Bestimmtheitsgebot im Rahmen des § 13 I StGB mit dem zugrundeliegenden Gedanken der absehbaren Erwartungshaltung, die Subsidiarität der strafrechtlichen Sanktion und natürlich das Postulat der subjektiv-persönlichen Vorwerfbarkeit.

675 Das erkennt sogar der BGH GA 71, 333 (334), im „Skilift-Fall“, wenn er die Frage der grundsätzlichen Geltung der Verkehrssicherungspflicht im Strafrecht von der ihres Umfangs trennt.

676 BGH VRS 20, 282/283.

677 BGHSt 19, 286 (288); OLG Hamm NJW 1971, 442/443.

entweder unmittelbar den *Straßen*verkehr oder aber einen räumlich begrenzten Herrschaftsbereich betraf.

(1)Generelle Schadensquelle eines sozialen Kontaktbereiches

Zunächst bedarf es der Eröffnung eines Verkehrs, der üblicherweise mit Gefahren verbunden ist. Bereits hier werden sowohl Ähnlichkeit, aber auch Differenzen zur Garantenstellung aus Ingerenz deutlich: Die Verantwortlichkeit des Ingerenten rührt jeweils aus der *konkret* gefährlichen Situation her, die Verkehrseröffnung aber wird von einem *abstrakten* Gefahrenpotential bestimmt[678]. Hier wird an die *Verkehrs*schaffung angeknüpft, aus der erst Gefahren resultieren können, dort sofort an die *Gefahr*schaffung selbst.

Unter Verkehr ist sodann nicht nur der im engeren Sinne, also der auf öffentlichen Straßen gemeint, sondern auch der rein kommunikative[679]. Die Tätigkeit bzw. der Tätigkeitsbereich muss so beschaffen sein, dass andere Personen damit zwangsläufig in Berührung kommen. Die Eröffnung muss gerade im Hinblick auf potentielle Opfer vollzogen werden (personeller Anwendungsbereich)[680]. Dazu muss dem Pflichtigen die Kontaktmöglichkeit jedenfalls zumindest erkennbar sein[681].

Das ist in produktbezogenen Sachverhalten unzweifelhaft der Fall, weil die Ware gerade für den Konsum bestimmt ist. Die Produktion als Verkehrseröffnung erfolgt nahezu ausschließlich mit Blick auf die Verbraucher.

Von dem eröffneten Verkehr müssen typischerweise Gefahren ausgehen, denen Dritte ausgesetzt sein können, wenn sie sich in sein Einzugsfeld begeben[682]. Was unter den typischen Gefahren zu verstehen ist, kann nicht allgemein bestimmt werden, sondern ergibt sich in erster Linie aus Art und Zweck des Verkehrs, dem die Eröffnung dient[683]. Man wird jedoch jedenfalls verlangen müssen, dass sich die typischen Gefahren vom allgemeinen Lebensrisiko unterscheiden lassen[684]. Andernfalls würde nicht nur § 323 c StGB umgangen, der

---

[678] Gallas, Bau, S. 33; Bock, S. 108.

[679] Vgl. die umfangreiche Kasuistik bei Palandt/Thomas, § 823 Rdn. 64ff.

[680] Personen, die sich demgegenüber unbefugt in den Gefahrenbereich begeben, werden regelmäßig nicht erfasst, es sei denn der Pflichtige musste mit dem Fehlverhalten Dritter rechnen, Jakobs AT 29/36a; Palandt/Thomas, § 823 Rdn. 58 a.E.

[681] Nach Palandt/Thomas, § 823 Rdn. 58, ist die bloße Duldung eines Verkehrs aus dem Anwendungsbereich ausgenommen.

[682] Jakobs AT 29/31. Im Rahmen der objektiven Zurechnung bedeutet das zugleich, dass sich in der Verletzung gerade eine derart typische Gefahr realisiert haben muss.

[683] BGH NJW 1966, 1456 (1457).

[684] Diese Einschränkung ist der Risikoerhöhung, wie sie Teile der Lit. für die Ingerenz verlangen, äquivalent. Auf die Abgrenzungsschwierigkeiten weist insbesondere Strathenwerth, AT, § 8 Rdn. 29, hin.

eine Hilfspflicht gerade für allgemeine[685] Notlagen[686] postuliert, sondern vielmehr auch die eigenständige Persönlichkeit des Opfers untergraben werden[687]. Denn mit dem allgemeinen Persönlichkeitsrecht korrespondiert Recht und Pflicht zur Eigenverantwortlichkeit. Wer sich freiwillig in erkennbare Gefahr begibt, wird zunächst zu Selbstschutz verpflichtet sein. Auch der Sonderpflichtige darf nämlich seinerseits erwarten, dass ihm nur ein solcher Erwartungshorizont entgegentritt, der auf seinen *besonderen*, über der Norm liegenden Kenntnissen und Fähigkeiten beruht. Im Übrigen aber darf er darauf vertrauen, dass der Dritte eigenständig eine gegenwärtige Gefahr abwehrt oder umgeht[688].

So ist es beispielsweise nicht die Aufgabe des Herstellers, bei der Verwendung eines Holzschutzmittels darauf hinzuweisen, dass es ratsam ist, den Boden vorher auszulegen, um der Gefahr von Tropfflecken entgegenzuwirken. Auch muss der Produzent wohl nicht für die Gesundheitsverletzungen einstehen, die aus dem Verzehr von übergangener Ware herrühren, weil sie nach dem Einkauf zu lange gelagert wurde. Die begrenzte Haltbarkeit von Nahrungsmitteln kann nämlich als wohl allseits bekannt vorausgesetzt werden.

Keinesfalls können demgegenüber Gefahren erfasst werden, die auch für denjenigen, der den Verkehr eröffnet hat, atypisch sind[689]. Ebenso ist die Gefahrenquelle nicht ursächlich für einen eingetretenen Schaden, wenn die erforderlichen Sicherungsvorkehrungen für die zu erwartenden Gefahren getroffen worden sind, aber nicht beachtet wurden[690] oder sich in der Verletzung andere Gefahrenpotentiale realisiert haben.

Mag zwar die Reifenerprobung im „Monza-Steel-Verfahren“ unsachgemäß durchgeführt worden sein, so ist sie gleichwohl nicht für eine Verletzung verantwortlich, die darauf resultiert, dass der Reifen als solcher fehlerhaft montiert war und sich bei der Fahrt die Befestigungsschrauben lösten.

---

685 Schönke/Schröder/Cramer, § 323 c Rdn. 25, verweist insbesondere auf das dort fehlende Bedürfnis nach einer räumlich-nachbarlichen Beziehung.

686 Das erfordert eine gewisse Schwere des Unglücks, so dass nicht jede Gefahrenlage erfasst sein soll. Diese gesetzgeberische Wertung kann nicht mit Hilfe von unechten Unterlassungsdelikten umgangen werden, die u.U. trotz § 13 II StGB weit höhere Strafen zulassen, vgl. nur Schönke/Schröder/Cramer, § 323 c Rdn. 3.

687 Ausnahme bildet die Einräumung von Befehls- oder Herrschaftsbefugnis gegenüber der eigenverantwortlichen Person, vgl. Brammsen, Entstehungsvoraussetzungen, S. 447.

688 So auch BGH GA 71, 333 (335).

689 Dann wird eine Bestrafung aber regelmäßig zudem an der Zurechnung oder aber der subjektiven Vorwerfbarkeit scheitern.

690 Palandt/Thomas, § 823 Rdn. 63; BGH VersR 69, 895 (896). Wenn keine Überwachungspflicht verletzt wurde, kann dieser Exzess durch einzelne Mitarbeiter allenfalls ihre Bestrafung rechtfertigen, nicht aber bei dem Unternehmen als solches anknüpfen.

(2)Verpflichteter

Relevanz können derartige Gefahren zwar nur erlangen, wenn sie allgemein beherrschbar sind[691]. Doch auch demjenigen, der durch seine Verkehrseröffnung erkennbare Gefahren schafft, ohne sich irgendwelche Gedanken über deren Bewältigung zu machen, geschweige denn sie tatsächlich einzudämmen, wird man seine Verantwortlichkeit nicht absprechen können[692]. Von ihm muss erwartet werden dürfen, dass er seine Tätigkeit im Hinblick auf die unbeeinflussbare Gefährlichkeit ganz unterlässt. Als Verpflichteter gilt deshalb zunächst jeder, der in der Lage ist, über den Gefahrenbereich zu verfügen[693]. Weitgehend ungeklärt ist jedoch, wie weit dieser Begriff der Verfügbarkeit reicht.

Obwohl sie zwar nicht notwendig mit einer *örtlichen* Beschränkung einhergeht, wollen Teile der Lit., insbesondere um einer unkontrollierten Ausuferung zu begegnen, die Verantwortlichkeit auf räumlich verstandene oder doch zumindest anlagebezogene Verkehrspflichten beschränken[694]. Das stimmt mit den in der Rspr. für eine Anwendung der Verkehrsicherungspflicht favorisierten Bereichen, wie dem der Baustellensicherung überein. Und auch in der eingangs formulierten Herleitung wird die Erfolgsabwendungspflicht auf den „Verantwortungsbereich" desjenigen begrenzt, der den Verkehr eröffnet hat[695].

Der Grund liegt darin, dass die Verkehrssicherungspflicht das Pendant zum erlaubten Risiko darstellt: Zwar fordert die Realität gewisse risikobehaftete Tätigkeiten, die sich ihrer sozialen Akzeptanz wegen nicht verbieten lassen, deren Gefahrenpotential wohl aber auf das äußerste Minimum beschränkt werden muss. Dazu bedarf es eines Zusammenwirkens gleichermaßen von Verursacher wie aber auch potentiellem Opfer, zu dessen Nutzen die Gefahrenquelle regelmäßig überhaupt nur eröffnet wurde. Dabei gilt es zu unterscheiden: Soweit es um den abgeschlossenen betrieblichen Bereich geht, versteht es sich von selbst, dass sich ein Außenstehender auf Sicherheitsmaßnahmen durch den Inhaber des für ihn unzugänglichen Herrschaftsbereiches verlassen können muss. Weil ihm die Einwirkung auf diese Gefahrenquellen regelmäßig verwehrt ist, obliegt es vielmehr dem über diesen Bereich Verfügungsberechtigten, die daraus herrührenden Gefahren unter Kontrolle zu halten und wirksame Sicherungsvorkehrun-

---

[691] Die abstrakte Beherrschbarkeit ist nicht zu verwechseln mit der vereinzelt geforderten tatsächlichen Herrschaft (so Schünemann, Grund und Grenzen, S. 286) bzw. der räumlich begrenzten Verfügungsgewalt. Dazu unten § 5.C.III.2.b(IV)(2).

[692] Allerdings wird hier in der Regel bereits aus fahrlässigem Begehungsdelikt bestraft werden können, ohne dass es einer besonderen Pflichtenposition bedarf.

[693] Palandt/Thomas, § 823 Rdn. 59.

[694] Bachmann/Beulke JuS 1992, 737, (740).

[695] So auch BGH GA 1971, 333.

gen gegen eine Schädigung seiner Mitmenschen zu treffen[696]. Außerhalb des betrieblichen Bereiches trifft diese Aussage jedoch nicht zu. Und sowohl der Erwartungshorizont als auch der Vertrauensgrundsatz als Grundlage für eine entsprechende Garantenstellung können eine *darüber hinausgehende* Einstandspflicht des Betriebsinhabers nicht erklären. Hat das fehlerbehaftete Produkt nämlich erst einmal den betrieblichen Bereich verlassen, kann nicht mehr davon gesprochen werden, dass es dem Verbraucher als Außenstehendem verwehrt sei, in einen fremden Herrschaftsbereich einzudringen und er deshalb auf eine schützende Tätigkeit des Unternehmers angewiesen ist. Vielmehr sind nun umgekehrt die Eingriffsmöglichkeiten des Produzenten in den häuslichen Bereich des Konsumenten gleichermaßen eingeschränkt. Niemand wird und kann den Erwerber der fehlerhaften Ware davon abhalten, eigene Schutzmaßnahmen gegen das in seiner Verfügungsgewalt befindliche Produkt zu ergreifen.

Weil ihm dazu aber u.U. die Kenntnis um die Gefährlichkeit und die Notwendigkeit von eigener Sicherung sowie die Fähigkeit zur erfolgversprechenden Schadensvorsorge fehlt, wäre allenfalls noch denkbar, allein den Wissens- und Wirkungsvorsprung des Herstellers als Anknüpfungspunkt ausreichen zu lassen. Damit aber verließe man letztlich den Bereich der Verkehrssicherungspflicht, die maßgeblich an der rein faktischen Gegebenheit der Verkehrseröffnung ansetzt und besondere intellektuelle Fähigkeiten grundsätzlich unberücksichtigt lässt[697].

(V)Ergebnis für die Produktverantwortung

Abschließend bleibt festzuhalten, dass das Institut der Verkehrssicherungspflicht sicher durchaus seine Berechtigung auch im Strafrecht erfährt, solange die genannten Grenzen beachtet werden. Gleichwohl stellt sich die Frage nach einem Gewinn für den Bereich der Produktkriminalität, nachdem die Qualifizierung des zu überprüfenden Verhaltens gezeigt hat, dass ein Unterlassen überhaupt nur in Betracht kommt, wenn das Produkt den betrieblichen Bereich bereits verlassen hat[698]. Mit Blick auf die räumliche Beschränkung muss das aber verneint werden, so dass die Verkehrssicherungspflicht als Begründung einer Garantenstellung für das produzierende Unternehmen im Ergebnis untauglich ist. Und außerhalb des betrieblichen Herrschaftsbereiches lässt sich eben zumin-

---

[696] Wessels/Beulke AT Rdn. 723. Deshalb ist es auch belanglos, ob die Gefahrverursachung auf einem *pflichtwidrigen* Verhalten beruht oder mit einer sozialadäquaten, *rechtlich erlaubten* Betätigung verbunden ist, so auch LK-Jescheck, § 13 Rdn. 35.

[697] So auch Bachmann/Beulke JuS 1992, 737, (740).

[698] Andernfalls geht es regelmäßig im Unrechtsgehalt einer nachfolgenden Begehung auf, vgl. § 5.A.III.4.

dest im Wege der richterlichen Rechtsfortbildung[699] eine Eingriffspflicht nicht rechtfertigen[700].

c.Herrschaftsgarantenstellung als Unterfall des Überwachungsgaranten

Bleibt der dritte Weg zu begutachten – die Herrschaftsgarantenstellung[701]. Im Allgemeinen ist hierzu eine Unterscheidung zwischen der Sach- und der Personalherrschaft zu treffen – in der Produktkriminalität verstanden als die Herrschaft über die „sachlichen" wie auch „persönlichen Betriebsmittel", d.h. das Personal.

(I)Personalherrschaft

Diese Einteilung lässt schnell erkennen, dass im 1. Prüfungsschritt, der das Gesamtunternehmen mit einer einzelnen Person gleichsetzt, eine Personalherrschaft keine Relevanz erlangen kann[702]. Und selbst, wenn man sich auch auf dieser Stufe nicht der Tatsache völlig verschließen möchte, dass in den meisten Fällen eine juristische Person, also ein hierarchisch aufgebautes „Mitarbeiter-Gebäude", agiert, bleibt der Ansatz unfruchtbar. Die Personalherrschaft setzt die Verantwortlichkeit für das Verhalten anderer im Sinne einer Autoritätsstellung voraus. Davon kann aber bei einem juristischen Komplex gegenüber seinen Angestellten oder aber bei Personengesellschaften in Bezug auf die Gesellschafter nicht gesprochen werden. Insoweit fehlt es nämlich nicht nur an einem entsprechenden Über-/Unterordnungsverhältnis von Unternehmen und Mitarbeitern, sondern die Tätigkeit als solche ist schon nach außen nur durch die Organe bzw. Gesellschafter denkbar.

---

699 Zur Frage einer gesetzlichen Neubegründung siehe unten § 8.B.V.1.

700 Sie aber bleibt Grundvoraussetzung, dass mit der Ableitung von Handlungspflichten begonnen werden kann.

701 Kühl § 18 Rdn. 110; Bottke ZfBR 1991, 233 (237f); Landscheidt, S. 118; Ransiek ZGR 1992, 203 (214ff). Ungeklärt ist auch hier, ob ihr eigenständige Bedeutung zukommt oder sie nicht vielmehr ihrerseits inhaltsgleich mit einer aus der zivilrechtlichen Verkehrssicherungspflicht abgeleiteten Garantenstellung ist. Eichinger, S. 148, beispielsweise behandelt sie bei seinen Erörterungen über die Verkehrssicherungspflicht, weist ihr aber gleichwohl die Eigenschaft als Unterfall der Überwachungsgarantenstellung zu. Auch Otto WiB 1995, 929 (932), schreibt dem Überwachenden unter dem Gesichtspunkt der Verkehrssicherungspflicht die Garantenstellung zu.

702 Dieser Ansatz mag aber u.U. auf der 2. Ebene dazu verhelfen, an Stelle des Untergebenen bei Fehlverhalten im Bereich der Entwicklung, der Produktion und des Vertriebes die Geschäftsleitung einstandspflichtig werden zu lassen. Auch kann die Personalbetreuung Bedeutung erlangen für die Frage, ob das Unternehmen eine Pflicht zur Verhinderung von Straftaten seiner Mitglieder trifft, vgl. dazu beispielsweise Bock, S. 145ff.

(II)Sachherrschaft

Anknüpfungspunkt der Sachherrschaft ist die Einfluss-, Herrschafts- bzw. Verfügungsbefugnis über eine Sache.

Im Rahmen der Produktverantwortlichkeit kommen hierbei vordergründig sachliche Betriebsmittel, d.h. gefahrträchtige Anlagen und Maschinen für die Produktion in Betracht, aber auch das hergestellte Produkt selbst. Insoweit hat das Unternehmen die Kontrolle und Koordination über den Fabrikationsprozess: Es hat eine Oberherrschaft über gefährliche Sachen und sachgebundene Verrichtungen inne.

(1)Räumliche und zeitliche Begrenzung

Die Herrschaft setzt dabei – ähnlich dem Gewahrsamsbegriff in § 242 StGB – einen dem Garanten vorbehaltenen räumlichen Einflussbereich voraus, in dem sich der gefährliche Gegenstand befindet[703]. Verlässt er diesen Bereich, erlischt die Sachherrschaft[704]. Das hat per definitionem nicht nur eine räumliche, sondern auch eine zeitliche Beschränkung zur Folge – räumlich auf den vorbehaltenen Einflussbereich, zeitlich auf den Zeitpunkt des Herrschaftsverlustes. Eine Zurechnung von Folgen, die außerhalb des „Reviers" des Garanten und nach Gewahrsamsaufgabe eingetreten sind, ist allenfalls dann noch denkbar, wenn der Machtverzicht pflichtwidrig geschah[705]. Und da insoweit an der Gewahrsamsaufgabe als positivem Tun angeknüpft werden kann, wird eine Garantenstellung letztlich entbehrlich.

(2)Stellungnahme

Hierin zeigt sich, vergleichbar der Verkehrssicherungspflicht, die beschränkte Tauglichkeit dieser Herleitungsmethode für die Produktkriminalität: Wenn nämlich stets (Mit-)Gewahrsam erforderlich ist, beschränkt sich die Verfügungsmacht der Verantwortlichen auf den Unternehmensbereich[706]. Das bedingt einen Zirkelschluss. Denn mit Verlust der Sachherrschaft (beispielsweise durch

---

[703] Nicht unproblematisch ist es dabei, auf der 1. Stufe der unternehmensbezogenen Betrachtungsweise bei einer juristischen Person überhaupt von Herrschaftsmacht zu sprechen, wenn sie dem Gewahrsam gleichstehen soll. Das RG bestimmte nämlich seinerzeit, dass nicht die zivilistischen Gesichtspunkte für die Bestimmung von „Besitz" und „Gewahrsam" im Strafrecht maßgeblich seien, sondern vielmehr eine rein natürliche Anschauung, RGSt 52, 143 (144) und ein Organbesitz, wie er juristischen Personen im Zivilrecht zugesprochen wird (vgl. dazu Palandt/Bassenge, § 854 Rdn. 12), dem Strafrecht fremd sei. Hier ist ein Beherrschungswille notwendig, den nur natürliche, handlungsfähige Personen haben können. Deshalb üben nur die gesetzlichen Vertreter oder deren Angestellte die tatsächliche Gewalt für die juristische Person aus, Tröndle/Fischer, § 242 Rdn. 11. Da das allein aber allenfalls die organisationsbezogene Betrachtungsweise in Frage stellen, nicht aber eine fehlende Strafbarkeit rechtfertigen kann, soll dieser Punkt hier nicht weiter vertieft werden.

[704] Schünemann wistra 1982, 41 (44).

[705] Schünemann a.a.O.

[706] So auch Otto WiB 1995, 929 (933).

den Vertrieb) geht zeitgleich ein Verlust der Garantenstellung einher. Weil aber das Unterlassen immer erst dann relevant wird, wenn ein vorangegangenes Begehen straflos blieb, d.h. der Machtverlust pflichtgemäß erfolgte, und die hergestellte Sache sich bereits in den Händen des Verbrauchers bzw. zumindest allgemein außerhalb der betrieblichen Sphäre befindet, hilft auch die (ehemalige) Sachherrschaft nicht weiter[707].

Brammsen[708] will deshalb auf das Innehaben einer aktuellen faktischen Herrschaft verzichten und die Haftung aufgrund des gesteigerten Wissens des Produzenten über den betrieblichen Einflussbereich hinaus bestehen lassen[709]: Er bekleide eine besondere soziale Pflichtenposition, so dass sein Einwirkungsbereich nicht auf den physisch-realen Herrschaftskern beschränkt sein könne.

Auch nach dem BGH soll die Verfügungsmacht sich nicht nur auf die ruhende Ware, sondern auch und vor allem auf den Weg des Produktes, das in die Hände des Verbrauchers gelangen soll, beziehen[710]. Er begründet seine Ansicht zudem mit dem umfassenden Überblick des Produzenten, weil sich bei ihm in der Regel die Schadensmeldungen sammeln würden.

Ungeachtet der bereits angeführten Kritik, die mit dem Rückgriff auf ein gesteigertes Wissen einher geht, ist Brammsen entgegenzuhalten, dass er so jegliches brauchbare Eingrenzungskriterium zu Gunsten einer wertenden Einzelfallbetrachtung ad acta legt. Und für den BGH erübrigen sich solche Ausführungen sowieso, weil er nicht auf die Herrschaftsmacht, sondern auf die Ingerenz abstellt, die noch nie einer tatsächlichen Verfügungsmacht bedurfte. Abgesehen davon gibt es zahlreiche Fälle, in denen zwar sogar eine faktische Herrschaft gegeben ist, der aber keine Verantwortung gegenübersteht, die über die allgemeine Beistandspflicht nach § 323 c StGB hinausgeht[711]. So wäre es beispielsweise grob unbillig, den ungewollten Besitzer, dem der Gewahrsam ohne seinen oder entgegen seinem Willen aufgedrängt wurde, über § 13 I StGB gar anstelle des Eigentümers in die Pflicht nehmen zu wollen[712].

Jemand, dem ungewollt ein Hund zuläuft, kann nicht strafrechtlich für einen Biss des Nachbarn verantwortlich gemacht werden, nur weil er es unterlassen hat, das Tier umgehend dem Eigentümer oder in ein Tierheim zu bringen.

Herrschaft über einen Geschehensablauf oder eine Eingriffsmöglichkeit können viele Personen haben; dass damit aber eine Handlungspflicht korrespon-

---

[707] Demgegenüber hält Müller-Guggenberger-Schmid, Wirtschaftsstrafrecht, S. 348, eine Garantenstellung aus *früherer* Sachherrschaft vorstellbar, vgl. auch Tiedemann NJW 1988, 1311 (1312).

[708] GA 1993, 97 (118).

[709] In diese Richtung tendiert auch Strathenwerth, AT, § 13 Rdn. 49.

[710] BGHSt 37, 106 (120).

[711] Nachweise bei Bock, S. 111.

[712] Maiwald JuS 1981, 473 (480).

diert, bedarf einer gesonderten Begründung[713]. Außerdem setzen *alle* aktiven und passiven Verhaltensweisen eine Möglichkeit zur Vermeidung des Erfolgseintrittes voraus. Besonders deutlich tritt das im Rahmen der Fahrlässigkeitsdelikte zu Tage, wenn dort gefordert wird, dass der Erfolg – unabhängig von der Sorgfaltswidrigkeit – voraussehbar und vermeidbar gewesen sein muss[714]. Die aktuelle Sachherrschaft allein ist nur Ausdruck dieser Abwendungs- bzw. Verhinderungs*möglichkeit.* Eine eigenständige Erfolgsabwendungs*pflicht* vermag sie nicht zu begründen.

Nachdem die allgemein favorisierten Denkansätze nicht zur Herleitung einer Garantenstellung im produktkriminellen Bereich weitergeholfen haben, gilt es sich nun, neuen Strömungen zuzuwenden.

d.Abweichende Ansätze

(I)Garantenstellung kraft Übernahme

Besondere Aufmerksamkeit muss insoweit dem Ansatz Schünemanns geschenkt werden[715], nicht zuletzt deshalb, weil er in einer seiner jüngsten Veröffentlichungen von seiner früheren Kritik abweicht[716]. Zum besseren Verständnis wird deshalb zunächst ein kurzer Abstecher auf seine (zumindest teilweise) überkommene Anschauung gemacht[717].

(1)Herrschaftsprinzip

Gerade in der Unternehmenskriminalität[718] kritisiert Schünemann[719] seit jeher die klassische Garantentrias von Gesetz, Vertrag und vorangegangenem Tun wie auch ihre Materialisierung durch Kategorien der natürlichen Verbundenheit, einer konkreten Lebensbeziehung und der Übernahme für die Ableitung einer Betriebsgarantenstellung als untauglich. Statt dessen will er die Natur der Sache in Anspruch nehmen und die Garantenstellung aus der „Herrschaft über den Grund

---

713 Bock, S. 111.

714 Vgl. nur Schönke/Schröder/Cramer, § 15 Rdn. 124.

715 Er kann mit seinem umfassenden Werk „Unternehmenskriminalität und Strafrecht" aus dem Jahre 1979 als einer der Urväter einer strafrechtlichen Produktverantwortung angesehen werden.

716 Schünemann, FS für den BGH, S. 17.

717 Ihre Darstellung beschränkt sich jedoch auf das wesentliche, schon weil Schünemann – entgegen der hier favorisierten Vorgehensweise – nicht unternehmensbezogen, sondern bei dem einzelnen Mitarbeiter ansetzt.

718 Von Schünemann wistra 1982, 41, verstanden als „(...) der Gesamtbereich der Wirtschaftsstraftaten (...), bei denen durch ein Handeln für ein Unternehmen externe Rechtsgüter und Interessen der Unternehmensmitarbeiter verletzt werden."

719 Vgl. nur wistra 1982, 41 (43).

des Erfolges" bestimmen[720], weil nur darin entsprechend der von § 13 StGB bekräftigten Notwendigkeit einer echten Gleichstellung von Tun und unechtem Unterlassen ein Pendant zur Begehungstat gefunden werden könne. Dort sei nämlich die *Herrschaft* über die Verletzungshandlung Ursache der Rechtsgutverletzung[721].

In der Produktkriminalität ist das im Allgemeinen die Produktion gefährlicher Güter, bei der sich – analog der o.g. Herrschaftsgarantenstellung – jedoch weiter differenzieren lässt nach dem schadensstiftenden Produkt selbst (sachbezogen) oder aber nach den die Produktion ausführenden oder zumindest kontrollierenden Person (personenbezogen).

Sodann stellte Schünemann immer schon selbst die Unzulänglichkeiten seines Ansatzpunktes zumindest für die hier interessierenden Fallkonstellationen fest. Die Garantenstellung aus der Sachherrschaft kritisiert er darin, dass sie zwar „exzess-, nicht aber dezentralisierungsfest" sei[722]. Denn eine Delegation bzw. Dezentralisation auf untergeordnete Ebenen lasse ohne eine dadurch vermittelte, wenigstens in Form des Mitgewahrsams bestehende, unmittelbare Herrschaft über die Sache die Garantiehaftung einer höheren Stellung in der Unternehmenshierarchie entfallen[723]. Der Personalherrschaft spricht er zwar eine besondere „Dezentralisierungsfestigkeit" zu. In ihr sei die intensivste Herrschaftsform anzutreffen[724], weil gerade in der Unternehmensleitung die rechtliche Befehlsgewalt ebenso wie die verschiedenen Informationsstränge gebündelt werden. Keinesfalls sei sie aber wiederum exzessfest, weil ein Handeln des Untergebenen im Eigeninteresse von vornherein aus der Verbandsherrschaft ausscheiden muss[725]. Dem bleibt nur hinzuzufügen, dass auch eine derartige Geschäftsherrengarantenstellung als Aufsichtsherrschaft des Vorgesetzten über die untergeordneten Verbandsmitglieder nur dann weiter hilft, wenn jenen eine Pflichtwidrigkeit unterlaufen ist, die er hätte verhindern können.

Sein Herrschaftsprinzip als solches kann aber m.E. schon allgemein nicht kritiklos stehen bleiben. Zwar erfährt es noch eine gewisse Berechtigung aus der

---

[720] Schünemann wistra 1982, 41 (44); ders., Grund und Grenzen, S. 237, 241.

[721] Schünemann wistra 1982, 41 (44).

[722] Schünemann wistra 1982, 41 (45).

[723] Das entspricht weitgehend der oben erläuterten Kritik, wenn auch hier nicht übersehen werden darf, dass bei einer unternehmensbezogenen Betrachtung schon der Gewahrsam von untergeordneten Angestellten, die ihn für den betrieblichen Tätigkeitsbereich ausüben, genügen muss, eine Garantenstellung auf Betriebsebene zu bejahen und man im Übrigen regelmäßig auch nur gestuften Mitgewahrsam des Arbeiters im Verhältnis zur Geschäftsleitung annehmen können wird, so dass stets auch bei den Organen des Verbandes der Gewahrsam verbleibt.

[724] Er erkennt aber selbst, dass dies nur theoretisch der Fall ist, vgl. wistra 1982, 41 (45); vgl. auch die Kritik von Schmidt-Salzer bei Voß UTS 1994, 179 (185).

[725] So auch Tiedemann NJW 1986, 1842 (1845), für den der Ausschluss schon bei volljährigen, mündigen und damit frei verantwortlichen Arbeitnehmern beginnt.

Tatherrschaftslehre[726], wonach der Täter als Zentralgestalt das tatbestandsmäßige Geschehen lenken muss[727]. Gleichwohl kann das nicht unbesehen für den Unterlassensbereich übernommen werden, zumal in Kumulation mit Fahrlässigkeit, wie hier allein von Interesse. Das ergibt sich aus folgendem: Erstens spricht § 13 I a.E. StGB nur von einem „Entsprechen" zwischen Begehen und Unterlassen. Das zeigt, dass das Unterlassen nicht in jedem Punkt dem aktiven Tun gleichkommen muss. In besonderem Maße verdeutlicht das die fakultative Strafmilderungsmöglichkeit in dessen Abs. 2. Und zweitens ist der Herrschaftsgedanke, weil Vorsatz voraussetzend[728], im Fahrlässigkeitsbereich nicht fruchtbar[729]. Hier baut die Strafbarkeit allein auf Kriterien der objektiven Zurechnung auf, weil jeder Erfolg der dem Tatbestand zugerechnet werden kann, fahrlässig verursacht ist[730]. Beim fahrlässigen Unterlassen stellt dann das Bedürfnis nach einer Garantenstellung nur ein weiteres wertendes Element im Rahmen der Zurechnung dar, weil eine Person nur für den Erfolg einzustehen hat, den sie aufgrund ihrer besonderen Stellung hätte unterbinden müssen[731]. Und schließlich hat nicht nur sie Herrschaft über den Erfolg, weil ihn u.U. auch jeder andere ohne eine besondere Pflichtenposition verhindern hätte können. Schon deshalb verhilft auch das Herrschaftsprinzip in der fahrlässigen Unterlassung – dem Prototyp der Produktkriminalität – nicht zu einer Lösung.

(2)Herrschaft über die partielle Hilflosigkeit des Opfers

Neuerdings betritt nun auch Schünemann einen völlig anderen Weg: Hintergrund ist, dass auf der einen Seite die bisherigen Erwägungen keinen Rechtsgrund für eine über den betrieblichen Bereich hinausreichende, nachträgliche Eingriffspflicht bieten konnten, andererseits die zivilrechtliche Rspr. gleichwohl diese Pflicht seit langem anerkennt und sich der Produzent dieser Tatsache auch bewusst ist. Daraus schlussfolgert Schünemann, dass der Hersteller sich seine Garantenstellung letztlich selbst überbürdet, indem er in Kenntnis seiner zivilrechtlichen Haftung die Pflicht zur weiteren Überwachung vertraglich übernimmt[732].

Folgender Vergleich veranschaulicht das: Ein technisch unbegabter Kraftfahrzeughalter muss sich auf die ordnungsgemäße Wartung durch seine Kfz-Werkstatt blindlings verlassen können, da er selbst nicht über die Einsichtsfähigkeit bezüglich einer möglichen Gefahrträchtigkeit verfügt. Das gilt umso mehr, wenn er seinen Pkw auch anderen Personen zu überlassen gedenkt. Von ihm wird man nur verlangen können,

---

726 Vgl. zu deren Entwicklung Roxin TuT S. 60ff.

727 LK-Roxin, § 25 Rdn. 36.

728 Roxin TuT S. 331ff.

729 Vgl. nur Roxin TuT S. 695.

730 Roxin AT § 24 Rdn. 10.

731 So auch Arzt JA 1980, 553.

732 Vgl. schon Schünemann, Internationale Dogmatik, S. 70f.

dass er sich über die Zuverlässigkeit des von ihm ausgewählten Werkstattleiters hinreichend erkundigt. Hat er dies aber getan, wird man regelmäßig von einer zumindest konkludenten vertraglichen Übernahme von entsprechenden Schutzpflichten durch den Unternehmer ausgehen dürfen. Denn die Wahl erfolgte schließlich auch und gerade mit Blick auf die erkannte eigene Unfähigkeit, die Hilfe von dritter Seite unabkömmlich werden lässt.

Ebenso wie der genannte Halter aber zeichnet sich auch der Produktverwender durch eine partielle Hilflosigkeit aus. Es wird deshalb fast immer sein Interesse sein, die Sorge für die Gefahrlosigkeit weiter in den Händen des Produzenten zu lassen[733], der in der Regel über umfangreiche Möglichkeiten zur fortlaufenden Kontrolle verfügt, schon im Hinblick auf eine ungebremste Produktion[734].

Gleichwohl muss man sich aber auch vergegenwärtigen, dass für die Annahme einer (oft nur konkludenten) Übernahme auch die Interessenlage des Herstellers berücksichtigt werden muss. Er muss sich einem entsprechenden Erwartungshorizont seiner Kunden nur dann ausgesetzt sehen, wenn er einen solchen selbst provoziert hat. Schünemann will das in dem Aufbau einer besonderen Marke sehen, das er als entsprechend verkehrstypisches Auftreten des Fabrikanten deutet[735]. Eindrucksvoll komme das auch in fast jeder Werbesendung dazu zum Ausdruck, wenn dort die besondere Zuverlässigkeit des von ihm vermarkteten und auch kontrollierten Produkts gepriesen wird. Schließlich zahle der Kunde bei dem Kauf von Markenware meist einen deutlich höheren Preis, der gegenüber Nicht-Marken als spezifisches Entgelt für die kontrollierende Zusatzleistung angesehen werden könne.

(3)Stellungnahme

Dem ist uneingeschränkt zuzustimmen[736], auch wenn hierdurch für den Bereich der sog. Nicht-Markenware die Frage weiter ungeklärt bleibt. Vor allem bedarf es hierzu nicht einmal eines Rückgriffes auf das nach Schünemann vorzugswürdige Herrschaftsprinzip. Denn die Annahme einer Garantenstellung kraft vertraglicher oder nur tatsächlicher Übernahme[737] zählte schon seit langem zur herkömmlichen Garantentrias, die für Schünemann doch gerade im Unternehmensbereich äußerst unbehelflich sei. Darüber hinaus rechtfertigt sie sich insbesondere aus dem Entstehungsgrund einer gegenseitigen Erwartungshaltung, weil sie eine zumindest konkludente geistige Übereinstimmung zwischen

[733] Schünemann, FS für den BGH, S. 23.

[734] So auch Bachmann/Beulke JuS 1992, 737 (740).

[735] A.a.O.

[736] Im Ergebnis ähnlich Bachmann/Beulke JuS 1992, 737 (740), unter dem Gesichtspunkt der Beherrschbarkeit und den größeren Wirkungsmöglichkeiten des Produzenten.

[737] Allgemein dazu Jakobs AT 29/46ff.

„Übergeber" und „Übernehmer" der Schutzpflicht erfordert. Die Beschränkung auf Markenartikel trägt in besonderem Maße dem Umstand Rechnung, dass von einer Verantwortungsübernahme nur dann gesprochen werden sollte, wenn sie im Sinne bewusster und gewollter Gefahrabwendung offen zu Tage tritt und somit gerade im Hinblick auf einen befürchteten Erfolg gesetzlich angeordnet ist oder aber vertraglich vereinbart wurde[738]. So hat es der Produzent letztlich selbst in der Hand, ob er mit seinem Namen für die Gefahrlosigkeit seiner Ware bürgen möchte. Das lässt es auch nicht unangemessen erscheinen, ihn für eine erst später nachweisbare Schädlichkeit einstehen zu lassen. Immerhin wird er hierbei noch durch das Schuldprinzip geschützt, das zusätzlich den Vorwurf einer Sorgfaltspflichtverletzung verlangt[739]. Und schließlich hat der Hersteller von Markenware auch nicht nur Nachteile zu befürchten. Er kann sein Produkt nach den Vorschriften über das Markengesetz eigens schützen lassen, so dass er weitgehend von Konkurrenz verschont bleibt. Das ermöglicht ihm u.a., Unkosten für entsprechende Kontrollmaßnahmen unbeeinflusst in seine Preiskalkulation mit aufzunehmen. Zu guter Letzt kann er sich, wenn sein Fabrikat fehlerfrei funktioniert, einer weiteren Inanspruchnahme durch seine Kundschaft sicher sein und sogar berechtigterweise auf Weiterempfehlung an Dritte hoffen.

So kann in der „Lederspray-Entscheidung" oder auch im „Holzschutzmittel-Verfahren" zumindest das Bestehen einer Garantenstellung im Ergebnis nicht geleugnet werden, da es sich in beiden Fällen um äußerst werbewirksame und bekannte Markenprodukte namhafter Produzenten handelte[740].

Gleichwohl muss versucht werden, auch die verbleibende Lücke im Hinblick auf die markenlose Produktion zu schließen.

(II)Aus Spezialgesetzen

Diskutabel erscheint es insoweit, aus Spezialgesetzen direkt eine Garantenstellung aus dem Gesetz abzuleiten, wenn sich aus ihnen ein entsprechendes Schutzgebot ergibt. In Betracht kommen vorrangig Vorschriften aus dem Nebenstrafrecht, deren erklärtes Ziel der strafrechtliche Schutz des Konsumenten vor gesundheitsgefährdenden Produkten ist. In diesem Sinne erfassen §§ 51 ff LMBG die Gefahr schädlicher Lebensmittel oder Bedarfsgegenstände, wohingegen §§ 95 ff AMG den Verbraucher vor Arzneimitteln mit gesundheitsgefährdenden Nebenwirkungen sichern wollen[741]. Beide Gesetze weisen mithin einen deutlichen Verbraucherschutz auf. Dennoch wird man ihren Anwendungsbereich nur eröffnet sehen dürfen, wenn ihre Voraussetzungen im Einzelnen erfüllt

---

[738] So auch Baumann/Weber/Mitsch, AT, § 15 Rdn. 57ff.

[739] Dazu unten § 6.D.

[740] Zur Werbewirksamkeit von traditionsreichen Marken vgl. jüngst Mersch, FTD vom 10. Juli 2000, S. 30.

[741] Meier NJW 1992, 3193.

sind. Das aber erfordert gerade den positiven Nachweis der Schädlichkeit und, um ihrem Schutzzweck auch hinreichend gerecht werden zu können, die Vorhersehbarkeit der Garantenstellung, d.h. die Erkennbarkeit der Pflichtwidrigkeit. Letztlich unterscheiden sie sich deshalb in ihrer Untauglichkeit für die Produktkriminalität in keiner Weise von der der Ingerenz.

(III) „Addition teilweise erfüllter Garantiepositionen“

Aus einigen Entscheidungen des BGH[742] lässt sich ein weiterer Weg entnehmen, der für die Garantenstellung eines „namenslosen“ Produzenten fruchtbar gemacht werden könnte: Wenn auch isoliert betrachtet eine volle Garantenstellung nicht gegeben ist, werden mehrere aus verschiedenen Quellen (Gesetz, Vertrag, freiwillige Übernahme, enge Lebensgemeinschaft, Gefahrschaffung) nur „halb“ zu bejahenden Garantenstellungen zu einer „ganzen“ addiert[743]. Die Rechtfertigung soll auf *einen* übergeordneten Gesichtspunkt, der *allen* Garantiepositionen gemein ist, zurückzuführen sein.

Allerdings besteht gerade über die Begründung einer derartigen Gemeinsamkeit keineswegs Einigkeit[744]: Arzt[745] sieht als wesentliches Element die Gefahrschaffung an. Für Androulakis[746] ist das gemeinsame Charakteristikum die (soziale) Nähe zum Gefahrenherd oder zum Träger des geschützten Rechtsguts; ähnlich Roxin[747], der die Garantenstellung auf ein vorher bestehendes, soziales Beziehungsverhältnis zurückführt. Rudolphi[748] will dem Garanten die Bedeutung als Zentralgestalt des zu der Rechtsgutsverletzung hindrängenden Geschehens geben. Und Schünemann[749] knüpft wie gezeigt an den Herrschaftsbereich als übergeordnetes materielles Prinzip an.

Diese Differenzen, aber auch die Tatsache, dass der BGH selbst jegliche Herleitung einer Gemeinsamkeit vermissen lässt, verdeutlicht die Unzulänglichkeit seines Ansatzes, läuft er doch letztlich nur darauf hinaus, einzelfallbezogen[750] eine Erfolgsabwendungspflicht zu kreieren, obwohl wiederum für den Tä-

---

[742] Vgl. nur BGHSt 13, 162 (165).

[743] Nachweise bei Arzt JA 1980, 647 (649).

[744] Bereits oben wurden verschiedene Gründe aufgezählt, die als Voraussetzungen für das Entstehen einer Garantenstellung dienen sollen.

[745] JA 1980, 647 (650).

[746] S. 159.

[747] Kriminalpolitik und Strafrechtssystem, S. 19.

[748] Die Gleichstellungsproblematik, S. 99.

[749] Grund und Grenzen, S. 229.

[750] Schünemann, FS für den BGH, S. 17, spricht von einer „von Fall zu Fall dahintaumelnde(r) Kasuistik“.

ter mangels entsprechender Pflichtenstellung seine Adressatenposition keineswegs im Voraus erkennbar war[751].

e.Zwischenergebnis

Zusammenfassend lässt sich feststellen, dass zumindest die jüngsten Erörterungen Schünemanns zur Markenproduktion etwas Licht ins Dunkel gebracht haben. Sie ermöglichen für den sowieso schon verschwindend kleinen Bereich von relevantem Unterlassen, dass insoweit eine Garantenstellung kraft Übernahme durch den Hersteller angenommen werden kann. Dagegen konnten für markenlose Artikel weder dieser neue Weg noch die herkömmlichen Figuren eine Garantenstellung rechtfertigen, wenn man nicht auf fundamentale Grundstrukturen verzichten will. In diesen Fällen kann nur mehr § 323c StGB noch zu einer Strafbarkeit führen. Will man sich damit nicht zufrieden geben, ist wegen Art. 103 II GG allein der Gesetzgeber aufgerufen, diese Lücke zu schließen[752].

D.Konkretisierung der Handlungspflichten

Will man mit Schünemann zumindest für Markenartikel eine Garantenstellung bejahen, müssen nun die daraus resultierenden Erfolgsabwendungspflichten konkretisiert werden. Maßgeblich sind dafür allein die konkreten Umstände[753].

I.Einzelne Handlungspflichten in der Produktkriminalität

Für den Bereich der Produktverantwortung in erster Linie diskussionswürdig sind besondere Kennzeichnungspflichten, Gebrauchshinweise, die Produktbeobachtung nach der Inverkehrgabe[754], daraus resultierende, rein interne Forschungspflichten zur Ursachenaufklärung[755] sowie externe Warnpflichten bis hin zum Rückruf.

In seinem „Bienenstich-Urteil“[756] hat der BGH insoweit für den Schutz vor verseuchtem Kuchen einen exemplarischen Maßnahmenkatalog aufgestellt, der

---

[751] Auch der BGH hat einmal auf das „unberechenbare Wagnis des Verstoßes gegen schwer erkennbare Unterlassungsdelikte“ und auf die Grenzen, die die unechten Unterlassungsdelikte „an den Erfordernissen der Bestimmtheit des Strafrechts und der Straftatbestände“ haben, aufmerksam gemacht, BGHSt 4, 327 (330).

[752] Das verkennt Brammsen, Entstehungsvoraussetzungen, S. 393, der statt dessen mit einer Neuordnung der Erfolgsvoraussetzung abhelfen möchte, a.a.O. S. 394ff. Im Ergebnis folgt er damit dem Weg von Lampe, Fn. 410. Wie hier Samson StV 1991, (184). Niklaus Schmid, FS für Max Keller, S. 657, verlangt sogar die ausdrückliche Statuierung von Rückruf- und Warnpflichten, im Ergebnis also die Positivierung echter Unterlassungsdelikte.

[753] Schönke/Schröder/Stree, Vor § 13 Rdn. 151; Deutscher/Körner wistra 1996, 292 (327).

[754] Eichinger, S. 152.

[755] LG Aachen JZ 1971, 507 (516) und LG Frankfurt bei Schmidt-Salzer, ES IV.3.31 (13).

[756] BGH NStE Nr. 5 zu § 223 StGB.

sich durchaus auch auf andere Fallkonstellationen übertragen lässt[757]: Er unterscheidet insoweit zwischen der Zeit vor und nach der Auslieferung.

Zunächst seien die als gefährdend in Betracht kommenden Lagerbestände zu überprüfen, die betroffene schadhafte Ware unverzüglich auszusondern, an einen abgesonderten Ort zu verbringen und deutlich zu deren Sperrung für den Vertrieb kenntlich zu machen. Nach der Auslieferung verlangt er den Ausspruch von Warnungen an Verbraucher, welche die Ware bereits erhalten haben und ggf. die Durchführung einer umfassenden Rückrufaktion.

Nach der oben vorgenommenen Einordnung der einzig für ein Unterlassen in Betracht kommenden Konstellationen können hier allein die nachträglichen Warnungen oder eventuell der Rückruf als taugliches Handlungsgebot in Betracht kommen.

1. Kritik an einer strafrechtlichen Rückrufpflicht

Allerdings muss eine strafrechtliche Pflicht zum Rückruf bedenklich anmuten: Schon die autonome Stellung des Verbrauchers spricht dagegen[758]. Ein Rückruf ist lediglich ein Angebot, das Produkt zurückzugeben, das der Verbraucher annehmen kann oder nicht. Er stellt sich folglich allein als zivilrechtlicher Annex dar, der einer strafrechtlichen Entsprechung regelmäßig entbehrt. Der Rückruf soll dem Kunden ausschließlich die Berechtigung zur zivilrechtlichen Rückabwicklung des Vertrages, d.h., insbesondere die Rückerstattung des Kaufpreises eröffnen[759]. Um den verpönten Erfolg abzuwenden, also die Rechtsgutverletzung zu verhindern, genügt es dagegen, wenn der Konsument über die in der Verwendung liegende Gefährlichkeit umfassend aufgeklärt wird. Dieser muss schließlich selbst entscheiden können, ob er das Produkt weiter nutzen will oder aber Ersatz für seine durch die Schadensträchtigkeit enttäuschte Erwartung begehrt[760]. Strafrechtlich ausreichend und dem Rückruf implizit anhaftend muss deshalb der öffentlich ausgesprochene Warnhinweis sein[761].

---

[757] Kassebohm BB 1994, 1361 (1366).

[758] Voß UTS 1994, 179 (187). Schünemann UTS 1994, 137 (163/164), kritisiert sie vor allem auch unter dem Aspekt der verlorenen Herrschaft. Das Strafrecht werde nicht durch negatorische Ansprüche, sondern nur durch das Herrschaftsprinzip regiert. Nachträglich erworbenes Wissen um die Gefährlichkeit des Produktes könne aber die fehlende Herrschaft nach Inverkehrbringen nicht ersetzen, da diese Kenntnis losgelöst von der vorherigen Herrschaft bei jedermann eintreten könne. Deshalb könne die Produktbeobachtungspflicht, die dem Rückruf zu Grunde liege, allenfalls zu einer Verpflichtung aus § 323c StGB führen.

[759] So auch Brammsen, GA 1993, 97 (115 Fn. 81): Frage sei, ob der Hersteller die Kosten der Rückrufaktionen zu tragen habe bzw. darüber hinaus gar zu einer unentgeltlichen Reparatur oder einem kostenlosen Umtausch verpflichtet sei.

[760] So auch Schünemann, FS für den BGH, S. 20.

[761] Das verkennt der BGH, wenn er meint: „Weniger einschneidende Maßnahmen reichten nicht aus." (BGHSt 37, 106 (121/122).

2.Schutzzweck der Garantenstellung

Im Übrigen kann sich die nähere Ausgestaltung keinesfalls eines Blickes auf Inhalt und Zielrichtung der Garantenstellung verschließen, weil deren Bestimmung niemals Selbstzweck ist[762]. Jeder Garantenstellung sind vielmehr spezifisch ihr überantwortete Pflichten zu eigen. Bereits die funktionale Einteilung in Beschützer- und Überwachungsgaranten spiegelt diesen Bezug wider. Jakobs differenziert insoweit zwischen reinen Sicherungs-[763] oder aber Rettungspflichten[764]. Maßgeblich ist der jeweilige Schutzzweck, der hinter der Begründung der Garantieposition steht[765]. Gerade eine Handlungspflicht, die aus der Ingerenz entstehen soll, müsste sich deshalb auch an dem Schutzzweck der verletzten Verhaltensnorm orientieren[766].

Insoweit wirft die im Rahmen der Produktkriminalität einzig taugliche Garantenstellung kraft Übernahme eine Klassifizierungsschwierigkeit auf: Einmal enthält sie Elemente einer Beschützergarantenstellung, weil der Produzent es mit dem umworbenen Verkauf übernommen hat, den Käufer vor künftig erkennbarer Gefährlichkeit zu schützen. Das drückt sich in der Formulierung „Herrschaft über die Opferhilflosigkeit" aus. Gleichwohl spielen insoweit wohl auch Überwachungsaspekte eine Rolle, wie schon die zum Schutz notwendige, fortlaufende Kontrollpflicht zeigt, obwohl sich der Produzent durch die Inverkehrgabe gerade der Herrschaft zur Überwachung begeben hat.

3.Zumutbarkeit normgemäßen Verhaltens

Und schließlich begrenzt die Zumutbarkeit normgemäßen Verhaltens die generelle Pflicht zum Tätigwerden. Unzumutbares Handeln kann nämlich ebenso wenig geboten sein wie sinnloses. Dieser Grundsatz wird aus der gesetzlichen Verankerung in § 323c StGB abgeleitet[767].

a.Systematische Einordnung

Zwar wird die Frage der Einordnung der Beschränkung von Rspr. und Lit. uneinheitlich beantwortet: Einerseits wird im Unterschied zu den Begehungsdelikten bereits ein Tatbestandsausschluss befürwortet, weil das Gesetz nur gene-

---

[762] Das allgemeine Erfordernis einer Garantenstellung, das § 13 I StGB gar nicht explizit erwähnt, dient lediglich zur Fallgruppenbildung, um den verfassungsrechtlichen Bedenken gegen die Norm durch eine kontinuierliche Anwendungspraxis zu begegnen.

[763] AT 29/29.

[764] AT 29/38.

[765] Schönke/Schröder/Stree, § 13 Rdn. 14. Teilweise abl. die Rspr., die beispielsweise aus der ehelichen Lebensgemeinschaft die Pflicht abgeleitet hat, Straftaten der zu schützenden Person entgegenzutreten.

[766] Diese These findet im Fahrlässigkeitsbereich ihre Entsprechung: Nur dort kann von fahrlässiger Erfolgsverursachung gesprochen werden, wo der Erfolg in der konkreten Art seines Eintrittes in den Schutzbereich der verletzten Pflicht fällt.

[767] Welzel JZ 1958, 494 (496).

rell davon ausgehen dürfe, es sei zumutbar, Straftaten zu unterlassen, nicht dagegen pauschal fordern könne, bei Gefahren ohne Rücksicht auf die Zumutbarkeit aktiv eingreifen zu müssen[768]. Der an sich Handlungspflichtige habe bei Unzumutbarkeit des Handelns nach den konkreten Umständen ebenso wenig für das Ausbleiben des Erfolges einzustehen, wie bei Unmöglichkeit das Erforderliche zu tun. Die Gleichbehandlung von Erforderlichem mit Zumutbaren in § 323 c StGB lasse sich insoweit als allgemeines Grundprinzip der echten und unechten Unterlassungsdelikte verstehen[769]. Nach a.A. soll die Unzumutbarkeit rechtfertigend[770] oder nur entschuldigend[771] wirken.

Im Ergebnis kann der Streit jedoch unentschieden bleiben[772], weil jedenfalls das Bestehen einer derartigen Einschränkung nahezu einhellig anerkannt wird.

b.Festlegung durch umfassende Einzelfallabwägung

Abgeholfen wird ihr nämlich in der Regel mit einer umfassenden Interessen- und Güterabwägung. Ausgangspunkt jeder Zumutbarkeitserwägung muss sein, dass das Unternehmen die Vornahme der gebotenen Erfolgsabwendung auch gegenüber der Firma zu vertreten hat und deshalb zwischen seinen *berechtigten* Interessen und denen eventuell gefährdeter Verbraucher abwägen muss. In die Waagschale sind auf der Unternehmerseite nicht nur die Kosten für die Durchführung der Handlung, die durch Imageverlust verursachten Schäden oder der Absatzrückgang zu werfen, sondern auch die Tatsache, dass die Produktion von Gütern in unserer heutigen Gesellschaft eine sehr nützliche Tätigkeit darstellen kann[773]. Als mittelbare wirtschaftliche Auswirkung kann dazu auch die Gefährdung von Arbeitsplätzen in Betracht zu ziehen sein. In seine Überlegungen hat der Hersteller neben Organisation und Größe des Vertriebsgebietes und den Anwendungsgewohnheiten bzw. -erwartungen der Verbraucher auch den Streubereich der von ihm definierten Gebrauchszweckbestimmungen mit einzubezie-

---

[768] Schönke/Schröder/Stree, Vor § 13 Rdn. 135 m.w.N. Darauf deutet auch die Entscheidung vom BGH NStZ 94, 29, hin, in der er „keine (objektive) Verpflichtung zum Retten" annimmt.

[769] A.A. Jakobs AT 29/100, wonach eine unterlassungsspezifische Zumutbarkeit nicht bestehen soll.

[770] SK-Rudolphi, Vor § 13 Rn. 29.

[771] Welzel JZ 58, 494 (496); Wessels/Beulke AT Rn. 739. Hierfür spräche im Hinblick auf mögliche Teilnehmer die limitierte Akzessorietät gem. § 29 StGB.

[772] So verliert sich auch die Kritik Brammsens, GA 1993, 97 (118), an der „Lederspray-Entscheidung", der BGH verwende zur Begründung des Rückrufgebotes Kriterien, die üblicherweise zur Bestimmung der Rechtswidrigkeit herangezogen werden würden. Soweit der Streit in Irrtumsfragen über die Zumutbarkeit bestimmter Verhaltensweisen – §§ 16 I, Rechtsfolge des 16 I oder 17 StGB – sowie im Hinblick auf die Teilnahme an Handlungen oder Unterlassungen Dritter Bedeutung erlangt, fehlt es zu einer Behandlung im Rahmen dieser Arbeit an der produktspezifischen Relevanz.

[773] Das LG Aachen JZ 1971, 507 (516), stellt insoweit bei Arzneien deren therapeutischen Nutzen in die Überlegung mit ein.

hen[774]. Die Gefahr einer Strafverfolgung durch eine Veröffentlichung über Produktschädlichkeit zu beachten, verbietet demgegenüber der damit verbundene Wertungswiderspruch[775].

Leben und Gesundheit der Konsumenten müssen insoweit stets das Übergewicht gegenüber rein finanziellen Belangen behalten, zumindest, wenn ihre Beeinträchtigung nicht nur geringfügig ist oder äußerst unwahrscheinlich[776]. Entscheidend ist dabei auch, ob die aufgetretenen Schäden schnell oder langsam wieder abklingen bzw. als therapieresistent oder irreversibel bezeichnet werden müssen[777]. Dagegen wird sich der bloße Sachschaden[778] allein nicht gegen womöglich existenzgefährdend wirkende Einbußen im Unternehmen durchzusetzen vermögen[779]. Das gilt um so mehr, wenn es im Spannungsverhältnis zwischen zulassungsfreier Produktion, oberflächlichem Kontrollverfahren und legitimem wirtschaftlichen Gewinnstreben für den Produzenten schwierig ist, sich von vornherein rechtmäßig zu verhalten[780].

Der BGH führte dazu im „Lederspray-Urteil" zu Recht aus[781]: „Bei einer Abwägung der in Rede stehenden Belange mussten wirtschaftliche Gesichtspunkte (d.h. mögliche Verzögerung im Betriebsablauf, Kostenverursachung, Ruf- bzw. Imagebeeinträchtigung, Absatzrückgang oder Gewinneinbußen) zurücktreten: dem Schutz der Verbraucher vor Gesundheitsschäden gebührte hier der Vorrang (...). Auf der einen Seite waren die Verbraucher ernsthafter, teilweise sogar lebensbedrohlicher Gesundheitsbeeinträchtigungen ausgesetzt. Auf der anderen Seite (...) ergibt sich aus den Feststellungen kein Anhalt dafür, dass der (...) Rückruf das wirtschaftliche Fortbestehen der Firmengruppe in Frage gestellt hätte."

II.Bestimmung des Sorgfaltsmaßstabes

Hat man bis hierher allein das „Ob" einer Handlungspflicht bestimmt, muss sich im Rahmen der fahrlässigen Verursachung die Konkretisierung der Art und Weise der Durchführung anschließen. Gallas spricht insoweit im Verhältnis zwischen Sorgfalts- und Garantenpflichten von einem Bild zweier sich überschneidender Kreise[782]. So ist die Sorgfaltspflichtverletzung im Rahmen der Unterlas-

---

[774] LG Frankfurt bei Schmidt-Salzer, ES IV.3.31 (10).

[775] Die Gefahr besteht sowieso nur, wenn die vorausgegangene Tat fahrlässig begangen worden war.

[776] Bock, S. 148. Ohne ernsthafte Anzeichen für die Realisierung der Gefahr reicht ihre bloß abstrakt denkbare Existenz nicht aus, Eichinger, S. 305.

[777] LG Aachen JZ 1971, 507 (516)

[778] Der allerdings wegen des im Rahmen von §§ 303, 15 StGB erforderlichen Vorsatzes eher von untergeordneter Bedeutung ist.

[779] So auch der BGHSt 37, 106 (122).

[780] LG Frankfurt bei Schmidt-Salzer, ES IV.3.31 (15).

[781] BGHSt 37, 106 (122).

[782] Bau, S. 32.

sungsdelikte im Hinblick auf die besondere Stellung des Garanten zum schützenden Rechtsgut zu konkretisieren[783].

1.Allgemeines

Fahrlässigkeit bedeutet das Außerachtlassen der objektiv im Verkehr erforderlichen Sorgfalt. Eine Handlung wird grundsätzlich immer dann rechtlich missbilligt, wenn mit ihr ein Risiko für Rechtsgüter verbunden ist, das das schützenswerte Interesse an ihrer Ausführung überwiegt[784]. Gemeinsame Grundlage für die Bestimmung der Sorgfaltsnormen muss deshalb stets die Orientierung am Erhalt des Rechtsgutes sein[785]. Das einzuhaltende Sorgfaltsgebot soll nämlich die Vermeidung des Erfolges, d.h. die Beeinträchtigung der tatbestandlich geschützten Rechtsgüter bezwecken[786].

Im Einzelnen ergeben sich dabei Art und Maß der anzuwendenden Sorgfalt nach h.M. in Rspr. und Lit.[787] aus den Anforderungen, die bei einer Betrachtung der Gefahrenlage ex ante an einen gewissenhaften und besonnenen Menschen in der sozialen Rolle des Handelnden und in dessen konkreter Situation zu stellen sind[788]. Gesucht wird also nach einer *objektiven* Maßfigur, die die Durchschnittsanforderungen des jeweiligen Verkehrskreises verkörpert, dem der Handelnde angehört[789].

Er richtet sich im Rahmen der Produktverantwortung nach einer bestimmten Branche bei Herstellung und Vertrieb von Produkten einer bestimmten Art[790].

Die dafür notwendige Abstraktion birgt jedoch die Gefahr in sich, die gebotene mit der tatsächlich ausgeübten Sorgfalt gleichzustellen. Deshalb wird teils allgemein auf die *individuelle* Leistungsfähigkeit abgestellt[791], teils differenziert nach den Sorgfaltsbereichen Konstruktion und Produktion einerseits, Instruktion

---

[783] Braun KritV 1994, 179 (184) und Fünfsinn, S. 101.

[784] Kuhlen JZ 1994, 1142 (1146).

[785] Arzt JA 1980, 712 (714).

[786] Schöne JZ 1977, 150 (158).

[787] Schönke/Schröder/Cramer, § 15 Rdn.141, der allerdings eine abweichende Meinung vertritt, vgl. Fn. 791.

[788] Wessels/Beulke AT Rdn. 669.

[789] Kuhlen, Fragen, S. 84ff. Das entspricht dem Zivilrecht, vgl. RGZ 126, 329 (331).

[790] Kuhlen, Fragen, S. 101.

[791] Ausschließlich auf den individuellen Maßstab stellt beispielsweise SK-Samson, Anh. zu § 16 Rdn. 13 oder auch die StA beim LG München II im „Monza-Steel-Fall", Schmidt-Salzer, ES IV 4.4 (5), ab. Schönke/Schröder/Cramer, § 15 Rdn. 138ff, nimmt dagegen einen vermittelnden Standpunkt ein: Zwar verpflichte größeres individuelles Leistungsvermögen auch zu größerer Umsicht und Vorsicht. Jeder habe aber auch nur das Optimum dessen zu leisten, was er zur Vermeidung von Gefahren im Stande ist. So werde denn auch von dem besonders Befähigten allein das erwartet, was er tun könne. Kritisch insoweit Schünemann, FS für Schaffstein, S. 166.

und Produktbeobachtung andererseits. Nur Letztere sollen am konkreten Leistungsvermögen anknüpfen[792].

Diese Frage, ob objektive oder individuelle Gesichtspunkte das Maß der Anforderungen beherrschen, darf jedoch nicht mit der Entscheidungserheblichkeit der konkreten Einzelfallumstände verwechselt werden. Da es nämlich immer um die Erfüllung von Situationsanforderungen geht, entzieht sich die Bestimmung der Sorgfaltspflicht vielmehr einer verallgemeinernden Beschreibung[793]. Das Recht beschränkt sich in der Regel darauf, „demokratische selbstregulatorische Mechanismen" zu installieren[794]. Seine Vervollständigung erfährt es erst in einem zweiten Schritt unter Berücksichtigung der sich wandelnden gesellschaftlichen Realität. So müssen auch die allgemeinen dogmatischen Leitlinien für die Pflichtenbestimmung erhebliche Konkretisierungsspielräume offen lassen, die nur durch eine wertungsabhängige Kasuistik verkleinert werden können[795].

Teilweise ist die Rspr. aber über ihre Funktion als Normanwender hinausgeschossen, indem sie beispielsweise von den Sorgfaltspflichten eines ordentlichen Reifenherstellers[796] oder denen eines ordentlichen Arzneimittelherstellers[797] gesprochen hat, ohne dazu Stellung zu nehmen, ob die einzelnen Berufsfelder selbst über derartige Anschauungen verfügten.

Deshalb gilt es sich vorab zumindest einige allgemeine Gedanken über diese Grundpositionen und die Art und Weise ihrer Ausgestaltung zu machen, über die in Rspr. und Lit. keinesfalls Einigkeit bestehen[798].

a. Verkehrssicherungspflichten

Gerade im Bereich der Produktverantwortung liegt es nahe, auf die umfangreiche Judikatur, die die zivilrechtliche Rspr. zu den Verkehrssicherungspflichten herausgearbeitet hat, zurückzugreifen[799]. Dafür spricht zwar, dass in beiden Rechtsgebieten der Schutz der betroffenen Rechtsgüter vom Normzweck erfasst wird[800]. Jedoch ist ihrer Übertragbarkeit – wie sich schon bei der Begründung

---

[792] Westphalen-Goll/Winkelbauer, § 47 Rdn. 38ff.

[793] Meier NJW 1992, 3193 (3195); Schmidt-Salzer, Produkthaftung, Rdn. 1.324 m.w.N.

[794] Ransiek, Gesetz und Lebenswirklichkeit, S.90.

[795] Kuhlen JZ 1994, 1142 (1146).

[796] Vgl. die Entscheidung des LG München im „Monza-Steel-Fall", Schmidt-Salzer, ES IV. 28, 296 (303), oder die des OLG Karlsruhe NJW 1981, 1054.

[797] So das LG Aachen im „Contergan-Fall", JZ 1971, 507 (514).

[798] Dazu Westphalen-Goll/Winkelbauer § 47 Rdn. 31ff, und jüngst Kuhlen, FS für den BGH, S. 9ff.

[799] Dazu Kuhlen, Fragen, S. 82/83 u. 148-151, der nur für eine *Orientierung* an der zivilrechtlichen Judikatur plädiert und im Übrigen fordert, dass Sondernormen, Maßfiguren und der strafrechtliche Vertrauensgrundsatz (dazu unten § 6.B.VI) angemessen berücksichtigt werden.

[800] Eichinger, S. 221.

einer auf die Verkehrssicherungspflicht gestützten Garantenstellung gezeigt hat – Grenzen gesetzt[801]: Das Zivilrecht wird mit seiner primären Ausrichtung an der Kompensation vorwiegend von wirtschaftlichen Aspekten, wie der Möglichkeit und Zumutbarkeit der Schadenstragung, ihrer Versicherbarkeit und der ökonomischen Effizienz einer Haftungsregelung regiert – Überlegungen, die für das Strafrecht irrelevant sind[802]. Zunehmend wird so unter Abkehr von dem Schuldgrundsatz, der zwar auch das BGB beherrscht (vgl. §§ 276, 823 BGB), der Weg zu einer reinen Gefährdungshaftung geebnet, was auch aus dem Bedürfnis nach einem Ausgleich zwischen erhöhtem Gewinnstreben auf der einen und gesteigerten Gefahren auf der anderen Seite folgt[803]. Die Abschöpfung von Vermögensvorteilen kann aber stets nur die unmittelbar begünstigte Person – das Unternehmen als solches – treffen, das trotz organisationsbezogener Betrachtung gerade niemals Adressat strafrechtlicher Sanktionen sein kann. Das rechtfertigt, den allgemein an den Herstellerbetrieb zu stellenden Sorgfaltsmaßstab auf zivilrechtlicher Ebene sehr viel höher und umfangreicher ausfallen zu lassen[804].

Im Gegensatz dazu dominiert im Strafrecht unangefochten das Schuldprinzip, denn nur der Täter, der durch sein Fehlverhalten Schuld auf sich geladen hat, kann bestraft werden (§ 46 StGB)[805]. Sanktioniert wird allein das Fehlverhalten *Einzelner*. Wenn auch auf Unternehmensebene die Sorgfaltspflichten, die sonst auf eine einzige Person zugeschnitten sind, als sog. betriebsbezogene Sorgfalt[806] zusammenlaufen, sind die Pflichten so zu modifizieren und zu delegieren, dass deren jeweilige (Teil-)Erfüllung insgesamt dem Bild einer sorgfältig handelnden Einzelperson[807] entspricht. Für *eine* natürliche Person wäre es aber selbstverständlich, dass die Anforderungen nicht unter zivilrechtlichen Ausgleichsgesichtspunkten überspannt werden dürfen, sondern sich den strafrechtlichen Gegebenheiten anpassen müssen. Zivil- und strafrechtlicher Sorgfaltsmaßstab können deshalb auch im Bereich der Produktkriminalität keineswegs iden-

[801] So auch Eidam, S. 300.

[802] Bock, S. 125.

[803] Hirte JZ 1992, 257 (258).

[804] Demgegenüber plädiert Scholl NJW 1981, 2737, für eine Anlehnung der strafrechtlich gebotenen Sorgfalt an die zivilrechtliche Haftungsregelung – allerdings als deren äußerste Grenze.

[805] Schönke/Schröder/Stree, Vor § 38 Rdn. 6.

[806] Schmidt-Salzer, Produkthaftung Rdn. 1.051, umschreibt sie lapidar mit dem Gebot, alles Mögliche und Zumutbare zur Vermeidung voraussehbarer Schäden zu tun.

[807] Wenn auch Bock, S. 128, hervorhebt, dass es sich *regelmäßig* eben nicht um eine, sondern eine Vielzahl von Beschäftigten handelt.

tisch sein[808] und ein unreflektierter Rückgriff auf den zivilrechtlich ausformulierten Pflichtenkatalog scheidet jedenfalls aus[809].

b. Umfassende Interessenabwägung

Die Gefahr einer Überspannung resultiert auch aus dem Phänomen der Massenproduktion, weil die gehäufte Zahl von Betroffenen geradezu nach einem Schuldigen zu schreien scheinen[810]. Aber auch das darf nicht die Sicht auf eine den ultima-ratio-Gedanken des Strafrechts beherzigende Prüfung versperren. Um nun einen angemessenen Ausgleich zwischen Rechtsgüterschutz auf der einen und Beschränkung der Handlungsfreiheit[811] der Adressaten auf der anderen Seite sicherzustellen, kann auf eine umfassende, strafrechtsspezifisch ausgerichtete Interessenabwägung nicht verzichtet werden.

(I) Vorhersehbarkeit

Bedeutung erlangen kann dabei einerseits das Vertrauen Dritter, nicht ungewöhnlichen oder unerwarteten Risiken ausgesetzt zu werden, wenn der Dritte gerade deshalb eigene Schutzmaßnahmen unterlässt[812]. Einzubeziehen sind aber andererseits auch die Vorhersehbarkeit[813] des schädigenden Erfolges[814], die nach Kuhlen[815] in der fahrlässigen Tatbegehung seit langem und heute einhellig als Bestandteil der Sorgfaltswidrigkeit anerkannt wird.

Gleichwohl ließ das LG Aachen in seinem „Contergan-Beschluss" den „ernstzunehmenden Verdacht" schädlicher Auswirkungen ausreichen, auch wenn es hierfür keinen „generell gültigen Maßstab" zu finden vermochte[816]. Dieses Vorgehen kann man nicht kritisch genug würdigen[817]: Strafbewehrte Verhal-

---

[808] So aber Schmidt-Salzer, Produkthaftung, Rdn. 1.028.

[809] Äußerst skeptisch auch Kuhlen, FS für den BGH, S. 13 Fn. 75, mit Verweis auf die jüngst ergangene „Reißwolf-Entscheidung" des BGH, NJW 1999, 2815, zu der er eine strafrechtliche Haftung des Herstellers als jedenfalls völlig abwegig bezeichnet.

[810] Kuhlen, FS für den BGH, S. 2, bezeichnet diesen Umstand als geradezu charakteristisch für produktbezogene Sachverhalte.

[811] Inklusive der Kosten ihrer Befolgung, vgl. Eichinger, S. 224.

[812] Ransiek ZGR 1992, 203 (215).

[813] Auf das zum Kriterium der Vorhersehbarkeit bestehende Meinungsspektrum kann hier nur am Rande hingewiesen werden: Für die Rspr. (RGSt 73, 370 (372); BGHSt 3, 62 (63)), ist allein der Enderfolg, für die Lehre sind hingegen auch die wesentlichen Stationen des Kausalverlaufes mit unterschiedlicher Tiefe bedeutsam (LK-Schröder, § 16 Rdn. 132ff. m.w.N.).

[814] Schönke/Schröder/Cramer, § 15 Rdn. 125.

[815] FS für den BGH, S. 9. Gleichwohl will Roxin, FS für Honig, S.137, unter dem Aspekt der Tatherrschaft im Übrigen allein auf die Lehre von der objektiven Zurechnung zurückgreifen, vgl. ders. AT § 24 Rdn. 13. Wirkung der objektiven Vorhersehbarkeit sei es nur, die Zurechnung zufällig eintretender Rechtsgutsverletzungen zu verhindern.

[816] JZ 1971, 507 (516/517).

[817] A.A. dagegen Kuhlen JZ 1994, 1142 (1146f) und FS für den BGH, S. 10.

tenspflichten müssen klar erkennbar sein[818]. Weil aber in der Produktkriminalität die Fahrlässigkeitsstrafbarkeit an die durch den Vertrieb des gefährlichen Produktes rechtlich missbilligte Gefahrschaffung anknüpft, ist es genau diese, deren sich der Produzent ex ante gewiss sein muss[819]. Wenn jedoch schon die einschlägige Fachwissenschaft keine einheitliche Linie findet und sich vielmehr nur vereinzelt in vagen, wenig fundierten Äußerungen über eine mögliche Produktschädlichkeit verliert, kann dem Hersteller aus seiner eigenen Unwissenheit kein strafrechtlicher Vorwurf erwachsen. Seine Unkenntnis spiegelt lediglich den Stand von Wissenschaft und Technik[820] wider, an dem er seine Produktion zu orientieren hat[821].

Hierzu steht die Entscheidung des LG Aachens im krassen Widerspruch. Sie ermöglicht nicht einmal dem pflichtgetreuen Hersteller, sich sorglos zu wähnen, weil mit einer Betrachtung von „Fall zu Fall"[822] er letztlich der Willkür des Gerichtes schutzlos ausgeliefert ist. Sie verlässt damit jeglichen Weg einer fairen Verantwortungszuschreibung. Eine eindeutige Grenze, wann der *normale* Verdacht in einen *ernstzunehmenden* überschwappen soll, wird sich nämlich, zumal in einer pluralistischen, durch Meinungsvielfalt geradezu charakterisierten[823] Gesellschaft, niemals finden lassen und würde jede Innovation letztlich zum Erliegen bringen.

Kuhlen führt hierzu die Erfindung des Telefons an, von dessen Benutzung man zwischen 1907 und 1917 überzeugt war, dass es nicht nur Gehörschäden und Wahnsinn hervorrufe, sondern sogar für die Verbreitung von Tuberkulose verantwortlich sei[824] – aus heutiger Sicht fast schon zu lächerlich, nicht auszudenken die Konsequenzen, wenn eine Weiterentwicklung hierdurch ins Stocken geraten wäre[825].

---

[818] Vgl. dazu schon Art. 103 II GG.

[819] So sogar Kuhlen, FS für den BGH, S. 9.

[820] Zu diesem Begriff BVerfG NJW 1979, 359 (362): Grundsätzlich sämtliche neuesten wissenschaftliche Erkenntnisse.

[821] Auch die zivilrechtliche Produkthaftung orientiert sich an diesem Wissensstand als äußerste Grenze, vgl. nur Palandt/Thomas, § 823 Rdn. 205 u. 209; ProdHaftG § 1 Rdn. 21; 3 Rdn. 9, und eindrucksvoll BGH NJW 1981, 1603 (1604): „Maßgebend können also nur die (wissenschaftlichen) Erkenntnisse sein, die zu der Zeit bestanden, als eine Schadensabwendung in Betracht kam."

[822] So aber das LG Aachen JZ 1971, 507 (516).

[823] So auch Große Vorholt, S. 83.

[824] FS für den BGH, S. 11 Fn. 66, mit Verweis auf Große Vorholt, a.a.O.

[825] Im Ergebnis fordert Kuhlen, FS für den BGH, S. 11, aber aus kriminalpolitischen Aspekten den Verzicht auf die Vorhersehbarkeit. Darauf kann aber erst nach einer eingehenden Prüfung ihrer Berechtigung eingegangen werden, siehe ausführlich unten § 8.

(II)Erlaubtes Risiko

Äußerste Grenze bei der Interessenabwägung bildet schließlich das erlaubte Risiko[826]:

> Gerade wenn die in der Produktion liegende riskante Verhaltensweise, wie in der Arzneimittelbranche, wichtigen sozialen Bedürfnissen dient[827], wird es weder im Interesse der Rechtsordnung noch der Gesellschaft liegen, vom Fabrikbetreibenden die Einstellung seines Betrieb zu verlangen. Weil insoweit auch das Einhalten aller Sicherheitsvorschriften schädliche Folgen niemals gänzlich unterbinden könnte[828], kann vielmehr von einem Sorgfaltsverstoß erst bei einem Überschreiten des erlaubten Risikos gesprochen werden[829].

Da, wie schon gezeigt wurde, der Begriff des „erlaubten Risikos" als Unterfall der Sozialadäquanz eigentlich nur eine Leerformel darstellt, bedarf er zunächst einer näheren Konkretisierung. Hierzu wird u.a. ein Rückgriff auf die gesetzlichen Unfallverhütungsvorschriften und die technischen Regelwerke der DIN-Vorschriften erwogen[830]. Deren Ausgestaltung wiederum ist einerseits auf den Gesetzgeber zurückzuführen, wie beispielsweise die Geschwindigkeitsregeln der StVO[831], andererseits regelmäßig interessengebundenen Institutionen überantwortet. Obwohl zwar an der zweiten Alternative oft Kritik geübt wird, weil dort nicht immer die Interessen der Verbraucher im Vordergrund stünden[832], darf doch ihr gesellschaftspolitischer Nutzen nicht vernachlässigt werden[833]: Für eine solchermaßen *autonome* Entwicklung von Standards und Regeln über die einzuhaltenden Sicherheitsvorkehrungen, Kontrollen etc. durch die einzelnen Verkehrskreise selbst spricht nämlich vor allem deren erhöhte Akzeptanz. Ganz im Gegenteil: Sachnähe und daraus resultierende Kompetenz streiten insoweit m.E. sogar für einen Vorrang fachgebundener Einrichtungen gegenüber dem Gesetzgeber. Auch ihre Reglements gilt es deshalb, für die Entscheidung über das Vorliegen einer Sorgfaltswidrigkeit heranzuziehen[834].

Auf dieser Basis müssen nun die einzelnen dem produzierenden Gewerbe zuzuordnenden Sorgfaltspflichten eruiert werden.

---

826 So auch Kuhlen, FS für den BGH, S. 13.

827 Wessels/Beulke AT Rdn. 670.

828 Schönke/Schröder/Cramer, § 15 Rdn. 127.

829 Ransiek ZGR 1992, 203 (215).

830 Palandt/Thomas, § 823 Rdn. 58.

831 Kuhlen, Fragen, S. 115ff.

832 Das unterstellt zumindest Vogel GA 1990, 241 (260).

833 Ransiek, Gesetz und Lebenswirklichkeit, S. 88/89.

834 Ebenso im Ergebnis Kuhlen, FS für den BGH, S. 13. Auch Schünemann, FS für Lackner, S. 386, hebt ihre Bedeutung für die Konkretisierung unbestimmter Rechtsbegriffe hervor, die bei entsprechender Aktualität und mit Blick auf ihre Rationalität nicht ohne triftigen Grund vom Richter beiseitegeschoben werden dürften.

2.Einzelne betriebsbezogene Sorgfaltspflichten

a.Konstruktion, Fabrikation und Instruktion

Als betriebsbezogene Sorgfaltspflichten treffen den Hersteller zunächst eine verantwortungsvolle Konstruktionsentscheidung, eine umsichtige Planung, Organisation und Kontrolle der Produktfertigung, die auch die Durchführung von Qualitätssicherungsmaßnahmen[835] nach dem jeweiligen Stand von Wissenschaft und Technik sicherstellt.

Nur am Rand sei insoweit auf das mit der Zulassung von Stichprobenverfahren einhergehende Problem verwiesen[836]: Nach bisheriger allgemeiner Ansicht bot es bei ausreichender Stichprobengröße ein probates Mittel, Gefahren vorzubeugen[837]. Allerdings hat es die Rspr. bewusst vermieden, konkrete Angaben dafür zu machen, was als „gründlich genug“ anzusehen sei. Insbesondere wurde stets auf die Festlegung eines bestimmten Umfanges verzichtet, weil es hierfür stets einer individuellen, auf den Einzelfall bezogenen Schuldprüfung bedürfe[838]. Nachdem zudem die rechnerische Determinierung der (nicht-)erwartbaren Ausschussquote einer Produktreihe durch die immanente Möglichkeit des Hinzutretens menschlichen Versagens allzu leicht verfälscht zu werden droht[839], war und ist das Verfahren mit einem solch unberechenbaren Wagnis behaftet, dass Staatsanwaltschaft und Gericht gut daran täten, Erwägungen in dieser Hinsicht zu unterlassen, um den Produzenten nicht in voreiliger Sicherheit zu wiegen.

Weiter muss sichergestellt werden, dass für das Produkt gegebenenfalls notwendige Zulassungs- und Genehmigungsverfahren[840] durchlaufen und etwaige spezialgesetzliche Anforderungen[841] eingehalten werden[842]. Bedient sich der Produzent Zulieferfirmen oder schaltet er in den Herstellungsprozess selbständige Drittunternehmer ein, muss er sich durch angemessene Kontrollen in regelmäßigen Abständen über deren anhaltende Zuverlässigkeit vergewissern[843].

Im Rahmen der Instruktion hat der Produzent unter Berücksichtigung der bei einem durchschnittlichen Konsumenten aus dem voraussehbaren Benutzer-

---

[835] Schmidt-Salzer, Produkthaftung, Rdn. 1.359. Zum Test müssen stets statthafte Methoden verwendet werden, LG München II „Monza-Steel“ bei Schmidt-Salzer, ES IV.28, 296 (303ff). Ausführlich zu den Qualitätssicherungsmaßnahmen Kassebohm BB 1994, 1361 (1368 ff).

[836] Demuth/Schneider BB 1970, 642 (646), der insoweit zwischen sachlicher und persönlicher Stichprobe unterscheidet.

[837] Kassebohm BB 1994, 1361 (1369).

[838] Schönke/Schröder/Cramer, § 15 Rdn. 195.

[839] Kassebohm BB 1994, 1361 (1369); in diese Richtung auch Steinmann BB 1993, 873 (877ff).

[840] Beispielsweise §§ 21ff AMG.

[841] Vgl. § 5 AMG; §§ 8, 24, 30 LMBG.

[842] Meier NJW 1992, 8193 (3195).

[843] Schmidt-Salzer, Produkthaftung, Rdn. 1.354ff.

kreis[844] realistischerweise vorauszusetzenden Kenntnisse die zur Vermeidung von Schäden erforderlichen Gebrauchsanweisungen zu erteilen[845]. Dabei hat er in seine Überlegungen über Art und Umfang sowohl voraussehbare missbräuchliche Verwendungen einzubeziehen als auch konstitutionell bedingte Dispositionen der Verbraucher, wenn sie – wie beispielsweise Allergien oder Rauchgewohnheiten – der Bevölkerung geradezu immanent sind[846].

Bei all diesen Verhaltenspflichten darf jedoch nie übersehen werden, dass sie allenfalls in die Pflichtwidrigkeitsprüfung eines Begehungsdeliktes einfließen können, weil ihnen zur Erfolgswirksamkeit regelmäßig mit dem Vertrieb ein positives Tun nachfolgen muss. Im Rahmen des fahrlässigen Unterlassens erlangt vielmehr die Frage nach einer Produktbeobachtungspflicht und deren Ausgestaltung besondere Bedeutung.

b.Produktbeobachtung

Äußerst zweifelhaft ist zunächst, ob *generell* auch eine Pflicht zur Produktbeobachtung *nach* Inverkehrgabe der Fabrikate besteht[847]. Der Begriff „Produktbeobachtungspflicht" ist nämlich in erster Linie von der zivilrechtlichen Rechtsprechung entwickelt worden[848] und umfasst schon von seinem Wortlaut her eine ganze Reihe von Einzelpflichten. Unterschieden werden muss insoweit, auf welche Ware sich die aus der Produktbeobachtung resultierenden Verhaltenspflichten beziehen sollen:

(I)Fortsetzung der betrieblichen Aktivität

Was die ungehinderte Produktion und deren Vertrieb betrifft, ergibt sich schon aus dem Vorgenannten eine fortlaufende Pflicht, die einschlägige wissenschaftliche Literatur über mögliche Langzeitrisiken zu studieren, weil sich die vertriebene Ware immer auf dem Stand von Wissenschaft und Technik zu befinden hat. Die Erkenntnisse der Fachwissenschaft bilden insoweit die Norm, an der sich die Fabrikation auszurichten hat. Von ihr als existent festgestellte Risiken werden für den Produzenten als erkennbar vorausgesetzt, so dass er ihre Realisierung also stets – wenn auch wieder nur als ein fahrlässiges Begehen – zu vertreten hat. Gleichzeitig bildet dieser Standard aber grundsätzlich auch die äu-

---

[844] Die Anforderungen sind um so strenger, je gefährdeter die Personen erscheinen, wie beispielsweise Kinder, Eichinger, S. 234.

[845] Schon im Zivilrecht besteht die Instruktionspflicht nur im Rahmen der Verbrauchererwartungen, so dass allgemeines Erfahrungswissen der jeweiligen Abnehmerkreise nicht zum Inhalt einer Gebrauchsanweisung oder Warnung gemacht werden muss, BGH NJW 1986, 1863 (1864); Schmidt-Salzer, Produkthaftung, Rdn. 1.360.

[846] Hassemer JuS 1991, 253 (254).

[847] So aber Schmidt-Salzer, Produkthaftung, Rdn. 1.361, freilich zurückgehend auf die fehlende Unterscheidung zwischen Tun und Unterlassung; ihm folgend Eichinger, S. 233.

[848] BGHZ 80, 186.

ßerste Grenze seiner Verantwortlichkeit, weil von einer Sorgfaltswidrigkeit nicht gesprochen werden kann, wenn nicht einmal Forschungskreise eine mögliche Schädlichkeit aufzuzeigen vermögen[849]. Das gebietet das Kriterium der Vorhersehbarkeit.

Eine Ausnahme hiervon muss allerdings gemacht werden: Lässt sich den Aussagen der Fachwissenschaft nichts über eine latente Gefährlichkeit entnehmen und keimt nach längerer unbeanstandeter Herstellung gleichwohl ein solcher Verdacht über Spätfolgen auf, hat das zumindest eine Erforschungspflicht zur Folge[850]. Doch auch dann stellt sich die ungehemmte Produktion bzw. der Vertrieb trotz dieser Ungewissheit über eine Langzeitwirkung oder aber unter Verzicht auf entsprechende Warnhinweise wiederum primär nur als *pflichtwidriges positives Tun* dar, in dessen Unrechtsgehalt das vorherige Unterlassen aufgeht.

(II)Warnung vor weiterer Produktbenutzung

Sollen dagegen Konsequenzen für die bereits in den Verkehr gebrachten Waren gezogen werden, kann das nur auf dem Boden eines fahrlässigen Unterlassensdeliktes beurteilt werden. Hier kann das Verhalten des Produzenten stets also nur dann strafbar sein, wenn ihn eine entsprechende Pflicht zur Abwendung der aus der fehlenden Beobachtung resultierenden Folgen trifft, weil andernfalls die von § 13 I StGB *zusätzlich* aufgestellten Voraussetzungen umgangen würden[851].

Gleichwohl verweisen die Befürworter einer umfassenden Produktbeobachtungspflicht zu ihrer Rechtfertigung gerne auf den „Contergan-Prozess“.

Dort hatte das LG Aachen die Frage einer Offenbarungspflicht über eine mögliche Schädlichkeit als Ausfluss der Produktbeobachtungspflicht zu behandeln[852]. Indes darf nicht übersehen werden, dass hier schon die Instruktionspflicht verletzt worden war – der neu entwickelte Wirkstoff Thalidomid wurde ohne genaue Untersuchung als „atoxisch und uneingeschränkt harmlos“ deklariert –, die, weil sie im nachfolgenden Vertrieb aufging, nur im Rahmen eines pflichtwidrigen Begehungsdelikts behandelt werden konnte[853].

---

[849] Das verkennt Eichinger, S. 223, wenn er den Stand von Wissenschaft und Technik als Mindestgrenze, nicht aber als Obergrenze begreift.

[850] So Schmidt-Salzer NJW 1996, 1 (5).

[851] Der gleiche Trugschluss unterläuft auch der Meinung, die unreflektiert auf die zivilrechtlichen Verkehrssicherungspflichten abstellen möchte, da die Zivilsenate des BGH seit langem eine entsprechende Pflicht im Rahmen der deliktischen Produzentenhaftung anerkennen, vgl. nur Palandt/Thomas, § 823 Rdn. 208/209 m.w.N.

[852] JZ 1971, 507 (515).

[853] Schmidt-Salzer JA 1988, 465 (474).

Weil jedoch zu jener Zeit § 13 StGB zwar schon verabschiedet war, aber erst fünf Jahre später in Kraft trat, wurde die Frage nach der Einordnung der tatbestandsmäßigen Handlung nicht mit der heute an den Tag zu legenden Intensität verfolgt, obgleich das LG Aspekte der Ingerenz für seine Argumentationsführung aufgriff:

„Der Arzneimittelhersteller, der ein Arzneimittel auf den Markt bringt, schafft (...) eine gewisse Gefahrenquelle. Es ist anerkanntes Recht, dass derjenige, der eine Gefahrenquelle schafft, auch die Pflicht hat, den Eintritt von Schäden zu verhindern."[854] Seine Erwägung stütze es mit dem Grundrecht auf körperliche Unversehrtheit[855], weshalb jeder Mensch selbst entscheiden können müsse, ob er sich durch den Gebrauch des Arzneimittels Nebenwirkungen aussetzen möchte, die gesundheitsschädlich sein können. Sogar der Arzt, der eine Operation vornehme, sei zur umfassenden Aufklärung seines Patienten über eine mögliche Schädlichkeit verpflichtet, obwohl der Eingriff in die körperliche Integrität dem *Nutzen* des Patienten diene. Dann müsse dies den Produzenten erst recht treffen, wenn die Nebenwirkungen – weil schädlich – nutzlos seien.

Bedenken bestehen zunächst gegen die vom Gericht herausgearbeitete Gegensätzlichkeit, die m.E. so gar nicht existiert. Operation *und* Arzneimittel sollen die Gesundheit fördern und auch die mit der Operation möglicherweise einhergehenden schädlichen Auswirkungen – nur auf sie soll ja der Arzt mit Hilfe der Aufklärung hinweisen – sind für den Patienten nutzlos. Vergleichsweise gewagt ist der Rückgriff auf die Grundrechte im Verhältnis zwischen Patient und Arzt bzw. Hersteller wegen der damit verbundenen horizontalen Wirkung. Weil außerdem der (unterlassenen) Aufklärung durch den Arzt *stets* dessen Eingriff als tatbestandsmäßiges, positives Tun nachfolgt, wird es hier in der Tat immer gerechtfertigt sein, sie nur im Rahmen der Sorgfaltspflichtverletzung zu würdigen. Beim Warenfabrikanten ist demgegenüber die Reihenfolge von Tun und Unterlassen in den hier interessanten Konstellationen gerade umgekehrt, weil auf die nachfolgende Untätigkeit ja erst eingegangen werden muss, wenn die Begehung nicht strafbar war.

Die pauschale Annahme einer Produktbeobachtungspflicht mit den ihr entspringenden Offenbarungs- und Warnpflichten kann deshalb nur Fälle betreffen, wo der Hersteller eine entsprechende Garantieposition inne hat.

Nach der hier vertretenen Auffassung ist somit wiederum allein der Bereich der Markenproduktion betroffen. Danach ist es durchaus auch im Ergebnis nicht abwegig, dass der Verzicht einer öffentlichen Bekanntmachung im „Lederspray-" bzw. „Holzschutzmittel-Prozess" strafrechtliche Sanktionen zu bedingen vermochte.

Selbst aber bei Bestehen der erforderlichen Garantenstellung muss sich die Frage nach einer Sorgfaltspflichtverletzung wiederum unter dem Aspekt der

---

[854] JZ 1971, 507 (515).

[855] Vgl. die Parallele zur „Lederspray-Entscheidung", BGHSt 37, 106 (117).

Vorhersehbarkeit und auch der Grenze des erlaubten Risikos am Stand von Wissenschaft und Technik orientieren. Das bedeutet, dass, solange keine gesicherten Erkenntnisse über eine Produktschädlichkeit vorliegen, das Unternehmen trotz der eigenen Nachforschungspflicht für die ungebremste Produktion gleichwohl keine strafrechtlichen Eingriffe zu befürchten hat, wenn es vorerst von öffentlichkeitswirksamen Maßnahmen Abstand nimmt. Von Pflichtwidrigkeit kann immer nur dann gesprochen werden, wenn dem jeweils Betroffenen sein Pflichtenverstoß zuvor zumindest hätte erkennbar werden können. Wenn es an einer solchen Erkennungsmöglichkeit aber sogar in einschlägigen Fachkreisen fehlt, ist das grundsätzlich erlaubte Risiko noch nicht überschritten und kann auch dem Produzenten insoweit kein Vorwurf gemacht werden.

In diesem Punkt erweisen sich schließlich sowohl „Lederspray-" als auch „Holzschutzmittel-Verfahren" als fehlerhaft. Nachdem bis zuletzt der Beweis einer Produktschädlichkeit für die angeklagten Verletzungen nicht erbracht werden konnte, weil es an entsprechendem Erfahrungswissen fehlte, konnte den Unternehmen ihre Passivität im Hinblick auf die schon in den Handel gelangte Ware nicht zur Last gelegt werden.

c. Inhaltliche Ausgestaltung und Adressat einer Warnung

Des weiteren muss auch ein Blick auf das „Wie" der öffentlichen Aufklärung geworfen werden[856]: Die Warnung muss klar und deutlich sowie für Laien verständlich die Gefahren des Produkts darstellen und zwar frei von irreführenden oder bagatellisierenden Zusätzen. Sie muss im Hinblick auf die Zweckbestimmung des Produkts den Bereich des Erwartbaren erfassen[857].

Soll sie – im Gegensatz zur Offenbarung über die Medien und zur Verhinderung einer Begehungsstrafbarkeit – dem (noch zu verkaufenden) Produkt beigefügt werden, muss sie formal in auffallender Weise kenntlich gemacht werden, bei Arzneimitteln beispielsweise auf dem Beipackzettel, wobei durch die Gestaltung der Verpackung sicherzustellen ist, dass Änderungen dem Verbraucher auch bewusst werden.

Die Zielgruppenbestimmung einer Warnung prägen in erster Linie die wirtschaftlichen Gegebenheiten: Steht der Hersteller nur mit Händlern, nicht aber mit dem Endverbraucher in direkten Geschäftsbeziehungen, kann von ihm mangels entsprechender Kenntnis ein persönlicher Kontakt zum Konsumenten nicht erwartet werden[858]. Dann kann und muss es zunächst ausreichend sein, die Verkaufsunternehmen[859] zu informieren. Nur Extremfälle, d.h. ein gesteigertes Ge-

---

[856] Hierzu erweisen sich sogar die Ausführungen des LG Aachen einmal als fruchtbar, vgl. JZ 1971, 507 (517).

[857] LG Frankfurt bei Schmidt-Salzer, ES IV.3.31 (9).

[858] Das gilt auch, obwohl eine Studie in den USA über Kosten und Wirksamkeit von Warnaktionen ergab, dass unter Kosten-Nutzen-Aspekten ein Brief an den Verbraucher verbunden mit einem späteren Anruf bei ihm bei weitem am effektivsten und sogar mit einer Beachtung durch mehr als 50 % der Betroffenen zu rechnen ist, vgl. Eichinger, S. 154.

[859] So das OLG Karlsruhe NJW 1981, 1054.

fahrenpotential mit erhöhter Schadenswahrscheinlichkeit können dann u.U. den Einsatz von Massenmedien wie Rundfunk und Presse erfordern, um den Endverbraucher ohne Umwege zu erreichen[860]. Andernfalls ist dies Aufgabe der insoweit unterrichteten Händler[861]. Konsument und Zwischenperson können je nach Fallgestaltung aber auch grundsätzlich *kumulativ* Zielgruppe einer solchen Warnung sein.

So entschied das LG Aachen[862], dass den Arzneimittelhersteller wegen der Schädlichkeit seines Produktes zunächst auf jeden Fall die Pflicht zur Aufklärung gegenüber den Verwendern träfe. Dies gelte in besonderem Maße bei rezeptfreien Medikamenten, bei denen der Verbraucher keinen zusätzlichen Rat vom Arzt einholen müsse. Daneben aber sei zusätzlich der Arzt zu verständigen, der andernfalls seiner eigenen Offenbarungspflicht gegenüber dem Patienten nicht nachkommen könne und dessen Warnung der Patient – auch bei fehlender Verschreibungspflicht – in der Regel mehr berücksichtige als den Hinweis eines unbekannten Produzenten[863].

d.Entlastung durch die Einschaltung staatlicher Kontrollen

Zuletzt bleibt zu würdigen, ob die Sorgfaltsanforderungen durch das Einschalten von staatlichen Kontrollinstanzen modifiziert werden müssen. Zunächst rechtfertigen Abnahme und Genehmigung durch eine Behörde natürlich kein blindes Vertrauen auf die Einhaltung der Sorgfaltsanforderungen, weil derartige Zeugnisse meist zwar notwendige, nicht aber hinreichende Bedingung für die Produktions- und Vertriebserlaubnis sind[864]. Zu weit geht aber Schmidt-Salzer, der ihnen generell jede entlastende Wirkung absprechen will[865], denn das steht im krassen Gegensatz zum strafrechtlichen Vertrauensgrundsatz. Auch der Hinweis, solche Einrichtungen verfügten meist über deutlich geringere Produkt- und Verwendungskenntnisse, verleugnet doch die Wirklichkeit. Oft sind es nämlich gerade die Vermarktungsschranken eines öffentlich-rechtlichen präventiven Verbotes mit Erlaubnisvorbehalt, die den Verbraucher in Sicherheit wiegen, wenn das Fabrikat gerade mit dieser staatlicher Billigung in den Verkehr gelangt[866]. Dann ist es aber weder notwendig noch gerecht, den Staat aus jeder

---

[860] Eichinger, S. 154.

[861] So das OLG Karlsruhe in NJW 1981, 1054.

[862] JZ 1971, 507 (515).

[863] JZ 1971, 507 (517). Diese letzte Erwägung hat u.U. aber Auswirkungen auf die Frage der Unterlassenskausalität, siehe unten § 5.E.I.2.b.

[864] Nach Kuhlen, FS für den BGH, S. 15, soll sich dagegen der Produzent grundsätzlich voll auf das behördliche Attest verlassen dürfen und nur bei zusätzlichem Fehlverhalten, etwa der Verletzung von Informationspflichten im Zulassungsverfahren, einstandspflichtig werden.

[865] Schmidt-Salzer, Produkthaftung, Rdn. 1.374.

[866] So im Ergebnis Kuhlen, FS für den BGH, S. 15.

Verantwortung herauszuhalten[867]. Andernfalls müsste man sich vielmehr fragen, welchen Sinn Genehmigungserfordernisse behalten sollen, wenn man den insoweit zuständigen Behörden jegliche, dafür notwendige Kompetenz absprechen möchte[868].

Es ließe sich allenfalls diskutieren, ob insoweit ein Unterschied zwischen genehmigungspflichtigen und genehmigungsfreien Produkten zu machen wäre, zumal nur in den seltensten Fällen des Warenhandels überhaupt originäre Eingriffskompetenzen bestehen[869].

Ein Beispiel bieten die Gesundheitsämter für die Zulassung neuer Medikamente.

Mit Blick auf das „erlaubte Risiko" kann zumindest aber dann nicht von einer Pflichtwidrigkeit gesprochen werden, wenn das vertriebene Produkt ein solches Zulassungsverfahren durchlaufen hat. Und auch ohne ein solches Genehmigungsverfahrens bleiben die Behörden schließlich stets berechtigt, selbst öffentliche Warnungen auszusprechen, deren schlichte Verkündigung auch im Hinblick auf den für einen spontanen Eingriff notwendigen Verwaltungsapparates nicht unzumutbar sein kann. Weil ihre Belehrung darüber hinaus auch von den Betroffenen meist sogar weit mehr respektiert werden als solche eines für sie anonymen Produzenten, muss zumindest erwogen werden, hierin eine (relevante) Unterbrechung des Zurechnungszusammenhangs zu sehen[870].

E. Verhaltenskausalität des Unternehmens

Das leitet unmittelbar über in die Frage nach der kausalen Verbindung zwischen unternehmerischem Fehlverhalten und eingetretener Rechtsgutsverletzung. Soweit die Ursächlichkeit von positivem Tun auf dem Prüfstand steht, bereitet die Feststellung in der Regel keine weiteren Probleme. Wegen des allgemeinen gerichtlichen Erfahrungsstandes wird hier regelmäßig die Anwendung der Condicio-Formel nach dem Muster „Ohne Sorgfaltspflichtverletzung auch keine Ausgabe schädlicher Produkte" gelingen. Diskutabel ist allein, ob das Ergebnis durch Kriterien einer objektiven Zurechnung – insbesondere bei Zulassung von Stichprobenuntersuchungen – eine wertende Einschränkung zu erfah-

---

[867] Dem hat das LG Aachen im „Contergan-Beschluss" indirekt zugestimmt, indem es das nicht zu billigende Verhalten der Behörden als Einstellungsgrund ansah, Ostermeyer, ZRP 1971, 75 (76).

[868] Wohlgemerkt: Es soll und kann hier nicht Aufgabe sein, die Strafbarkeit der Behördenmitglieder zu analysieren.

[869] Aber auch insoweit hat das LG Aachen gerade aus dem Fehlen von gesetzlichen Bestimmungen und staatlichen Kontrollen, auf die sich die Ärzte hätten berufen können, auf die geringe Schuld der Angeklagten verwiesen, Ostermeyer ZRP 1971, 75.

[870] Das LG Frankfurt als Vorinstanz im „Holzschutzmittel-Verfahren" in Schmidt-Salzer, ES IV.3.31 (11/14), hat das Fehlverhalten der Behörden demgegenüber, aber immerhin im Rahmen der Strafzumessung zu Gunsten der Angeklagten gewürdigt.

ren hat[871], so beispielsweise durch den Einwand rechtmäßigen Alternativverhaltens.

Ganz anders dagegen im Bereich des Unterlassens: Zwar soll auch hier entsprechend der Begehungskausalität eine Untätigkeit „conditio sine qua non“ sein, wenn die unterlassene Handlung nicht *hinzu*gedacht werden kann, ohne dass der Erfolg – mit an Sicherheit grenzender Wahrscheinlichkeit – entfällt[872]. Stree[873] weist jedoch darauf hin, dass bei Unterlassungen nicht im gleichen Sinn von Kausalität gesprochen werden könne wie bei positivem Tun. Begehen und Untätigbleiben seien artverschiedene Formen menschlichen Verhaltens, die nur im normativen, nicht jedoch im ontologischen Bereich auf eine Stufe gestellt werden könnten[874]. Weil einerseits aber Kausalität ontologische Realität und nicht nur Denkzusammenhang sei, es andererseits an einem *realen* Wirkungszusammenhang zwischen nur *erwartetem* Täterverhalten und Erfolg fehle[875], wäre kausal im Sinne von ursächlich für den Erfolg letztlich die Untätigkeit eines jeden[876].

Um den Wahrheitskern seiner Aussage zu begreifen, muss man sich erneut vergegenwärtigen, was mit Kausalität gemeint ist und welchen Stellenwert die Bedingungsformel dabei einnimmt: Es ist die Naturgesetzlichkeit, die ein Verhalten mit einem Erfolg verbindet. Das gilt sowohl für die Aktion wie für die Ommission. Dort verlangt sie eben die Erkenntnis, dass als gesetzmäßige Folge einer *gedachten* Handlung die Schädigung nicht eingetreten wäre[877]. Die zusätzliche Schwierigkeit, die der Unterlassensbereich mit sich bringt, liegt in der Frage, wie dieses „Wissen“ um die naturgesetzmäßige Verbindung ans Tageslicht geführt werden kann. Die c.s.q.n. kann dazu in der Regel nichts beitragen[878], zumal es im Gegensatz zum Begehen immer an entsprechendem Erfahrungswissen fehlen wird. Denn bei Unterlassenstaten kann gerade nicht wie im Bereich des Begehens auf einen sich tatsächlich vollziehenden Geschehensablauf zu-

---

[871] Dazu OLG Hamm NJW 1957, 1202.

[872] Statt vieler Schönke/Schröder/Stree, § 13 Rdn. 61 m.w.N.

[873] A.a.O.

[874] Kaufmann, Die Dogmatik, S. 61ff, hat deshalb die Condicio-Formel abgewandelt, um den ontologischen Gegensatz zwischen Tun und Unterlassen hervorzuheben: Denkt man sich nämlich den Menschen als solchen hinweg, wird der Erfolg bei Unterlassungsdelikten gleichwohl, bei Begehungsdelikten dagegen in der Regel nicht eintreten.

[875] Schaffstein, FS für Honig, S. 172.

[876] Arzt JA 1980, 553. Er will die Untauglichkeit des Kausalitätsbegriffes allerdings im Folgenden (S. 556) auf den naturwissenschaftlichen, nicht aber auf den rechtswissenschaftlichen beschränken.

[877] So auch Puppe JR 1992, 30 (33), mit Hinweis darauf, das die Kausalität nicht deshalb an Bedeutung verliere, weil ihr eine Verneinung innewohne.

[878] Das rechtfertigt sich freilich nur, wenn man allgemein entgegen der Rspr. unter Kausalität die naturgesetzliche Verbindung von Handlung (=Untätigkeit) und Erfolg versteht.

rückgegriffen[879], sondern nur eine Hypothese überprüft werden, nämlich ob ein mögliches Handeln zur Folge gehabt *hätte*, dass der schädliche Erfolg ausgeblieben *wäre*[880]. Der einzig reale Anknüpfungspunkt ist der tatsächliche Erfolg – im Bereich der Produktkriminalität der auf ein Produkt zurückgehende Schaden.

Für die Produktverantwortung bedeutet das, dass es zunächst allgemein zu ermitteln gilt, ob ein menschliches Verhalten die Einwirkung des Produktes auf den Verbraucher überhaupt positiv beeinflussen *hätte können*. In einem zweiten Schritt müssen aus der unendlichen Fülle von potentiellen Interventionen, die den Erfolg naturgemäß verhindern hätten können, die einem Garanten zur Verfügung stehenden Eingriffsmöglichkeiten ausgesondert werden und auf ihre Wirksamkeit hin überprüft werden[881]. Denn letztlich ist es nur der Garant, der für den Eintritt des Erfolges im Gegensatz zu den übrigen Mitbürgern einzustehen hat[882].

> Das spricht zunächst die Frage an, ob den Verbraucher als eigenständig denkender und handelnder Mensch entsprechende Aufklärungsmaßnahmen überhaupt tangieren und weiter, ob es schließlich gerade dem Unternehmen selbst gelungen wäre, die Aufmerksamkeit der betroffenen Bürger zu erregen oder ob das nicht eher oder sogar ausschließlich eine behördliche Warnung zu bewirken vermocht hätte.

I.Gesetzmäßige Bedingung

Wie gezeigt kann die Naturgesetzlichkeit im Bereich der Unterlassungsstrafbarkeit nur mit Hilfe einer hypothetischen Betrachtung ermittelt werden.

1.Wesen einer hypothetischen Feststellung

Da Hypothesen jedoch immer auch ein Wahrscheinlichkeitsurteil in sich tragen, muss an sich in einem von materieller Wahrheit beherrschten Strafprozess verlangt werden, dass diese Wahrscheinlichkeit stets an die Grenze der Gewissheit heranreicht. Andernfalls würde man die bloße Vermutung als Urteilsgrundlage genügen lassen.

Dennoch will sich Schmidt-Salzer im Bereich der Produktkriminalität bereits mit der gewöhnlichen Lebenserfahrung behelfen[883]. Dafür spricht allgemein, dass die Ursächlichkeit von Unterlassungen stets und nur in der Welt der

---

[879] In diesem Sinne auch Jakobs AT 29/16 u.18.

[880] Maiwald, S. 79.

[881] Arzt JA 1980, 553 (554).

[882] Hierdurch wird die von Arzt JA 1980, 553, hervorgehobene Funktion der Garantenstellung, als erstes Sieb vergleichbar der c.s.q.n. im Begehungsbereich zu dienen, bestätigt.

[883] Produkthaftung, Rdn. 1.451f; ebenso vereinzelt die Rspr., beispielsweise RGSt 75, 324 (328).

bloßen Vorstellung ermittelbar ist und es eine eineindeutige[884] Gewissheit nie geben wird. Und weil das Gesetz mit § 13 I StGB die Strafbarkeit von Unterlassen nicht nur ermöglicht, sondern – um nicht in die Bedeutungslosigkeit zu verfallen – implizit auch voraussetzt, müssen sich Wissenschaft und Rechtsprechung eben gewissermaßen mit dieser Unzulänglichkeit abfinden.

a.Rspr.

Die Rspr. sieht sich hier jedoch erneut vom Prozessrecht dirigiert[885]: Einerseits vermittle zwar § 261 StPO, dass die richterliche Überzeugung, also die subjektive Gewissheit über das Bestehen von Tatsachen – dem Kausalzusammenhang – genügen soll, andererseits könne aber der Grundsatz „in dubio pro reo" bloß wegen der in § 13 StGB vorausgesetzten Möglichkeit, ein Unterlassen zu bestrafen, in diesem Bereich nicht ad acta gelegt werden. Ist es dem Richter folglich nicht möglich, sich auch nur persönlich davon zu überzeugen, dass das Ausbleiben des Erfolges nur eine theoretische Alternative darstellt, kommt nur mehr eine Versuchsstrafbarkeit in Betracht[886], wenn der Täter im Bewusstsein um die (mögliche) Rettungschance sie dennoch nicht wahrnahm.[887].

Mit dieser Argumentation verkennt die Rspr. jedoch, dass hier im Gegensatz zur Produktkausalität nicht nur die prozessuale Feststellung einer tatsächlich geschehenen Gegebenheit Schwierigkeiten bereitet, sondern schon die materielle Definition wenig griffig ist[888], zumal sie dazu beitragen soll, gerade etwas Unwirkliches zu ermitteln. So hebt auch Roxin zu Recht hervor, dass das, was de facto nicht geschehen ist, nicht Gegenstand des Beweises sein und deshalb auch keine Beweisschwierigkeiten machen könne[889], durch die sich das Gericht mit der Unschuldsvermutung konfrontiert sehen könnte.

---

884 Dieser Begriff dient den Naturwissenschaften zur Bezeichnung von naturwissenschaftlichen Nachweisen, vgl. die Aussage von Prof. Dr.-Ing. Robert H. Schmucker der TU München.

885 Der BGH hebt hervor, dass die stereotyp verwendete Formel der „an Sicherheit grenzenden Wahrscheinlichkeit" nichts anderes als die „überkommene Beschreibung des für die richterliche Überzeugung erforderlichen Beweismaßes" bezeichnet, Nachweise bei Brammsen, Jura 1991, 533 (536). Auch Jakobs AT 29/19, verweist auf die prozessualen Ursprünge der Quasikausalität.

886 Für eine Vollendung begnügt sich die Rspr. allerdings bereits mit einer nur kurzfristigen (erweislichen) Erfolgsverzögerung, d.h. beispielsweise einer Lebensverlängerung um einige Stunden, vgl. BGH NStZ 1981, 218 (219).

887 So schon BGHSt 14, 282 (284). Das impliziert andererseits bei nur fahrlässiger Tätigkeit oder fehlender Versuchsstrafbarkeit einen Freispruch.

888 So auch Volk NStZ 1996, 105 (109).

889 ZStW 74, 411 (434).

b.Lehre

Deshalb plädiert eine beachtliche Zahl von Stimmen in der Literatur für eine Modifizierung des materiellen Kausalbegriffes zwischen Unterlassen und Erfolgseintritt[890]. Um diesen Schritt nachvollziehen zu können, bedarf es zunächst einer kurzen Auseinandersetzung mit der Kritik an der höchstrichterlichen Vorgehensweise.

(I)Kritik an der Rspr.

Strathenwerth[891] weist zunächst darauf hin, dass niemand im Rahmen der strafbaren Begehung die Haftung davon abhängig mache, dass der Täter eine Bedingung verwirklicht habe, die den Erfolg mit an Sicherheit grenzender Wahrscheinlichkeit eintreten ließe. Wesentlich sei allein, dass er durch sein Verhalten *eine* (Teil-)Gefahr geschaffen habe, die sich – wenn auch erst unter der Mitwirkung anderer Bedingungen – in der Schädigung auch tatsächlich realisiert habe[892]. Dafür spreche auch, dass es keine absolute Herrschaft über den Geschehensablauf gebe, sondern die Verantwortung nur für die *Gefahr* des Erfolgseintrittes übernommen werden könne. Nichts anderes könne aber für das strafbare Unterlassen gelten: Das vom Täter zu verantwortende Quantum an Gefahr – die unterlassene Risikoverminderung – gehe unabgrenzbar ein in das gesamte Gefährdungspotential, aus dem der Erfolg wachse[893]. Dann aber müsse schon die bloße Risikoerhöhung durch Nichtwahrnehmung einer Rettungschance genügen[894].

Schaffstein macht sich zur Begründung der „Risikoerhöhungslehre“ die Parallele zu den Fahrlässigkeitsdelikten zu Nutze[895]. Denn auch im Bereich der Fahrlässigkeit könne bei der notwendigen Verknüpfung zwischen Pflichtverletzung und Erfolg nicht von einer ontologischen Beziehung gesprochen werden, also einer „Ursächlichkeit im mechanisch-naturwissenschaftlichen Sinn“[896], sondern nur von einer Relation zwischen der Wertqualität des Verhaltens und einem als Unwert verstandenen Erfolg[897]. Die normative Beziehung resultiere stets aus der durch das sorgfaltswidrige Verhalten eingetretenen Erhöhung der Gefahr für

---

[890] Grundsätzlich ablehnend dagegen Schünemann StV 1985, 229 (232).

[891] FS für Gallas, S. 238.

[892] Das kommt gerade in der Äquivalenztheorie deutlich zum Ausdruck, vgl. schon oben § 4.C.I.2.d(II)(2)(b).

[893] Strathenwerth, FS für Gallas, S. 238; so schon Hardwig JZ 1968, 289 (292 Fn. 4); E.A. Wolff, S. 27.

[894] Stratenwerth, FS für Gallas, S. 237; ebenso im Ergebnis SK-Rudolphi, Vor § 13 Rdn. 16.

[895] FS für Honig, S. 172.

[896] So auch BGHSt 11, 1 (7).

[897] Schaffstein, FS für Honig, S. 173.

das Rechtsgut. Seine These baut vor allem auch auf der geringfügigen Unterscheidung von Begehen und Unterlassen in der Fahrlässigkeitsstrafbarkeit auf[898]. Er belegt das mit der „Ziegenhaar-Entscheidung" des RG: Ob die Desinfektion pflichtwidrig fehlerhaft oder aber überhaupt nicht vorgenommen wurde, kann rechtsethisch keinen Unterschied machen[899]. Und selbst wenn, wird dem schon durch das zusätzliche Erfordernis einer Garantenstellung und der Strafmilderungsmöglichkeit hinreichend Rechnung getragen. Darüber hinaus allein wegen der Unwägbarkeit, die mit der Feststellung der „Quasikausalität" verbunden sind, pauschal zu einem Freispruch zu gelangen, widerspräche doch jeglichem Gerechtigkeitsempfinden. Deshalb sei im Rahmen einer nachträglichen Prognose allein zu fragen, ob ohne die Pflichtwidrigkeit zumindest die *Chancen* für ein Ausbleiben der Schädigung erhöht worden wären.

Und Brammsen[900] meint schließlich, ein weiteres Argument für die Berechtigung der Risikoerhöhungslehre aus einer Inkonsequenz der Rspr. aufdecken zu können, die in einer Differenzierung zwischen dem (vorsatzabhängigen) Versuch und dem vollendeten Delikt augenscheinlich werde: Der BGH lasse im Versuchsbereich ausdrücklich die Möglichkeit einer Gefahrverringerung genügen, mit der Begründung, dort komme es ja auf den Kausal- bzw. Denkzusammenhang zwischen dem erwarteten Handeln und dem Erfolg nicht an[901]. Beim vollendeten Delikt will er demgegenüber an dem Erfordernis der an Sicherheit grenzenden Wahrscheinlichkeit festhalten. Da aber nach einhelliger Meinung der objektive Tatbestand den Bezugspunkt des Vorsatzes bilde, müsse sich der Vorsatz immer auch auf den Ursachenzusammenhang – im Unterlassensbereich eben zwischen unterlassener Rettungshandlung und eingetretener Rechtsgutsverletzung – beziehen[902]. Verlange nun die Rspr. im Rahmen des objektiven Tatbestandes eine an Sicherheit grenzende Wahrscheinlichkeit der Erfolgsverhinderung als Zurechnungselement, müsse auch dieses Element vom Vorsatz umfasst sein. Dann ließe sich ein Versuch aber nur bejahen, wenn sich der Unterlassende bewusst war, dass die von ihm erwartete Handlung den Erfolg mit jener hohen Wahrscheinlichkeit verhindern werde, andernfalls Tatentschluss und Vorsatz nicht mehr kongruent wären[903].

(II)Stellungnahme

Brammsen ist jedoch zunächst entgegenzuhalten, dass er bei seiner Argumentationsführung die Bedeutung des Eventualvorsatzes auch und gerade für

[898] Vgl. dazu schon oben § 5.A.II.

[899] Schaffstein, FS für Honig, S. 172 Fn. 11.

[900] MDR 1989, 123 (125).

[901] BGH bei Dallinger MDR 1966, 22 (24).

[902] So ausdrücklich Lackner/Kühl, § 15 Rdn. 23.

[903] Brammsen MDR 1989, 123 (126).

die Versuchsstrafbarkeit verkennt. Danach muss der Täter eines Versuches den Erfolgseintritt nur für möglich halten und sich mit diesem Ereignis – mag es ihm auch unlieb sein – gleichwohl abfinden. Dieser dolus eventualis spiegelt sich im Wissen über die bloße Erfolgswahrscheinlichkeit wider, zumal die Ungewissheit über die Rettungssicherheit regelmäßig nur Ausdruck menschlich beschränkter und unvollständiger Kenntnis von Naturgesetzen und den jeweils relevanten Antecedens-Bedingungen ist[904]. Der Entschluss des Täters, eine nur geringprozentige Erfolgsabwendung zu unterlassen, impliziert denn auch seine Bereitschaft, eine sichere Rettungsmaßnahme nicht wahrzunehmen[905].

Schaffstein mag demgegenüber zwar einige plausible Argumente auf sich vereinen. Dennoch erscheint er insoweit äußerst kritikwürdig, als er allgemein auf jegliche Kausalität verzichten und statt dessen allein mit Hilfe einer wertenden Zurechnung arbeiten will[906]. Die allgemeine Willkürlichkeit dieses Ansatzes wurde bereits dargelegt. Im Unterlassensbereich heben seine Gegner zusätzlich hervor, dass er durch den Verzicht auf eine Kausalität contra legem die Umwandlung von Verletzungs- in bloße Gefährdungstatbestände in Kauf nehmen will. Das verstößt nicht nur gegen den Grundsatz „in dubio pro reo", sondern auch gegen Art. 103 II GG[907].

Als Roxin im Jahre 1962 den Ursprung für eine Risikoerhöhungslehre legte, hatte er sich nur mit der Frage befasst, was zu gelten habe, wenn allgemein bei bloßer Fahrlässigkeit nicht mit an Sicherheit grenzender Wahrscheinlichkeit festgestellt werden konnte, dass der Schaden allein auf die Pflichtwidrigkeit zurückzuführen sei, sondern gleichermaßen auch bei rechtmäßigem Verhalten denkbar gewesen wäre[908]. Entscheidend war dabei für ihn, ob sich ex post mit dem fahrlässigen Handeln die Gefahr verwirklicht hatte, die der Gesetzgeber gerade nicht mehr im Rahmen des erlaubten Risikos hinzunehmen bereit war[909].

Will man nun diese dem Fahrlässigkeitsbereich entlehnte Überlegung allgemein auf die Unterlassensstrafbarkeit übertragen, weil ihre Grenzen nicht nur unter kriminalpolitischen Gesichtspunkten fließend sind, sondern dem Fahrlässigkeitsdelikt ja gerade selbst ein Unterlassensmoment innewohnt, das die Entscheidung für aktives Tun oder Unterlassen erheblich erschwert, muss man sich doch die gegenläufige Zielrichtung der hypothetischen Feststellung vergegenwärtigen[910]: Bei der Beachtlichkeit von Reserveursachen soll ihr nach festge-

---

[904] So insbesondere Schünemann StV 1985, 229 (232); Puppe ZStW 95, 287 (303).

[905] Schünemann StV 1985, 229 (232).

[906] Vgl. FS für Honig, S. 170.

[907] Insbesondere Ulsenheimer JZ 1969, 364 (368) und Samson, Hypothetische Kausalverläufe, S. 154ff.

[908] ZStW 74, 411ff; so auch Schünemann StV 1985, 229 (230).

[909] Roxin AT § 11 Rdn. 82.

[910] Roxin ZStW 74, 411 (438). Auch Heinitz JR 1959, 386 hebt die Unterscheidung hervor.

stellter Kausalität aus dem Gedanken der objektiven Zurechnung straf*ausschließende* Wirkung, im Rahmen der Unterlassungsdelikte dagegen straf*begründende* Wirkung zukommen[911]. Wenn sie gleichwohl zur Begründung der Unterlassenskausalität dienen soll, muss sie sich dann gleichfalls an den Vorgaben messen, die auch der Diskussion über die Beachtlichkeit hypothetischer Ursachen zuteil wird: Die Risikoerhöhungslehre baut stets auf einer bereits existenten Kausalität auf[912]. Von ihr kann immer nur dann gesprochen werden, wenn feststeht, dass der Erfolgseintritt durch die gewünschte Handlung unwahrscheinlicher geworden wäre bzw. sich in ihm ein anderes Risiko als das der Untätigkeit realisiert habe. Das verdeutlicht auch § 13 I StGB, der von Erfolgs*abwendung*, nicht nur *-erschwerung* spricht[913]. Die Risikotheorie darf stets nur kausalitätsergänzend, nie aber -ersetzend fungieren, weil sie andernfalls in der Tat mit dem Begriff der Erfolgsdelikte nicht vereinbar wäre[914]. Auch im Unterlassensbereich ist das Bestehen einer Gesetzmäßigkeit zwischen hypothetischem Eingriff und Erfolg unentbehrlich. Es müssen stets all die Fälle ausgeschieden werden, in denen sich – zur Not erst nachträglich[915] – herausstellt, dass der Rettungsversuch bereits untauglich für die Schadensverhinderung gewesen wäre, weil sich nämlich ein anderes Risiko, als das der Unterlassung verwirklicht. Das reduziert die Funktion der Risikoerhöhungslehre im Ergebnis darauf, diese festgestellte Untauglichkeit nur zu unterstreichen, weil das Unterlassen einer derartigen Rettungshandlung gewiss die Wahrscheinlichkeit des Erfolgseintrittes nicht erhöht haben kann. Dann ist bei entsprechendem Vorsatz eben nur mehr der (untaugliche) Versuch denkbar[916].

(III)Zusammentreffen mit weiteren Wirkungsfaktoren

Gleichwohl darf nicht übersehen werden, dass es auch Fallgestaltungen gibt, in denen eine Maßnahme zwar nicht immer, aber doch mehr als einmal den Erfolgseintritt verhindert hätte. Diese Unstetigkeit kann die verschiedensten Ursachen haben, beispielsweise das Mitwirken weiterer Faktoren aus der Umwelt, die besondere Disposition des Opfers etc..

Am besten veranschaulicht das die Medizin: Bei einem Patienten führt die nach den Regeln der ärztlichen Kunst durchgeführte Operation zur Gesundung, bei einem anderen dagegen zu keinerlei Besserung, ohne dass erkennbar wäre, worauf der unterschiedliche Ausgang zurückgeführt werden könnte. Er wird sich letztlich nur mit der Unergründlichkeit der menschlichen Psyche erklären lassen. Trotz dieser latenten Unwirksamkeit des operativen Eingriffs würde es aber jeglicher Vernunft widerstre-

---

[911] Das ist der wesentliche Unterschied zwischen der Ansicht Roxins und der Schaffsteins.

[912] Siehe dazu schon oben § 4.C.I.2.e(II).

[913] So auch die Kritik Schünemanns StV 1985, 229 (232).

[914] Kuhlen NStZ 1990, 566 (569 Fn. 61) und Schünemann StV 1985, 229 (230 u. 232).

[915] Darauf nimmt auch Puppe JR 1992, 30 (33), indirekt Bezug.

[916] Ebenso BGH StV 1985, 229.

ben, ihn zu unterlassen, weil schließlich durchaus gewissen Heilungschancen bestehen.

Das Besondere an diesen Konstellationen liegt darin, dass zumindest anhand der gelegentlich positiven Auswirkungen ein gesetzmäßiger Zusammenhang festgestellt werden kann. Wenn auch im Einzelfall die besonderen Umstände der geforderten Handlung im Ergebnis das Gegenteil attestieren, so hätte ihre Durchführung jedenfalls dazu geführt, dass sich nunmehr definitiv nur ein anderes Risiko, beispielsweise die Prädisposition des Verbrauchers, in seiner Rechtsgutverletzung niedergeschlagen hätte.

Hier aber nimmt schließlich das Strafprozessrecht der Risikoerhöhungslehre ihre Bedeutsamkeit: Mag auch ex ante eine gewisse Relation zwischen Unterlassung und Erfolg nicht geleugnet werden können, deren Erfolglosigkeit durch die Untätigkeit des Angeklagten gerade nicht zum Vorschein gekommen ist, kann es nicht seine Aufgabe sein, sich durch entsprechende Nachweise über einen potentiell negativen Verlauf entlasten zu müssen, um dem Gericht aufzuzeigen, dass sich letztlich nur andere Ursachen verwirklicht hätten[917].

(IV)Der Erfolg in seiner konkreten Gestalt

Bleibt die Frage, ob die Lehre vom Erfolg in seiner konkreten Gestalt an dem Ergebnis noch etwas ändern kann. Danach sind bei der Ermittlung des gesetzmäßigen Zusammenhanges alle zu ihm hinführenden Zwischenglieder mit einzubeziehen[918], also auch die potentielle Rettungshandlung. Hierauf nimmt insbesondere Rudolphi Bezug[919]: Es mache einen Unterschied, ob sich durch die unterlassene Risikominderung der Kausalverlauf ändere oder nicht. Vermag die Unterlassung jedenfalls das, dann sei der Erfolg auch durch sie gekennzeichnet. Die gebotene Gefahrverringerung gebe nämlich den Ausschlag, dass sich in dem Schaden allenfalls eine andere Gefahr verwirklichen könne, als die, die der Garant zu beseitigen verpflichtet ist.

Zunächst einmal darf jedoch nicht übersehen werden, dass dieses Rechtsinstitut einige Kritik erfahren hat[920]: Für die Begehungsdelikte wird vor allem angeführt, dass die Ausgestaltung des konkreten Erfolges in den Händen des Rechtsanwenders liege[921], der das Ausmaß der Detaillierung bestimmen könne[922] und damit den Bereich methodisch gesicherten Argumentierens verlasse[923]. Die

---

[917] So im Ergebnis auch Schünemann StV 1985, 229 (232).

[918] Vgl. zur h.M. Roxin AT § 11 Rdn. 20.

[919] SK, Vor 13 Rdn. 16a.

[920] U.a. Puppe ZStW 92, 863 (870ff) und Hilgendorf GA 1995, 515ff.

[921] So Hilgendorf GA 1995, 515 (521 u. 533).

[922] Das erkennt auch Schumann StV 1994, 106 (110), der von erfolgsnahen bzw. –fernen Gliedern spricht.

[923] Hilgendorf NStZ 1994, 561 (566).

Kausalzurechnung wäre vielmehr manipulierbar, wenn in die Bestimmung eines zu erklärenden Erfolges einbezogen würde, was auch ohne dieses Verhalten kausal erklärt werden könne[924]. Ein „Erfolg in seiner konkreten Gestalt" existiere so gar nicht[925]. Denn dem Tatbestand ließen sich – gerade im Fall schlichter Erfolgsdelikte – keinerlei klare Kriterien entnehmen, welche Umstände zu seiner Beschreibung im Einzelfall berücksichtigt werden dürften und welche nicht[926]. Auch die Bedingungsformel, der allgemeine Sprachgebrauch und die juristischen Auslegungsmethoden seien hierfür völlig unergiebig. So sei beispielsweise in §§ 223, 229 StGB nirgends von einem Rückruf oder Beschluss die Rede[927]. Maßgeblich seien deshalb allein – wie auch die Lehre von der gesetzmäßigen Bedingung fordere –, dass sich an eine Handlung *tatsächlich* zeitlich nachfolgende, nachteilige[928] bzw. die Rechtsgutsverletzung fördernde[929] Veränderungen in der Außenwelt angeschlossen hätten[930].

Dabei wird aber verkannt, dass dies letztlich zu einer Aufgabe der Bedingungsformel führt und die Rückkehr zu einem juristischen Kausalbegriff[931] eröffnet[932]. Entscheidend ist m.E. auch, dass hierdurch ohne ersichtlichen Grund[933] Kausalität als erster Filter und objektive Zurechnung als wertende Einschränkung vermischt werden[934].

Im Rahmen der Unterlassungsdelikte muss jedoch insoweit eine Einschränkung gemacht werden, als hier in besonderem Maße auch der *Sinn* der Erfolgsabwendungspflicht des § 13 I StGB in die Betrachtung mit einzufließen hat: Der Garant soll die Gefahr nicht um seiner selbst willen manipulieren, sondern um ein strafrechtlich geschütztes Rechtsgut vor deren Verwirklichung bewahren. Dann kann er aber nicht die bloße Auswechslung verschiedener Arten der gleichen Rechtsgutverletzung zu verantworten haben, sondern nur die Rechtsgutver-

---

[924] Puppe ZStW 92, 862 (910).

[925] Puppe ZStW 99, 595 (597).

[926] Hilgendorf GA 1995, 515 (522).

[927] Hilgendorf NStZ 1994, 561 (566).

[928] So allerdings nur NK-Puppe, Vor § 13 Rdn. 75.

[929] Hilgendorf GA 1995, 515 (532).

[930] Hilgendorf GA 1995, 515 (525).

[931] Gegen ihn wurde vor allem vorgebracht, dass er von einer Fülle von juristischen Vorentscheidungen geprägt war und seine Unterscheidungen logisch kaum mehr durchgeführt werden konnten, vgl. dazu Roxin AT § 11 Rdn. 6.

[932] Roxin AT § 11 Rdn. 21.

[933] So auch Jakobs AT 7/17.

[934] Roxin AT § 11 Rdn. 20, betont einmal mehr, dass Kausalität zwar die erste, nicht aber eben die einzige Zurechnungsvoraussetzung sei.

letzung, wie sie als solche abstrakt von der Strafvorschrift verpönt sei[935]. Und wenn seine ihm mögliche Rettungshandlung das sowieso nicht hätte unterbinden können, kann ihm auch nicht die Existenz anderer, zeitgleicher und ausschlaggebender Faktoren vorgeworfen werden.

c.Zwischenergebnis

Als Ergebnis ist damit festzuhalten, dass die Anwendung der Risikoerhöhungslehre niemals über das Gebot einer gesetzmäßigen Verknüpfung hinweghelfen kann, sondern allenfalls zu ihr ergänzend und unterstützend hinzutritt. Und der naturgesetzliche Zusammenhang – die Kausalität im engeren Sinne – muss nach den gängigen Regeln des Prozessrechts nachgewiesen werden. Das aber wird den Gerichten nur dort gelingen, wo vergleichbare Situationen, die sich mit der zu überprüfenden Konstellation in nichts unterscheiden, eine Relation zwischen Unterlassen und Erfolg bereits mehrfach und vor allem stets aufgezeigt haben. Sobald intervenierende Faktoren nicht ausgeschlossen sind oder aber es an älteren gleichlaufenden Fallgestaltungen fehlt, bleibt ihnen der Nachweis verschlossen. Vor diesem Hintergrund gilt es nun die Argumentationsführung des BGH in seinen produktbezogenen Entscheidungen zu untersuchen.

2.In der Produktkriminalität

Im „Lederspray-Verfahren" hat der BGH zunächst für die Unterlassenskausalität der relevanten Erfolgsabwendungspflichten – nachträgliche Warnung oder Rückruf – drei Prüfungsschritte unterschieden[936], nämlich das Zustandekommen der Rückrufaktion[937], das (rechtzeitige) Erreichen des Händlers[938] bzw. des Verbrauchers[939] und schließlich das Befolgen des Rückrufes durch diese.

a.Notwendiges Mitwirken von Händlern und Verbrauchern

Besondere Aufmerksamkeit verlangt die dritte Stufe: Danach bedarf die Abwehr des Erfolges regelmäßig der Mithilfe des andernfalls Geschädigten[940].

---

[935] So Wessels/Beulke AT Rdn. 712, und Schünemann StV 1985, 229 (230). Bei der Prüfung der Unterlassenskausalität ist selbst die Rspr. nicht immer konsequent, so beispielsweise BGH bei Dallinger MDR 1971, 361/362.

[936] BGHSt 37, 106 (127); so auch Hilgendorf NStZ 1994, 561.

[937] Dieses Problem stellt sich jedoch erst auf der zweiten Stufe, da es die Frage der internen Zuständigkeit betrifft.

[938] In der „Lederspray-Entscheidung" waren nur Produkte betroffen, die zwar schon den Händler, nicht aber den Verbraucher erreicht hatten, BGHSt 37, 106 (114).

[939] Demgegenüber ging es in der Entscheidung des OLG Karlsruhe, NJW 1981, 1054, um den Rückruf gegenüber den Verbrauchern.

[940] Vgl. schon zur mittelbaren Täterschaft hierdurch oben § 5.A.III.5; allgemein zur mittelbaren Risikoschaffung Schönke/Schröder/Lenckner, Vor § 13 Rdn. 101ff.

Dann aber bleibt die Frage, ob ein aufklärungsgerechtes Verhalten der Bürger unterstellt werden darf oder aber die abstrakt gebotene Handlung ihre Wirkung verfehlt hätte[941]. Von der Lehre werden hierzu alle Denkmöglichkeiten vertreten:

Nach Brammsen[942] soll die faktische Wirksamkeit der auf einen Rückruf fehlerhafter Erzeugnisse gerichteten gegenseitigen Erwartungsbeziehung in der Realität des sozialen Alltagslebens nahezu weltweit nachweisbar sein. Die Mitglieder der Rechtsgemeinschaft würden heute die Beachtung und Befolgung dieser Verhaltenserwartung als sicheren und determinierten Faktor bei der Ausgestaltung ihres alltagsüblichen Verhaltens voraussetzen[943]. Demgegenüber bezeichnet Bock[944] die tatsächlichen Rücklaufquoten als gering. Otto[945] und Eichinger[946] gehen selbst bei lebensgefährlichen Produkten von einer Erfolgsquote von maximal 50% aus: Die *aller* Erfahrung widersprechenden Zusammenhänge zwischen Rückruf oder Warnung und Erfolgsverhinderung hätten daher einer besonderen Begründung bedurft[947].

b.Auswertung des Meinungsstandes

Im Rahmen des gerichtlichen Verfahrens verlangt § 261 StPO, dass der Tatrichter von der Existenz eines den Zusammenhang tragenden Kausalgesetzes überzeugt ist[948]. Das impliziert, dass es eine derart naturgesetzliche Verknüpfung überhaupt geben kann. Deshalb muss man sich vor der oben diskutierten Frage nach dem erforderlichen Grad der Gewissheit zunächst damit auseinandersetzen, ob es für menschliches Verhalten überhaupt solche Kausalgesetze nach dem Prinzip „Immer wenn A, dann B“ gibt. Das ließe sich nur dann bejahen, wenn

---

941 Dies entspricht dem von der Rspr. im Bereich der fahrlässigen Begehungsstrafbarkeit unter dem Stichwort „Rechtlicher Ursachenzusammenhang“ geprüften rechtmäßigen Alternativverhalten. Im Rahmen der Unterlassungsdelikte lässt sich diese Abstufung jedoch regelmäßig nicht konsequent einhalten: Bereits das Wahrscheinlichkeitsurteil kann schließlich nur bejaht werden, wenn der Erfolg bei Vornahme der geforderten Handlung entfallen wäre. Rechtmäßiges Alternativverhalten, das ebenfalls den Erfolgseintritt herbeigeführt hätte, kann es denknotwendig nicht geben, fehlt ihm doch schon die Tauglichkeit zur Erfolgsabwendung.

942 GA 1993, 97 (118).

943 Auffällig zeige dies nicht nur die große Anzahl der in den letzten Jahrzehnten durchgeführten Rückrufaktionen, sondern auch die beständig anwachsende Zahl einschlägiger zivilrechtlicher Entscheidungen im In- und Ausland; anders noch ders., Entstehungsvoraussetzungen, S. 275.

944 S. 191.

945 WiB 1995, 929 (933).

946 S. 201; ebenso Ransiek, Unternehmensstrafrecht, S. 20.

947 Otto WiB 1995, 929 (933).

948 Hier macht es sich der BGH leicht, in dem er auf die Irreversibilität der Beweiswürdigung verweist, nachdem er das Bestehen eines Kausalzusammenhanges schlicht dem Gebiet der Tatsachenfeststellung zuordnet, ohne auf die sonst üblicherweise angestrengte Orientierung an den Denk- und Erfahrungsgesetzen überhaupt nur einzugehen, vgl. BGHSt 37, 106 (127). Insbesondere Samson StV 1991, 182 (183), hebt diese Unvollständigkeit hervor.

menschliches Handeln allgemein voraussehbar wäre. Menschliches Verhalten fällt aber geradezu als typisches Beispiel in den Bereich des Nichtdeterministischen, in welchem stets nur mit Wahrscheinlichkeiten operiert werden kann[949] – besonders in einer freiheitlichen, von Selbstverantwortung, aber auch Selbstbestimmung gezeichneten Gesellschaft[950]. Hinzukommen gerade bei der öffentlich ausgesprochenen Warnung u.U. sprachliche Schwierigkeiten und Verständnisprobleme, die nicht zwangsläufig zu Lasten des Unternehmens gehen müssen[951]. Schon das LG Aachen hatte deshalb im „Contergan-Beschluss" die Möglichkeit erwogen, dass es durchaus denkbar ist, dass der Konsument den Warnhinweis eines für ihn anonymen Produzenten unberücksichtigt lässt[952].

Einen Ausweg könnte allenfalls ein dieses Verhalten in eine bestimmte Richtung regelndes Gesetz bieten. Soweit es jedoch in der Produktkriminalität um Rückruf gegenüber Verbrauchern geht, hilft auch das nicht weiter: Zwar entspricht die Befolgung einer solchen Warnung wegen potentieller Gesundheitsverletzungen weit mehr den Interessen der Verbraucher. Ihnen geht es schließlich im Gegensatz zu den Händlern um den Schutz ihrer körperlichen Integrität und nicht um ein Streben nach finanziellem Erfolg[953]. Anders als die Händler[954] trifft die Verbraucher aber lediglich eine *Obliegenheit* zur Wahrung ihrer eigenen Angelegenheiten mit der schlichten Folge eines Rechtsverlustes und keine strafrechtlich sanktionierte *Pflicht*[955]. Und schließlich fehlt es außerdem schon wie so häufig an entsprechenden, richtungsweisenden Rechtsregeln[956]. Dann kann schließlich nur eine Vermutung für aufklärungsgerechtes Verhalten sprechen.

Es muss deshalb mit Puppe festgehalten werden, dass es hier gar nicht etwa „nur" um Beweisschwierigkeiten bei der Ermittlung gültiger Kausalgesetze bzw.

---

[949] Schünemann StV 1985, 229 (230), hebt hervor, dass hierdurch nicht die Berechtigung der Risikoerhöhungslehre bestätigt wird, sondern lediglich naturalistische Versatzstücke kompromittiert werden.

[950] Brammsen, GA 1993, 97 (98). Das allgemeine Persönlichkeitsrecht verbietet geradezu, dem Opfer ein entsprechendes Handeln vom potentiellen Täter zu oktroyieren.

[951] Schmidt-Salzer, Produkthaftung, Rdn. 1.472.

[952] JZ 1971, 507 (517).

[953] Letzteres übersieht der BGH, wenn er die tatrichterlichen Feststellungen in dieser Richtung unbeanstandet lässt, vgl. BGHSt 37, 106 (128).

[954] Vgl. die Entscheidung des OLG Karlsruhe NJW 1981, 1054.

[955] Und bei den Händlern darf schließlich nicht übersehen werden, dass sie neben den Herstellern ein eigenwirtschaftliches Interesse gegenüber ihren Kunden verfolgen, weshalb ihre Reaktion keineswegs mit an Sicherheit grenzender Wahrscheinlichkeit vorherzusehen ist. Deshalb geht auch die Argumentation Kuhlens NStZ 1990, 566 (569), fehl, der BGH hätte im „Lederspray-Fall" von den Herstellern nur verlangt, die Händler zu erreichen, deren Verhalten sehr viel leichter – auch hypothetisch – prognostizierbar gewesen wäre als das der Verbraucher.

[956] So auch Eichinger, S. 202.

ihrer tatsächlichen Voraussetzungen, sondern um das schlichte Fehlen strikter Kausalgesetze geht[957], weshalb auch die Anwendung von Prozessregeln wie „in dubio pro reo“ hier verfehlt ist[958]. Zwar könnte vielleicht eine hohe Wahrscheinlichkeit für das Ausbleiben des Erfolges sprechen[959]. Weil aber gerade auch im Unterlassungsbereich das Bestehen einer gesetzmäßigen Bedingung unabkömmlich ist und eine solche bei willkürlichem, vom Willen getragenen Verhalten Dritter nicht existiert, kann aber die Risikoerhöhungslehre – richtig verstanden – nicht weiterhelfen[960].

c.Zwischenergebnis

Das bedeutet schließlich, dass der BGH im „Lederspray-Verfahren“ konsequenterweise zu einem Freispruch hätte gelangen müssen[961], weil auch der für einen Versuch erforderliche Vorsatz nicht gegeben war – zumal bei einem derart kontroversen Meinungsstand über die Erfolgswirksamkeit von Warnung und Rückruf!

II.Objektive Zurechnung

Schließlich muss jeder Kausalitätsprüfung auf der zweiten Stufe noch eine normative Betrachtung über die Gerechtigkeit des Ergebnisses nachfolgen. Ihr haben sich die Vertreter einer objektiven Zurechnung verschrieben. Die Rspr. verzichtet zwar gerade bei Fahrlässigkeitsdelikten auf eine exakte Trennung zwischen Kausalität im Sinne einer ursächlichen Bedingung und der normativen Erfolgszurechnung, weil die Feststellung von vornherein wertend im Rahmen eines sog. rechtlichen Ursachenzusammenhanges erfolgen soll[962]. Damit gerät sie aber leicht in die Kritik einer bloßen Einzelfallgerechtigkeit, die objektiv nachvollziehbarer Entscheidungskriterien entbehrt[963].

So hat auch das LG Aachen im „Contergan-Verfahren“ erkannt, dass die Ordnungsmäßigkeit einer pharmakologischen und klinischen Prüfung bezüglich der fehlenden

---

[957] Puppe JR 1992, 30 (31 Fn. 9).

[958] Demgegenüber Niklaus Schmid, FS für Max Keller, S. 657, der sich bei Fehlen von Kausalgesetzen für Warnung und Rückruf mit der anderweitigen Tatsachenfeststellung behelfen will.

[959] Denn ex post gesehen, hätte die Warnung dem Geschehen einen anderen Verlauf gegeben. Die Schädigung wäre allein auf das pflichtlose Konsumentenverhalten zurückzuführen gewesen.

[960] So aber letztlich das LG Frankfurt im „Holzschutzmittel-Verfahren“, Schmidt-Salzer, ES IV.3.31 (11), das sich ohne nähere Begründung für überzeugt hält, dass die Geschädigten sofort auf Hinweise der Angeklagten reagiert hätten. Diese Behauptung kann jedoch letztlich nur auf Opferaussagen in der mündlichen Verhandlung beruhen, aus denen aber nicht ex post auf ein Verhalten im maßgeblichen Zeitpunkt geschlossen werden darf.

[961] A.A. dagegen Kuhlen, Fragen, S. 56 Fn. 121.

[962] Vgl. BGHSt 11, 1 (7); 33, 61 (64).

[963] Auf die Gefährlichkeit dieses Vorgehens weist auch Roxin AT § 11 Rdn. 9, hin.

Ursächlichkeit dahinstehen konnte, da die Sachverständigen ausgeführt hatten, selbst eine ordentliche und gewissenhafte klinische Analyse von Thalidomid hätte das Auftreten von Polyneuritiden nicht notwendigerweise erkennen lassen[964]. Gleichwohl hat es einen relevanten Sorgfaltsverstoß der Angeklagten angenommen[965].

Die verschwommene Linie der Rspr. versperrt auch oft den Blick dafür, dass die Lehre von der objektiven Zurechnung immer auf der vorherigen Erweislichkeit eines Kausalzusammenhangs aufbaut. Konnte also eine Unterlassenskausalität trotz aller ihrer Widrigkeiten festgestellt werden, können dann natürlich diese Schwierigkeiten nicht mehr als zurechnungseinschränkend angeführt und überprüft werden.

Bsp.: Die Ermittlung des Ursachenzusammenhangs zwischen Warnung und entsprechendem Verbraucherverhalten hakt an deren Willkürlichkeit. Geht man entgegen der hier vertretenen Auffassung gleichwohl von einer nachweisbaren Naturgesetzlichkeit aus, kann nicht nachträglich entgegengehalten werden, dass der Erfolg u.U. auch dann ausgeblieben wäre, wenn der Hersteller die Warnung tatsächlich ausgesprochen hätte[966], weil dieser Einwand hypothetischer Schadensursachen, hier die Eigensinnigkeit der Konsumenten, bei jeder auf der reinen Risikoerhöhungslehre basierenden Kausalitätsfeststellung vorgebracht werden könnte[967].

Das zeigt einmal mehr, dass in einem derart komplexen und oftmals stark verwobenen Bereich wie der Produktverantwortung es umso ratsamer ist, den Zweischritt konsequent durchzuhalten.

1.Schutzzweck des Handlungsgebots

Strafbar kann immer nur die Verwirklichung eines Risikos sein, das innerhalb des Schutzbereiches der verletzten Sorgfaltsnorm liegt[968]. Die Lösung dazu ist der Schutzzwecklehre[969] zu entnehmen[970]. Im Unterlassensbereich stellt sich dieses Problem in besonderem Maße, weil schon bei der Begründung der Rechtspflicht zum Handeln eine Wertung angezeigt ist, die sich auch am Schutz des verletzten Rechtsguts auszurichten hat[971].

Das Handlungsgebot ist auf die Verhinderung eines Erfolges gerichtet, d.h., es geht davon aus, dass sich ohne die Handlung das Risiko verwirklicht, das die

[964] JZ 1971, 507 (514).

[965] JZ 1971, 507 (516/517).

[966] Zum sog. Rechtmäßigen Alternativverhalten sogleich.

[967] Das zeigt einmal mehr die Schwäche einer umfassenden Risikoerhöhungslehre.

[968] Schünemann StV 1985, 229 (231).

[969] Roxin, FS für Honig, S. 140/141, sieht ihre spezifische Funktion allerdings begrenzt auf Fälle, bei denen der Erfolg als Auswirkung einer nirgends gestatteten Risikosetzung eintritt, gleichwohl aber nicht zugerechnet werden soll, weil der Gesetzgeber den Handelnden dafür nicht verantwortlich machen will.

[970] Allgemein dazu Schönke/Schröder/Lenckner, Vor § 13 Rdn. 95, und Köhler IV. 2.6.

[971] Vgl. SK-Rudolphi, § 13 Rdn. 20, und auch Braun KritV 1994, 179 (186).

Norm gerade bezweckt, zu vermeiden[972]. Dann aber fragt sich, ob im Rahmen der unechten Unterlassungsdelikte wegen § 13 I StGB überhaupt noch ein Bedürfnis für das wertende Kriterium der objektiven Zurechnung bestehen kann oder aber in der Bestimmung der Garantenstellung aufgeht[973]: Das Handlungsgebot entspringt der Garantenstellung nicht um seiner selbst willen, sondern um ihr gerecht zu werden. M.a.W: Die Garantenstellung ist nur deswegen gegeben, weil der Täter für das Ausbleiben des Erfolges zu sorgen hat. So normiert es § 13 I StGB. Wenn der Erfolg dann aber eintritt, den der Täter aufgrund seiner Garantenstellung zu vermeiden gehabt hätte, ist ihm dieser auch zuzurechnen. Doch muss insoweit zwischen dem Verhalten und dem Erfolg differenziert werden[974]:

Die Verhaltenszurechnung baut auf der Unterscheidung zwischen bloßem Nichtstun und strafrechtlich relevantem Unterlassen auf, die durch die schlichte Handlungs*möglichkeit* gekennzeichnet ist. Die Erfolgszurechnung ist dagegen für die Bestimmung des Handlungs*inhalts* entscheidend. „Während etwa die Feststellung einer „gewillkürten" Körperbewegung lediglich den Schluss auf das Vorliegen einer beliebigen, inhaltlich unbestimmbaren und insoweit abstrakten „Handlung an sich" gestattet, setzt die Bejahung einer konkreten „Tötungshandlung" die Zurechnung eines Todeserfolges voraus."[975]

Zur Verdeutlichung der Überschneidung von objektiver Zurechnung und Garantenstellung sei auf die Ingerenz hinzuweisen: Wenn die Gefahr Folge des allgemeinen Bestandsrisikos ist und sich nicht durch Vermeiden der Vorhandlung planvoll steuern lässt – also die Zurechnung zwischen Erfolg und Vorverhalten scheitert –, fehlt es schon an einer solchen Garantenstellung[976]. Der Täter ist nicht zur Verhinderung eines Erfolges verpflichtet, der unabhängig von seinem vorangegangenen Tun eintritt. Es fehlt der den Fahrlässigkeitsdelikten entlehnte Pflichtwidrigkeitszusammenhang, verstanden als Zusammenhang zwischen Pflichtverletzung und missbilligtem Erfolg[977].

Arzt verdeutlicht den Gefahrzusammenhang im Rahmen der Ingerenz durch folgendes Beispiel[978]: Wenn ein Kfz-Fahrer unter Einhaltung der Verkehrsregeln, aber mit einem nicht versicherten Pkw einen Fußgänger, der ihm objektiv ganz unvorhersehbar ins Auto gelaufen ist, anfährt, handelt er zwar pflichtwidrig und mit Blick auf Schadensersatzansprüche des Unfallopfers außerordentlich riskant. Dennoch kann

---

[972] Jakobs AT 29/22.

[973] Ablehnend insoweit Arzt JA 1980, 553 (554): Die Garantenstellung übernehme allein die Begrenzungsfunktion, die ansonsten der *Kausalitätsprüfung* überbürdet sei.

[974] So vor allem Roxin, FS für Honig, S. 146.

[975] Roxin, FS für Honig, S. 146.

[976] Jakobs AT 29/39.

[977] Dazu Strathenwerth, FS für Gallas, S. 230.

[978] JA 1980, 712 (715).

sich daraus auch mit Eintritt des Unfalles keine Erfolgsabwendungspflicht für Leib/Leben des Verletzten ergeben, denn die Pflicht zur Versicherung diente nicht der Verhinderung von Körperverletzungen, sondern zur schnellen unbürokratischen Schadensabwicklung. Die Pflichtwidrigkeit des Vorverhaltens hat sich folglich nicht in dem verpönten Erfolg niedergeschlagen.

Deshalb muss abschließend in jedem Einzelfall die Prüfung erfolgen, ob die die Pflichtwidrigkeit anordnende Norm auch den Schutz des verletzten Rechtsgutes im Auge hatte.

Wenn eine DIN-Norm bestimmte Inhaltsstoffe eines Ledersprays im Hinblick auf deren Gesundheitsschädlichkeit verbieten würde, könnte der Verbraucher nicht hierauf gestützt Schäden an seinem Schuhwerk oder seiner Arbeitskleidung geltend machen, weil die Wirkstoffe zudem das Leder etc. über die Maßen angegriffen hätten. Das Unterbinden derartiger Eigentumsverletzungen war nicht im Zielrohr dieser Sorgfaltsregeln.

2.Die Relevanz hypothetischer Schadensursachen bzw. rechtmäßiger Verhaltensalternativen[979]

Häufig macht der Angeklagte geltend, der Erfolg wäre gleichermaßen auch ohne sein oder jedenfalls bei pflichtgemäßem Verhalten eingetreten, weil die Rechtsgutverletzung schon unabhängig davon vorprogrammiert war[980].

Ein Beispiel liefert die „Lastwagen-Entscheidung“[981]: Ein Lkw-Fahrer hatte einen Radler mit zu geringem Abstand überholt und dabei tödlich verletzt. Wegen der starken Alkoholisierung des Radfahrers war jedoch äußerst unsicher, ob das Einhalten des nach der StVO gebotenen Sicherheitsabstandes den Unfall verhindert hätte[982].

a.Grundsätzliche Unbeachtlichkeit

Die h.M.[983] verneint allgemein die Beachtlichkeit hypothetischer Ersatzursachen[984]. „Der tatsächliche Verlauf der Willensbildung verliert sein Dasein nicht dadurch, dass an seine Stelle ein anderer getreten wäre, aber nicht getreten

---

[979] Das rechtmäßige Alternativverhalten unterscheidet sich von der hypothetische Schadensursache dadurch, dass hier keine wirklich bereitstehende, sondern nur eine erdachte Ersatzkausalität überprüft werden kann, so dass sie mit einem zusätzlichen Wagnis, vergleichbar der Ursachenfeststellung des Unterlassens, behaftet ist.

[980] Struensee GA 1987, 97 (103/104), sieht in dem rechtmäßigen Alternativverhalten regelmäßig nur einen Unterfall der Schutzzwecklehre: Die Bildung der Sorgfaltsnorm, deren Zweck gerade in der Verhinderung des konkreten Erfolges besteht, rekurriert zwangsläufig nur auf ein rechtswidriges Verhalten, indem es den Ausschnitt des Kausalgesetzes bestimmt, dem der Bezugsgegenstand sorgfaltswidriger Handlung entnommen werden muss.

[981] BGHSt 11, 1ff.

[982] BGHSt 11, 1 (7).

[983] Vgl. statt vieler Schönke/Schröder/Lenckner, Vor § 13 Rdn. 97 m.w.N.

[984] Vgl. Roxin AT § 11 Rdn. 52ff.

ist.“[985] Diese Ansicht stützt sich auch darauf, dass wohl regelmäßig eine nicht mal völlig fernliegende Reserveursache denkbar oder zumindest konstruierbar ist[986] und damit letztlich die Kausalität immer nachträglich wegdiskutiert werden könnte.

Indes basiert die Fahrlässigkeitsstrafbarkeit auf der Pönalisierung einer Rechtsgutverletzung durch eine Sorgfaltswidrigkeit[987]. Ein Handeln, das auch bei Anwendung der erforderlichen Sorgfalt den Erfolg verursacht hätte, kann aber eigentlich schon nicht sorgfaltswidrig sein. Gleiches gilt für die Erfolgsabwehr, die den Erfolg gar nicht abzuwenden vermag. Ihr fehlt es an der *Pflicht* zu einem entsprechenden Verhalten.

Kaufmann[988] will deshalb diese Fälle dadurch lösen, dass er der Handlung zwar nicht den Aktunwert, aber doch den Erfolgsunwert abspricht und folglich nur bei Vorsatz die Möglichkeit einer Versuchsstrafbarkeit verbleibt.

Dagegen führt aber Roxin[989] ein anschauliches Gegenbeispiel an: Mit Kaufmann dürfte man Sterbenskranke ohne weiteres fahrlässig töten, obwohl das Recht jeden Lebensaugenblick schützt und deshalb jede Lebens*verkürzung* unter allen Umständen bestrafen muss. Die reine Fahrlässigkeit verwehrt aber gerade einen Rückgriff auf den Versuch.

Ein zweiter Weg wäre auch, dass man die Rechtfertigung derartiger Sorgfaltsmaßstäbe oder Handlungsgebote überhaupt anzweifelt. Doch das würde zu weit führen: Die gesetzlich normierten Sorgfaltsmaßstäbe – d.h. Unfallverhütungsvorschriften wie die StVO oder technische Regelwerke wie die DIN-Normen – sind immer das Produkt einer Abwägung zwischen den Verkehrserfordernissen und den individuellen Schutzbelangen[990]. Sie wurden und werden geschaffen, um ein geordnetes Zusammenleben auch in einer hochtechnologisierten Welt zu ermöglichen. Ihr vorschnelles Übergehen widerspräche deshalb nicht nur der rechtsstaatlich notwendigen Erwartungssicherheit, sondern auch dem Prinzip der Gewaltenteilung, weil es dem Gesetzgeber überlassen bleiben muss, die Grenzen des erlaubten Risikos zu postulieren.

b.Risikoerhöhungslehre

Einen plausiblen Ausweg aus dem Dilemma hat schließlich Roxin mit Hilfe seiner Risikoerhöhungstheorie gefunden. Er will allein ausreichen lassen, dass

---

985 Vgl. BGH bei Dallinger MDR 1958, 139 (140), ebenso im Ergebnis BGHSt 37, 106 (128); zustimmend Heinitz JR 1959, 386 (387), allerdings ohne die Einschränkung auf innere Vorgänge.

986 BGH MDR 1953, 20.

987 Arzt JA 1980, 712 (714).

988 FS für Eb. Schmidt, S. 230.

989 AT § 11 Rdn. 58.

990 Roxin ZStW 74, 411 (433).

sich in dem Erfolg eine Steigerung gegenüber dem vom Gesetzgeber im Rahmen der Sorgfaltsmaßstäbe normierten erlaubten Risiko verwirklicht hat[991] und den Grundsatz „in dubio pro reo" allenfalls dann anwenden, wenn die Risikoerhöhung zweifelhaft ist[992].

Damit verneint grundsätzlich auch er im Ergebnis die Relevanz reiner Schadenshypothesen, allerdings mit der Einschränkung, dass sich in dem Erfolg gerade das der Handlung anhaftende Risiko niedergeschlagen haben muss[993]. Um das zu ermitteln, müssen zwar zunächst auch solche Umstände betrachtet und gegebenenfalls ausgeschlossen werden, die gleichfalls schadensursächlich gewesen sein können[994]. Gleichwohl nimmt er damit die notwendige Abwägung vor, in die sowohl einfließt, dass der Erfolg immerhin kausal auf das Verhalten zurückzuführen ist, als auch, dass ein Erfolgseintritt nicht vorwerfbar ist, der sowieso eingetreten wäre. Und dieser Wertung ist es auch zu verdanken, dass sie der hypothetischen Betrachtung ihre Willkürlichkeit nimmt. Weil nämlich im Rahmen des rechtmäßigen Alternativverhaltens gerade viele Varianten denkbar sind, so dass sich sicherlich immer eine finden lassen wird, bei der der Erfolg gleichermaßen eingetreten wäre, bedarf es insoweit einschränkender Korrektive. Besonders wenn eine ausdrückliche Regelung für die pflichtgemäße Alternative existiert, versteht sich von selbst, dass nur derartiges Verhalten in der Abwä-

---

[991] Wenn auch die Reserveursache die Verwirklichung des erlaubten Risikos dargestellt hätte, wird das regelmäßig der Fall sein, wenn sich nicht das erlaubte Risiko, sondern ein anderes verwirklicht, vgl. ZStW 74, 411 (440).

[992] Roxin ZStW 74, 411 (431). Selbst wenn streitig sei, ob sich ein Verhalten innerhalb der vom Gesetzgeber mit dem erlaubten Risiko aufgestellten Ausnahme befinde, verwirkliche sich eben nicht nur ein erlaubtes Risiko, Roxin ZStW 74, 411 (434). Er erfährt jedoch herbe Kritik von Strathenwerth, FS für Gallas, S. 235: Für die Erfolgszurechnung könne man sich, wie er meint, nicht mit der bloßen Möglichkeit begnügen. Dies sei allenfalls für die Konkretisierung von Verhaltensnormen – durch den Gesetzgeber(!?!) – vertretbar, wonach eine Handlung, die nur möglicherweise gefährlich ist, schon als sorgfaltswidrig gelten möge. Er übersieht aber, dass das Prinzip des erlaubten Risikos nur ein Zugeständnis des Gesetzgebers ist, der damit der sozialen Realität Rechnung zollen möchte. Als – nicht einmal ausdrücklich normierter – Strafausschlussgrund muss sich sein Anwendungsbereich auf die unstreitigen Sachverhalte beschränken.

[993] Ebenso Schönke/Schröder/Lenckner, Vor §§ 13 Rdn. 99, der den Pflichtwidrigkeitszusammenhang aber sogar nur dann entfallen lässt, wenn der Erfolg allein durch das rechtmäßige Verhalten und nicht mit Hilfe anderer, nicht im Handlungsspielraum des Täters liegender Reserveursachen eingetreten wäre.

[994] Schünemann StV 1985, 229 (230).

gung miteinbezogen werden darf[995], andernfalls das Moment der tatsächlichen Verursachung untergewichtet würde[996].

c.Stichprobenuntersuchung

Bedeutung erlangt die Berechtigung des Einwandes rechtmäßigen Alternativverhaltens in der Produktkriminalität vor allem bei der Tauglichkeit von Stichprobenuntersuchungen. Sie rechtfertigt sich hier in besonderem Maße, da die Zulassung von Stichproben an Stelle einer vollständigen Überprüfung der Lagerbestände ein Entgegenkommen gegenüber dem Produzenten begründet. Seine Pflichten reduzieren sich darauf, entsprechende Teiluntersuchungen durchzuführen. Ein in der beschränkten Kontrolle verbleibendes Restrisiko wird im Interesse einer funktionsfähigen Wirtschaft hingenommen, mithin erlaubt. Unterlässt es der Hersteller aber selbst, Stichproben zu machen, muss er eben die entsprechenden Konsequenzen tragen, auch wenn nicht mit an Sicherheit grenzender Wahrscheinlichkeit festgestellt werden kann, dass ihre Vornahme den Schadenseintritt verhindert hätte.

Trotz beständiger Ablehnung der Risikoerhöhungslehre kommt die Rspr. bisweilen zum selben Ergebnis: Zwar hätten Stichproben die Missstände vielleicht nicht tatsächlich aufgedeckt, wohl aber weitgehend einer Schädigung vorgebeugt[997].

3.Die Unterbrechung des Kausalzusammenhanges durch das Verhalten Dritter

Die Erörterungen zur Kausalität haben bereits die ausschlaggebende Kraft von *eigenverantwortlichem* Handeln des Benutzers im Bereich der Produktverantwortung aufgezeigt. Indes kommt sie noch an einer weiteren Schnittstelle zum Tragen, weil der tatsächliche Geschehensablauf auf eine Mitwirkung des Opfers angelegt ist, das den Ursachenzusammenhang in der Regel erst durch seinen Produktgebrauch vermittelt[998]. Das Stichwort lautet dann „Unterbrechung des Kausalzusammenhangs".

Allgemein wird zwar die Auffassung vertreten, der Bedingungszusammenhang könne nur dann aufgehoben sein, wenn ein späteres Ereignis das Fortwirken des früheren vollkommen beseitigt und seinerseits den Erfolg herbeigeführt

---

[995] Ebenso BGHSt 33, 61 (64): Hinwegzudenken und durch das der Pflichtwidrigkeit korrespondierende verkehrsgerechte Verhalten zu ersetzen sei nur der dem Täter vorgeworfene Tatumstand; im Übrigen dürfe von der Situation nichts weggelassen, ihr nichts hinzugedacht und an ihr nichts verändert werden.

[996] Vgl. auch Roxin ZStW 74, 411 (436), zum „Apotheker-Fall": Beachtlich sei nicht, was der Arzt vielleicht tatsächlich getan hätte, sondern nur was eine angemessene (gebotene) Behandlung gewesen wäre.

[997] BGHSt 25, 158 (163).

[998] Schönke/Schröder/Lenckner, Vor §§ 13, Rdn. 77, 101e.

habe[999]. Eine solche vollständige Beseitigung muss aber jedenfalls dann angenommen werden, wenn dem Zwischenakt ein eigenständiger Unrechtsgehalt immanent ist und dieser Verlauf für den vermeintlichen Täter außerhalb der Lebenserwartung lag[1000]. Roxin stellt insbesondere im Fahrlässigkeitsbereich auf den Schutzzweck der Sorgfaltsnormen ab, der diese Fälle regelmäßig[1001] nicht mehr umfasse[1002]. Durch das eigenmächtige Dazwischentreten wird dem fahrlässigen Erstverursacher vielmehr das Risiko für die Folgen seiner Tat abgenommen[1003].

Ein schädigender Erfolg kann dem Hersteller beispielsweise dann nicht mehr zugerechnet werden, wenn er auf einen übermäßigen[1004] oder aber sonst bestimmungswidrigen Gebrauch[1005] zurückgeht. Was dann aber verbleibt, sind Auswirkungen auf das Abfassen der Gebrauchsanweisungen, auf die sich die Sorgfaltsanforderungen des Hersteller insoweit verlagern[1006]: Der Umfang orientiert sich an dem Kreis der potentiellen, nichtfachmännischen Produktbenutzer und dem vorgesehenen Verwendungszweck[1007]. In die Betrachtung müssen ebenso die vorauszusetzende Kenntnis von der Gefährlichkeit des Produktes einfließen wie ein möglicherweise vorhersehbarer Fehlgebrauch[1008]. Cramer spricht in diesem Zusammenhang vom Vertrauensgrundsatz im Verhältnis Produzent/Verbraucher[1009]. Das bedeutet auch, dass nicht bereits jedes fehlerhafte, gefährliche oder unbedachte Verhalten des Verbrauchers den Makel bestimmungswidrigen Gebrauchs tragen kann[1010]. Vielmehr muss der Produzent wegen seines regelmäßig umfangreicheren Wissensspektrums auch die Gefahren miteinbeziehen und vor ihnen warnen, die aus einer bestimmten – und sei sie auch nicht mehr bestimmungsgemäßen – Verhaltensweise resultieren[1011]. Insoweit

---

[999] Jescheck/Weigend AT § 28 II.4.

[1000] Schönke/Schröder/Lenckner, Vor §§ 13 Rdn. 100, nimmt hierzu eine Einteilung nach Verantwortungsbereichen vor.

[1001] Freilich nicht undifferenziert, vgl. dazu Roxin, TuT, S. 41-50.

[1002] Roxin, FS für Honig, S. 144 Fn. 28, unter Bezug auf die Lehre vom Regressverbot.

[1003] Allgemein zum Prinzip der Risikoabnahme, Roxin, FS für Honig, S. 143.

[1004] Niklaus Schmid, FS für Max Keller, S. 654.

[1005] Kassebohm BB 1994, 1361 (1366).

[1006] So auch Bock, S. 127, die durch das Eigenverantwortlichkeitsprinzip die Strafbarkeit des Produzenten entfallen lassen will, wenn er auf einen sorgfältigen Umgang mit dem Produkt aufmerksam gemacht hat. Vgl. dazu auch Eichinger, S. 227ff.

[1007] Eichinger, S. 229.

[1008] BGH in seiner „Zwischenstecker-Entscheidung“, Schmidt-Salzer, ES, IV.4, 170 (173).

[1009] Schönke/Schröder, § 15 Rdn. 223.

[1010] Schmidt-Salzer, Produkthaftung, Rdn. 1.378ff.

[1011] Westphalen-Goll/Winkelbauer, § 48 Rdn. 26.

sind die erforderlichen Gefahrabwendungsmaßnahmen ausreichend klar anzugeben[1012].

Hat der Hersteller dem allerdings Genüge getan, widerspräche eine Erfolgszurechnung jedem Gerechtigkeitsgefühl. Es liegt vielmehr ein Fall der eigenverantwortlichen Selbstgefährdung vor[1013], die in Abgrenzung zur Fremdgefährdung in mittelbarer Täterschaft[1014] für das Unternehmen ohne strafrechtliche Folgen bleibt[1015].

III.Ergebnis

Als Ergebnis der Verhaltenskausalität auf Unternehmensebene bleibt festzuhalten, dass sie sich im Unterlassensbereich ohne die umfassende Anerkennung einer Risikoerhöhungslehre jedenfalls für die hier interessierenden Fälle von Warnung und Rückruf nicht postulieren lässt. Auch im Unterlassensbereich ist nämlich eine gesetzmäßige Bedingung zwischen Untätigkeit und Erfolg stets unabdingbare Voraussetzung der Kausalität. Erst wenn in einem zweiten Schritt die Kausalfeststellung wertend anhand der Lehre von der objektiven Zurechnung überprüft wird, kommt der Risikoerhöhungslehre berechtigterweise Bedeutung zu. Auf dieser Ebene können dann u.U. die Reichweite der Schutzgebote, hypothetische Ersatzursachen wie Schadensanlagen oder das eigenmächtige Verhalten des Verbrauchers nachträglich das Zurechnungsergebnis revidieren.

[1012] BGH NJW 92, 560 (561).

[1013] Westphalen-Goll/Winkelbauer, § 47 Rdn. 61ff.

[1014] Dazu Tröndle/Fischer, Vor § 13 Rdn. 19 u. Wessels/Hettinger BT 1, Rdn. 41ff, insb. 51/52 und oben § 5.A.III.5.

[1015] Niklaus Schmid, FS für Max Keller, S. 654, sieht solche jedem Produkt immanente Gefahren als durch das erlaubte Risiko abgedeckt und will schon die Tatbestandsmäßigkeit verneinen. Vgl. allgemein zu dieser Abgrenzung schon oben § 3.B.I.

§ 6. Verantwortlichkeit des einzelnen Unternehmensangehörigen

A. Fehlen einer strafrechtlichen Kollektivschuld

So vorzugswürdig die betriebsbezogene Betrachtungsweise auch sein mag – ihre Grenzen sind offensichtlich. Über das Fehlen einer Kollektivschuld[1016] im Strafrecht kann sie sich keinesfalls hinwegsetzen. Strafrechtliche Verantwortlichkeit setzt die Verletzung individueller Sorgfaltspflichten voraus[1017]. Für das Strafrecht ist nämlich stets maßgeblich, wer *tatsächlich* handelt und nicht, für wen seine Handlung nach bürgerlichrechtlichen Vorschriften *wirkt*[1018].

Das verkannte der BGH in seiner „Lederspray-Entscheidung“, indem er dort das unternehmerische Verhalten schlicht seinen Entscheidungsträgern zugeschrieben hat[1019]: „Dabei ist (...) tatbestandsmäßiges Verhalten durch positives Tun anzunehmen (...). Denn Produktion und Vertrieb von Erzeugnissen durch eine im Rahmen ihres Gesellschaftszwecks tätige GmbH sind ihren Geschäftsführern als eigenes Handeln – auch strafrechtlich – zuzurechnen.“[1020]

Insoweit muss vielmehr durch eine weitere Prüfung auf der Ebene des Unternehmensangehörigen ihrer jeweiligen Stellung im Unternehmen Rechnung getragen werden.

Wohlgemerkt: An der Beurteilung der äußerlich in Erscheinung getretenen Verhaltensweise – Aktion oder Ommission – kann sich gleichwohl nichts mehr ändern. Das gilt besonders, wenn die Strafbarkeit der Geschäftsleitung auf dem Spiel steht, deren Verhalten sich regelmäßig im (Nicht-)Fassen eines entsprechenden Beschlusses erschöpft.

Die gebotene Handlung, beispielsweise die Warnung, kann ausbleiben, weil ein negativer Beschluss explizit gefasst wurde (Unterlassen durch Tun)[1021]. Gleichzeitig impliziert diese ausdrückliche Entscheidung eine Untätigkeit in Richtung auf das positive Vorgehen (Unterlassen durch Unterlassen). Ebenso kann die Pflichtwidrigkeit, beispielsweise der Verkaufsfortgang trotz Nachforschungspflicht, durch Unterlassen eines den Vertriebsstopp anordnenden Beschlusses (Tun durch Unterlassen) oder durch bejahende Fortführung begangen werden (Tun durch Tun). Und mit der Teilnahme des einzelnen Geschäftsführers an der Gremienentscheidung verhält es sich nicht anders: Er kann aktiv mit abstimmen oder sich einfach still verhalten[1022].

[1016] Für deren Aufnahme ins Strafrecht plädierte Ostermeyer ZRP 1971, 75, schon vor 30 Jahren.

[1017] Deutscher/Körner wistra 1996, 292 (328).

[1018] Bruns JZ 1958, 461 (462).

[1019] So auch die Kritik von Schünemann, FS für den BGH, S. 3ff.

[1020] BGHSt 37, 106 (114).

[1021] Vgl. Roxin, FS für Engisch, S. 381.

[1022] Bei völliger Untätigkeit fordert Kuhlen, FS für den BGH, S. 19, dagegen stets die eigene Garantenstellung des Einzelnen, auch wenn sich das Gesamtverhalten des Betriebs als positives Tun darstellt.

Das zeigt, dass auf dieser Ebene die Differenzierung – Tun oder Unterlassung – regelmäßig nur mehr reine Definitionssache ist, obwohl der kriminelle Unrechtsgehalt bei unverändert nach außen in Erscheinung tretendem Verhalten gleich bleibt. Um der Individualstrafbarkeit hinreichend Rechnung zu tragen, ist es deshalb notwendig, aber auch ausreichend, das Korrektiv bei der Pflichtverletzung zu belassen.

Steht für die unternehmerische Tätigkeit eine Begehung auf dem Prüfstab, bildet das Verhalten des Einzelnen ein Teilelement dieser Betätigung. Sofern ihm ein Unterlassensmoment innewohnt, kann dies ohne Rückgriff auf § 13 I StGB lediglich in die gebotene Sorgfalt einfließen. Gleiches gilt umgekehrt, wenn der Verstoß gegen die gebotene Sorgfalt als aktives Tun des Einzelnen erscheint, wie beispielsweise der positive Beschluss über die Ablehnung einer Warnaktion[1023]. Dann liegt vielmehr ein Unterlassen durch Tun vor und es bedarf einer entsprechenden Garantenstellung[1024].

B.Arbeitsteilung

In einer von Arbeitsteilung geprägten Wirtschaft muss nun ein Hauptaugenmerk auf der Abgrenzung der einzelnen Pflichtenkreise liegen[1025]. Denn die strafrechtlichen Sorgfaltspflichten folgen der tatsächlichen Arbeitsteilung[1026]. Erst die Summe der Einzelpflichten formen als Ganzes die an das Unternehmen gerichteten Pflichten[1027]. Konnte also auf der ersten Stufe eine „Verantwortung" des Gesamtunternehmens für die produktbedingten Schäden ausgemacht werden, muss jetzt die Pflichtwidrigkeit lokalisiert und einem Mitglied unter Berücksichtigung der differenzierten Organisationsstruktur und unternehmensinternen Eingliederung zugewiesen werden[1028]. Schwierigkeiten ergeben sich insbesondere daraus, dass der Einzelne seine Aufgaben regelmäßig nicht isoliert wahrnimmt, sondern trotz oder gerade wegen der Arbeitsteilung in die innerbetrieblichen Gesamtaktivitäten eingebunden ist[1029]. Die jeweiligen Tätigkeitsbereiche ergänzen sich nicht nur, sondern überlagern und überschneiden sich vielmehr[1030].

[1023] So auch Hilgendorf NStZ 1994, 561 (565).

[1024] A.A. dagegen Schünemann, FS für den BGH, S. 16.

[1025] Allgemein zur Arbeitsteilung Schönke/Schröder/Cramer, § 15 Rdn. 151 bzw. 223.

[1026] Schmidt-Salzer NJW 1988, 1937 (1942); Schünemann, FS für den BGH, S. 18, will das mit dem Herrschaftsprinzip rechtfertigen.

[1027] Jeder Mitarbeiter muss also im Rahmen seiner Zuständigkeit für die Einhaltung der dem Unternehmen als solches überantworteten Pflichten sorgen, Meier NJW 1992, 3193 (3195).

[1028] Anders das Zivilrecht, dem wegen der Zurechnungsmöglichkeit an den Verband (§§ 31, 278, 831 BGB) regelmäßig die innerbetriebliche Zuordnung genügt, vgl. Deutscher/Körner wistra 1996, 292 (328).

[1029] Schmidt-Salzer NJW 1990, 2966 (2967).

[1030] Schmidt-Salzer NJW 1988, 1937 (1942).

Ein anschauliches Beispiel liefert das „Monza-Steel-Verfahren"[1031]: Der Abteilungsleiter Reifentechnische Entwicklung hatte zur Durchführung von Prüfaufgaben den Unterabteilungsleiter Prüfwesen anzuleiten und zu beaufsichtigen und unterstand seinerseits dem Vorstand Entwicklung. Als die Freigabe des neu entwickelten Reifens im Vorstand entschieden wurde, beruhte die Vorstandsvorlage dieses Abteilungsleiters also u.a. auf den Arbeitsergebnissen, Stellungnahmen und Entscheidungsvorschlägen seines Unterabteilungsleiters, der Antrag des ihm übergeordneten Vorstandsmitgliedes an den Gesamtvorstand auf dem Entscheidungsvorschlag des Abteilungsleiters und die Entscheidung des Gesamtvorstands auf dem Votum des Ressort-Vorstands.

Mag das auch wegen der Verantwortungsvervielfachung[1032] dem Rechtsgüterschutz im Ansatz förderlich sein, weil in der Regel mehrere Einzelpersonen sich um den ordnungsgemäßen Produktionsablauf zu kümmern haben, birgt es doch die Gefahr der Undurchsichtigkeit in sich, zumal bei der Berührung mehrerer Aufgabenkreise die Zuständigkeiten der Beteiligten auch unterschiedlich gewichtet sein werden[1033].

Mangels Information durch den entsprechenden Sachbearbeiter ist der Geschäftsleitung die Pflichtwidrigkeit der Herstellung eines schädlichen Produktes nicht erkennbar oder aber sie ordnet fachmännisch ungeeignete Maßnahmen zur Schadensverhinderung an[1034]. Auf der anderen Seite fehlt dem kleineren Angestellten wegen seines beschränkten Zuständigkeitsbereiches das Eingriffspotential. Entsprechend muss seine Handlungspflicht modifiziert bzw. reduziert werden. Ihn trifft allenfalls eine Aufklärungspflicht.

Das zeigt, dass die Arbeitsteilung vor allem durch Wissensdefizite und begrenzte Eingriffsmöglichkeiten geprägt ist. Außerdem wird übergeordnete Ebenen oft nur eine *Mit*verantwortung kraft Delegation als Überbleibsel der ursprünglichen Eigenverantwortlichkeit treffen[1035]. Sache des Strafrechts ist es deshalb, das komplizierte Aufgaben- und Verantwortungsgeflecht aufzudecken[1036].

[1031] Schmidt-Salzer, ES Einl. III.2.

[1032] Schmidt-Salzer JA 1988, 465 (474); kritisch hiergegen Rotsch wistra 1999, 321 (325f).

[1033] Häufig wird in diesem Zusammenhang von organisierter Unverantwortlichkeit als klassisches Merkmal der Wirtschaftskriminalität gesprochen: Wenn der konkrete Vorwurf sich nicht herauskristallisieren lässt, bleibt jedem Mitarbeiter die Verteidigung, sich auf die Unzulänglichkeit des anderen zu berufen. Dazu Heine JZ 1995, 651 Fn. 2 m.w.N., und Schünemann, Unternehmenskriminalität, S. 34.

[1034] Widersprüchlich dazu Schmidt-Salzer, Produkthaftung, 1.205, einerseits und Rdn. 1.510 ff andererseits.

[1035] Vor allem in dieser Reduktion auf die bloße Koordination sieht Rotsch wistra 1999, 368 (372/373), einen wesentlichen Aspekt, der mit einem restriktiven Strafrecht und einer von Tatherrschaft geprägten Täterlehre nicht mehr zu bewältigen ist.

[1036] Schmidt-Salzer NJW 1990, 2966 (2967).

I.Abgrenzung von Primär- und Sekundärverantwortlichkeit

Früher spiegelte sich das insbesondere in der Unterlassensstrafbarkeit bei der Begründung primärer und sekundärer Garantenpflichten wider[1037]: Den konkret Handelnden traf als Tatnächsten[1038] eine Primärverantwortung[1039]. Bei seinem Vorgesetzten oder Mitarbeiter blieb nur eine abgeleitete Mitverantwortung in Form von Aufsichts- und Kontrollfunktionen[1040], deren Verletzung ohne die Strafbarkeit des Letztverursachers nicht geahndet hatte werden können (Sekundärverantwortung)[1041]. Strathenwerth rekurrierte für diese Beschränkung auf das Prinzip der Eigenverantwortlichkeit[1042]. Diese gekünstelte Betrachtung löste in der Strafrechtsliteratur jedoch

Unbehagen aus, weil sie den einzelnen Mitarbeiter trotz innerbetrieblicher Verzahnung isolierte[1043] und sich über den soziologischen und gesellschaftsrechtlichen Befund – das Unternehmen als zweckorientierter lebender Organismus – hinwegsetzte[1044]. Schünemann[1045] spricht zudem von fatalen Auswirkungen für die Präventionswirkung des Strafrechts, wenn vorrangig auf die unteren Instanzen in der Unternehmenshierarchie abgestellt würde. Gleiches gilt für die nur gleichsam akzessorische Haftung Vorgesetzter.

II.Unabhängige, gleichstufige Verantwortung innerhalb der Hierarchie

In der „Lederspray-Entscheidung" hat sich auch der BGH dem angeschlossen und den Weg für eine originäre und unabhängige Verantwortung der Geschäftsleitung[1046] geebnet, die selbständig neben die Pflichtverletzung des Letztverursachers tritt[1047]: Den Betriebsinhaber, der durch die Geschäftsleitung repräsentiert wird, trifft eine Generalverantwortung und Allzuständigkeit[1048]. An Stelle einer „Bottom-up"-Betrachtung sei nun mehr „Top-down" vorzugehen, d.h. dem Primärverstoß komme allein eine indizielle Bedeutung zu[1049]. Der BGH

[1037] Dazu Schönke/Schröder/Cramer, § 15 Rdn. 223.

[1038] Verstanden als derjenige, der die unmittelbar letzte Ursache setzte.

[1039] Vgl. auch die Nachweise bei Kassebohm BB 1994, 1361 Fn. 11, zur älteren Rechtsprechung.

[1040] Schmidt-Salzer NJW 1994, 1305 (1310).

[1041] Wilhelm Jura 1985, 183 (185).

[1042] FS für Eb. Schmid, S. 392.

[1043] Deutscher/Körner wistra 1996, 292 (329).

[1044] Schmidt-Salzer NJW 1990, 2966 (2968).

[1045] Wistra 1982, 41 (42).

[1046] D.h. des Vorstandes einer AG oder aber der Geschäftsführung einer GmbH bzw. Personengesellschaft, vgl. Schmidt-Salzer NJW 1988, 1937 (1940).

[1047] So auch Schmidt-Salzer NJW 1988, 1937 (1941).

[1048] Schmidt-Salzer JA 1988, 465 (474).

[1049] Schmidt-Salzer NJW 1994, 1305 (1310).

lässt hierzu die Anwendung der Grundsätze über die mittelbare Täterschaft anklingen[1050]: „Produktion und Vertrieb von Erzeugnissen *durch* eine im Rahmen ihres Gesellschaftszwecks tätige GmbH (ist) ihren Geschäftsführern als eigenes Handeln – auch strafrechtlich – zu zurechnen (...).“[1051]

III.Stellungnahme

Mag diese These auch im Ergebnis überzeugen, bedarf sie gleichwohl einer kritischen Betrachtung. Denn hier geht es nicht um die Zurechnung von Leistungen eines Systems an das System selbst, sondern an eine diesem System angehörende, natürliche Person[1052].

1.Unternehmensrepräsentation

Aber: Durch das Agieren nach innen und außen für eine funktionale Einheit identifiziert sich die Geschäftsleitung regelmäßig mit dem Unternehmen[1053]. Trotz fehlender unmittelbarer Tatnähe verfügt sie über gesteigerte Einwirkungsmöglichkeit durch Kontrolle des Ein- und Ausganges von Produkten und Personal[1054]. Bei ihr laufen die Wissensstränge zusammen[1055]. So hält sie auch im Verhältnis zu den sonstigen Angestellten das Tatgeschehen gleichsam steuernd in den Händen[1056].

2.Rechtsgedanke des § 14 StGB

Diese Rechtsfolge rechtfertigt sich auch aus dem Rechtsgedanken des § 14 StGB[1057]: Zwar verbietet sich seine direkte Anwendung, weil § 14 StGB nur

---

[1050] Bock, S. 100, weist zutreffend darauf hin, dass ein Handeln der GmbH als juristischer Person mangels strafrechtlicher Relevanz jedenfalls unpräzise ist, vielmehr die einzelnen Angestellten maßgeblich seien. Doch entspricht sein Vorgehen konstruktiv dem schuldunfähigen Tatmittler, vgl. dazu allgemein Roxin TuT S. 233-238.

[1051] BGHSt 37, 106 (114).

[1052] So vor allem Schünemann, FS für den BGH, S. 6, und auch Rotsch wistra 1999, 321 (326).

[1053] Kassebohm BB 1994, 1361 (1363).

[1054] Sie hat Tatherrschaft inne. A.A. dagegen Kühl § 20 Rdn. 37a.

[1055] Gegenüber dem Letztverursacher lässt sich das dogmatisch durch die Figur der mittelbaren Täterschaft kraft überlegenem Wissen bei subjektiven Defiziten des Tatmittlers oder aber kraft organisatorischem Machtapparat („Täter hinter dem Täter/Schreibtischtäter“) begründen, was aber teilweise sehr strittig ist. Vgl. im Bereich der Produktverantwortung Schünemann, FS für den BGH, S. 10; ebenso Rotsch wistra 1999, 321 (327); ders. NStZ 1998, 491ff, und allg. Tröndle/Fischer, § 25 Rdn. 3 lit. k m.w.N.; Roxin, TuT, S. 242-252.

[1056] Meier NJW 1992, 3193 (3199). Davon wird man nur bei dem Exzess eines Mitarbeiters oder einem Fehlverhalten „gelegentlich“ der betrieblichen Tätigkeit eine Ausnahme machen können, vgl. Schönke/Schröder/Stree, § 13 Rdn. 52.

[1057] Ebenso Otto WiB 1995, 929 (932). Auch Strathenwerth, FS für Rudolf Schmitt, S. 298f, stellt auf den „Vertretergedanken“ aus § 14 StGB ab.

dann gelten soll, wenn sich Strafvorschriften an einen bestimmten Personenkreis als Normadressat richten[1058], dem im Unterschied zu den Allgemeindelikten durch den Tatbestand Sonderpflichten auferlegt werden[1059], gegen die für die Produktverantwortlichkeit vorrangig relevanten, schlichten Erfolgsdelikte aber regelmäßig jedermann verstoßen kann. Auch käme eine direkte Anwendung allenfalls bei juristischen Personen und Personenhandelsgesellschaften, nicht dagegen bei nichtrechtsfähigen Vereinen und der Gesellschaft bürgerlichen Rechts in Betracht, weil der Gesetzgeber bei Erlass von § 14 StGB davon ausging, dass diese Vereinigungen keine Rechtspersönlichkeiten besitzen, also auch keine *persönlichen* Merkmale aufweisen könnten[1060].

Gerade diese Einschränkung lässt aber das Prinzip erkennen, das mit der Zurechnungsnorm bezweckt werden soll und das es sich im Rahmen der betriebsbezogenen Prüfung zu Nutze zu machen gilt: Nachdem einerseits unser traditionelles Strafrecht eine Strafbarkeit von juristischen Gebilden nicht kennt, andererseits aber die wirtschaftliche Realität zunehmend von verselbständigten Vermögensmassen regiert wird, käme es u.U. zu unerträglichen Rechtsschutzlücken, wenn man sich strafrechtlich dieser Situation völlig verschließen würde[1061]. Dies hat auch der Gesetzgeber erkannt und deshalb mit § 14 StGB versucht, einen gerechten Ausgleich zu treffen[1062]. Wenn nämlich Strafvorschriften Tatbestandsmerkmale postulieren, bei deren Fehlen eine Sanktion schlicht unmöglich wird und diese Kriterien zwar bei dem strafunfähigen Rechtsgebilde, nicht aber bei der sie repräsentierenden natürlichen Person vorliegen, soll dennoch zumindest in bestimmten Fällen eine Bestrafung aus dieser Norm möglich sein, indem dem Täter das notwendige Merkmal mit Hilfe des § 14 StGB zugerechnet wird. Bei den Jedermann-Delikten lässt sich demgegenüber regelmäßig schon im Wege der Auslegung mit Hilfe der allgemeinen Zurechnungsregeln, insbesondere § 25 StGB, der jeweils taugliche Täter ermitteln, der ja schließlich gerade keiner besonderen Qualifikation bedarf[1063]. Insoweit ist § 14 StGB überflüssig. Vergleichbar verhält es sich bei einer GbR, wo nicht die Gesellschaft als solche,

[1058] Lackner/Kühl, § 14 Rdn. 1.

[1059] Nicht erforderlich ist nur, dass die jeweilige Person ausdrücklich erwähnt wird, wie beispielsweise bei Normen, die sich an den Halter, Arbeitgeber, Bauherr etc. wenden, vgl. Bruns, FS für Heinitz, S. 327 Fn. 29. Insoweit genügt, dass es sich um die Erfüllung von Pflichten handelt, die nach dem Sachzusammenhang nur für einzelne Personengruppen gelten wie z.B. für Unternehmer, Veranstalter, Vertreiber oder Hersteller, a.a.O., S. 327, zu § 50a StGB a.F. Schon de lege lata musste der Täterbegriff normativ, im Sinne einer Orientierung an Pflichtzuweisungen verstanden werden, Tiedemann NJW 1986, 1842 (1844).

[1060] Demuth/Schneider BB 1970, 642 (643).

[1061] Lackner/Kühl, § 14 Rdn. 1a mit Verweis auf die lückenschließende Funktion.

[1062] Dass ihm das gelungen sein soll, wurde jedoch bereits von Anfang an bezweifelt, vgl. nur Schönke/Schröder/Lenckner, § 14 Rdn. 2 m.w.N., auf die umfassende Kritik. Insbesondere Tiedemann NJW 1988, 1842 (1844), plädiert für seine tatbestandliche Ausweitung.

[1063] Schönke/Schröder/Lenckner, § 14 Rdn. 4.

sondern vielmehr die einzelnen Gesellschafter die tatbestandlichen Voraussetzungen in ihrer Person erfüllen[1064].

Doch § 14 StGB verdeutlicht, dass dem Strafrecht eine Durchgriffsmöglichkeit auf die hinter dem strafunfähigen Verband agierende Person nicht fremd ist. Außerdem enthält die Vorschrift zugleich eine rechtspolitische Entscheidung zur Eingrenzung des potentiellen Täterkreises: Vor allem in Bereichen einer arbeitsteiligen Wirtschaft stoßen die allgemeinen Auslegungs- und Zurechnungsregeln oftmals an ihre Grenzen, weil der jeweilige Angeklagte gerade nicht mehr alle Tatbestandsmerkmale in seiner Person vereinigt[1065]. Ist die Rechtsgutverletzung aber auf einen Vorgang zurückzuführen, der aus dem Tätigkeitsfeld eines juristisch verselbständigten Unternehmens resultierte und das Unternehmen als solches betraf, so zeigt § 14 StGB im Rahmen seines Anwendungsbereiches, dass dann in erster Linie die gesetzlichen Vertreter und nur ausnahmsweise und nur bei entsprechender Entscheidungsmacht die gewillkürten Vertreter die Verantwortlichkeit treffen sollen (§ 14 I, II StGB). Gleiches muss auch für die Deliktsarten gelten, die einer Hilfe des § 14 StGB nicht bedürfen[1066]. Auch für die Erfüllung dieser Gebote haben stets die führenden Repräsentanten einzustehen, weil es regelmäßig sie sind, die etwa durch eine gewinnabhängige Tantieme die wirtschaftlichen Vorteile des Unternehmens für sich in Anspruch nehmen.

3.Das fahrlässige Unterlassen

Im Bereich des fahrlässigen Unterlassens ist die Zurechnung an die Mitglieder der Leitungsebene mit Rücksicht auf den Rechtsgedanken des § 14 StGB noch stringenter[1067]: Erstens stellen die Unterlassungsdelikte als solche Pflichtdelikte dar[1068], die mit der Garantenstellung auf eine Sondereigenschaft des Täters angewiesen sind, die durchaus als äußere Beziehung des Menschen zu seiner Umwelt unter die persönlichen Verhältnisse fallen können[1069]. Dafür spricht auch die Ansicht des GrS des BGH, die Garantenstellung als ungeschriebenes Tatbe-

---

[1064] Demuth/Schneider BB 1970, 642 (643).

[1065] Bei den Leitungsorganen spricht Rotsch wistra 1999, 368 (372), insoweit kritisch von reiner mittelbarer Vermittlungs„macht" im Unterschied zur Tatherrschaft.

[1066] Schönke/Schröder/Lenckner, § 14 Rdn. 4, diskutiert dagegen die Anwendung der von der h.M. vor der gesetzlichen Verankerung der Vertreterhaftung praktizierten, kriminalpolitisch motivierten, faktischen Betrachtungsweise (vgl. BGHSt 11, 102(103)), hält sie aber schlicht für eine teleologische Interpretation, um zu ergründen, wer für das Unternehmen handelte.

[1067] Vgl. Müller-Guggenberger-Schmid, Wirtschaftsstrafrecht, § 25 Rdn. 9/10. Er wendet sich gegen seine direkte Anwendung für die Garantenstellung nur, wenn sich der Vertreter selbst in einer Garantenstellung befindet, die eine unmittelbare strafrechtliche Verantwortlichkeit begründet., a.a.O. Rdn. 27. Ebenso Schönke/Schröder/Lenckner, § 14 Rdn. 6.

[1068] Roxin TuT S. 459.

[1069] So auch Arzt JA 1980, 553 (557).

standsmerkmal zu begreifen[1070]. Tiedemann begründet das zudem mit einer teleologischen Auslegung von § 14 StGB und dessen Gegensatz zu § 28 StGB[1071]: Weil ersterer nämlich auch primär *sachbezogene* Kriterien wie „Arbeitgeber“ oder „Exporteur“ umfasst[1072], kann es nicht nur um *personale* im Sinne von höchstpersönlichen und subjektiven (Absichts-)Merkmale gehen. Gemeint sind vielmehr all die Tatbestände, bei denen der eigentliche Normadressat (juristische Person, Schuldner etc.) gleichwertig von einer anderen Person vertreten oder repräsentiert werden kann[1073]. Auch baut § 14 StGB mit der Vertretung der Obhuts- und Herrschaftsstellung des ursprünglichen Trägers auf einer Herrschaftsbeziehung auf, die den Substituten einem Garanten kraft Übernahme gleichkommen lässt[1074]. Bei der Fahrlässigkeit wird das bestärkt durch die Tatsache, dass diese Deliktsart ihre endgültige Form regelmäßig erst durch die Ausgestaltung des Pflichtwidrigkeitsmaßstabes erhält. Mit den an den Herstellerbetrieb gerichteten Sorgfaltspflichten begründen sie gerade eine dem bestimmten Personenkreis vergleichbare Sonderpflicht.

Wenn danach zwar grundsätzlich davon auszugehen ist, dass die Organe die Garantenstellung ihres Unternehmens wahrnehmen, muss auf der zweiten Stufe gleichwohl auch hier stets der individuellen Strafbarkeit Rechnung gezollt werden.

a.Schwäche der Ingerenzgarantenstellung

Das verdeutlicht einmal mehr die Schwächen einer auf der Ingerenz basierenden Garantieposition: Besonders bedenklich ist insoweit die Bestrafung von Einzelpersonen, die im Zeitpunkt des Vorverhaltens – dem Vertrieb des schädlichen Produktes – dem Unternehmen noch nicht angehörten. Der BGH[1075] hält diesen Punkt für unproblematisch, da mit Aufnahme der Tätigkeit an Stelle eines anderen der Neuling durch die Aufgabenübernahme automatisch in die Garantenstellung seines Vorgängers einrücke.

(I)Bruch mit der zivilrechtlichen Rspr.

Aber selbst in der zivilrechtlichen Rspr. wird dieses Argument bei §§ 166 I, 31 BGB nur äußerst restriktiv gebraucht, nämlich beschränkt auf die Haftung

---

[1070] Vgl. schon oben § 5.C.III.2.a(I).

[1071] Tiedemann NJW 1986, 1842 (1844 und 1846).

[1072] Vgl. nur Tröndle/Fischer, § 266a Rdn. 6.

[1073] Noch vor der Geburtsstunde der Organ- und Vertreterhaftung wies schon Bruns JZ 1958, 461 (462), deshalb auf ihre Unvollkommenheit hin.

[1074] Schünemann wistra 1982, 41 (46).

[1075] BGHSt 37, 106 (120).

juristischer Personen[1076] und auch nur bei einem typischerweise aktenmäßig festgehaltenen Vorgang[1077], was voraussetzt, dass nach Treu und Glauben eine Pflicht zur Organisation eines Informationsaustausches bestand. Wenn aber das scheidende Organ diese Pflicht – sei es bewusst oder unbewusst – vernachlässigt und entsprechende Aufzeichnungen fehlen, kann das dem Nachfolger nicht zum Nachteil gereichen. Der BGH verlangt denn auch in einer neueren Entscheidung[1078], dass dem Neueintretenden die früheren Vorfälle tatsächlich bekannt geworden sind oder nach seinen persönlichen Kenntnissen und Fähigkeiten hätten bekannt sein müssen und können.

Der Sachverhalt betraf die Beseitigung von Altlasten, die aus der Zeit vor der Einstellung des Angeklagten herrührten und für die der Angeklagte nur über § 13 StGB hätte belangt werden können. Die reine Stellung als technischer Betriebsleiter genügte dem BGH aber insoweit nicht.

(II)Kausalprinzip

Der Gedanke der Ingerenz beruht auf dem Kausalprinzip, demgegenüber das Einrücken in die ursprüngliche Garantenstellung nach Maßgabe der betrieblichen Organisation einen konstruktiven Bruch darstellt[1079]. Die Zurechnung in einer arbeitsteiligen Wirtschaft wird nicht durch einlinige Kausalprozesse, sondern vielmehr durch Zuständigkeiten und Herrschaftsübernahmen dirigiert[1080]. Der Nachfolger müsste sonst auch u.U. für ein eigenverantwortliches, vorsätzliches Werk eines Dritten – des Vorgängers – (sogar ohne besondere Aufsichtspflicht) einstehen[1081]. Das besagt letztlich auch der Vertrauensgrundsatz, denn der Neuling muss – ohne anderweitige Anhaltspunkte – damit rechnen dürfen, dass er in ein straffreies Unternehmen eintritt.

b.Die Herrschaft über die partielle Schutzbedürftigkeit

Der vom BGH befürwortete Übergang der Garantenstellung ließe sich nach Schünemanns Ansicht allgemein nur mit dem Herrschaftsgedanken rechtfertigen, weil derjenige, der den Herrschaftsbereich eines anderen übernimmt für alle aus diesem Bereich resultierenden Gefahren einzustehen habe, gleich wann und von wem die Ursache hierfür gesetzt wurde[1082]. Aber auch ungeachtet eines

1076 Anders bei Personengesellschaften, die nicht in einem vergleichbaren Maße personenunabhängig sind.

1077 Palandt/Heinrichs, § 166 Rdn. 2, 8.

1078 NStZ 1991, 490.

1079 Schünemann UTS 1994, 137 (165 Fn. 94).

1080 Voß UTS 1994, 137 (187).

1081 So auch Ransiek ZGR 1992, 203 (216), unter Hinweis auf notwendig *eigenes* Vorverhalten. Und Brammsen, GA 1993, 97 (111 m.w.N. in Fn. 64), verweist auf den Widerspruch gegen die fundamentale Bedeutung des Grundsatzes der Eigenverantwortlichkeit im Strafrecht.

1082 Schünemann, FS für den BGH, S. 18.

Rückgriffs auf dieses Prinzip bereitet vor allem die hier favorisierte Garantenstellung kraft Übernahme insoweit keine Schwierigkeiten: Ebenso wie der ausscheidende Mitarbeiter es (zumindest konkludent) vertraglich übernommen hat, für den Schutz der Konsumenten zu sorgen, übernimmt der Neuling mit seinem Firmeneintritt diese Schutzpflicht. Und aus der Tatsache, dass er bewusst in ein Markenartikel produzierendes Gewerbe einsteigt, kann er sich auch nicht auf ein entgegenstehendes Vertrauen seinerseits berufen. Hier muss er damit rechnen, dass die ehemaligen Mitarbeiter gerade mit diesem Markennamen für die Sicherheit der Ware bürgen wollten.

4.Die Einstandspflicht sonstiger Mitarbeiter

Der Vergleich mit § 14 StGB hat vor allem Auswirkung auf die Beurteilung der täterschaftlichen[1083] Einstandspflicht von Mitarbeitern untergeordneter Ebenen:

a.Fehlende Repräsentation

Wenn sie überhaupt als Vertreter des Unternehmens fungieren, würde § 14 II StGB eine Zurechnung bei gewillkürter Vertretung nämlich nur ermöglichen, wenn der Einzelne beauftragt wurde, den Betrieb ganz oder zum Teil[1084] zu leiten (leitende Angestellte) oder aufgrund eines ausdrücklichen Auftrages in eigener Verantwortung Aufgaben wahrzunehmen, die eigentlich dem Inhaber des Betriebes obliegen[1085]. Muss zwar u.a. die Aufgabenverteilung dazu nicht schriftlich fixiert worden sein, so erfordert gerade die Eigenverantwortlichkeit als maßgebliches Abgrenzungskriterium eine Selbständigkeit und Entscheidungsbefugnis, wie sie nur in gehobenerer Stellung üblich sein wird[1086].

Zwar genügt im Bereich der Fahrlässigkeitshaftung zur Begründung von Täterschaft wegen des dort üblicherweise verwendeten Einheitstäterbegriffes[1087], dass sich irgendeine mitursächliche Pflichtwidrigkeit im Erfolg niedergeschlagen hat, wodurch grundsätzlich alle Mitarbeiter im gleichen Umfang in die Verantwortung genommen werden könnten[1088]. Doch übernimmt hier die Bestim-

---

[1083] In Abgrenzung zur bloßen Teilnahme, vgl. dazu für die Produktkriminalität allgemein Meier NJW 1992, 3193 (3199).

[1084] Erfasst werden nur verhältnismäßig selbständige Betriebseinheiten, Demuth/Schneider BB 1970, 642 (645).

[1085] Tiedemann NJW 1986, 1842; Bruns, FS für Heinitz, S. 330. A.A. Schünemann, FS für den BGH, S. 11, der unabhängig davon von Täterschaft ausgehen will, weil ein erhebliches Übergewicht der Geschäftsleitung als Hintermann regelmäßig fehle.

[1086] Demuth/Schneider BB 1970, 642 (645). Unerheblich ist die nachträgliche Kontrollmöglichkeit, solange der Beauftragte nicht vor der Anordnung um Genehmigung nachsuchen muss.

[1087] Vgl. dazu allgemein SK-Samson, § 25 Rdn. 41, und LK-Roxin § 25 Rdn. 217.

[1088] Meier NJW 1992, 3193 (3199).

mung der Sorgfaltspflicht die Abgrenzungsfunktion, da jeder nur im Rahmen seines Aufgabengebietes für die Erfüllung der betrieblichen Pflichten einzustehen hat, welche bei Untergebenen regelmäßig nur äußert beschränkt sein werden[1089]. Auch muss der Erfolg gerade aus *seiner* Nachlässigkeit resultieren. Und die strafrechtliche Relevanz einer Untätigkeit für im unteren Rang angesiedelter Mitarbeiter scheitert regelmäßig an der Möglichkeit und Zumutbarkeit eines Eingriffes[1090], weil nur die Geschäftsleitung das entsprechende Handlungsgebot, wie Vertriebsstopp oder Warnung, ausüben können wird.

b.Garantenstellung kraft tatsächlicher Übernahme

Denkbar wäre allenfalls noch eine von der Führungsebene abgeleitete Überantwortung[1091]: Dazu böte sich das Institut einer Garantenstellung kraft tatsächlicher Übernahme an[1092]:

> Indem der gewillkürte Vertreter die Vertretung für den Verband ausübt oder aber schlicht eine Aufgabe für ihn wahrnimmt, hat er es vertraglich übernommen, für alle dem Verband obliegenden Pflichten (inklusive der Garantenpflichten) und damit auch ihre Ausführung und Kontrolle durch die Führungsebene einzustehen. Unterlässt diese aber die gebotenen Maßnahmen, müsste er dann für ihre Untätigkeit in die Pflicht genommen werden können.

Doch würde das die Intention des Gesetzgebers unterlaufen, die Vertreterhaftung auf den Umfang des § 14 StGB zu beschränken. Auch sollen bei der auf der faktischen Übernahme beruhenden Garantenstellung die Pflichten und auch die zu schützenden Güter im Zeitpunkt der Übernahme zumindest erkennbar sein[1093]. Hier ist schon der Pflichtenumfang anfänglich nicht näher konkretisierbar, geschweige denn die bedrohten Güter, da es schließlich nicht darum geht, einen Schutz für das Unternehmen aufzubauen, sondern für die potentiellen Kunden. In der Regel[1094] wird deshalb keine Garantenstellung zur Endentscheidung durch die Geschäftsleitung zu begründen sein.

c.Täterschaftliche Zurechnung

Ebenso wird die Figur des mittelbaren Täters hier nicht weiterhelfen: Mag auch den gem. § 14 StGB eigentlich Verantwortlichen beispielsweise die ausreichend fundierte Sachkunde fehlen und deshalb ein Wissensgefälle von der un-

---

[1089] Das erkennt auch Schünemann, FS für den BGH, S. 18, jedoch unter dem Aspekt des beschränkten Herrschaftsbereiches.

[1090] Demuth/Schneider BB 1970, 642 (644).

[1091] In diese Richtung weisend Köhler IV 2.4.2.1.

[1092] Deutscher/Körner wistra 1996, 292 (301); so auch Schünemann, FS für den BGH, S. 27, zum faktischen Geschäftsführer.

[1093] Ausführlich dazu Jakobs AT 29/47ff.

[1094] Ausnahme: Produktsabotage, Schmidt-Salzer NJW 1990, 2966 (2968).

tergeordneten auf die übergeordnete Ebene vorherrschen[1095], wird es doch regelmäßig an der dafür notwendigen Tatherrschaft innerhalb des Gesamtgeschehens mangeln. Um als *alleiniger* Pflichtiger einstehen zu müssen, muss er den Geschehensablauf gleichsam als Zentralgestalt steuernd in den Händen halten[1096]. Das aber wurde gerade den Mitgliedern der Geschäftsleitung zugeschrieben, die nicht nur über die immanente Weisungsbefugnis gegenüber den sonstigen Mitarbeitern, sondern auch über eine besondere Informationskanalisierung verfügen[1097]. So erscheint der Unterstellte eher als Werkzeug der Führungsebene, denn umgekehrt[1098].

Statt der alleinigen Verantwortung wird allenfalls die gemeinschaftliche zu erwägen sein[1099]. Doch wird man auch von Mittäterschaft regelmäßig nur auf gleichen Verantwortungsebenen ausgehen können[1100], d.h. beispielsweise bei verschiedenen Kollegen der Geschäftsleitung, nicht aber im Verhältnis zu untergeordneten Sachbearbeitern[1101]. Selbst bei dem angedachten Wissensgefälle scheidet deren täterschaftliche Verantwortung nämlich in aller Regel aus, wenn ihr Aufgabenfeld einem Mitglied der Geschäftsleitung zugeordnet werden kann. Dann trifft nämlich allein den Vorgesetzten wegen dessen Aufsichtsherrschaft[1102] eine Informationsbeschaffungspflicht[1103]. Sie müssen sich vorhalten lassen, entweder ihre Nachforschungspflicht gegenüber den Sachbearbeitern fahrlässig vernachlässigt oder aber ihre Organisation nicht so straff geführt zu haben, als dass die Mitarbeiter von sich aus zur Aufklärung beitragen[1104]. Schon wegen der stark begrenzten Handlungsmöglichkeiten von Angestellten aus der unteren oder mittleren Hierarchie können deren jeweilige Vorgesetzte nicht darauf vertrauen, jene würden selbständig entsprechende Gefahrabwendungsmaßnahmen einleiten[1105].

[1095] So auch Meier NJW 1992, 3193 (3199).

[1096] Schönke/Schröder/Cramer, Vor §§ 25ff Rdn. 62ff.

[1097] Kassebohm BB 1994, 1361 (1363).

[1098] Kassebohm BB 1994, 1361 (1362).

[1099] So auch Schünemann, FS für den BGH, S. 11.

[1100] A.A. dagegen Schünemann, a.a.O. Die etwa nur schwachen Anhaltspunkte für einen gemeinsamen Tatentschluss will er dabei mit der engen objektiven Verknüpfung der Tatbeiträge kompensieren.

[1101] Vgl. dazu Eichinger, S 136.

[1102] Schünemann, FS für den BGH, S. 18, spricht von Geschäftsherrenhaftung. Allgemein dazu Köhler IV 2.4.3.2f.

[1103] Meier NJW 1992, 3193 (3199).

[1104] Die Rspr. hat insoweit für den gesamten Bereich der Unternehmenskriminalität eine Geschäftsherrenhaftung entwickelt, vgl. die Nachweise bei Schünemann wistra 1982, 41 (43 Fn. 22-24).

[1105] Kassebohm BB 1994, 1361 (1365).

IV. Einzelne Sorgfaltspflichten

Für das weitere Vorgehen gilt es nun nach den einzelnen Verantwortungsbereichen zu differenzieren[1106]. Die Einteilung wird wegen variierender Handlungsmodalitäten – intern oder extern –, der Informationskanalisierung und der erörterten primären Einstandspflicht der Führungsebene vertikal vorzunehmen sein, d.h. es muss zwischen den Mitgliedern der Geschäftsleitung einerseits und untergeordneten Ebenen andererseits unterschieden werden[1107].

1. Die Geschäftsleitung

a. Organisation und Delegation

Das Prinzip der Arbeitsteilung als solches verlangt für das tatsächliche Funktionieren des Betriebes ein geordnetes Ineinandergreifen der einzelnen Teilbereiche[1108], dessen Organisation der Leitungsebene als Grundpflicht obliegt[1109]. Strafbarkeitslücken können deshalb praktisch nicht entstehen, da bei fehlender Zuständigkeit eines unmittelbar Handelnden eben die Organisation unter Mängeln litt[1110]. Die Gefahr einer organisierten Nichtverantwortlichkeit, wie sie üblicherweise der Wirtschaftskriminalität zugeschrieben wird, wird hierdurch obsolet. Typische Fehlerquellen sind insoweit vor allem in der unzulänglichen Koordination der Teilverantwortlichkeiten zu verzeichnen[1111].

Im Rahmen der Pflichtendelegation, die mit der vertikalen Arbeitsteilung einher geht, verbleibt den Vorgesetzten die Auswahl, Aufsicht, Leitung, Kontrolle und bei entsprechendem Anlass eine Eingriffspflicht gegenüber den Unterstellten[1112]. Sie sind „kraft Amtes" mit der Befugnis und der Verpflichtung ausgestattet, auf die fremden Arbeitsvorgänge lenkend einzuwirken[1113]. Weisungen müssen hierzu klar und vollständig formuliert werden und dürfen keine wesentlichen Hinweise vergessen[1114]. Auch verlangt die Auswahlentscheidung, dass die angewiesene Person über eine entsprechende Qualifikation verfügt, andern-

---

[1106] Das soll auch der Kritik von Rotsch wistra 1999, 321 (326), in der bloß gesellschaftsrechtlichen Ausrichtung sei eine Rückkehr zum Täterstrafrecht zu befürchten, Rechnung tragen.

[1107] Eine weitere Einteilung erscheint jedoch weniger gewinnbringend, vgl. auch Kassebohm BB 1994, 1361 (1362).

[1108] Schmidt-Salzer JA 1988, 465 (474).

[1109] Deutscher/Körner wistra 1996, 292 (329).

[1110] Schmidt-Salzer NJW 1994, 1305 (1310); ders. NJW 1988, 1937 (1940).

[1111] Wilhelm Jura 1985, 183 (184).

[1112] Schmidt-Salzer NJW 1990, 2966 (2968); Schünemann wistra 1982, 41 (45). Das ist schon aus dem Zivilrecht bei der Übertragung von Verkehrssicherungspflichten bekannt, vgl. Palandt/Thomas, § 823 Rdn. 59.

[1113] Wilhelm Jura 1985, 183 (187).

[1114] Wilhelm Jura 1985, 183 (184).

falls, weil die Delegation zugleich die Erstzuständigkeit des Untergebenen begründet[1115], sich die Übertragung nicht im Rahmen des Sozialadäquaten befinden kann[1116]. Allgemein gilt insoweit, je gefahrträchtiger die delegierte Tätigkeit ist, desto stärker muss der Vorgesetzte in die Verantwortung genommen werden[1117].

Zwar ist im Rahmen dieser auf Koordination reduzierten Herrschaftsmacht die von Rotsch[1118] geübte Kritik einer drohenden Haftungsvorverlagerung nicht völlig von der Hand zu weisen, die sich seiner Ansicht nach mit einem restriktiven Strafrecht und einem normativen Handlungsbegriff nicht mehr vertrage. Gleichwohl übersieht er, dass gerade im Fahrlässigkeitsbereich jede Sorgfaltspflichtverletzung, so ihr ein entsprechender Erfolg zugerechnet werden kann, ausreichend sein kann[1119]. Und die notwendige Restriktion wird dabei auch durch das zwingende Moment der persönlichen Vorwerfbarkeit im Zeitpunkt des pflichtwidrigen Verhaltens erzeugt.

b.Reichweite und Grenzen des Ressortprinzips

Ferner können sich weitere Einschränkungen in der Praxis aus einer zunehmenden Horizontalaufteilung der Arbeit ergeben, nachdem die Führungsebene regelmäßig aus mehreren Personen besteht, die jede für sich über spezifische Qualifikationen verfügt[1120]. Für größere Unternehmen ist es nämlich nicht nur zweckmäßig, sondern meist auch unerlässlich, sich diese Spezialisierungen zu Nutze zu machen. Die Geschäftsleitung ist deshalb regelmäßig in einzelne Ressorts aufgeteilt, in denen der Zuständige selbständig und häufig auch einzelvertretungsberechtigt die ihm obliegenden Aufgaben wahrnimmt[1121].

Eine solche Einteilung kann je nach Größe des Unternehmens mehr oder weniger differenziert ausfallen: Etwa Vorsitz, Finanzen, Rechnungswesen und Controlling, Forschung und Entwicklung, Fabrikation, Vertrieb oder aber schlicht kaufmännische und technische Geschäftsführung.

Weil aber die strafrechtliche Pflichtenstellung an den betreuten Geschäfts- und Verantwortungsbereich anknüpft, kann sich auch das Strafrecht vor diesem gesellschaftsrechtlichen Faktum nicht verschließen[1122]. Das ergibt sich bereits

---

[1115] Dazu auch Jakobs AT 29/52.

[1116] Demuth/Schneider BB 1970, 642 (645/646). Bei Überschreiten dieses oftmals zweifelhaft und schwierig feststellbaren Rahmens bleibt dann allein die Strafbarkeit des Delegierenden, a.a.O. S. 646.

[1117] Wilhelm Jura 1985, 183 (187).

[1118] Wistra 1999, 368 (372).

[1119] Vgl. hierzu BGH JZ 1997, 50f.

[1120] Schmidt-Salzer NJW 1990, 2966 (2970).

[1121] Schmidt-Salzer NJW 1990, 2966 (2970).

[1122] Schünemann, Unternehmenskriminalität, S. 107/108; indifferent allerdings der BGH in BGHSt 37, 106 (123).

aus der eingangs befürworteten unternehmensbezogenen Betrachtungsweise, die nur dann und soweit zugelassen werden kann, wenn später sichergestellt wird, dass das einzelne Mitglied der Organisation nur im Rahmen seines Aufgabenbereiches für die Erfüllung der betriebsbezogenen Pflichten einzustehen hat[1123]. Außerdem: Wenn schon für die Zurechnung zivilrechtlicher Haftungsfolgen die gesellschaftsrechtlichen Grundsätze maßgebend sind[1124], muss das im Strafrecht um so mehr gelten, zumal für die strafrechtliche Verantwortung gerade nicht maßgebend ist, wer zivilrechtlich für die in Frage stehende Handlung haftet[1125]. Auch der Wortlaut von § 14 I Nr. 1 StGB, der zwischen vertretungsberechtigtem Organ und Mitgliedern eines solchen Organs unterscheidet, trägt insoweit die Befürwortung einer Spezialzuständigkeit[1126]. Es gibt nämlich Pflichten, die zu speziell sind, als dass sie neben dem nach der internen Geschäftsverteilung zuständigen Vertreter auch allen anderen obliegen[1127]. Und auch die Gegenansicht, die der internen Zuständigkeitsregelung im Außenverhältnis keine Bedeutung zumessen will, erkennt ihre Beachtlichkeit jedenfalls für die Schuldfrage, zu der gerade die individuelle Pflichtverletzung zählt[1128]. Otto will deshalb zumindest eine vorrangige Pflichtenposition desjenigen anerkennen, in dessen Aufgabenkreis die entsprechende Handlung fällt, die Übrigen also trotz ihrer Eigenverantwortlichkeit nicht schon bei erster Gelegenheit in die Pflicht nehmen[1129]. Darüber hinaus wird es einem Unzuständigen oft weder möglich noch zumutbar sein, sich mit dem Aufgabenfeld des Zuständigen so vertraut zu machen, dass er an seiner statt in die Pflicht genommen werden dürfte[1130].

Weil im „Monza-Steel-Verfahren" der Schuldvorwurf auf einer ungenügend überprüften Reifenentwicklung basierte, wurde vorrangig das Vorstandsmitglied für Entwicklung in die Pflicht genommen und nicht etwa der Zuständige für Vertrieb oder Fabrikation bzw. der Vorstandssitzende[1131].

Im Übrigen bringt eine derartige Aufteilung auch Vorteile für den Rechtsgüterschutz mit sich, weil sich der Einzelne voll und ganz auf sein Fachgebiet konzentrieren kann und nicht genötigt ist, fortwährend für seine Mitstreiter zu sor-

---

[1123] Kuhlen JZ 1994, 1142 (1145). Schünemann, FS für den BGH, S. 18, beruft sich auch hier auf das Herrschaftsprinzip.

[1124] So BGHSt 37, 106 (123); dagegen allerdings Demuth/Schneider BB 1970, 642 (644), mit Hinweis auf die Weite der zivilrechtlichen Überwachungspflicht, (vgl. dazu RGZ 98, 100).

[1125] Schönke/Schröder/Lenckner, § 14 Rdn. 19. Besonders Rotsch wistra 1999, 321 (326), hebt die einschränkende Wirkung des Strafrechts hervor.

[1126] Rebmann/Roth/Herrmann, OWiG, § 10 Rdn. 7, 13, für den gleichlautenden § 10 OwiG.

[1127] Göhler, § 9 Rdn. 15.

[1128] Rotberg, § 9 Rdn. 17.

[1129] WiB 1995, 929 (934).

[1130] So im Ergebnis der BGH in NStZ 1997, 545 (546); vgl. auch Demuth/Schneider BB 1970, 642 (644/645).

[1131] Schmidt-Salzer NJW 1988, 1937 (1940).

gen[1132]. Erst eine dezidierte Zuweisung getrennter Aufgabenfelder kann zu einer entsprechenden Bewusstseinsschärfung für die ordnungsgemäße Pflichtenerfüllung führen[1133]. Doch darf dies nicht in dem Sinne verstanden werden, dass nur die beispielsweise gesellschafts*vertragliche* Zuordnung ausschlaggebend ist. Die Verantwortung ist vielmehr auch dann auf einen Einzelbereich beschränkt, wenn sie aus einer tatsächlichen Funktionsübernahme resultiert[1134]. Die faktische Wahrnehmung fremder Zuständigkeiten wird strafrechtlich der rechtlichen gleichgestellt[1135]. Auch hierfür lässt sich wieder die Bewusstseinsschärfung durch die Übernahme ins Feld führen.

Die Ressortbildung hat jedoch ähnlich der Delegation nicht etwa eine endgültige Pflichtenbefreiung der Übrigen zur Folge[1136], sondern die Verantwortung der fachlich Unzuständigen wird lediglich inhaltlich verändert[1137]. Aus der originären Einstandspflicht der gesamten Geschäftsleitung bleibt stets die Mitverantwortung der Kollegen erhalten[1138], zumal die Ausführung der Ressortangelegenheiten den Charakter einer Geschäftsbesorgung für den gesamten Verband hat[1139]. Die grundsätzlich gleichstufige Verantwortung der restlichen Organteile wird sich jedoch regelmäßig in einer möglichen und zumutbaren[1140] Überwachung erschöpfen.

Und schließlich ist die Ressortaufteilung auch nicht unbeschränkt einsetzbar. Sie stößt dort auf ihre Grenzen, wo Entscheidungsprozesse mehrere Bereiche der Geschäftsleitung betreffen. Zu dieser Gemeinschaftsverantwortung gehört vor allem der Kernbereich der betrieblichen Tätigkeit, wie die anfangs erwähnte Pflicht zur Organisation, die keinesfalls auf einen Einzelnen übertragen werden darf[1141]. Häufig existieren auch Geschäftsanweisungen dergestalt, dass gewisse, meist wichtige Fragen gemeinsam zu besprechen und zu entscheiden sind[1142]. Oder die Natur bestimmter Diskussionspunkte gebietet ein gemeinsames Vorgehen, weil durch den Beschluss ressortübergreifend mehrere Geschäftsbereiche berührt werden, die koordiniert werden müssen.

> So verlangt beispielsweise die Produktfreigabe ein Zusammenwirken des Vorstandes für Forschung und Entwicklung, für Fabrikation, für Vertrieb und sicherlich auch des

---

1132 Wilhelm Jura 1985, 183.

1133 Schmidt-Salzer NJW 1994, 1305 (1312).

1134 LG München im „Monza Steel-Verfahren", ES IV, 299 (307).

1135 Schmidt-Salzer NJW 1988, 1937 (1940).

1136 Schmidt-Salzer NJW 1988, 1937 (1941).

1137 BFHE 141, 443 (446f).

1138 Schmidt-Salzer NJW 1990, 2966 (2970).

1139 Schmidt-Salzer NJW 1990, 2966 (2970).

1140 Dazu Demuth/Schneider BB 1970, 642 (644/645).

1141 Schmidt-Salzer, ES Einl. VI.1.a.

1142 So auch im „Lederspray-Verfahren", vgl. Schmidt-Salzer, ES IV.3.22 (2).

Vorstandsvorsitzenden[1143]. Ihre Aufgabe ist es dann, sich über den Fragenkomplex zu unterreden und eine übereinstimmende Maßnahme zu beschließen.

Aber selbst im Rahmen der Abstimmung darf die Ressortzuständigkeit nicht völlig unbeachtet bleiben, denn erst der jeweilige Zuständigkeitsbereich bestimmt die individuell möglichen und zumutbaren Fähigkeiten[1144]. Aus ihm ergeben sich insbesondere Initiativ- und Informationspflichten[1145]. Es obliegt nämlich dem Mitglied mit der gesteigerten Sachkunde, die Unternehmensführung in klarer und eindeutiger Weise über seinen Wissensvorsprung aufzuklären. Dazu muss er nicht nur alle relevanten Daten nennen, sondern für ein vollständiges Bild auch eine Gewichtung der positiven und negativen Aspekte vermitteln[1146].

c.Gesamtverantwortung

Schließlich wird im Einzelfall[1147] in Krisen- und Ausnahmesituationen sowohl die Aufgabenverteilung als auch die -delegation hinfällig und durch eine Gesamtverantwortung der das Unternehmen repräsentierenden Führungskräfte ersetzt. Bei derartigem Anlass ist das Unternehmen nämlich vielmehr als Ganzes betroffen[1148]. Dann gilt der Grundsatz der Generalverantwortung und Allzuständigkeit der Geschäftsleitung[1149]. Denn die Aufspaltung kann nur insoweit Gültigkeit behalten, als und solange mit der ordnungsgemäßen und zuverlässigen Erfüllung durch die Primärzuständigen zu rechnen ist. Andernfalls erfährt der Vorgesetzte oder gar die Gesamtheit der Kollegen eine Rückfallzuständigkeit[1150].

Selbst wenn beispielsweise für die Freigabe eines Produkts zur Serienfertigung innerhalb der Geschäftsleitung ein Vorstandmitglied primär zuständig war, kann bei einer Häufung von Schadensmeldungen unabhängig von der Verantwortung des Ressortzuständigen die Verantwortung zusätzlich auf den Vorsitzenden der Geschäftleitung zurückfallen[1151].

Doch darf die Gesamtverantwortung nicht pauschal mit der Gemeinschaftsverantwortung gleichgesetzt werden: Zweck der Generalzuständigkeit ist es allein, die ressortmäßige Aufteilung in Einzelfällen unbeachtlich werden zu lassen, wenn offensichtlich wird, dass durch sie den erforderlichen Sorgfaltspflichten, die das Unternehmen als Ganzes treffen, nicht mehr genügt wird. Dann ist jedes Führungsmitglied für sich gehalten, diese Widrigkeiten auszuräumen, zu-

---

[1143] Schmidt-Salzer NJW 1996, 1 (4) zum „Holzschutzmittel-Strafverfahren".

[1144] Eichinger, S. 155.

[1145] Deutscher/Körner wistra 1996, 292 (330).

[1146] Schmidt-Salzer NJW 1990, 2966 (2972).

[1147] Hierdurch unterscheidet sich die Gesamt- von der Gemeinschaftsverantwortung.

[1148] Deutscher/Körner wistra 1996, 292 (331).

[1149] BGHSt 37, 106 (123/124).

[1150] Dreher ZGR 1992, 21 (56).

[1151] Vgl. dazu LG München II Schmidt-Salzer, ES IV.28.

mal auch das Gesetz eine Geschäftsverteilung nicht kennt. Die Einschränkung wird verständlich, wenn man sich vergegenwärtigt, dass es eben gem. § 14 StGB das Organ als solches ist, das den Betrieb repräsentiert und nicht bloß Teile desselben.

Die Ratio ist vergleichbar mit den gesteigerten Anforderungen beim Rücktritt mehrerer Tatbeteiligter vom Versuch: Die aus dem gemeinschaftlichen Zusammenwirken resultierenden, gesteigerten Gefahren rechtfertigen, an ihren strafbefreienden Rücktritt höhere Anforderungen zu stellen als bei einem Einzeltäter[1152]. Eine solche erhöhte Rechtsgutgefährlichkeit entsteht gerade auch durch die mit der Arbeitsteilung bzw. Mehrköpfigkeit einhergehenden Verteilung der Verantwortung auf Einzelne und damit Entlastung anderer. Dieser Vorteil muss durch gesteigerte Anforderungen in Krisensituationen kompensiert werden.

Regelmäßig widerfährt jedoch einer solchen Rückfallzuständigkeit in Ausnahmesituationen ein Grad an Vehemenz und Wichtigkeit, dass *zugleich* der Bereich der Gemeinschaftsverantwortung eröffnet ist.

Gerade in der Häufung von Verbraucherbeschwerden über Schadensfälle durch die Benutzung eines vom Unternehmen massenweise hergestellten und vertriebenen Serienproduktes sieht der BGH das weitere Vorgehen – Vertriebsstopp, Warn- oder Rückrufaktion – als ressortübergreifendes Problem an, das alle Geschäftsbereiche gleichermaßen auf den Plan ruft, weil in so einem Fall eine ressortinterne, unabgestimmte Lösung von vornherein nicht in Betracht kommen könne[1153].

2.Sonstige Mitarbeiter

Bei der möglichen Verantwortlichkeit von Untergeordneten gilt es zudem Folgendes zu beachten: Für die Ausführung der einzelnen Handlungen obliegt es dem Mitarbeiter im Rahmen seines Aufgabenfeldes, sich an die innerbetrieblichen Weisungen zu halten und die Sorgfalt zu wahren, die seine Qualifikation ihm ermöglicht. Gleichzeitig ist ihm geboten, bei Zweifeln an der Richtigkeit und erst recht bei offensichtlichen Fehlern in der Anweisung, mit dem Vorgesetzten Rücksprache zu halten[1154]. Diese Remonstrationspflicht ist bereits aus dem Beamtenrecht mit §§ 37, 38 BRRG, 55, 56 BBG bekannt und stellt eine besondere Ausprägung des Treueverhältnisses zwischen Arbeitgeber und Arbeitnehmer dar[1155]. Eine regelrechte Nachprüfungspflicht von Anweisungen wird sich dagegen nicht begründen lassen: Regelmäßig wird nämlich ein rangniederer Mitarbeiter wegen geringerer fachlicher Qualifikation und der Unkenntnis von gebietsübergreifender Zusatzinformation darauf vertrauen dürfen, dass sein Vorgesetzter seine Weisung mit der gebotenen Sorgfalt erteilt hat[1156]. Nur wenn

---

[1152] Vgl. § 24 Abs. 2 StGB im Unterschied zu Abs. 1.

[1153] BGHSt 37, 106 (124).

[1154] Wilhelm Jura 1985, 183 (187).

[1155] Steiner, Teil F Rdn. 48.

[1156] Wilhelm Jura 1985, 183 (187).

er über einen Wissensvorsprung gegenüber seinem Vorgesetzten verfügt, weil er ein Fachmann auf seinem Gebiet ist und die Geschäftsleitung beispielsweise lediglich aus kaufmännischen Kräften besteht, trifft ihn ein Initiativrecht[1157]. Besonders, wenn ihm im Laufe seiner Tätigkeit eine mögliche Schädlichkeit des von ihm produzierten Produktes bekannt wird, ist ihm die eigenständige Information übergeordneter Stellen überantwortet[1158].

Schwierigkeiten tauchen auch hier wieder durch die Horizontalteilung auf: Auf unteren Ebenen macht sich vermehrt eine Teamarbeit breit, wobei die Gruppen häufig sogar hierarchieübergreifend gebildet werden und im Rahmen sog. Projektarbeit nur für einen bestimmten Zeitraum mit einem Aufgabenfeld befasst sind[1159]. Hierdurch wird die Zuordnung einer individuellen Sorgfaltspflichtverletzung einzelner Beteiligter nahezu unmöglich. Dann bleibt allein die Inanspruchnahme des Teamleiters, der regelmäßig für das gesamte Arbeitsergebnis verantwortlich zeichnet.

V.Modifizierung der Handlungspflicht

Da von dem einzelnen Mitarbeiter, gleich welcher Hierarchieebene zugehörig, nichts Unmögliches verlangt werden kann, müssen auch die Verhaltenspflichten gerade bei Zusammenwirken mehrerer eine Modifizierung erfahren[1160]. Unterschieden werden muss nämlich beispielsweise zwischen der der Geschäftsleitung als solcher obliegenden Pflicht und dem den Einzelnen treffenden Handlungsgebot[1161].

1.Möglichkeit

Das bedeutet, dass unter Beachtung der jeweiligen Organisationsstruktur nur auf die dem Unternehmen gebotene Handlung hingewirkt, sie nicht dagegen eigenständig durchgeführt werden muss[1162]. Die Mitglieder der Führungsebene haben bei der Gemeinschafts- oder Gesamtverantwortung nur einen Beschluss zur Ausführung der gebotenen Tätigkeit herbeizuführen, die Untergebenen durch Information und Aufklärung entsprechende Maßnahmen durch die Geschäftsleitung einzuleiten. *Bestimmte* Maßnahmen müssen die Unterstellten dabei aber niemals empfehlen, weil das der eigenverantwortlichen Regie der Führungsebene widerspräche[1163], zumal bei der Unterlassensverantwortlichkeit, wie

---

1157 Deutscher/Körner wistra 1996, 292 (330).
1158 Deutscher/Körner wistra 1996, 292 (330).
1159 Kassebohm BB 1994, 1361 (1361/1362).
1160 Meier NJW 1992, 3193 (3195).
1161 Deutscher/Körner wistra 1996, 292 (331).
1162 So auch Kuhlen NStZ 1990, 566 (569).
1163 Kassebohm BB 1994, 1361 (1361).

gezeigt, allein die leitenden Personen in die Garantenstellung des Unternehmens einrücken können[1164].

Der BGH hat das in der „Lederspray-Entscheidung" zu Recht so formuliert[1165]: „War demgemäss (...) der einzelne Geschäftsführer nicht berechtigt, aus eigener Machtvollkommenheit den in Rede stehenden Rückruf anzuordnen, so änderte dies zwar nichts am Fortbestand seiner umfassenden, zur Schadensabwendung verpflichtenden Garantenstellung; wohl aber erfuhren dadurch seine aus dieser Garantenstellung fließenden, konkreten Handlungspflichten eine Begrenzung. Jeder war hiernach nur dazu verpflichtet, unter vollem Einsatz seiner Mitwirkungsrechte das ihm Mögliche und Zumutbare zu tun, um einen Beschluss der Gesamtgeschäftsführung über Anordnung und Vollzug des gebotenen Rückrufs zustande zu bringen."

2.Zumutbarkeit

Eine weitere Einschränkung findet das Handlungsgebot in der Zumutbarkeit[1166].

Interessant für die Produktkriminalität sind insbesondere das Handeln im Widerspruch zu Weisungen des Vorgesetzten oder gegen den Willen der Kollegen.

Schon das RG erkannte in seiner „Leinenfänger-Entscheidung", dass eine mögliche Zwangslage des Täters, die sich aus seiner Verpflichtung zur Befolgung von Anweisungen seines Arbeitgebers und (bei Zuwiderhandlung) aus der Furcht vor dem Verlust des Arbeitsplatzes ergeben kann, zu berücksichtigen sei[1167]. Das macht erneut eine Abwägung der widerstreitenden Interessen erforderlich[1168]. Stehen jedoch verbraucherseits Leben und Gesundheit zur Disposition, werden auch hier rein wirtschaftliche Aspekte wie berufliches Fortkommen bzw. Gewinneinbußen stets geringer einzustufen sein als schwere gesundheitliche Beeinträchtigungen[1169]. Irrelevant ist stets die Furcht vor Strafverfolgung für bisher unentdecktes Verhalten[1170]: Erfüllt es objektiv wie subjektiv eine Strafnorm, liegt bereits eine Begehungstat vor, in der Zumutbarkeitserwägungen nichts verloren haben. Und fehlt es nur an einem Tatbestandsmerkmal, werden auch strafrechtliche Ermittlungen mangels Strafbarkeit nicht zu befürchten sein[1171].

[1164] So der BGH für den Leiter des Chemielabors, Nachweise bei Hassemer JuS 1991, 253 (255).

[1165] BGHSt 37, 106 (126).

[1166] Demgegenüber verweist Schünemann, FS für den BGH, S. 18, wiederum auf die beschränkte Herrschaft.

[1167] RGSt 30, 25 (28).

[1168] Dazu Bock, S. 151.

[1169] Eichinger, S. 307.

[1170] Schönke/Schröder/Stree, Vor § 13 Rdn. 156, jedoch mit Verweis auf die Garantenstellung des Ingerenten.

[1171] Vgl. dazu schon oben § 5.D.I.3.b.

Weil dem Einzelnen – gerade bei Gesamtgeschäftsführung – zwar in aller Regel nicht möglich ist, allein für die gesamte Durchführung des sorgsamen Handlungsgebots zu sorgen, wird man die Meßlatte für die Zumutbarkeit regelmäßig nicht besonders niedrig ansetzen müssen.

Hat ein Geschäftsführer beispielsweise nur auf ein entsprechendes Abstimmverhalten hinzuwirken[1172], umfasst die ihm zumutbare Verpflichtung auch das Herbeischaffen von Information, um seine Überzeugungskraft durch gezielte Argumente zu verstärken.

Sogar das eigenmächtige Herantreten der Geschäftsführer an die Öffentlichkeit oder zumindest die Unterrichtung der Aufsichtsorgane bzw. der zuständigen Behörden wäre hiernach erwägenswert[1173], weil ein solches Vorgehen, mag es auch vertragswidrig sein, schließlich nicht zwingend einer Absegnung durch die (übrigen) Kollegen bedarf und einem Ausgeschiedenen sogar die einzige Alternative bieten wird, seine strafrechtliche Verantwortung zu unterbinden[1174]. Indes darf dabei nicht übersehen werden, dass die Erfolgsabwendungspflicht gerade auf einer funktionsbezogenen Garantenstellung des Unternehmens beruht. Sie trifft den Einzelnen nur in seiner Eigenschaft als Unternehmensmitarbeiter[1175]. Deshalb wird das Handlungsgebot in der Regel nicht über den betrieblichen Bereich hinausgehen[1176].

Desgleichen muss man sich auch fragen, ob eine Handlung als zumutbar empfunden werden kann, die sowieso keinen Erfolg[1177] verspricht.

Ein anschauliches Beispiel bietet das gesellschaftsrechtlich eingeräumte Recht zu Mehrheitsbeschlüssen, bei denen gerade nicht jede Stimmabgabe ausschlaggebend ist.

Doch kann das letztlich nicht die Zumutbarkeit beeinflussen[1178], die rein objektiv anhand eines vernünftigen Mitarbeiters zu ermitteln ist, der auf das gleiche Verhalten seiner Kollegen vertrauen darf.

VI. Beschränkung durch den Vertrauensgrundsatz

Eine letzte Schranke bildet der Vertrauensgrundsatz: Spezialisierung und Subspezialisierung bringen es mit sich, dass außerhalb des eigenen Fachberei-

---

[1172] So der BGH in BGHSt 37, 106 (125).

[1173] Diese Frage wirft auch Otto WiB 1995, 929 (934) auf.

[1174] Bock, S. 154.

[1175] Kuhlen NStZ 1990, 566 (569).

[1176] Bock, S. 151.

[1177] Aufgrund der Handlungsmodifikation nur mehr verstanden im Sinne des gewünschten Beschlusses, *nicht* im Sinne der Schadensabwendung als solcher.

[1178] Vielmehr wird die Frage im Rahmen der Kausalität oder aber der objektiven Zurechnung relevant werden, vgl. die Zurechnungsunterbrechung bei der Mitwirkung Dritter, oben § 5.E.I.2.b und § 5.E.II.3.

ches regelmäßig nur mehr äußerst beschränkte Kompetenzen anzutreffen sind. Für eine gelingende und sich stets weiterentwickelnde Produktion ist es aber gerade erforderlich, sich dieser ausgesuchten Fähigkeit von Fachkräften zu bedienen, so dass eine Aufgabenverteilung und Zusammenarbeit unausweichlich wird. Und effektiv und qualitativ hochwertig wird das erst, wenn sichergestellt ist, dass die Beteiligten (zumindest überwiegend) ihre Zeit allein für ihre Problemlösungen aufwenden müssen, ohne sich über die Tätigkeit ihrer Mitarbeiter Gedanken machen zu müssen[1179]. Deshalb erhält der Vertrauensgrundsatz im Bereich arbeitsteiliger Handlungen sein ganz besonderes Einsatzfeld[1180]: Da mit der Arbeitsteilung die einzelnen Pflichten modifiziert wurden und sich auch das Strafrecht dem beugt, muss Konsequenz sein, dass der Einzelne sich prinzipiell nur mehr auf seinen Aufgabenbereich zu konzentrieren hat. Eine grenzüberschreitende Kontrollpflicht wäre demgegenüber mit einem Zwang zu „stets tausendfältig gespaltener Aufmerksamkeit“ verbunden[1181], die schon Binding[1182] als unerträgliche Haftungsintensität empfand.

Andererseits birgt das aber auch die Gefahr in sich, dass nun jeder sich unter Berufung auf den Vertrauensgrundsatz hinter der Pflichtwidrigkeit eines anderen verschanzt. Deshalb kann der Vertrauensgrundsatz seine strafbegrenzende Wirkung nicht völlig schrankenlos entfalten[1183]. Entscheidend ist nicht, dass der Einzelne tatsächlich vertraut; vielmehr muss er *berechtigterweise* auf eine ordnungsgemäße und zuverlässige Aufgabenwahrnehmung des Erstzuständigen gesetzt haben[1184], weil blindes Vertrauen keinesfalls einen Strafverzicht rechtfertigen kann[1185]. Zwar steht vor jeder bereichsüberschreitenden Zurechnung von Pflichtverstößen stets die Initiativpflicht des Primärzuständigen, der seine Kollegen oder Vorgesetzten über die von ihm erkannte Gefahrträchtigkeit in Kenntnis zu setzen hat.

Daran fehlte es beispielsweise bei Eintritt der ersten Schadensfälle im „Monza Steel-Strafverfahren“, so dass den Vorwurf allein den technischen Vorstand treffen konnte, nicht dagegen etwa den Vorstandsvorsitzenden[1186]. Dessen Rückfallzuständigkeit kam allein für zeitlich nachfolgende Unfälle in Betracht.

[1179] Wilhelm Jura 1985, 183.
[1180] Schönke/Schröder/Cramer, § 15 Rdn. 151.
[1181] Wilhelm Jura 1985, 183 (184).
[1182] S. 560f.
[1183] So auch Meier NJW 1992, 3193 (3197).
[1184] Deutscher/Körner wistra 1996, 292 (330).
[1185] Wilhelm Jura 1985, 183 (187).
[1186] Staatsanwaltschaft beim LG München II, Schmidt-Salzer, ES IV.4.4 (3ff).

Bei entsprechenden Zweifeln ist dann aber der Ursache auf den Grund zu gehen und die Zuverlässigkeit der Mitarbeiter durch geeignete, selbstveranlasste Informationsbeschaffung zu überprüfen[1187].

So wird man beispielsweise einem diffusen, unschlüssigen Sachvortrag eines Spezialisten nicht uneingeschränkt Glauben schenken dürfen[1188] und auch eine Häufung von Schadensmeldungen wird das Vertrauen regelmäßig erschüttern.

Schließlich wird das Vertrauen seine Berechtigung immer bei *eigener* Sorgfaltswidrigkeit einbüßen müssen. Denn jeder der sich selbst pflichtwidrig verhält, begründet die Gefahr, dass auch die anderen ihre Gebote nicht erfüllen[1189]. Das erfährt eine besondere Note auch bei der Beschlussfassung mehrerer Geschäftsführer im Rahmen der Gemeinschafts- und Gesamtverantwortung[1190].

VII.Ergebnis

Die vorstehenden Erwägungen haben deutlich gezeigt, welch starken Einfluss das „Phänomen“ Arbeitsteilung auf die Strafbarkeit von Unternehmensangehörigen nehmen kann und regelmäßig auch nimmt. Das beginnt bei einer vorrangigen Pflicht der den Betrieb repräsentierenden Organe gegenüber ihren Unterstellten und setzt sich nahtlos bei Frage der Einzelzuständigen im Rahmen eines Ressorts fort. Stets ist das Wechselspiel von Aufgaben- und damit Verantwortungsbegrenzung und deren Hinfälligkeit in betrieblichen Ausnahmesituationen zu berücksichtigen. So werden hierdurch nicht nur die Sorgfaltsanforderungen im allgemeinen, sondern auch die konkreten Eingriffsmodalitäten des Einzelnen modifiziert. Nicht zuletzt der Vertrauensgrundsatz kann zu nicht unbeachtlichen Einschränkungen einer Strafbarkeit führen, jedenfalls solange und soweit das Vertrauen berechtigt war.

C.Kausalität des Einzelverhaltens für die strafwürdige Handlung des Unternehmens

Nun schließt sich zu guter Letzt eine dritte Kausalitätsprüfung an, die danach fragt, welcher der einzelnen Unternehmensangehörigen einen ursächlichen Beitrag für das Fehlverhalten des Gesamtbetriebs gesetzt hat. Besondere Bedeutung erlangt hier wieder die mit menschlichem Verhalten einhergehenden Unwägbarkeiten.

Auf der Basis mehrerer Unternehmenshierarchien fragt sich einmal, ob ein sorgloses Handeln eines Untergebenen als kausal für einen Schaden angesehen

[1187] Deutscher/Körner wistra 1996, 292 (330).

[1188] Schmidt-Salzer NJW 1990, 2966 (2972).

[1189] Meier NJW 1992, 3193 (3198).

[1190] Dazu noch ausführlich unten § 6.B.II und § 6.C.I.2 a.E.

werden kann, der wegen seiner nur eingeschränkten faktischen Handlungsmöglichkeit nach außen auf eine Aktion durch die Führungsebene angewiesen ist.

Ob nämlich die Geschäftleitung aus einer sachgerechten Information die richtigen Konsequenzen gezogen hätte, ist gerade in Anbetracht der verschiedenen Faktoren, die in betriebliche Entscheidungsabläufe hineinspielen, äußerst ungewiss. So kann beispielsweise ein Schaden aufgrund einer abgelehnten Warn- oder Rückrufaktion, die allein auf der Angst vor Imageverlust basierte, dem Sachbearbeiter trotz seiner unterlassenen Information der Unternehmensleitung bezüglich der Schädlichkeit nicht zugerechnet werden, weil sich darin nicht das Risiko des Aufklärungsverzichts verwirklichte.

Ebenso verhält es sich umgekehrt bei der ordnungsgemäßen Erfüllung von Kontrollpflichten, weil auch in Fällen extremster Organisationsdefizite Auswahl und Kontrolle im Unternehmensbereich gar nicht lückenlos zu verwirklichen sind, wenn sie auf einen Gehorsam der Angestellten aufbauen[1191].

Ähnlich Probleme ergeben sich auch innerhalb einzelner Ebenen, beispielsweise bei einer mehrköpfigen Geschäftsleitung, wenn der Ressortzuständige, in dessen Bereich die Fehlerquelle liegt, ohne die Mitwirkung der anderen Geschäftsführer nicht einschreiten kann. Auch dann ist es nicht auszuschließen, dass selbst bei ordnungsgemäßem Lagebericht die notwendige Einigkeit für ein gemeinsames Vorgehen nicht erzielt hätte werden können und der Einzelne vielmehr am Widerstand der anderen gescheitert wäre.

Besonders heikel ist die Situation dann, wenn zusätzlich gesetzlich oder rechtsgeschäftlich[1192] Mehrheitsbeschlüsse zugelassen sind[1193].

Beispielsweise konnte in den Unternehmen, die von dem „Lederspray-Verfahren“ betroffen wurden, das Kollektivorgan mit einfacher Stimmenmehrheit über Maßnahmen befinden konnte, weil eine Geschäftsanweisung Einstimmigkeit nur empfahl, nicht aber gebot[1194].

Derartige Entscheidungen sind dadurch gekennzeichnet, dass der Erfolg im Sinne der Beschlussfassung auch ohne die oder entgegen der abgegeben Stimme zustande gekommen sein kann.

Unterschieden werden muss deshalb im folgenden zwischen der Gemeinschaftsverantwortung als solcher, die erst das Mitwirken aller Geschäftsführer

---

1191 So Schünemann, Unternehmenskriminalität, S. 206ff, 260/261.

1192 Nämlich durch den Gesellschaftsvertrag oder die Satzung.

1193 Dieses Problem ist zwar geradezu typisch für produktkriminelle Sachverhalte. Doch kann im Rahmen der Arbeit, die unter dem Schwerpunkt des fahrlässigen Unterlassungsdeliktes steht, keine vollständige Würdigung der divergierenden Meinungen vorgenommen und eine abschließende Lösung getroffen werden. Hierzu sei vielmehr auf das in Kürze erscheinende umfassende Werk von Christoph Knauer, ehemaliger wissenschaftlicher Mitarbeiter am Lehrstuhl von Prof. Dr. Claus Roxin, verwiesen.

1194 Vgl. Schmidt-Salzer, ES IV.3.22. (2).

an dem Beschluss einer Maßnahme notwendig werden lässt und der Möglichkeit, mehrheitlich abzustimmen[1195]. Um insoweit Fehlinterpretation so weit als möglich zu vermeiden, darf dabei keinesfalls die Gesetzmäßigkeit mit den korrigierenden Elementen der objektiven Zurechnung vermengt werden[1196]. Auch darf nicht vergessen werden, dass die Bedingungsformel stets nur ein Kriterium bleibt, die Ursächlichkeit zum Vorschein zu bringen.

I.Gemeinschaftsverantwortung

1.Kausalität im engeren Sinne

Ausgangspunkt ist wiederum die Gesetzmäßigkeit, die mit Hilfe der Bedingungsformel festgestellt werden soll: Bei zwingend gemeinsamer Entscheidung kann eine Einzelstimme nicht hinweg gedacht werden, ohne dass der Erfolg entfiele, weil ein entsprechender Beschluss ohne sie nicht gefasst werden könnte[1197]. Als Fall kumulativer Kausalität ist ihre Ursächlichkeit unbestreitbar, stellt sie doch wegen ihrer Mitursächlichkeit stets die Naturgesetzlichkeit zur schädlichen Folge her[1198]. Voraussetzung ist allerdings, dass festgestellt werden kann, wie der Einzelne entschieden hat, weil nur die im Beschluss zum Ausdruck gekommenen Stimmen eine Teilursache begründet haben. Bei geheimer Abstimmung kann das, wenn nicht ein einstimmiges Ergebnis zur Überprüfung ansteht, zuweilen Schwierigkeiten bereiten, weil hier das Votum den einzelnen Beteiligten nicht mehr zugeordnet werden kann[1199].

2.Objektive Zurechnung

Eine ganz andere Frage ist es hingegen, ob der nur *mit*ursächlichen Stimme das *Gesamt*ergebnis überantworten werden kann. Denkbar wäre insoweit auch, allein die Versuchsstrafbarkeit in Betracht zu ziehen[1200], weil der Einzelne erst im Zusammenspiel mit den übereinstimmenden Voten ein bestimmtes Ziel zu bewirken vermag. Dennoch begnügt sich die h.M. auch bei bloßer Mitursächlichkeit im Rahmen der kumulativen Kausalität durchwegs damit, dass der Kau-

---

[1195] Da die strafrechtliche Verantwortlichkeit unterer Hierarchien sowieso nahezu bedeutungslos ist, soll auf ihre Kausalitätsfragen nicht naher eingegangen werden.

[1196] Besonders Meier NJW 1992, 3193 (3198), weist auf diese Problematik hin, ohne allerdings die Thematik abschließend zu klären. Demgegenüber verliert sich die Rspr. regelmäßig in einer unsauberen Prüfung, in der Äquivalenzformel und normative Gesichtspunkte bunt vermischt werden, was wohl auch darauf zurückzuführen, dass sie im Ergebnis die Lehre von der objektiven Zurechnung noch nicht rezipiert hat, vgl. Roxin AT § 11 Rdn. 41.

[1197] So auch Kühl § 18 Rdn. 39b. Auf das Sonderproblem von Mehrheitsbeschlüssen wird erst noch unten näher einzugehen sein.

[1198] Meier NJW 1992, 3193 (3197).

[1199] Deutscher/Körner wistra 1996, 292 (331).

[1200] So Deutscher/Körner wistra 1996, 292 (332).

salverlauf, d.h. die Auswirkung weiterer Bedingungen für den Erfolgseintritt, nicht außerhalb jeder Lebenserfahrung liegt[1201]. Das ist nur bei völliger Inadäquanz abzulehnen, weil das Zutun des Einzelnen keine *hinreichende* Bedingung für die Vollendung sein muss, sondern sich nur kausal im Gesamterfolg niedergeschlagen haben[1202].

Die tatsächlich ursächliche Einzelstimme hat das *Risiko* eines beeinträchtigenden Beschlusses über das erlaubte Maß hinaus *erhöht*[1203]. Wenn die Entscheidung dann im Ergebnis entsprechend ausfällt, hat sich im Erfolg gerade die Gefahr verwirklicht, die maßgeblich durch das Votum heraufbeschwört worden war. Hier kommt der oben angedeutete der Vertrauensgrundsatz ins Spiel, weil niemand, der sich selbst falsch verhält, darauf vertrauen kann, dass sich andere richtig verhalten[1204], sondern umgekehrt sogar mit der gleichen Pflichtwidrigkeit seines Mitstreiter rechnen muss. Dann ist der Einzelursache ohne weiteres der Gesamterfolg zuzurechnen.

II.Mehrheitsbeschlüsse

1.Kausalität

Vermochte die Äquivalenztheorie im Rahmen der Gemeinschaftsverantwortung wenigstens noch eine Gesetzmäßigkeit aufzuzeigen, ist sie in weiten Teilen mehrköpfiger Entschlüsse unbehelflich, wenn – wie in der Praxis üblich – Entscheidungen statt einer Einstimmigkeit nur einer einfachen oder qualifizierten Mehrheit bedürfen. Dann unterliegen überflüssige, weil für eine Mehrheitsentscheidung unnötige Stimmen einer alternativen Kausalität: Sie können hinweggedacht werden, ohne das der Erfolg (mit an Sicherheit grenzender Wahrscheinlichkeit) entfällt. Weil außerdem regelmäßig nicht feststellbar ist, welche der „Ja-Stimmen“ überflüssig war, müsste im Zweifel ein doppeltes „In-dubio-pro-reo“ erfolgen[1205]. Dass dieses Ergebnis befremdet, wenn das Fehlverhalten eines einzelnen Geschäftsführers feststeht, ist offensichtlich[1206] Gleichwohl erweist sich der Ausweg aus diesem Dilemma als ausgesprochen steinig.

[1201] So auch Schönke/Schröder/Lenckner, Vor § 13 Rdn. 83; vgl. auch Lackner/Kühl, § 15 Rdn. 12, zur Rechtsfigur der „aberratio ictus“.

[1202] Tröndle/Fischer, § 25 Rdn. 7. Darauf rekurriert auch Otto WiB 1995, 929 (934).

[1203] Hier ist die Anwendung der Risikoerhöhungslehre unproblematisch, weil ihr nur kausalitätsbeschränkende, nicht aber -begründende Wirkung zufällt.

[1204] Meier NJW 1992, 3193 (3198).

[1205] Schumann StV 1994, 106 (109).

[1206] Plakativ BGHSt 37, 106 (132): „Damit bliebe in diesem Bereich für die strafrechtliche Zurechnung tatbestandsmäßiger Schadensfolgen kein Raum – sie wäre stets und in jedem Falle unmöglich. Dass dies nicht rechtens sein kann, liegt auf der Hand.“ So auch OLG Stuttgart NStZ 1981, 27 (28) und Kuhlen NStZ 1990, 566 (570). Meier NJW 1992, 3193 (3197), betont indes, Evidenzurteil stets ein problematischer Ratgeber sei.

a. Zurechnung über die Mittäterschaft

Im Vordergrund dieser Diskussion steht der Versuch über eine mittäterschaftliche Zurechnung alle Tatbeiträge in einer Person zu versammeln: Wenn jedem Mitglied der Geschäftsleitung unabhängig von seinem Anteil auch das Fehlverhalten seiner Kollegen zum Nachteil gereicht, wird der Einwand rechtmäßigen Alternativverhaltens obsolet, weil die Ursächlichkeit der anderen Beteiligten genügt.

Das gilt in dieser Allgemeinheit natürlich erst einmal für Vorsatzdelikte. Nachdem aber der Wortlaut des § 25 II StGB nur von gemeinschaftlicher Tatbegehung spricht[1207], wird sogar im Fahrlässigkeitsbereich vereinzelt[1208] die Möglichkeit einer mittäterschaftlichen Zurechnung erwogen. Rechtfertigen lässt sich dieser Ansatz insbesondere aus der Bestimmung des Täterbegriffes. Zwar lenkt der Fahrlässigkeitstäter das Geschehen nicht bewusst, d.h. final auf einen Erfolg hin. Weil er aber gleichwohl die Rechtsgutverletzung unmittelbar zu verantworten hat, erscheint er auch im Fahrlässigkeitsdelikt als Steuerungssubjekt des tatbestandlich erfassten sozialen Sinngehalts[1209]. In Abgrenzung zur reiner Nebentäterschaft, bei der die Handelnden die Rechtsgutverletzung gerade unabhängig voneinander zu verantworten haben, ist sie immer dann denkbar, wenn mehrere Tatbeteiligte gemeinschaftlich und in Kenntnis ihrer wechselseitigen Tatbeiträge ein unerlaubtes Risiko schaffen[1210]. Voraussetzung ist dazu, dass in Vollzug eines wenigstens objektiv gemeinsamen Planes[1211] arbeitsteilig pflichtwidrig Gefahren begründet wurden, die sich schließlich in der Rechtsgutverletzung realisiert haben[1212]. Damit reduziert sich die Prüfung bei Vorsatz wie auch bei Fahrlässigkeit auf das aufgrund eines gemeinsamen Tatplanes einverständliche Zusammenwirken.

[1207] Vor allem Kamm, S. 176, weist auf die begriffliche Reichweite von § 25 II StGB hin.

[1208] So vor allem Otto Jura 1990, 47 (49) und Brammsen Jura 1991, 533 (537); ablehnend dagegen Lackner/Kühl, § 25 Rdn. 13, und Strathenwerth AT § 16 Rdn. 7.

[1209] Otto Jura 1990, 47 (49).

[1210] So auch Hoyer GA 1996, 160 (173); Hilgendorf NStZ 1994, 561 (563) und Roxin TuT S. 695. A.A. dagegen Schönke/Schröder/Cramer, Vor §§ 25 Rdn. 116 m.w.N., weil das entscheidende Kriterium der Mittäterschaft die Gemeinschaftlichkeit des Delikts*vorsatzes* sei, zu dem das Bewusstsein der Fahrlässigkeit ein aliud sei. Zumindest aber sei sie im Hinblick auf den Einheitstäterbegriff überflüssig, vgl. a.a.O., § 25 Rdn. 101.

[1211] Dazu Renzikowski, S. 288, und Brammsen Jura 1991, 533 (537). Hierdurch beschränkt sich der Anwendungsbereich einer fahrlässigen Mittäterschaft allerdings auf die bewusste Fahrlässigkeit, LK-Roxin, § 25 Rdn. 221. Auch Kamm, S. 209, betont das Bewusstsein über die gemeinschaftliche Ausführung.

[1212] Demgegenüber wird angeführt, dass bei fahrlässigen Erfolgsdelikten nur ein Zusammenwirken mehrerer bei der gefährlichen *Tätigkeit*, nicht aber bezüglich der *Erfolgs*herbeiführung in Betracht komme, wodurch sie contra legem in schlichte Tätigkeitsdelikte verwandelt würden, Nachweise bei Otto Jura 1990, 47.

Nun gilt es aber den Gebrauch der Mittäterschaft auf ihre Tauglichkeit im Bereich der Produktkriminalität zu untersuchen.

Ausgangspunkt ist dabei die Argumentationsführung im „Lederspray-Verfahren", in der sich der BGH für die mittäterschaftliche Zurechnung bei einem Unterlassung bereits damit begnügte, dass die den Garanten obliegende Pflicht nur gemeinschaftlich erfüllbar sei[1213].

(I)Täterschaftliches Verhalten

Nicht nur, dass die Gemeinschaftsverantwortung – im Unterlassens- wie auch im Begehungsbereich – zwingend ein gemeinsames Vorgehen auszeichnet. Hinzukommt, dass der BGH jegliche Unterscheidung zwischen gemeinsamen Tatplan und einzelnem Tatbeitrag vermissen lässt[1214].

Besonders deutlich tritt das in der „Lederspray-Entscheidung" im Einschluss der „Nachzügler" hervor, die an der ursprünglichen Abstimmung nicht beteiligt waren: Solange die Tat mangels Eintritt der Verletzungen noch nicht vollendet sei, sei die Mittäterschaft auch sukzessiv möglich im Sinne eines Billigens und Sich-Zueigenmachens des Erfolges. Anstelle einer vorherigen Verabredung genüge dann ein erst während der Tat entstandenes Einverständnis[1215]. Und diese nachträgliche Billigung leistete auch den notwendigen „Beitrag", weil hierdurch ein „komplettiertes" Einverständnis über die Nichtdurchführung der Rückrufaktion erzielt wurde[1216].

Seinem Ergebnis liegt unausgesprochen die rein subjektive Theorie zu Grunde[1217], nach der in wertender Gesamtbetrachtung die Täter die Tat nur als gemeinschaftliche *wollen* müssen, also schon der bloße Wille zur Tatherrschaft den notwendigen Tatbeitrag beinhaltet[1218]. Das eröffnet jedoch einige Angriffspunkte für Kritik[1219]: Mit*täter* müssen über das „Ob" und „Wie" der Tat ent-

---

[1213] BGHSt 37, 106 (129).

[1214] Ein vergleichbarer Fehler unterlief dem BGH auch 1991, wo er sich mit der Abgrenzung von Mittäterschaft und psychischer Beihilfe auseinander zusetzen hatte: Zwar lässt er zunächst scheinbar eine Abkehr von der rein subjektiven Theorie anklingen, wenn er der Lit. folgend als wesentliche Anhaltspunkte für die Abgrenzung das Interesse, aber auch den Umfang der Tatbeteiligung, die Tatherrschaft oder zumindest den Willen zur Tatherrschaft fordert. In Übereinstimmung mit der Lehre begnügt er sich dabei mit einer im Vorfeld der eigentlichen Tat angesiedelten und nur der Vorbereitung dienenden Handlung, wenn sie den Tatentschluss des ausführenden Genossen bestärkt. Indem er aber schon den gemeinschaftlichen Tatentschluss als eine solche Vorbereitungshandlung begreift, verzichtet er jedoch im Ergebnis wieder völlig auf das Element der gemeinschaftlichen Ausführung und kehrt zu seiner subjektiven Theorie zurück, vgl. JR 1991, 205f mit Anm. Roxin.

[1215] Allgemein dazu LK-Roxin, § 25 Rdn. 192 m.w.N.

[1216] BGHSt 37, 106 (130).

[1217] Tröndle/Fischer, vor § 25 Rdn. 2, und Brammsen Jura 1991, 533 (537 Fn. 29); umfassend zur Entwicklung der Rspr. vgl. Roxin, TuT, S. 90ff, insb. 105.

[1218] BGH JR 1991, 205 (206) mit krit. Anm. Roxin S. 206ff.

[1219] Allgemein zur Mittäterschaft bei Unterlassen Schönke/Schröder/Cramer, § 25 Rdn. 79; Tröndle/Fischer, § 25 Rdn. 7a.

scheiden können[1220]. Für ein täterschaftliches Verhalten muss der Täter gleichsam Zentralgestalt des Geschehens sein[1221]. Bei Vorsatz erfordert das im Gegensatz zum bloßen Teilnehmer die finale Steuerung des Geschehensablaufes auf den Erfolg hin[1222]. Bei Fahrlässigkeit liegt die Herrschaft in der Erfolgsdirektion über die Pflichtwidrigkeit. Deshalb ist neben dem für die gegenseitige Zurechnung unentbehrlichen gemeinsamen Tatplan als Abgrenzung ein gewisses objektives Kriterium notwendig, zumal die prozessuale Feststellung eines Täterwillens auf erhebliche Schwierigkeiten stoßen wird[1223].

Besonders im Fall nachträglichen Unterlassens[1224], wenn sich auf dem Boden der subjektiven Täterlehre keinerlei untrügliche Anhaltspunkte für einen Täterwillen im Sinne eines „animus auctoris" entnehmen lassen, wäre deshalb eine Abgrenzung zur bloßen (sukzessiven) Beihilfe unentbehrlich gewesen[1225].

Zwar wird das bei *Begehungs*delikten in der Regel unproblematisch sein, weil sie von einer „Zweiaktigkeit" gekennzeichnet sind: Neben den einverständlichen Tatentschluss tritt die aktive Ausführungshandlung. Deshalb ist es auch im Einzelfall möglich, bei Vorliegen einer Mitursächlichkeit mehrerer Aktionen auf einen stillschweigenden, gemeinsamen Tatplan zu schließen.

(II)Notwendigkeit eines gemeinschaftlichen Tatentschlusses

Anders dagegen die *Unterlassungs*delikte: Dort vollzieht sich das Unterlassen regelmäßig nur im Kopf[1226]. Der Tatplan zum Nichthandeln *und* das eigentliche Nichthandeln fallen immer zusammen[1227]. Die subjektive Theorie versagt hier gänzlich, weil das äußere Geschehen „von selbst abläuft" und nicht als eigenes gewollt sein kann, so dass sich etwaige Schlüsse auf Täter- oder Teilnahmewillen verbieten[1228]. Das muss dazu führen, hier als objektives Korrektiv stets einen eigenständigen „aktiven" gemeinsamen Tatplan zu fordern[1229]. Keinesfalls darf pauschal von der Notwendigkeit arbeitsteiligen Zusammenwirkens auf ei-

---

1220 Samson StV 1991, 182 (184).

1221 Wessels/Beulke AT Rdn. 513.

1222 Otto Jura 1990, 47 (48).

1223 So auch Brammsen Jura 1991, 533 (537).

1224 Brammsen Jura 1991, 533 (538).

1225 Brammsen Jura 1991, 533 (537).

1226 Bachmann/Beulke JuS 1992, 737 (743). Deshalb ist u.a. auch Cramer in Schönke/Schröder, Vor §§ 25 Rdn. 85 m.w.N., der Ansicht, dass sowohl die subjektiven Theorien als auch die Tatherrschaftslehren bei der Begründung der Zurechnung mittäterschaftlichen Verhaltens im Rahmen von Unterlassensdelikten versagen und deshalb hier andere Abgrenzungskriterien erforderlich seien.

1227 Deutscher/Körner wistra 1996, 292 (332).

1228 Schönke/Schröder/Cramer, Vor §§ 25 Rdn. 85.

1229 Und zwar sowohl auf dem Boden einer subjektiven Teilnahmelehre als auch der Tatherrschaftslehre, vgl. LK-Roxin, § 25 Rdn. 204ff.

nen wesentlichen Tatbeitrag geschlossen werden, außer es bedarf eines einstimmigen Vorgehens[1230]. Andernfalls könnte die bloße Zugehörigkeit zu einer Wirtschaftsgemeinschaft Mittäterschaft begründen.

Demgegenüber wollen Otto und Brammsen die wechselseitige Zurechnung auch ohne vorher abgesprochenes Verhalten eintreten lassen. Brammsen begründet seine Annahme mit der notwendigen Befreiung dieser Täterschaftsform von den Fesseln einer zu sehr an faktischen Momenten ausgerichteten Betrachtungsweise[1231]. Und Otto betont die praktische Relevanz dieser dogmatischen Figur für das Unternehmensstrafrecht[1232].

Damit wird aber m.E. letztlich zu einer extrem subjektiven Täterlehre zurückgekehrt. Die Zurechnungsmöglichkeit von Tatbeiträgen im Rahmen der Mittäterschaft gründet sich gerade darauf, dass durch das bewusste Zusammenwirken mehrerer – im Unterlassensbereich einzig und allein dokumentiert durch den gemeinsamen Tatplan – dem Opfer ein erhöhtes Gefährdungspotential entgegentritt und der eine Mittäter auf die Unterstützung durch den anderen vertraut[1233]. Ohne eine solche Absprache stellt sich der Tatbeitrag des jeweils anderen aber nur als Zufall dar und jeder unterlässt letztlich nur für sich[1234]. Die bloße Unternehmenszugehörigkeit allein führt nämlich noch nicht zu einer Solidarität, die eine wechselseitige Zurechnung vertretbar erscheinen lässt[1235].

(III)Abgrenzung zur Nebentäterschaft

Eine wechselseitige Zurechnung setzt voraus, dass die Beteiligten bewusst und gewollt *gemeinschaftlich* auf die Herbeiführung eines Erfolges hingewirkt haben. Wird der Erfolg – wie vom BGH – in der Beschlussfassung gesehen, weil sie den kausalen Anstoß in Richtung eigentlicher Rechtsgutverletzung gegeben hat, kann die Abstimmung als solche nicht zugleich als *vorherige* Übereinkunft gesehen werden[1236]. Mag auch im Rahmen der kumulativen Kausalität der Einzelne das Risiko zu tragen haben, dass sich seine Kollegen ebenso pflichtwidrig verhalten wie er, kann diese aus dem Vertrauensgrundsatz resultierende Folge nicht ohne weiteres als stillschweigende Absprache gelten. Das ein-

---

[1230] Brammsen Jura 1991, 533 (537).

[1231] Brammsen Jura 1991, 533 (538). Hierdurch soll der Grundstein für eine längst überfällige Entwicklung einer einheitlichen, an sozialen Verantwortungspositionen ausgerichteten Täterlehre gelegt werden. Zustimmend auch Hilgendorf NStZ 1994, 561 (563).

[1232] Otto Jura 1990, 47 (50). Auch Kuhlen hat sich dieser Aussage angeschlossen, NStZ 1990, 566 (570 Fn. 68).

[1233] Deshalb wird auch für die fahrlässige Mittäterschaft von Renzikowski, S. 288f, die Vorhersehbarkeit der Gefährlichkeit des *Gesamt*projektes gefordert.

[1234] Samson StV 1991, 182 (184).

[1235] Herzberg, S. 73 Fn. 49.

[1236] So im Ergebnis auch Deutscher/Körner wistra 1996, 292 (333).

verständliche Zusammenwirken muss aktiv erfolgen und nicht nur aus Billigkeitsgründen akzeptiert werden. Nur hieraus resultiert die dem Opfer gegenübertretende besondere Gefährlichkeit einer gemeinschaftlichen Tatausführung. Diese Kriterien haben jeden Tatplan zu kennzeichnen – sogar wenn auf eine Kundgabe nach außen verzichtet wird. Andernfalls kann man eben nur von einer *Neben*täterschaft ausgehen[1237].

Vor allem aber entfaltet der gemeinsame Tatplan auch eine korrigierende Wirkung, um die Stimmen auszusondieren, die sich korrekt verhalten haben. Nur tatplankonformes, nicht aber widersprüchliches Verhalten kann nämlich eine gemeinschaftliche Tatbegehung begründen[1238]. Das mag zwar noch bei Enthaltungen[1239], nicht aber bei einem ausdrücklichen Gegenvotum gerechtfertigt sein.

(IV)Entsprechen von Tun und Unterlassen

Im Fall gemeinschaftlicher Unterlassung wird das noch durch eine zusätzliche Erwägung gestützt: § 25 II StGB spricht von der „Begehung“, die begrifflich immer im Gegensatz zum „Unterlassen“ gebraucht wird. Damit muss mit Hilfe von § 13 I StGB die „Begehung“ in ein „Unterlassen“ transformiert werden, was unter Berücksichtigung der Entsprechungsklausel (§ 13 I a.E. StGB) zu geschehen hat.

Für Tröndle entspricht das Unterlassen positivem Tun nur, wenn es dem gesamten Unrechtsgehalt aktiver Tatbestandsverwirklichung so nahe kommt, dass es sich in den Unrechtstypus des Tatbestandes einfügt[1240]. Stree will sich zwar demgegenüber mit einer dem Tun vergleichbaren Prägung und einer Übereinstimmung im sozialen Sinngehalt begnügen, auf eine Gesamtbewertung wegen einer möglichen Beeinträchtigung der Rechtssicherheit dagegen verzichten[1241]. Dieser scheinbare Widerspruch ist aber letztlich ohne Auswirkung, da beide der Entsprechungsklausel nur im Rahmen von verhaltensgebundenen Delikten Bedeutung zumessen. Zu ihnen müssen auch die in Mittäterschaft begangenen Delikte zählen, denn durch den Rückgriff auf § 25 II StGB setzt die Begehung gerade eine spezifische Handlungsweise voraus, nämlich das „gemeinschaftliche“ Zusammenwirken. Und selbst wenn man den Verweis in § 13 I StGB auf die

---

[1237] Das übersieht Brammsen Jura 1991, 533 (537), der das Teilnehmerverhalten nur zur Mit-, nicht aber zur Nebentäterschaft abgrenzt, wenn täterschaftliche Begehung anzunehmen ist.

[1238] Vgl. auch Schumann StV 1994, 106 (110), der insbesondere die Entscheidung des OLG Stuttgarts NStZ 81, 27/28, in diesem Punkt kritisiert. Ebenso Hoyer GA 1996, 160 (172) und Kuhlen NStZ 1990, 566 (570).

[1239] So Kassebohm BB 1994, 1361 (1364), der allerdings die bloße Teilnahme nicht in Erwägung zieht.

[1240] Tröndle/Fischer, § 13 Rdn. 17.

[1241] Schönke/Schröder, § 13 Rdn. 4.

„Verwirklichung des gesetzlichen Tatbestandes" nur als Verweis auf die Vorschriften des Besonderen Teils begreifen will[1242], kann doch nicht unbesehen bleiben, dass durch die Zurechung, die § 25 II StGB normiert, diese Bestimmung gleichsam Teil des gesetzlichen Tatbestandes wird. Sogar der Gesetzgeber hat nämlich für die Einordnung der maßgeblichen Beteiligungsform bei den Unterlassungsdelikten neben den allgemeinen Unterscheidungsmerkmalen den Gesichtspunkt der Gleichwertigkeit besonders betont[1243].

Besonderes Kennzeichen von Mittäterschaft ist es nun, dass sich das Opfer einer Mehrheit von Tätern gegenüber sieht[1244]. Will man ein gemeinschaftliches Unterlassen dem gleichstellen, kann folglich nicht nur auf die bloße Notwendigkeit gemeinschaftlicher Begehung zur Abwendung des Erfolges abgestellt werden. Vielmehr muss der Unterlassungstäter erkennen, dass ein gemeinschaftliches Unterlassen im Raum steht und gerade die Gemeinsamkeit die schädlichen Folgen verursachen wird. Das ist aber nur denkbar, wenn es im Vorfeld zu einer Absprache über das gemeinschaftliche Unterlassen gekommen ist.

(V)Untauglichkeit einer mittäterschaftlichen Zurechnung

Zu guter Letzt ist die Argumentation des BGH auch zirkelschlüssig, wenn er das Verhalten der Angeklagten als mitkausal ansieht, weil sie Mittäter seien und nicht umgekehrt die Mittäterschaft aus ihrem kausalen Beitrag folgert[1245]. Mittäterschaft setzt Kausalität voraus, kann sie aber nicht begründen[1246]. Demgegenüber will Otto – vor allem im Bereich der Fahrlässigkeit – eine Zurechnung auch dann zulassen, wenn eine kausale Verknüpfung zwischen dem Erfolg und dem jeweils einzelnen Tatbeitrag nicht beweisbar ist[1247]. Hierdurch schlägt er aber eine gefährliche Richtung weg von einer Erfolgsorientierung hin zu einer bloßen Gefahrschaffung ein, die den Bereich der Auslegung von § 25 II StGB weit überschreitet. Dagegen spricht bereits, dass so im Ergebnis jeder, der einmal beabsichtigt, in die Führungsebene eines größeren, von Arbeitsteilung geprägten Unternehmen aufzusteigen, per se die Pflicht übernehmen würde, dass aus ihr

---

[1242] In der Lit. wurde bislang ein Verweis auf Vorschriften des Allgemeinen Teils, soweit ersichtlich, nicht erörtert. Der Wortlaut schließt das aber nicht von vornherein zwingend aus. Vgl. allgemein dazu Schönke/Schröder/Stree, § 13 Rdn. 4 a.E.

[1243] Drucksache IV/650 S. 126.

[1244] Die Kumulation krimineller Energie wird auch an anderen Stellen des Strafrechts negativ bewertet, so beispielsweise in den verschärften Anforderungen beim Rücktritt gem. § 24 II StGB oder der erhöhten Strafandrohung bei der gefährlichen Körperverletzung gem. § 224 I Nr. 4 StGB.

[1245] Puppe JR 1992, 30 (32). Der Irrtum des BGH basiert vor allem auf seiner Vermischung von Kausalität und objektiver Zurechnung.

[1246] Hoyer GA 1996, 160 (173); Puppe JR 1992, 30 (32).

[1247] Otto Jura 1990, 47 (49). Weitere Nachweise auch bei Roxin TuT S. 659.

keinerlei Gefahren für Rechtsgüter Dritter entstehen, auch wenn er mit seinem Wunsch zum Einschreiten am Widerstand der übrigen Mitglieder scheitert.

Ist schon für die Teilnahmehaftung die Einzelkausalität Mindestvoraussetzung[1248], kann doch die Täterschaft allein die Kausalität niemals ersetzen[1249]. Selbst wenn durch die Mittäterschaft eine wechselseitige Zurechnung einzelner Tatbeiträge erreicht werden soll, kann schon begrifflich von einem solchen *Beitrag* nur bei dessen Erfolgswirksamkeit gesprochen werden. Aufgabe des gemeinsamen Tatentschlusses ist es dann, die Einzelbeiträge als von jeder beteiligten Person voll verwirklicht anzusehen. Tatplan und kausale Mitwirkung bilden stets zwei selbständige Kriterien für die Feststellung von Mittäterschaft[1250]. Zwar kann ein Merkmal, das im Einzelfall, wie bei nur stillschweigender Übereinkunft, schwächer ausgeprägt ist, durch die Stärke des anderen kompensiert werden[1251], nicht aber völlig fehlen.

(VI)Zwischenergebnis

Die Zurechnung über die Mittäterschaft hilft demnach nur darüber hinweg, bei *feststehender* ursächlicher Teilmitwirkung nicht bloß von Versuch, sondern mittels der anderen Beiträge von Vollendung auszugehen. Im Unterlassensbereich, wo sich die Kausalitätsbegründung ja gerade besonders schwierig vollzieht, ist zudem eine vorherige Übereinkunft unabkömmlich.

b.Eigene Pflichtverletzung im Rahmen der Gesamtverantwortung

Denkbar ist es, aus der Gesamtverantwortung im Krisenfall eine eigene Pflichtverletzung abzuleiten, weil durch die Rückfallzuständigkeit jedes Mitglied der Leitungsebene für sich in die Pflicht genommen wird[1252]. Ihm obliegt es also nicht nur selbst wie vom Rechtsgüterschutz geboten abzustimmen, sondern auch auf ein entsprechendes Abstimmungsverhalten der Übrigen hinzuwirken. Kommt er dieser Pflicht nicht nach, obwohl ihre Erfüllung möglich gewe-

---

[1248] Vgl. nur Hoyer GA 1996, 160 (173), oder SK-Samson, § 27 Rdn. 9; a.A. dagegen Hilgendorf NStZ 1994, 561 (563).

[1249] SK-Samson, § 25 Rdn. 45.

[1250] Samson StV 1991, 182 (185).

[1251] Schünemann, FS für den BGH, S. 10.

[1252] Ähnlich der BGH im „Lederspray-Verfahren“ für den Bereich der Fahrlässigkeit, weil er hier mit der gleichfalls ablehnenden h.M. (statt vieler Schönke/Schröder/Cramer, § 25 Rdn. 101 m.w.N.) nicht auf die Mittäterschaft zurückgreifen konnte, BGHSt 37, 106 (131), mit Verweis auf Engisch, S. 30f: Wer trotz seiner Mitwirkungskompetenz seinen Beitrag zu leisten unterlässt, begründe stets eine Ursache für das Unterbleiben der notwendigen Maßnahme.

sen wäre[1253], verletzt er eine eigene Pflicht[1254]. Das Nichtzustandekommen des Beschlusses beruht dann insgesamt auf seiner Pflichtverletzung[1255]. Sein Verhalten war „condicio sine qua non“, ohne dass es der Zurechnung anderer Verhaltensbeiträge bedurft hätte. In diese Richtung weist auch die Diskussion Ottos[1256] über die Möglichkeit des Bestehens einer Garantenpflicht der einzelnen Geschäftsführer zur Verhinderung der aus der Arbeitsteilung erwachsenen Gefahren[1257].

Ausgeschlossen ist die Eigenverantwortung nur, wenn seine Mitstreiter bereits fest entschlossen waren, gegen das Handlungsgebot zu stimmen. Weil äußerste Grenze jeder Verhaltenspflicht ist, dass ihr die Möglichkeit anhaftet, etwas im Sinne des Rechtsgüterschutzes bewirken zu können, kann nämlich von ihm weder eine sinnlose Überzeugungsarbeit noch ein eigenes rechtmäßiges Stimmverhalten verlangt werden. Dann will Samson einen umgekehrten Blickwinkel ansetzen: Nicht derjenige, der es unterlasse, den anderen auf den richtigen Weg zu dirigieren, soll für jene Pflichtwidrigkeit wie für seine eigene einstehen, sondern der, der bei seine Kollegen den Eindruck erweckt habe, dass er sich sowieso nicht umstimmen lasse. Durch die Demonstration seiner eigenen Rettungsunwilligkeit erwecke er den Eindruck, die übrigen Stimmen wären sowieso nicht mehr ausschlaggebend. Sein Vorverhalten, sich für den Rechtsgüterschutz gerade nicht stark machen zu wollen, sei Bedingung für das Unterlassen bzw. negative Abstimmen der anderen[1258]. Und weil deren Resignation dann auch durchaus berechtigt ist, wird er für das *Folge*verhalten der anderen verantwortlich.

Auf den ersten Blick hat diese Argumentation eine beeindruckende Schlüssigkeit in sich. Sie ist jedoch geprägt von erheblichen Beweisschwierigkeiten, die Samson sogar selbst erkennt[1259]. Voraussetzung für die Kausalität wäre nämlich, dass festgestellt würde, wer als Erster eine Ursache zur Resignation der anderen gesetzt hat. Darüber helfen auch nicht, wie er meint, die bewährten Pro-

---

[1253] Bei Verweis auf eine denkbare Strafbarkeit hätten sich die Kollegen wohl durchaus entsprechend motivieren lassen.

[1254] Samson StV 1991, 182 (185).

[1255] Im Ergebnis auch Puppe JR 1992, 30 (33), mit Hinweis, dass man sich nicht ungestraft auf die Seite der Unrechtspartei schlagen dürfe, wenn nur in dubio pro reo anzunehmen sei, dass eventuell eine Einflussnahme nicht erfolgversprechend gewesen wäre.

[1256] WiB 1995, 929 (934).

[1257] Vgl. auch Lackner/Kühl, § 25 Rdn. 13; ebenso Samson StV 1991, 182 (185), allerdings ohne besonderen Bezug auf eine Garantenstellung.

[1258] Samson StV 1991, 182 (185).

[1259] StV 1991, 182 (185/186).

zessregeln hinweg[1260]. Insoweit wäre nämlich allenfalls wieder „in dubio pro reo" einschlägig.

Und schließlich könnte bei diesem Vorgehen letztlich nur ein einziger Geschäftsführer in Anspruch genommen werden. Dann aber würde die Gesamtverantwortung auf den Schultern eines Einzelnen ausgetragen. Nicht nur, dass das die Gemeinschaftsverantwortung, die meist mit der Generalverantwortung einher geht, obsolet machen würde. Auch die durch die Arbeitsteilung bewirkte *wechselseitige* Abhängigkeit der einzelnen Unternehmensangehörigen wird regelmäßig die Zurechnung eines tatbestandlichen Erfolges an eine einzige Person verbieten[1261].

c. Wesen der Kollektiventscheidung

Kuhlen[1262] und Schmidt-Salzer[1263] wollen die Kausalität im Rahmen von Kollegialentscheidungen dem Wesen der Kollektiventscheidung entnehmen, indem sie den Anknüpfungspunkt für die strafrechtliche Verantwortlichkeit auf das Zulassen von Mehrheitsentscheidungen vorverlagern: Bereits aus der Teilnahme an einer Kollektiventscheidung, die als Ganzes ursächlich für die Rechtsgutverletzung war, erwachse wegen des damit u.U. verbundenen Zwanges zur Unterwerfung unter eine Mehrheitsmeinung die Mitverantwortlichkeit. Durch dieses Entscheidungsverfahren begebe sich der Einzelne von vornherein regelmäßig der Möglichkeit, dass seine Stimme allein etwas bewirken könne: Er wolle zwar mitentscheiden, sich jedoch gegebenenfalls der Mehrheitsentscheidung unterwerfen[1264].

Das eröffnet zwar eine Perspektive, die Kausalität als gegeben anzusehen[1265]. Um das Ergebnis aber gleich vorweg zu nehmen: Nicht nur, dass eine derartige Vorverlagerung aus rechtsstaatlichen Gesichtspunkten mit Vorsicht zu beurteilen ist[1266], weil hierdurch sogar die „Nein-Stimmen" als ursächlich anzusehen sind. Hierüber könnte auch die Lehre von der objektiven Zurechnung nicht hinweghelfen[1267]. Entscheidend ist nämlich nur mehr die zeitlich vorgelagerte allgemeine Befürwortung von Mehrheitsbeschlüssen und nicht das Abstimmungsverhalten im Einzelfall. Darüber hinaus wird sich dieser Ansatz spätestens in der Schuld als unbehelflich erweisen: Den Bezugspunkt für den persönlichen Vorwurf bildet regelmäßig die kausale Tathandlung. Wenn das hier das Einver-

---

[1260] Samson StV 1991, 182 (186).
[1261] Meier NJW 1992, 3193 (3198).
[1262] NStZ 1990, 566 (570).
[1263] Produkthaftung, Rdn. 1274ff, Schönke/Schröder/Lenckner, Vor §§ 13 Rdn. 83a.
[1264] So auch OLG Stuttgart NStZ 1981, 27 (28).
[1265] Es entspricht dem Vorgehen des BGH in JZ 1997, 50.
[1266] Vgl. dazu schon oben § 5.C.I.2.
[1267] Vgl. dazu noch unten § 6.C.II.2.

ständnis des Einzelnen, Mehrheitsbeschlüsse zu akzeptieren, sein soll, müsste er also bereits zu diesem Zeitpunkt die damit einhergehenden Risiken vor Augen haben. Weil aber diese Zustimmung in der Regel nur im Abschluss seines Anstellungsvertrages gesehen werden kann, der u.U. Jahre zurückliegen kann, wird es zumindest an einer subjektiven Erkennbarkeit möglicher Schädigungen fehlen. Selbst wenn ihm später die Problematik von Mehrheitsbeschlüssen bewusst würde und er deshalb geneigt sein könnte, auf eine Änderung des Gesellschaftsvertrages bzw. der Satzung hinzuwirken, wiederholt sich nur diese Begründungsschwierigkeit: Entweder er hat als bloßer Geschäftsführer sowieso keine Rechtsmacht, eine Satzungsänderung herbeizuführen, weil das in den Aufgabenbereich der Gesellschafter fällt. Und sollte er zugleich Gesellschafter sein, bedarf es zur Abänderung wieder eines Beschlusses.

Keiner näheren Erörterung bedarf schließlich der von Hoyer befürwortete probabilistische Kausalbegriff, wonach es nur auf Intensivierung und Übernahme ankomme[1268]. Dessen Unzulänglichkeit wurde bereits oben eingehend dargestellt[1269].

d.Modifizierung der Äquivalenztheorie

Diskutiert wird auch, die Bedingungstheorie zu modifizieren, weil nämlich zumindest im Bereich der Begehungsdelikte schon vor langer Zeit erkannt wurde, dass die reine „Condicio-Formel" bei Mehrfachkausalität unergiebig ist. Ursächlich sollen danach alle Tatsachen sein, die nicht nur alternativ, sondern auch kumulativ nicht *hinweg*gedacht werden können[1270]. Auf die bloße Untätigkeit übertagen hieße das, dass die Bedingungen zwar alternativ, aber nicht kumulativ *hinzu*gedacht werden können[1271]. Gegen diese Abwandlung wendet aber Roxin m.E. zu Recht ein, dass sie bei den alternativen Ursachen nicht unterscheidet, ob jene auch tatsächlich wirksam geworden sind und deshalb auch dann wegen

---

[1268] Hoyer GA 1996, 160 (168): Jede einzelne Stimme habe für sich gesehen generell die Wahrscheinlichkeit eines gleichgerichteten Gesamtbeschlusses erhöht, da sie immerhin einen Teilbetrag in diese Richtung erbracht habe. Weil die Erfolgswahrscheinlichkeit zum Zeitpunkt unmittelbar vor der Stimmabgabe jedenfalls niedriger gelegen habe, sei sie durch die entsprechende Abstimmung intensiviert worden. Gleichzeitig müsse sie sich entgegenhalten lassen, einen Teil der Verantwortung des Erfolgseintrittes übernommen zu haben, weil sie bei einer Mehrheitsentscheidung eine jeweils andere, gleichgerichtete Entscheidung überflüssig gemacht habe, a.a.O. S. 174. Ungefährlich wäre sie dagegen nur, wenn sich im Moment ihrer Abgabe eine entgegengesetzte Mehrheit gebildet hätte oder ihr schon eine definitive Mehrheitsbildung vorangegangen wäre. Das betrifft im „Lederspray-Verfahren" insbesondere die Nachzügler.

[1269] Siehe § 4.C.I.2.e(I).

[1270] Zurückgehend auf Tarnowski, „Die systematische Bedeutung der adäquaten Kausalitätstheorie für den Aufbau des Verbrechensbegriffs" 1927, S. 45ff, Nachweise bei Meier NJW 1992, 3193 (3198 Fn. 39).

[1271] Meier NJW 1992, 3193 (3198).

Vollendung zu bestrafen wäre, wenn eigentlich nur eine Versuchsstrafe in Betracht käme[1272].

e.Lehre von der gesetzmäßigen Bedingung

Statt dessen rekurrieren u.a. Hilgendorf[1273] und Puppe[1274] allein auf die konsequente Anwendung der Lehre von der gesetzmäßigen Bedingung[1275]. Ausreichend sei danach nämlich gerade das Vorliegen *eines* gesetzmäßigen Zusammenhanges, so dass es unschädlich sei, ob daneben noch *andere* Kausalverläufe wirken würden[1276].

Gesetzmäßige Bedingung für das Unterbleiben von Sicherungsmaßnahmen ist gerade der entsprechend gefasste Beschluss, ungeachtet dessen, dass in den Fällen mehrheitlicher Entschließung auch eine abweichende Stimmengewichtung negative Folgen nach sich hätte ziehen können.

f.Stellungnahme

Dem ist schon deshalb zuzustimmen, weil es sich nahtlos in das herkömmliche Kausalverständnis einfügt und vor allem exakt die Zweiteilung – Kausalität und objektive Zurechnung – einhält: Hier geht es zunächst um die allgemeine Feststellung der Ursächlichkeit, die stets der Formel von der „gesetzmäßigen Bedingung" folgt. Die begrenzte Hilfe durch die Äquivalenztheorie wurde bereits eingehend dargelegt[1277]. Unbillige Ergebnisse wie die Ursächlichkeit verneinender Stimmen sind nicht zu befürchten, weil die bloße Kausalität niemals abschließend über die Einstandspflicht entscheidet[1278]. Vielmehr wird ihr Ergebnis stets in einem nächsten Schritt im Rahmen der objektiven Zurechnung normativ überprüft. Und schließlich wird das auch von der Lehre des „Erfolges in seiner konkreten Gestalt" getragen, weil der Kausalverlauf sich je nach der Zahl der gültigen Stimmen verändert. Hilgendorf kritisiert daran zwar, dass es für die Rechtsgutverletzung nach außen keinen Unterschied mache, wie das Abstimmungsverhältnis ausgesehen habe, sofern der Mehrheitsbeschluss nur rechtmäßig gewesen sei[1279]. Sein Verständnis einer gesetzmäßigen Verknüpfung läuft aber im Ergebnis auf nichts anderes als die Maßgeblichkeit der konkreten Erfolgsausgestaltung hinaus: Wenn trotz möglicher Mehrheitsentscheidung den-

---

[1272] AT § 11Rdn. 25.

[1273] NStZ 1994, 561 (566).

[1274] JR 1992, 30 (32f).

[1275] Ebenso Roxin AT § 11 Rdn. 18.

[1276] Hilgendorf NStZ 1994, 561 (565).

[1277] Hilgendorf NStZ 1994, 561 (566) und oben § 4.A.I.

[1278] Das hebt auch Samson StV 1991, 182 (185), indirekt hervor, wenn er den BGH wegen der Anwendung einer *reinen* Kausalitätsprüfung kritisiert.

[1279] Hilgendorf GA 1995, 515 (523).

noch alle übereinstimmend votieren, bedinge eben dieser einstimmige Beschluss die Gesetzmäßigkeit[1280]. Letztlich resultiert seine Kritik nur aus der Janusköpfigkeit des Beschlusses: Er ist nämlich sowohl Ursache als auch Folge – Ursache im Hinblick auf die Untätigkeit des Gesamtbetriebes, Folge bezüglich des Abstimmungsverhalten der einzelnen Geschäftsführer.

Das Bedürfnis nach einer Gesetzmäßigkeit lässt in der „Lederspray-Entscheidung" bei der Verurteilung der Angeklagten, die sich dem Beschluss erst nachträglich anschlossen, schließlich eine weitere Fehlerhaftigkeit erkennen. Ihre Billigung war nämlich ohne jede Wirkung. Die Erfolgsbedingung stand vielmehr mit der vorangegangenen Entscheidung bereits unabänderlich fest[1281].

2.Objektive Zurechnung

Wie bereits angedeutet muss das so gewonnene Ergebnis mit Hilfe der Kriterien der objektiven Zurechnung durch eine nachträgliche Betrachtung auf seine Richtigkeit überprüft werden. Sie verlangt eine wertende Untersuchung, ob die vorzuwerfende Betätigung (oder Unterlassung) eine strafrechtlich relevante Gefahr geschaffen hat, die sich schließlich in dem konkreten, erfolgsverursachenden Geschehen *realisiert*[1282].

Das Risiko der Einzelvoten muss sich im Erfolg widerspiegeln.

Durch eine den ablehnenden Beschluss mittragende Stimmabgabe wurde zumindest die Wahrscheinlichkeit erhöht, dass der Beschluss insgesamt nicht in der gebotenen Weise zustande kommt. Hiernach kann nicht nur die Zurechnung an „Ja-Stimmen", sondern auch an bloße Stimmenthaltungen nicht verneint werden, weil Letztere jedenfalls die erforderliche Mehrheit verringern. Das rechtfertigt sich trotz der Willkürlichkeit des einzelnen Abstimmungsverhaltens auch normativ, weil hier die Interessen der Geschäftsleitungsmitglieder regelmäßig gleichlaufen werden, weil sie eine entsprechende *Pflicht* und nicht – wie etwa bei der Schwierigkeit aufklärungsgerechten Verhaltens der Verbraucher – nur eine *Obliegenheit* trifft. Nur wenn sich ex post ergibt, dass auch bei rechtmäßigem Verhalten das Führungsmitglied tatsächlich an dem unabänderlichen Entschluss der anderen gescheitert wäre, kann ihm sein rechtswidriges Verhalten nicht zum Vorwurf gemacht werden[1283]. Und sog. „Nein-Stimmen" können sich schließlich niemals im Erfolg niederschlagen.

[1280] Hilgendorf NStZ 1994, 561 (565).

[1281] Puppe JR 1992, 30 (32) und Hoyer GA 1996, 160 (173). Jakobs, FS für Lackner, S. 67, spricht von überbedingten Erfolgen.

[1282] Vgl. dazu oben die Begründung der Risikoerhöhungslehre von Roxin § 5.E.II.2.b.

[1283] So auch Samson StV 1991, 182 (185). Eine derartige Zurechnung bedürfte vielmehr der Neuentwicklung eines besonderen Zurechnungsmodus etwa kraft Wahrnehmung gleichberechtigter rechtlicher Kompetenz und Verantwortung, der nicht im Tatsächlichen, sondern in zivilrechtlichen Kategorien, wie der Lehre von der Willenserklärung zu suchen sei, Puppe JR 92, 30 (34).

Spätestens bei der Prüfung der objektiven Zurechnung offenbart sich die Sinnlosigkeit einer mittäterschaftlichen Zurechnung unter Verzicht auf einen kausalen Einzelbeitrag. Denn nur bei ursächlichem Verhalten kann von einer *Erhöhung* des Schadensrisikos gesprochen werden, so dass zumindest an dieser Stelle die Kausalität des Beitrags feststehen muss.

III. Kollektive, aber mehrheitliche Gremienentscheidung

Da in den meisten Fällen mehrköpfiger Führungsebenen eine gemeinschaftliche, aber nur mehrheitliche Entscheidung zur Prüfung ansteht, ist es schließlich erforderlich, die beiden Problemkreise zu kombinieren. Dieser Kumulation hat vor allem Puppe[1284] hinreichend Rechnung getragen: Wenn das Zusammenwirken mehrerer notwendig ist, um einen Erfolg zu *verhindern*, so ist die Weigerung jedes Einzelnen hinreichend, ihn *herbeizuführen* (kumulative Kausalität). Auch muss genügen, dass die Einzelursache notwendiger *Bestandteil* einer von möglicherweise mehreren erfüllten, nach allgemeinen Regeln hinreichenden Erfolgsbedingungen ist[1285] (alternative Kausalität).

Auf die Kollektiventscheidung übertragen bedeutet das: In Verbindung mit der für die Mindestmehrheit notwendigen Anzahl an abgegeben Voten bildet die jeweilige Stimme als Einzelursache für die Beschlussfassung einen notwendigen, mitursächlichen Bestandteil einer von mehreren denkbaren, weil auch durch andere Abstimmungsergebnisse erreichbare, hinreichende Bedingung für das Zustandekommen eines rechtswidrigen Beschlusses. Voraussetzung ist allein, dass die Mehrheit bei der Stimmabgabe noch nicht feststand.

IV. Ergebnis

Die Überprüfung der Ursächlichkeit des Einzelverhaltens hat einmal mehr die Tragweite eines voreiligen Rückgriffs auf die Äquivalenztheorie aufgezeigt. Ihre Schwierigkeiten im Bereich der Doppelkausalität führten zu einem sinnlosen Scheingefecht, das ein unangefochtenes Bekenntnis zur Formel von der gesetzmäßigen Bedingung bereits im Keim hätte ersticken können. Und nicht zuletzt die latente Ablehnung der Rspr. zur Lehre von der objektiven Zurechnung hat mit ihrer allzu undurchsichtigen Überprüfung einen weiteren Nebenkriegsschauplatz eröffnet, dessen der Komplex „Produktverantwortlichkeit" wahrlich nicht bedarf. So bleibt für die Kausalität von Einzelstimmen im Rahmen von Mehrheitsbeschlüssen festzuhalten, dass auch bei bloßer Mehrheitlichkeit von einer Naturgesetzlichkeit der einzelnen Voten auszugehen ist. Und weil es zu einem Beschluss immer nur im Rahmen der Gemeinschaftsverantwortung kommt, genügt zwar infolge der kumulativen Kausalität die Mitursächlichkeit,

---

1284 JR 1992, 30 (32). Sie meint dazu allerdings – m.E. unnötigerweise – auf ein intuitives Verständnis von Kausalität hinweisen zu müssen.

1285 Puppe JZ 1994, 1147 (1149).

die aber wegen der Nähe zur Versuchsstrafbarkeit zu einer Korrektur durch die Kriterien der objektiven Zurechnung nötigt.

D.Schuld

Abschließend verbleibt eine kurze[1286] Würdigung des Schuldvorwurfes, da den übrigen zur Verurteilung erforderlichen Aspekten, wie insbesondere dem subjektiven Tatbestand[1287], der Rechtswidrigkeit oder dem Fehlen von Irrtümern der typische Bezug zum fahrlässigen Unterlassensdelikt fehlt[1288].

Im Rahmen der Schuld gilt es nun das festgestellte Ergebnis auf die Einzelperson[1289] hin zu konkretisieren, nämlich im Sinne einer persönlichen Vorwerfbarkeit[1290]. Im Fahrlässigkeitsbereich ist dazu anders als im Zivilrecht[1291] das Vorliegen einer subjektiven Sorgfaltspflichtverletzung sowie die individuelle Vorhersehbarkeit und Vermeidbarkeit des Erfolges im Zeitpunkt der Pflichtwidrigkeit
erforderlich[1292]. Das wirft nicht nur allgemein erhebliche Beweisschwierigkeiten auf. Vielmehr ist gerade die persönliche Vorhersehbarkeit des Erfolges immer dann zu verneinen, wenn die Gefahrträchtigkeit des Produkts schon allgemein nicht erkennbar war[1293].

Nicht zuletzt an diesem Punkt hätten sowohl „Lederspray-“ als auch „Holzschutzmittel-Verfahren“ die strafrechtliche Verantwortung der Angeklagten ablehnen müssen.

[1286] Ausführlich dazu Westphalen-Goll/Winkelbauer, § 47 Rdn. 68ff.

[1287] Vgl. dazu schon oben Roxin Fn. 433 und die Gegenansicht von Strathenwerth.

[1288] Hierzu sei auf die umfangreichen Abhandlungen etwa von Kuhlen, Fragen, Eichinger oder auch Graf von Westphalen verwiesen.

[1289] Die Analyse der Schuld beschränkt sich wegen des Fehlens einer Kollektivschuld naturgemäß auf die zweite Prüfungsebene.

[1290] Roxin ZStW 74, 411 (430).

[1291] Vgl. nur die *allgemein* im Verkehr erforderliche Sorgfalt gem. § 276 I 2 BGB oder die Möglichkeit einer Schuldzurechnung über §§ 31, 278 BGB.

[1292] Gleichwohl a.A. ist Ransiek ZGR 1992, 203 (207 Fn. 18): Von dem Einzelnen könne erwartet werden, dass er wie andere auch Gefahren erkenne und sein Verhalten danach ausrichte, so dass die individuelle Sorgfaltspflichtverletzung stets bei Vorliegen der objektiven bejaht werden müsse. Doch m.E. gerät er so in einen unlösbaren Konflikt mit dem *geltenden* Schuldprinzip.

[1293] LG Frankfurt bei der Ablehnung der Eröffnung des „Holzschutzmittel-Verfahrens“ NStZ 1990, 592 (594), vor Aufhebung in der Beschwerdeinstanz.

§ 7.Zusammenfassung

Damit sind wir am Ende der materiellen Prüfung eines fahrlässigen Unterlassens im produktkriminellen Bereich angelangt und das Ergebnis ist – abgesehen von einigen Ausnahmen – nicht gerade rosig.

Bereits die Feststellung der Produktursächlichkeit gerät in Sachverhalten, in denen die Wissenschaft über die wirkliche Schädlichkeit uneins ist, aufs Glatteis. Denn das Gericht ist immer verpflichtet, einen gesetzmäßigen Zusammenhang zwischen der Produktverwendung und der Rechtsgutverletzung ausmachen zu können. Die „Condicio-Formel“ hilft ihm dabei nur bedingt. Und für die revisionsgerichtliche Nachprüfung seiner eigenen Überzeugung muss es eine ausführliche Begründung liefern, die es nötigt, die Sphäre der Naturwissenschaften zu erklimmen. Um nicht der Funktion des Strafurteils, von der breiten Bevölkerung nachvollzogen werden zu können, völlig zu entbehren, wird sich eine entsprechende Argumentation allenfalls dann hören lassen können, wenn hierzu noch keinerlei fachwissenschaftliche Erkenntnis existiert, weil eine solche zu widerlegen die Kompetenz des Gerichts übersteigen würde. Gleiches gilt für die Anwendung eines Alternativausschlusses, der die Kausalität in hohem Maße vage bleiben lässt.

Bei der sich anschließenden Analyse der Verantwortlichkeit des Gesamtunternehmens ist nicht zuletzt die Einordnung des maßgeblichen Verhaltens ausschlaggebend für die Endentscheidung. Denn gerade ein vorschnelles Abstellen auf ein Unterlassen – vor allem mit Hilfe der Schwerpunktformel – zieht in weiten Bereichen Konsequenzen nach sich, die nicht oder nur schwer zu überwinden sind. Deshalb gilt es stets, sich objektiver Kriterien für die Abgrenzung von Aktion und Ommission zu bedienen, weil damit nur in den seltensten Fällen überhaupt von einem Unterlassen die Rede sein wird, nämlich für die Produkte, die ohne strafrechtlichen Vorwurf in den Handel gelangten. Für die weitere Einteilung Vorsatz oder Fahrlässigkeit bleibt zu sagen, dass schon wegen des betrieblichen Interesses, sich eine breite Kundschaft zu erhalten, die Annahme von Vorsatz regelmäßig fehl geht.

Wenn als Folge der Einordnung nun eine Garantenstellung erforderlich wird, gilt es in besonderem Maße dem spezifisch strafrechtlichen Gebot der Vorhersehbarkeit von Unrecht und Strafe Rechnung zu tragen. Das führt letztlich dazu, dass die bislang diskutierten Garantiepositionen Ingerenz, Verkehrssicherungspflicht und Überwachung ohne Erfolg bleiben müssen. Einzig der an Schünemann angelehnte Ansatz, im Bereich der Markenproduktion von einer Garantenstellung kraft (vertraglicher) Übernahme von Schutzpflichten auszugehen, führt zu brauchbaren Ergebnissen, die in ausreichendem Umfang das Prinzip der Rechtsstaatlichkeit wahren.

Ganz ähnlich stellt sich die Problematik beim Auffinden von Handlungsgebot und Sorgfaltsmaßstab dar. Nicht nur, dass es im Strafrecht eine dem Zivilrecht entlehnte Rückrufpflicht nicht geben kann, weil das der ultima ratio des Strafrechts zuwiderliefe, dem vielmehr der Ausspruch einer Warnung genügen muss. Auch die Analyse der objektiven Pflichtwidrigkeit darf nicht unbesehen auf die zivilrechtliche Judikatur zurückgreifen. Und auch hierbei gilt es stets zu würdigen, dass nur eine im Vorfeld erkennbare Pflichtverletzung, die sich am Stand von Wissenschaft und Technik auszurichten hat, mit strafrechtlichen Sanktionen belegt werden kann.

Als ausgenommen schwierig ist und bleibt die Feststellung einer Unterlassenskausalität. Der zuweilen für diesen Bereich geforderten Anwendung der Grundsätze über die Risikoerhöhung ist jedenfalls insoweit eine Absage zu erteilen, als eine Gesetzmäßigkeit zwischen Untätigkeit und Erfolg nicht hinreichend sicher feststeht. Denn ihre Wirkung kann in einem von der Unschuldsvermutung beherrschten Strafrecht immer nur kausalitätsbegrenzend, nicht aber –begründend sein. Von besonderer Bedeutung ist das Bedürfnis nach einer Naturgesetzlichkeit, wenn die Durchführung des Handlungsgebotes der Mitwirkung Dritter bedarf, deren Verhalten niemals mit der entsprechenden Sicherheit prognostiziert werden können wird. Die Risikoerhöhungslehre wird jedoch dort maßgeblich, wo alternative Schadensursachen zur Debatte stehen. Auch kann das Verhalten des Verbrauchers, so ihm wie bei einem Produktmissbrauch ein eigener Unrechtsgehalt immanent ist, den Zurechnungszusammenhang unterbrechen. Und schließlich wird der Pflichtwidrigkeitszusammenhang bei fahrlässigem Unterlassen entscheidend durch das Ziel des jeweiligen Handlungsgebotes geprägt, in dessen Schutzbereich das verletzte Rechtsgut fallen muss.

Die Prüfung der zweiten Ebene hat mehr als einmal die Bedeutsamkeit der Arbeitsteilung hervorgehoben. Sie bedingt nicht nur als *das* Merkmal produktbezogener Sachverhalte, dass vorrangig die Führungsebene für das Verhalten des Unternehmens verantwortlich ist, sondern hat vielmehr im Wesentlichen Auswirkung auf die Pflichtenkreise des Einzelnen. Zu unterscheiden sind einmal die verschiedenen Hierarchien, die zu einer horizontalen Aufgabenverteilung führen, markiert durch Delegation sowie Koordination und Kontrolle. Daneben steht in vertikaler Ebene die Ressortbeschränkung, die eine Primärzuständigkeit des jeweils Zuständigen nach sich ziehen und die übrigen Mitverantwortlichen auf bloße Überwachung und eine eventuelle Rückfallzuständigkeit verweisen kann. Schließlich hat gerade diese Vertikalteilung auch eine weitreichende Diskussion um die Ursächlichkeit von kollektiven Gremienentscheidungen entfacht, die sich jedoch ohne weiteres unter Anwendung des hergebrachten Kausalverständnisses, vor allem aber auch strikter Differenzierung in Kausalität im engeren Sinne und objektiver Zurechnung lösen lässt.

§ 8.Ausblick

Gleichwohl ist damit noch nicht das Ende der Prüfung erreicht. Vielmehr geht die eigentliche Diskussion regelmäßig jetzt erst los, nämlich bei der Frage, ob ein derartiges Bedürfnis nach einer strafrechtlichen Reaktion auf Fälle mit Produktbezug besteht, das auch in den aufgezeigten unlösbaren Bereichen eine „Entformalisierung" oder aber Neugestaltung des traditionellen Strafverständnisses in der Anwendungspraxis rechtfertigen ließe, zumal das fahrlässige Unterlassen dieses Gebiet geradezu zu prägen scheint.

A.Notwendigkeit einer strafrechtlichen Produktverantwortlichkeit

I.Befürworter neuer strafrechtlicher Aufgabenfelder

Mehr und mehr macht sich unter dem Topos „Risikogesellschaft" eine Bewegung breit, die das Strafrecht als essentiellen Teil verhältnismäßiger Sozialkontrolle sieht[1294]. Sie baut ihre Argumentation auf der Existenz sog. „neuer Risiken" auf, die zur Zeit der Verabschiedung des StGB noch nicht bekannt waren[1295]. Sie seien dadurch gekennzeichnet, dass sie nicht freiwillig eingegangen werden würden, sondern die Menschen wie Naturkatastrophen träfen und auf einer Fülle von Individualhandlungen beruhten, die ihre negativen Effekte weder beabsichtigen noch in der Regel voraussehen würden. Typisch sei dabei das systematische Auseinanderfallen von Risikoverursachung und -betroffenheit[1296]. Auch das Recht müsse diesem gesellschaftlichen Wandel Rechnung tragen, der als Schattendasein des Fortschrittes der Industriegesellschaft geradezu immanent sei[1297]. Mit allen Mitteln – eben auch des Strafrechts – müsse der florierenden Wirtschaftskriminalität Einhalt geboten werden[1298]. Das Strafrecht könne sich nicht mehr nur der (rückblickenden) Verbrechensbekämpfung verpflichtet sehen, sondern müsse einen flankierenden Beitrag zur Unterstützung von Gesundheits- und Umweltpolitik erbringen (Zukunftsvorsorge)[1299]. Denn gerade das gesellschaftliche Alltagsgeschehen mache einen Wandel weg von der bloß sittli-

---

[1294] Vogel GA 1990, 241 (258).

[1295] Beck, S. 10, fasst ihre Charakteristika thesenartig zusammen, als örtlich, zeitlich und personell nicht eingrenzbar, nach geltendem Recht nicht zurechenbar und nicht versicherungsfähig.

[1296] Hilgendorf NStZ 1993, 10 (11).

[1297] Das ist dem Gedanken vergleichbar, der zum 6. StrRG geführt hat: Die soziale Realität hat den Gesetzgeber gleichsam gezwungen, den Schwerpunkt von den Vermögens- und Eigentumsdelikten auf die persönlichen Rechtsgüter wie Leben, Gesundheit, sexuelle Selbstbestimmung u.ä. zu verlagern, vgl. dazu Freund ZStW 109, 455 (456/457).

[1298] U.a. Tiedemann ZRP 1970, 256 (260/261), hat auf die Notwendigkeit hingewiesen, die neue Kriminalität in neue gesetzliche Tatbestände zu fassen.

[1299] Hilgendorf NStZ 1993, 10 (14).

chen Vergangenheitsbewältigung hin zu einer Steuerung bei kollektiven Krisen notwendig[1300]. Mit ihrer Hilfe sei zu versuchen, Gefahren schon in ihren Anfängen zu unterbinden und Schäden erst gar nicht entstehen zu lassen[1301]. Auch stelle das interpretative Verständnis, das bestimmten strafrechtlichen Begrifflichkeiten bislang einhellig zuteil geworden sei, noch keinen Selbstwert dar, der es davor immunisiere, angesichts neuer Problemstellungen immer wieder erneut in Frage gestellt zu werden[1302]. Rekurriert wird schließlich mit Hilfe eines „Menschenrechtes auf Sicherheit"[1303] auf das Rechtsstaatsprinzip, dessen Aufgabe es sei, für effektiven Individualgüterschutz zu sorgen[1304]. Auch im Verfahrensrecht müsse Leitidee sein, dass ein Strafrecht, das besonders bedrohliche Straftaten nicht mehr aufzuklären vermöge, nicht mehr den Namen „rechtsstaatlich" vertrage[1305].

II.Die Produktverantwortung als Paradebeispiel der Gefahren einer Risikogesellschaft

Weil den von innovativen Produkten ausgehenden Gefahren in der Risikogesellschaft insoweit geradezu eine Vorreiterrolle zukommt[1306], machen sich die Verfechter eines neuorientierten Strafrechts hier besonders für seine offensive Handhabe stark.

1.Prävention neben Kompensation

Der Verbraucherschutz[1307] erfordere eine Spezial- bzw. Generalprävention[1308] neben dem das Zivilrecht prägenden Kompensationsgedanken, den in Ermangelung eines sozialethischen Tadels durch die Rechtsgemeinschaft nichts mit einer

---

1300 Heine JZ 1995, 651 (655). So auch Hirte JZ 1992, 257, nach dem das Zivilrecht aufgrund der dort gegebenen Versicherbarkeit gerade nichts zur Gefahrsteuerung beitragen kann, a.a.O., S. 258.

1301 Hilgendorf NStZ 1993, 10 (14).

1302 Hoyer GA 1996, 160 (161).

1303 Hilgendorf, Risikogesellschaft, S. 13.

1304 Vogel GA 1990, 241 (242).

1305 Heine JZ 1995, 651.

1306 Hilgendorf NStZ 1993, 10 (15).

1307 Niklaus Schmid, FS für Max Keller, S. 648, fordert sogar einem sich ständig sich verstärkenden Schutz der Konsumenten.

1308 Größere Wirkung dürfte die Generalprävention zeigen, da die strafrechtlichen Folgen wie ein damit einhergehender Imageverlust zu den Kosten gehören, die ein Unternehmen als Folge fehlerhafter Entscheidungen einkalkulieren muss und die deshalb regelmäßig durch Preiserhöhung auf den Verbraucher umgelegt werden. Eine konsequente Strafverfolgungspraxis könnte dagegen allgemein die Unternehmensleitungen veranlassen, bereits in der Entwicklung eines u. U. gefährlichen Produkts sofort Schutzmaßnahmen zu ergreifen, um so den negativen Auswirkungen im Vorfeld zu begegnen, so Meier NJW 1992, 3193 (3199).

Strafe verbinden soll[1309]. Enorme Schadensfälle wie auch die gesellschaftliche Unsicherheit bezüglich gefährlicher Produkte verlangten nach einem „Schuldigen“[1310].

Für Schmidt-Salzer[1311] besteht insoweit ein enger Wirkungszusammenhang zwischen genereller Prävention durch das Strafrecht und individueller Kompensation im Zivilrecht, so dass beide Rechtsgebiete nur als Teilbereiche eines einheitlichen Ganzen anzusehen seien. Es sei ein unverkennbarer Motivationseffekt zur Schadensverhinderung durch den Hinweis auf die mögliche persönliche, strafrechtliche Verantwortung ersichtlich[1312]. Durch die Haftung von juristischen Personen kollektiviere und anonymisiere das Zivilrecht die Verantwortlichkeit. Mit dem zunehmenden Verzicht auf ein Verschulden im Bereich der Schadensersatzhaftung verliere es seine präventive Zielsetzung[1313], weil die Gefährdungshaftung die Gefahr berge, dass die Schädigung der Benutzer eines Produkts durch Reduktion auf das Verhältnis von Kosten und Nutzen zum bloß kalkulatorischen Risiko werde[1314]. Gefördert werde dies durch das übliche Bestehen von Betriebshaftpflichtversicherungen, die eine zivilrechtliche „Sanktionierung“ allenfalls noch durch eine Prämienanhebung vermitteln könnten. Schließlich erleide die Furcht vor Schadensersatzansprüchen einen erheblichen Dämpfer durch die Möglichkeit ihrer steuerlichen Absetzbarkeit[1315].

2.Förderung kriminellen Verhaltens durch die Unternehmensstruktur

Nicht übersehen werden darf auch, dass sich der Bereich der Produktverantwortung weitgehend mit der Verbandskriminalität deckt. Die Eingliederung in ein Unternehmen kann aus vielerlei Gründen geradezu eine „Brutstätte“ für eine

---

[1309] Bei der zivilrechtlichen Abwicklung ist allein der jeweilige Vermögens*wert* entscheidend (vgl. § 249 S. 2 BGB): Die Vernichtung oder Beschädigung von individuellen Rechtsgütern interessiert nur soweit, als sie dem Eigentümer oder Angehörigen *wirtschaftlichen* Schaden bringt, weshalb es dort sogar angemessen ist, das Leben in Geld umzurechnen und Schadensanlagen als Minderwert aufzufassen. Im Strafrecht, das dem Rechtsgut*erhalt* verschrieben ist, trägt jedes Rechtsgut seinen Wert in sich selbst, so dass es einer derartigen Quantifizierung nicht zugänglich ist. Das verbietet sowohl eine Aufrechnung Leben gegen Leben als auch eine Wertverminderung durch innewohnende Schadensanlagen.

[1310] Kuhlen, Fragen, S. 1/2, der die wachsende praktische Bedeutung hervorhebt.

[1311] NJW 1994, 1305 (1312).

[1312] Schmidt-Salzer, ES Einl. X.

[1313] Im Gegensatz zu Hirte JZ 1992, 257, verneint Schmidt-Salzer NJW 1994, 1305 (1311), nämlich nicht generell die general- und individualpräventive Aufgabe der zivilrechtlichen Verschuldenshaftung, sieht aber den Wandel auf eine reine Gefährdungshaftung als erhebliche Schwächung des Präventionsgedanken an. Auch indem die Rspr. der Ansicht ist, dass Abschreckung kein mögliches Ziel des Zivilrechts sei, wird die grundsätzliche Notwendigkeit eines Nebeneinander von Strafrecht und Zivilrecht deutlich, vgl. BGHZ 118, 312 (338).

[1314] Niklaus Schmid, FS für Max Keller, S. 649 Fn. 14, verweist insoweit den „Ford Pinto Case“ aus den USA, vgl. oben § 5.B.II.

[1315] Vogel GA 1990, 241 (257).

kriminogene Wirkung darstellen[1316]: Das beginnt bei der hierarchischen Organisation, die regelmäßig einen großen Abstand zwischen entscheidender und ausführender Person zur Folge hat. Gerade das nur ausführende „Werkzeug" vermag in der Regel die Tragweite seiner Handlung nicht mehr zu überblicken[1317]. Das fällt meist mit einer Überinterpretation des einer Arbeitsteilung immanenten Vertrauensgrundsatzes[1318] zusammen: Die reine *Möglichkeit* übergeordneter Kontrolle wird insoweit als ausreichende Verteidigung erachtet. Auch die Rechtsgutferne[1319] lässt das „schlechte Gewissen" schwinden. Und schließlich können soziale Aspekte wie einerseits die Gefahr eines Arbeitsplatzverlustes, andererseits die Hoffnung auf Aufstiegschancen die Begehung von Straftaten „für" einen Verband fördern. Weil aber die unternehmensinternen Kontrollen solchen Erscheinungen häufig nicht entgegenwirken können[1320], sieht sich der Staat mit Hilfe des Strafrechts zu regulierenden Eingriffen berufen[1321].

Sanktionen, die an strafrechtliche Handlungsgebote für einzelne Personen anknüpfen, sollen denn auch regelmäßig weit effektiver zum normgemäßen Verhalten aufrufen als zivilrechtliche Haftungsfolgen[1322], zumal sie im Strafrecht gerade Freiheitsstrafen einschließen. Als besonderes Argument hierfür wird zudem die im Strafrecht fehlende Versicherbarkeit gezählt. Hinzu kommt, dass das Strafrecht insofern weiter ist, als es bereits den bloßen Versuch[1323] wie auch u.U. die Gefährdung eines Rechtsgutes[1324] zum Anlass einer Bestrafung nimmt[1325].

[1316] Müller-Guggenberger-Schmid, Wirtschaftsstrafrecht, § 25 Rdn. 3.

[1317] Vogel GA 1990, 241 (251). Schünemann wistra 1982, 41 (42), betont die Präventionsdefizite hierdurch.

[1318] Schönke/Schröder/Cramer, § 15 Rdn. 223.

[1319] Zumal wenn es sich „nur" um Gefährdungstatbestände handelt. Zu deren Untauglichkeit vgl. auch Hassemer NStZ 1989, 553 (558).

[1320] Das hebt insbesondere Vogel GA 1990, 241 (257), hervor.

[1321] Schünemann, Unternehmenskriminalität, S. 27.

[1322] Hirte JZ 1992, 257: Dass die Steuerung natürlicher Personen im Gegensatz zu Verbänden durchgreifender ist, sollen nicht zuletzt die „frequent-flyer"-Programme amerikanischer Fluggesellschaften belegen können, die den Managern selbst und nicht ihrem Unternehmen für den Gebrauch ihrer Fluglinie Vergünstigungen gewähren.

[1323] Allerdings nur bei Vorsatz. Im Übrigen ist seit dem 1. April 1998 durch das 6. Strafrechtsreformgesetz auch die einfache Körperverletzung im Versuch strafbar, vgl. § 223 II StGB.

[1324] Darin liegt ein wesentlicher Unterschied zur zivilrechtlichen Gefährdungshaftung: Das Zivilrecht knüpft die Haftung zwar allein an die rechtswidrige Handlung des Schädigers an, verzichtet aber nicht auf den kausal eingetretenen Schaden. Demgegenüber reicht dem Strafrecht im Rahmen der Gefährdungsdelikte die (abstrakte oder konkrete) Gefährdung des geschützten Rechtsgutes ohne den Eintritt eines Schadens aus, wenn auch ein Verschulden niemals entbehrlich ist. Die Natur der Gefährdungshaftung im Strafrecht verkennt Eichinger, S. 358.

[1325] Vogel GA 1990, 241 (264).

3.Einheit der Rechtsordnung

Als Letztes ließe sich noch der aus dem Gleichlauf von Zivil- und Strafrecht resultierende Vorteil für die Rechtssicherheit anführen: So meint etwa Bruns[1326], dass Rechtsstaatlichkeit lediglich auf der Basis einer begrifflichen Akzessorietät gegenüber dem Zivilrecht gewährleistet werden könne. Die Einheit bzw. Widerspruchsfreiheit[1327] der Rechtsordnung verlange eine Harmonisierung bei vergleichbarer Problematik[1328]. Zum Ausdruck kommt die Überschneidung etwa bei dem Gebrauch von strafrechtlichen Tatbeständen als Schutzgesetze im Sinne des § 823 II BGB[1329] oder auch im Rückgriff auf zivilrechtliche Rechtfertigungsgründe (beispielsweise §§ 228, 904 BGB) für die strafrechtliche Rechtswidrigkeit[1330]. Im Übrigen soll auch die Deliktshaftung im Allgemeinen vom Privatklagedelikt abstammen.

B.Strafrecht um jeden Preis?

Indes hebt Roxin hervor, dass rechtliche Institute stets den jeweiligen Besonderheiten des Rechtsgebietes, dem sie entspringen, Rechnung zollen müssen[1331]. Und gerade die strafrechtlichen Eigenheiten locken denn auch die Kritiker aufs Parkett: Kann das Strafrecht einer derart neuartigen Zielsetzung überhaupt gerecht werden? Hassemer verneint das und warnt vielmehr vehement vor einer allzu flexiblen Reaktion auf Probleme der Risikogesellschaft. Das Strafrecht verkomme sonst zu einem bloßen Instrument der Kriminalpolitik, das mit zunehmender Entformalisierung die langjährig aus dem Rechtsstaatsprinzip errichteten Barrieren einstürzen ließe[1332].

Das Strafrecht ist geprägt von der Vorhersehbarkeit der Folgen eines Handelns. Durch Art. 103 II GG soll insoweit grundrechtlich geschützt werden, dass die Strafbarkeit nicht in das Belieben der Rechtsprechung gestellt wird. Auch soweit Normen des Strafrechts ausfüllungsbedürftig sind, ist äußerste Grenze stets der Wortlaut:

1326 JZ 1958, 461 (463). Er gesteht allerdings ein, dass diese Ansicht überholt sei.

1327 Rogall GA 1995, 299 (308).

1328 Dreher ZGR 1992, 22 (63).

1329 Palandt/Thomas, § 823 Rdn. 149.

1330 Palandt/Heinrichs, § 228 Rdn. 1, mit ausdrücklichem Hinweis auf die Einheit der Rechtsordnung. Hier zeigt sich aber auch die „ultima-ratio" strafrechtlicher Interventionen: Was schon das Zivilrecht nicht ahnden kann, muss erst recht im Strafrecht gelten. Allerdings soll umgekehrt auch der Notstand gem. § 34 StGB im Zivilrecht rechtfertigend wirken, Palandt/Heinrichs, a.a.O.

1331 FS für Honig, S. 145.

1332 Hassemer NStZ 1989, 553 (559). Er geht sogar noch weiter, indem er den Einsatz des Strafrechts, das an eine verwirklichte Straftat anknüpft, für eine Prävention generell in Frage stellt, a.a.O. S. 558. Demgegenüber weist Schünemann GA 1995, 201 (212), auf das Problem der Anonymität der Massengesellschaft bei der Aufklärung von Schadensfällen hin.

So bilden beispielsweise die Sorgfaltspflichten im Rahmen eines fahrlässigen Erfolgsdelikts die notwendige Differenzierungsfunktion, da es keine Allgemeinstrafbarkeit nur aufgrund der Produktion möglicherweise schädlicher Produkte geben kann.

Die Straftatbestände dienen immer und nur der Vertypung strafrechtlichen Unrechts und nicht der Umschreibung sozialadäquaten Verhaltens[1333].

I.Allgemeine Folgen einer strafrechtlichen Überbetonung

Prittwitz[1334] spricht diesbezüglich von der „Funktionalisierung des Strafrechts". Es meine Folgen inkriminieren zu müssen, die häufig gerade Resultat systemkonformen und legalen Handelns seien[1335]. Konsequenz könnte dann – entgegen der Intention des erlaubten Risikos – letztlich nur mehr das Ablassen von jeglicher Innovation sein. Und selbst wenn man berücksichtigt, wie die moderne Industriegesellschaft die Bevölkerung verunsichert, spricht doch die Verhältnismäßigkeit gegen eine Bestrafung: Heutzutage kann der Mensch durch sein sorgloses Verhalten unvergleichbar mehr Schaden anrichten als noch zu Beginn des letzten Jahrhunderts. Bestes Beispiel ist die Benutzung von Kernenergie. Ein Strafrecht, das entsprechend dem Schadenspotential ein Vielfaches an Sorgfalt verlangen würde, käme aber einem Gefährdungsstrafrecht gleich, das mit dem geltenden Schuldprinzip im krassen Widerspruch stünde[1336]. Die stetige Vorverlagerung des Strafrechtsschutzes führt vielmehr zur Kriminalisierung außerhalb der eigentlichen Täter-Opfer-Beziehung[1337].

1.Vernachlässigung außerstrafrechtlicher Maßnahmen

Oft verhindert der vorschnelle Einsatz von Strafrecht zudem das Nachdenken über andere Maßnahmen und ihre politische Durchsetzbarkeit[1338]. Schon das Übermaßverbot gebietet es aber, dass vor dem Einsatz des Strafrechts detailliert geprüft wird, ob andere, mildere Mittel nicht vielleicht gleich hohe Wirkung versprechen. Vorrangig sind deshalb mit Hilfe des Zivilrechts, des Öffentlichen Rechts und des Sozialrechts, die gesellschaftsrechtlichen Entstehungsgründe für

---

[1333] Welzel ZStW 58, 514ff, und Roxin AT § 10 Rdn. 33f. Teilweise wird diese Problematik auch unter dem Aspekt eines gewohnheitsrechtlich anerkannten Rechtfertigungsgrundes erörtert.

[1334] StV 1991, 435ff.

[1335] So auch Hassemer NStZ 1989, 553 (558): Strafrechtliches Unrecht sei nicht mehr die sichtbare Verursachung eines Schadens, sondern eine Betätigung, die der Gesetzgeber schlicht inkriminiert habe.

[1336] Prittwitz StV 1991, 435 (440).

[1337] Der Staat nimmt schließlich mit dem Strafrecht die Verfolgung im Allgemeininteresse (losgelöst von den jeweiligen Geschädigten) auf. So auch Samson StV 1991, 192 (183).

[1338] Prittwitz StV 1991, 435 (441).

die Verwirklichung von Rechtsgutverletzungen auszuschalten[1339]. Und sollte es in diesen Bereichen an Eingriffsmöglichkeiten derzeit fehlen, ist es Aufgabe – zur Not mit Hilfe des Gesetzgebers –, zunächst Grundlagen für *nichtpönalisierte* Maßnahmen zur Wiedergutmachung, aber auch zur Prävention zu schaffen[1340].

Im Übrigen bedeutet *wirkliche* Prävention, Gefahren frühzeitig zu erkennen, Risiken möglichst vollständig zu beherrschen und Schäden in Grenzen zu halten[1341]. Mittel dieser Zielverfolgung lagen und liegen aber schon seit jeher in anderen Bereichen von Rechts- und Innenpolitik, etwa in der Förderung empirischer Forschung zur Gefahrfrüherkennung, der Gefahrsicherung im Vorfeld durch Transparenz und Kontrolle risikopolitischer und risikorelevanter Entscheidungen sowie endlich der Vorsorge durch Versicherungsleistungen und erleichterten Zugang zu den Gerichten[1342]. Und Eingriffe zu einer solchen Gefahren*abwehr* im Vorfeld einer Schädigung sind auch schon lange gesetzlich verankert – nämlich durch das Polizei- und Sicherheitsrecht im Bereich der öffentlichen Verwaltung. Es verfügt sogar mit Interventionsmöglichkeiten bei rechtmäßigem Verhalten oder nur einem Gefahrenverdacht regelmäßig über weit umfangreichere Mittel, um unmittelbar den Bestand von rechtlich geschützten Gütern zu sichern[1343], die einen gleichzeitigen Einsatz des Strafrechts gerade unter dem vielgepriesenen Aspekt „Prävention“ überflüssig werden lassen.

Und schließlich kann Prävention weniger durch „psychologischen Zwang“, d.h. durch Abschreckung mittels Drohung, als vielmehr durch Überzeugungsbildung der mündigen Bürger in einer modernen Gesellschaft erreicht werden. Sie sollen die strafrechtliche Botschaft, die für die Regulierung eines harmonischen Zusammenlebens unverrückbar ist, verinnerlichen und sich daran ausrichten. Das aber verträgt sich nicht mit einem Abbau strafrechtlicher Garantien und Prinzipien. Erst ein der Verfassung verhaftetes Strafrecht, d.h. ein streng formalisiertes, kann langfristig zu einer *freiwilligen* Disziplinierung führen[1344].

2.Vorteile eines strengen Formalismus

Es darf denn auch nicht übersehen werden, dass es gerade das herkömmliche Strafrecht war, das es im Laufe der Jahre schaffte, in Übereinstimmung mit den in der Gesellschaft geltenden Gerechtigkeitsvorstellungen gewichtige Probleme

---

[1339] Prittwitz, Strafrecht und Risiko, S. 384.

[1340] Ein Beispiel aus dem Verwaltungsrecht bietet die Verantwortlichkeitsbenennung gem. § 52 a BImSchG, vgl. Schmidt-Salzer NJW 1994, 1305 (1312).

[1341] Darauf zielt auch eine Initiative der Kommission der EU, wonach ein Meldeverfahren zur schnellen Information über unsichere Produkte eingeführt werden soll, vgl. Jennen, FTD vom 30. März 2000, S. 13.

[1342] So Hassemer, Produktverantwortung, S. 76/77.

[1343] Vogel GA 1990, 241 (258).

[1344] Hassemer, Produktverantwortung, S. 73.

fair und ausführlich zu bearbeiten[1345]. Diesem Stellenwert muss eine derartige „Renovierung“ erst einmal gerecht werden, ohne zugleich einen noch größeren Schaden anzurichten, als er der Ist-Situation zugeschrieben wird. Durch eine zu flexible Handhabe verliert das Strafrecht vielmehr seine erwünschte Steuerungsfunktion, die eine Rückkehr vom Tatstrafrecht[1346] hin zu einem Täterstrafrecht befürchten lässt[1347]. Die Annahme, dem Menschen wohne eine latente Gefährlichkeit inne, die es nötige, von der Tatschuld abzusehen und allein diese Gefährlichkeitsvermutung unter Strafe zu stellen, fügt dem unverbrüchlich in der Verfassung verankerten Freiheitspostulat u.U. extremen Schaden zu[1348]. Nur sofern ernsthafte Sozialschäden drohen, deren das tradierte Recht nicht Herr wird, kann *ausnahmsweise* an eine Auflockerung der geltenden Prinzipien gedacht werden[1349].

II. Vorzüge der zivilrechtlichen Produkthaftung

In den produktbezogenen Sachverhalten gilt das umso mehr, als sich die Opfer durch die Gewährung von Schadensersatz mit Hilfe des auf materiellen Ausgleich bedachten Haftungsrechtes meist mehr versprechen[1350].

1. Buße und Genugtuung durch § 847 BGB

Zum einen ist nämlich den zivilrechtlichen Ersatzleistungen mit § 847 BGB eine Buße- und Genugtuungsfunktion keinesfalls fremd. Früher wurde ihre Effektivität zwar wegen des vergleichsweise geringen Umfangs deutscher Schmerzensgeldansprüche bezweifelt[1351]. Mittlerweile zeichnet sich jedoch eine neue Tendenz in der Rspr. der Zivilgerichte ab, die bei der Festlegung von Schmerzensgeld vor allem auch das Verhalten bei der Schadensabwicklung – sei es die verzögerte Auszahlung[1352], kränkendes Verhalten der verpflichteten Partei im Prozess oder gar Rückzahlungsverlangen von eh schon zu niedrig bemessenen Summen durch den Haftpflichtversicherer des Schädigers – berücksichtigen wollen. Hierdurch fließen bei der Bewertung eines zivilrechtlichen Sachverhalts erkennbar strafrechtliche Elemente ein. Denn die Erhöhung des Schmerzensgeldbetrages entschädigt nicht nur das Opfer für weiteren Verlust, sondern sank-

---

[1345] Prittwitz StV 1991, 435 (440).

[1346] Dencker StV 1988, 262 (263), spricht insoweit im Anschluss an Jakobs ZStW 97, 751 (755f). vom Bürgerstrafrecht, weil es vom im Grunde gutgesinnten *Bürger* ausgeht.

[1347] Dencker StV 1988, 262 (264), bezeichnet das als Feindstrafrecht, weil es den Menschen als potentielle Gefahrenquelle, als *Feind* der Rechtsordnung, begreift. Besonders Rotsch wistra 1999, 321 (326), befürchtet die Rückkehr zum Täterstrafrecht.

[1348] Dencker StV 1988, 262 (263 und 266).

[1349] Dencker StV 1988, 262 (266).

[1350] Niklaus Schmid, FS für Max Keller, S. 648/649.

[1351] Bock, S. 188.

[1352] Vgl. OLG Frankfurt NJW 1999, 2447.

tioniert auch das Auftreten des Verantwortlichen. In Anlehnung an den US-amerikanischen „punitive damages“[1353] soll so ein Signal gesetzt werden, um vor derartiger Schadensabwicklung abzuschrecken[1354]. Wenn sich dieser Richtungswechsel noch verstärkt, muss aber das scharfe Schwert des Strafrechts fast zwangsläufig obsolet werden.

2. Haftung juristischer Gebilde

Des weiteren wird auch als Ausgleich für die Gewinnrealisierung in der Regel eine Haftung[1355] ausreichend sein, die wie im Zivilrecht beim Geschäftsherrn anknüpft[1356]. Sie trägt nämlich dem Umstand Rechnung, dass unsere Produktionsgesellschaft zunehmend von juristischen Gebilden geprägt wird und es in erster Linie die Herstellerfirmen als Ganzes sind, die von der Vermarktung des Produktes profitieren[1357]. Demgegenüber sind die Unternehmensangehörigen, auf die das Strafrecht mit seiner rein individuellen Strafbarkeit losgehen müsste, nur mittelbare Nutznießer[1358]. Selbst wenn das Strafrecht insoweit zur Kenntnis nimmt, dass an eine durch das wirtschaftliche Faktum Arbeitsteilung entstehende Verlagerung von Kompetenzen regelmäßig auch die Mitübertragung von Sorgfaltspflichten gekoppelt ist[1359], kann die damit verbundene systematische Überdehnung strafrechtlicher Begriffe die verfassungsrechtlich gewährleistete Erwartungssicherheit etwaiger Produzenten doch so wesentlich reduzieren, dass dadurch nicht nur die unternehmerischen Entscheidungen stark belastet, sondern die nationale wie internationale Wettbewerbsfähigkeit ganz erheblich bedroht werden[1360].

III. Untauglichkeit strafrechtlicher Sanktionen

Schließlich übersehen diejenigen, die die Effektivität einer funktionierenden Strafverfolgungspraxis im Bereich der Wirtschaftskriminalität geradezu als hervorragend bezeichnen[1361], dass keine als human und damit verhältnismäßig einzustufende Strafandrohung auch nur annähernd so wirksam sein kann wie die

---

[1353] Sog. *Straf*schadensersatz.

[1354] So Lindner, Referentin im SächsStaMi der Justiz in der FAZ vom 31.12.1999, S. 22.

[1355] Hirte JZ 1992, 257 (258) und Hoyer GA 96, 160 (176). Weil dieser Ausgleichsgedanke dem Strafrecht gerade fehlt, kann auf sanktioneller Ebene diese Wirkung derzeit allenfalls im Ordnungswidrigkeitenrecht, nämlich mit einer Gewinnabschöpfung durch Bebußung gem. §§ 30 III, 17 IV OwiG, erreicht werden, vgl. dazu Vogel GA 1990, 241 (262).

[1356] Hoyer GA 96, 160 (161). Insbesondere Kuhlen, Fragen, S. 186, leugnet jedes generalpräventive Plus.

[1357] Sie fungieren nur als Träger des Unternehmens, so Eidam, S. 296.

[1358] Schmidt-Salzer NJW 1996, 1 (2).

[1359] Niklaus Schmid, FS für Max Keller, S. 653.

[1360] Hoyer GA 1996, 160 (161), mit Verweis auf Hassemer, Produktverantwortung, S. 71.

[1361] So Tiedemann, Wirtschaftskriminalität und Wirtschaftsstrafrecht, S. 24 m.w.N.

informelle Sozialkontrolle durch die Gesellschaft selbst[1362]: Die eigentliche Abschreckung erfährt das produzierende Gewerbe nämlich durch die Aussicht, nach einem öffentlich bekannt gewordenen Unfall infolge eines Produktfehlers einen drastischen Rückgang der Verkaufszahlen verzeichnen zu müssen[1363], wobei die Instrumente der Massenmedien ihr Übriges bewirken [1364]. Demgegenüber sind die herkömmlichen Vermögenssanktionen im Bereich der Wirtschaftskriminalität weitgehend untauglich[1365]. Ihre abschreckende Wirkung ist minimal, zumal wenn man bedenkt, dass sich die Höhe der Strafe gem. § 46 StGB an der Schuld des Einzelnen zu orientieren hat. Weil aber der Unternehmensbereich gerade durch ein verzahntes Zusammenwirken und nicht durch das Handeln einer einzig verantwortlichen Person gekennzeichnet ist, kann damit die Strafe immer nur eine Teilschuld sühnen. Als Geldstrafe birgt sie zudem die Gefahr in sich, später vom Unternehmen erstattet zu werden[1366] und folglich nur einen weiteren Kostenfaktor im Rahmen der Preiskalkulation darzustellen.

Völlig in sein Gegenteil verkehrt wird die vom Strafrecht propagierte, zusätzliche, präventive Wirkung schließlich, wenn das Verfahren, wie im „Contergan-Beschluss", gem. § 153 StPO gegen Gewährung einer Ausgleichssumme unter gleichzeitigem Verzicht auf weitergehende Schadensersatzansprüche eingestellt wird und, wie im „Holzschutzmittel-Verfahren", diese Auflage dabei nicht an die Angeklagten, sondern an die früheren Anteilseigner der inzwischen nicht mehr tätigen Firmen adressiert ist[1367]. Wenn das LG Aachen damit letztlich einer breiten Forderung in der Gesellschaft nachkam[1368], verdeutlicht das nur einmal mehr, dass eine Bestrafung der Schuldigen allenfalls zweitrangig gewesen sein konnte und die eigentliche Diskussion sich um die Frage nach finanzieller Hilfe für die Opfer der Katastrophe und verstärkten Verbraucherschutz schlechthin rankte[1369].

[1362] Dazu Vogel GA 1990, 241 (254).

[1363] Hamm phi 1985, 15 (20).

[1364] Schmidt-Salzer NJW 1990, 2966 (2967).

[1365] Vogel GA 1990, 241 (260).

[1366] Schünemann, Unternehmenskriminalität, S. 57/58 m.w.N.; vgl. zum Problem der Strafvereitelung ders. UTS 1994, 137 (171); Schmidt-Salzer, Produkthaftung, Rdn. 1649; BGH JR 1992, 72, mit Anm. Hillenkamp S. 74ff. Die Übernahme einer Freiheitsstrafe stellt bereits seit der Entscheidung des RG in RGSt 8, 366ff, unbestritten eine Vollstreckungsvereitelung dar.

[1367] Vgl. LG Frankfurt, NJW 1997, 1994, das bei der Einstellung des Verfahrens eine Auflage zur Zahlung von 4 Mio. DM zur Gründung einer Stiftung zur Erforschung der behaupteten Schädlichkeit von Holzschutzmitteln erteilt hatte.

[1368] Auch für das „Holzschutzmittel-Verfahren" betont Kühne NJW 1997, 1951, dass dieses im Ergebnis nur als Vehikel für die Erzwingung von Schadensausgleichsleistungen außerhalb eines Zivilprozesses gedient hat.

[1369] Bruns, FS für Maurach, S. 470.

IV. Strafprozessuale Grenzen

Keinesfalls zeugt es auch von Gewinn, das Ermittlungsverfahren mit seinen enorm negativen Auswirkungen[1370] auf den Hersteller des „geächteten" Produkts[1371] für außerstrafrechtliche Zwecke zu instrumentalisieren[1372]: Allein die aus dem Amtsermittlungsgrundsatz herrührende *prozesstaktische* Erwägung, wegen des Interesses des Geschädigten an einer umfassenden Abklärung des Sachverhaltes ein Strafverfahren anzustrengen, ohne überhaupt an der Bestrafung eines Einzelnen interessiert zu sein, kann niemals für den staatlichen Eingriff der Justizbehörden angeführt werden[1373].

Das Strafrecht ist zu allererst einmal eine Institution im *Interesse der Allgemeinheit.* Angelegenheiten Einzelner sind ihm zwar, wie die Antragsdelikte oder das Privatklageverfahren zeigen, nicht völlig fremd, aber doch gewiss nur von untergeordneter Bedeutung[1374]. Selbst wenn mit dem Adhäsionsverfahren gem. §§ 403ff StPO sogar Elemente zur Schadensabgeltung in den Strafprozess eingeführt werden, verfolgt es niemals ein eigenständiges Ziel, dem Verletzten Genugtuung und Entschädigung zu gewähren[1375]. Auch darf die Möglichkeit, gem. § 149 ZPO das Zivilverfahren bei Verdacht einer Straftat auszusetzen, um eine *faktische* Präjudizierung zivilrechtlicher Ersatzansprüche durch die strafrechtlichen Ermittlungsergebnisse zu erreichen[1376], nicht darüber hinwegtäuschen, dass die strafrechtlichen Entscheidungen grundsätzlich keine Tatbestandswirkung im Hinblick auf ein zivilrechtliches Verfahren entfalten.

1370 Schmidt-Salzer spricht in NJW 1990, 2966 (2967), der „Lederspray-Entscheidung" insoweit Signalwirkung zu, die das Bewusstsein der Strafverfolgungsorgane geschärft und im Zusammenspiel mit den Massenmedien die Aufmerksamkeit der Bevölkerung geweckt hat. Auch Deutscher/Körner wistra 1996, 292, rücken das Medieninteresse an der strafrechtlichen Verfolgung in den Vordergrund. Dazu auch Vogel GA 1990, 241 (255/256).

1371 Hassemer, Produktverantwortung, S. 71. Das LG Frankfurt, Schmidt-Salzer, ES IV.3.31 (15), als Vorinstanz im „Holzschutzmittel-Verfahren" zieht denn auch wenigstens im Rahmen der Strafzumessung zugunsten der Angeklagten eine positive Bilanz aus dem besonderen öffentlichen Interesse, mit dem der Prozess verfolgt wurde. Die Angeklagten hätten von Anfang an im Rampenlicht gestanden. Nicht einmal auf Photos sei auf die außerordentliche Medienpräsenz verzichtet worden.

1372 Groß GA 1996, 151.

1373 So aber Schmid, FS für Max Keller, S. 649. Für ihn ließe sich nur anführen, dass die Justizministerkonferenz den Entwurf einer Vorschrift, die die opportune Einstellung der Ermittlungen vorsah, wenn es dem Anzeigenden nur um die Vorbereitung der Verfolgung oder die Sicherung außerstrafrechtlicher privater Interessen, ohne einen eigenen Wunsch nach Bestrafung geht, aus rechtsstaatlichen Gründen wie dem geltenden Legalitätsprinzip gestrichen hat, Groß GA 1996, 151 (159).

1374 Groß GA 1996, 151 (157).

1375 Vogel GA 1990, 241 (255).

1376 Darauf verweist Vogel GA 1990, 241 (246); Micklitz NJW 1989, 1076/1077.

Schließlich relativiert gerade die Justizförmigkeit des Straf*verfahrens* jeden erfolgversprechenden Einsatz strafprozessualer Zwangsmittel[1377]. Mit seinen Formalisierungen und Kautelen ist der Strafprozess nämlich viel zu schwerfällig, um flexibel und risikoangemessen, vor allem aber rechtzeitig auf große Risiken reagieren zu können[1378]. Zwar wird insoweit erwogen, zumindest mit Hilfe einer an die zivilrechtliche Produkthaftung angelehnten Beweiserleichterung eine gewisse Neuorientierung auf prozessualer Ebene zu erreichen[1379], weil ein Strafverfahrensrecht, das besonders bedrohliche Straftaten nicht aufzuklären vermag, nicht mehr als rechtsstaatlich gelten könne[1380]. Die Undurchdringlichkeit betrieblicher Strukturen und das regelmäßige Informationsmonopol auf Seiten der Organisation, begründe insoweit eine Bringschuld des Unternehmens[1381]. Deshalb seien in Bereichen, wo die Tatverantwortung des Einzelnen schwindet, wo kollektive Phänomene in das strafrechtliche Blickfeld geraten, wo nur finanzielle und andere vertretbare Maßnahmen zum Einsatz gelangten, die Garantien neu auszuformulieren[1382].

1.Der „prima-facie"-Beweis

So hat sich beispielsweise Volk eingehend[1383] mit der Frage befasst, ob nicht etwa wie im Zivilrecht die Rechtsfigur des Beweises des ersten Anscheins zur Anwendung kommen könnte. Danach könnte unter Berücksichtigung der Regeln des Lebens und der Erfahrung des Üblichen und Gewöhnlichen bei Vorliegen eines typischen Geschehensablaufes von einer feststehenden Ursache auf einen Erfolg oder umgekehrt geschlossen werden[1384]. Insbesondere bei ungelösten Kausalitätsfragen, die ja ein Zentralproblem der Produktverantwortlichkeit ausmachen, könnte das erhebliche Erleichterung verschaffen.

Ausgangspunkt für Volk ist dabei, dass seiner Ansicht nach der „prima-facie"-Beweis als bloße Beweiswürdigungsregel[1385] nur helfe, eine Beweislastentscheidung zu verhindern[1386] und weder die einer Partei obliegende Beweislast ändere, noch das Beweismaß reduziere[1387]. Auch im Zivilprozessrecht begnüge er sich keineswegs mit einer Wahrscheinlichkeit, sondern müsse stets zu einer

---

1377 Niklaus Schmid, FS für Max Keller, S. 649.

1378 Hassemer, Produktverantwortung, S. 75.

1379 Auch Roxin, Strafverfahrensrecht, § 15 Rdn. 34, weist auf diese Entwicklung hin.

1380 Allgemein Krauß KritV 1993, 183ff.

1381 Heine JZ 1995, 651 (656).

1382 Heine JZ 1995, 651 (657).

1383 Volk GA 1973, 161ff.

1384 Thomas/Putzo, § 286 Rdn. 13.

1385 Volk GA 1973, 161 (162).

1386 BGHZ 39, 103 (107).

1387 Volk NStZ 1996, 105 (107).

richterlichen Feststellung führen[1388], die, wenn auch unter Verwertung von Erfahrungssätzen, auf der vollen richterlichen Überzeugung gründe[1389]. Schließlich werde auch im Verwaltungsprozess, den der Untersuchungsgrundsatz[1390] gleichermaßen dirigiere wie das Strafverfahren[1391], diese Art der Beweisführung als legitimes Verfahren angesehen. Das Wesen des Strafprozesses verlange lediglich eine gewisse Angleichung dergestalt, dass sich der Richter selbst zu Zweifeln an der typischen Sachlage aufrufen müsse, die er entsprechend seiner Instruktionsmaxime aufzuklären habe. Auch müssten insoweit zu seiner Erschütterung schon jegliche, nicht völlig fernliegende Zweifel genügen[1392].

Letztlich versteht Volk den Anscheinsbeweis als eine besondere Form des Indizienbeweises[1393], bei dem nicht eine lückenlose Indizienkette, sondern mit Hilfe eines *besonders verlässlichen* Erfahrungssatzes „irgendwie" die Lücke zwischen Hilfs- und Haupttatsache überbrückt werden könnte[1394].

2.Kritische Würdigung

Gleichwohl kann gerade dieser Gedanke nicht unbesehen stehen bleiben. Nach Volk[1395] sollen sich nämlich die für den Anscheinsbeweis notwendigen „qualifizierten" Erfahrungssätze dadurch auszeichnen, dass ein gleichmäßiger Hergang immer wieder so abläuft und daher die eindeutige Formulierung einer Regel gestatten. Was aber unterscheidet sie dann in der Intensität von wissenschaftlich gesicherten Erkenntnissen, die wegen ihrer ausschließlichen Geltungskraft den Bereich des Anscheinsbeweises verlassen[1396]? Auch die Abgrenzung zu den „einfachen" Erfahrungssätzen wird teilweise als unmöglich erachtet[1397]. Um dem Vorwurf der Willkür zu entgehen, wird deshalb oft nur schlicht von (allgemeinem) Erfahrungswissen gesprochen[1398]. Diese Unzulänglichkeit kann auch nicht die von Volk favorisierte, an die strafprozessualen Eigenheiten angelehnte Modifikation aufwiegen. Denn hierdurch verliert der Anscheinsbeweis jegliche eigenständige Bedeutung und gibt letztlich nur mehr die gesetzlichen Regeln wieder: Schon § 244 II StPO gebietet vom Richter, sich zu eigenen

---

[1388] RGZ 134, 237 (242).

[1389] BGH NJW 1951, 360.

[1390] Vgl. § 86 I VwGO.

[1391] Vgl. nur Kopp/Schenke, § 108 Rdn. 18.

[1392] Volk GA 1973, 161 (164).

[1393] Volk NStZ 1996, 105 (107); allgemein zum Indizienbeweis schon oben § 4.C.I.2.c.

[1394] Volk GA 1973, 161 (170); im Ergebnis ebenso Kuhlen, Fragen, S. 57.

[1395] GA 1973, 161 (167).

[1396] Vgl. nur Hainmüller, S. 28; Weyreuther DRiZ 1957, 55 (56).

[1397] Wassermeyer, S. 10, 12, 38f, 60; Pohle MDR 1949, 386 (387). Auch Volk gesteht ein, dass sich eine Unterscheidung nicht eindeutig treffen lässt, NStZ 1996, 105 (107 Fn. 15).

[1398] Beispielsweise BGHSt 23, 156.

Zweifeln anzuhalten und ihnen mit Mitteln des Beweisrechts auf den Grund zu gehen und § 261 StPO wird als Folge davon zur Erschütterung des typischen Geschehensablaufs führen, so dass „in dubio pro reo" von einem atypischen Sachverhalt ausgegangen werden muss, in dem seinerseits die Verknüpfung von Ursache und Wirkung voll bewiesen werden muss. Von einer Beweis*erleichterung* zugunsten einer Partei kann dann aber nicht mehr die Rede sein.

So weist denn auch die h.M. darauf hin, dass die allgemeinen Grundsätze des Strafprozesses durch die Übernahme eines derartigen Begriffes nur verdunkelt würden[1399] und das die Gefahr in sich trage, anstelle der Gewissheit eine durch einen typischen Geschehensablauf verbürgte Wahrscheinlichkeit treten zu lassen[1400]. Es muss vielmehr dabei bleiben, dass die staatliche Gewalt von sich aus vollen Beweis für *alle* strafbegründenden Tatsachen zu erbringen hat[1401] und der Angeklagte bis zum Beweis des Gegenteils als unschuldig gilt. Auch wenn man sich insoweit des Indizienbeweises bedienen möchte, kann eben nur eine lückenlose Kette von Indizien den Täter überführen, nicht aber der unsichere, bloße Schein einer solchen[1402].

Im Übrigen ist es auch Wesen des Strafprozesses, der Verwirklichung des materiellen Rechts zu dienen[1403]. Er kann die materiellen Leitlinien nicht durch Überführungserleichterungen überspielen. Deshalb scheidet eine alleinige Neugestaltung des Verfahrensrechts ohne entsprechende materielle Konsequenzen sowieso von vornherein aus[1404].

V. Notwendigkeit gesetzgeberischen Einschreitens

Diskutabel bleibt allein, ob sich nicht wenigstens der *Gesetzgeber* zur Eindämmung der mit einer „Risikogesellschaft" verbundenen Gefahren aufgerufen fühlen muss[1405], etwa durch die Positivierung einer besonderen Garantenstellung für das produzierende Gewerbe oder sogar eines an das Unterlassen anknüpfen-

---

[1399] LR-Gollwitzer, § 261 Rdn. 107.

[1400] Vgl. nur Roxin, Strafverfahrensrecht, § 15 Rdn. 16; Louven MDR 1970, 295 (296); LR-Gollwitzer, § 261 Rdn. 107; kritisch auch Immenga/Mestmäcker/Tiedemann, § 81 Rdn. 61.

[1401] Auch vergleichbaren Tendenzen in der älteren Rspr. sind eine Absage zu erteilen, besonders wenn mit Hilfe gekünstelter Auslegungsmethoden der materielle Tatbestand in eine positive und eine negative Aussage aufgespalten werden soll, vgl. Baumann MDR 1960, 355 (356), oder aber ohne Beweisaufnahme mit Hilfe von Vermutungen in eine Beweiswürdigung eingetreten werden soll, vgl. Bach MDR 1976, 19 (20).

[1402] Hassemer, Produktverantwortung, S. 47.

[1403] LR-Schäfer, Einl. Kap. 6, Rdn. 7; Roxin, Strafverfahrensrecht, § 1 Rdn. 1.

[1404] Ebenso Schünemann wistra 1982, 41 (45), der trotz der Schwierigkeiten der forensischen Praxis im Bereich der Unternehmenskriminalität die Lösung konsequent auf materieller Ebene sucht, ders. Unternehmenskriminalität, S. 206ff, 260ff.

[1405] Hilgendorf, Risikogesellschaft, S. 57, der auf die Überbetonung dieses Begriffes und die damit einhergehende starke Überspannung herkömmlicher Institute durch die Rspr. hinweist.

den Gefährdungsdeliktes. Das hätte jedenfalls den Vorteil, dass im Rahmen des Gesetzgebungsverfahren alternative Regelungskonzepte unter Berücksichtigung von Lebenswirklichkeit und gesellschaftlicher Akzeptanz verglichen werden könnten[1406]. Über derartige Möglichkeiten verfügt der Rechtsanwender nämlich allenfalls am Rande[1407], etwa wenn es ihm überlassen ist, unbestimmte Rechtsbegriffe durch die dynamischen, sozialen Anschauungen auszufüllen[1408].

1.Einführung einer spezifischen Betriebsgarantenstellung

Um die Kluft zwischen Markenartikeln und „No name"-Produkten zu überwinden, die sich vor allem bei der Begründung einer Garantenstellung aufgetan hat, wäre zunächst an die Einführung einer eigenen Produzentengarantenstellung zu denken. Dafür spräche das Bedürfnis, auch bei Billigware den Weg für eine über § 323 c StGB hinausreichende Bestrafung zu eröffnen, nachdem die bisherige Ausgestaltung des § 13 I StGB diese Fälle nicht zu erfassen mochten. Auch der Erwartungssicherheit des Herstellers wäre durch die gesetzliche Verankerung hinreichend genüge getan. Er könnte fortan sein Verhalten entsprechend der ihm entgegengebrachten gesellschaftlichen Forderungen ausrichten und zwar ungeachtet seiner Einordnung als Markenproduzent oder nicht.

Gleichwohl mutet ein eigenständiges Garantieinstitut vor allem unter dem Aspekt der Sozialnützlichkeit der Tätigkeit bedenklich an. Wenn die Unterhaltung eines Gewerbes gerade einer Reihe positiver Zwecke dient, kann sein Betreiber nicht *allein* und *uneingeschränkt* die Konsequenzen hierfür tragen müssen. Die von Gesetzgeber und der Gesellschaft zugestandene Inanspruchnahme des mit der Produktion stets verbundenen Risikos, würde obsolet, wenn kein Ausgleich zwischen Unternehmer und Nutznießer, d.h. Verbraucher hergestellt würde, wie dies eben nur bei der Markenproduktion der Fall ist. Ihr hilft nämlich nicht nur die Preiskalkulation, durch die eine erhöhte Gewinnmarge als Abgeltung für die mit der Produktbeobachtung verbundenen zusätzlichen Kosten dienen kann. Auch der Name als solcher führt häufig schon zu einer gesteigerten Nachfrage, die es gestattet den „Label"-Hersteller verstärkt in die Pflicht zu nehmen. Und letztlich können diese Gedankenspiele auch nicht über die ebenso prekäre Situation der Kausalitätsfeststellung – sei es im Hinblick auf die Produktschädlichkeit, sei es auf Unternehmensebene oder in Bezug auf den einzelnen Mitarbeiter – hinweghelfen.

[1406] Ransiek, Gesetz und Lebenswirklichkeit, S.86.

[1407] Zu seinem Vorrang Hoyer GA 1996, 160 (178 a.E.) und Kühne NJW 1997, 1951 (1954).

[1408] Ransiek, Gesetz und Lebenswirklichkeit, S.71/72. Er verwirklicht dadurch nur, dass sich auch Weiterentwicklungen für Strafrechtseingriffe kriminalpolitisch legitimieren, indem er die allgemein getragene Zuordnung von etwas Neuem zu einem vorhandenen Begriff auf das Strafrecht umsetzt (S. 76).

2.Einführung eines echten Unterlassungsdeliktes

Gerade unter diesem Aspekt macht sich Schünemann bereits seit 1979 für die Einführung einer an der Risikoerhöhungstheorie orientierten neuen Deliktsart[1409] zur spezifischen Strafbarkeit für Vorfälle aus der Unternehmenskriminalität stark[1410]. Kaufmann[1411] fordert sogar wegen der „Verniedlichung der Umweltgefährdung[1412]" den völligen Verzicht auf eine Erfolgsverursachung. Auch Eichinger[1413] schlägt wegen der Kausalitätsprobleme im Bereich der unechten Unterlassungsdelikte die Einführung einer Gefährdungshaftung vor, die jedes Unterlassen gebotener Maßnahme zur Minimierung von Gefahren, die aus der Herstellung oder dem Vertrieb gefährlicher Produkte resultieren, unter Strafe stellen soll. Kuhlen führt schließlich zur Rechtfertigung einer derartigen Vorfeldkriminalisierung an, dass auch bei abstrakten Gefährdungsdelikten durchaus eine präventive Wirksamkeit zu verzeichnen sei[1414].

In der Tat hätte sie den Vorteil, dass es auf die Verursachung eines Erfolges insoweit nicht mehr ankäme. Auch könnte die Täterqualifikation so ausformuliert werden, dass gleichfalls „Marken"- wie „Nicht-Marken"-Hersteller erfasst werden würden. Doch wird übersehen, dass das StGB vor allem mit der allgemeinen Hilfeleistungspflicht in § 323 c StGB, aber auch den Umweltstraftaten – insbesondere § 330 a StGB[1415] – oder der gemeingefährlichen Vergiftung gem. §§ 319, 320 StGB[1416] bereits ein weites Feld abdeckt. Wenn man darüber hinaus an die gesonderte Begründung eines auf die Fälle der Produktverantwortlichkeit gemünzten Gefährdungstatbestandes denkt, muss man sich nicht nur durch die ultima ratio-Funktion des Strafrechts begrenzt sehen[1417]. Um alle in einem Unternehmen denkbaren Rechtsverstöße zu erfassen, liefe eine derartige Strafvorschrift auch Gefahr, gegen das Bestimmtheitsgebot des Art. 103 II GG zu verstoßen[1418]. Unter Strafe kann immer nur gestellt werden, was durch zumutbare

---

1409 StV 1985, 229 (233).

1410 Schünemann, Unternehmenskriminalität, S. 207.

1411 JZ 1971, 569 (575).

1412 Verstanden als die Lebensumstände i. w. S.

1413 S. 203.

1414 GA 1994, 347 (363).

1415 Dazu Hilgendorf, Risikogesellschaft, S. 169ff, in der Ansicht, dass die Norm *allgemein* die Herbeiführung einer konkreten Lebens- oder schweren Gesundheitsgefahr pönalisiere und nicht beim Schutz der Umwelt stehen bleibe.

1416 Ausführlich dazu Horn NJW 1986, 153ff, der § 319 StGB die Bedeutung als „zentrale Verbraucher-Vorschrift" für die Produzentenhaftung zuschreiben will, so Hilgendorf, Risikogesellschaft, S. 165.

1417 Dazu Schulz ZUR 1994, 26 (31 Fn. 59).

1418 Schünemann wistra 1982, 41 (47). Das wird schon heute bei der Aufsichtspflichtverletzung des § 130 OWiG bemängelt. Und selbst diese Vorschrift versagt, wenn der Schaden

Maßnahmen hätte verhindert werden können. Eine Regelung, die gleichsam alle durch bzw. in einem Unternehmen begangenen Straftaten ahnden möchte, müsste demgegenüber auf den kleinsten gemeinsamen Nenner reduziert werden, so dass sie bei gravierenden Rechtsgutverletzungen ihre Eindruckskraft verlöre[1419]. Weitere Konsequenz wäre nämlich eine deutliche Verringerung des Strafrahmens[1420], die auch bei kumulativer Verletzung jeden Weg zu angemessenen Sanktionen größeren Unrechts, wie es in der Produktkriminalität jedenfalls nicht auszuschließen ist, versperren würde[1421].

Und schließlich ergibt sich die Untauglichkeit abstrakter Gefährdungsdelikte auch aus Folgendem: Wenn der Verweis auf eine zusätzliche präventive Funktion durch das Strafrecht akzeptabel sein soll, muss sich die Effektivität derart neuer Gesetze offen unter Beweis stellen[1422]. Die empirische Forschung kann dazu einerseits auf Täterseite ansetzen und analysieren, ob durch die Positivierung und auch gerichtliche Aburteilung ein Sinneswandel sowohl bei Bestraftem als auch in der gesamten Bevölkerung eingetreten ist.

Einen kleinen Erfolg lässt insoweit vielleicht das Verfahren gegen Degussa erkennen[1423]: Nachdem mehrere hundert Strafanzeigen wegen Gesundheitsschäden durch Amalgam die Frankfurter Staatsanwaltschaft zur Aufnahme von Ermittlungen gegen Amalgam-Hersteller veranlasst hatten, beschloss der Vorstand der Degussa-Dental u.a. mit Blick auf das „Holzschutzmittel-Verfahren"[1424] den Ausstieg aus der Amalgam-Produktion[1425]. Im Übrigen ist dieser Nachweis allerdings praktisch undurchführbar, zumal gerade im Bereich der Produktkriminalität nur ein verschwindend kleiner Umfang an *nennenswerten* Entscheidungen existiert[1426].

Der zweite Weg knüpft an die Opferseite an und versucht, die Erfolge beim Rechtsgüterschutz zu ergründen. Das war und ist sicherlich solange eine taugliche Alternative, als der Strafgesetzgeber das Ziel der Prävention bislang in erster Linie durch den Schutz von exakt bestimmten oder zumindest bestimmbaren individuellen Rechtsgütern zu verwirklichen versuchte[1427]. Mit dem Trend, im

---

auf eine Verkettung unglücklicher Umstände zurückzuführen ist und nicht auf menschliches, kontrollierbares Versagen.

1419 Schünemann wistra 1982, 41 (46).

1420 Hassemer NStZ 1989, 553 (558).

1421 Diesen Punkt betont Kühne NJW 1997, 1951 (1954), bereits für das geltende Nebenstrafrecht.

1422 Hassemer NStZ 1989, 553 (556 u. 558); Prittwitz StV 1991, 435 (440); Dencker StV 1988, 262 (266).

1423 Dazu Schwartz, S. 21.

1424 Nach außen hin dominierten wirtschaftliche Gründe.

1425 Schwartz, a.a.O., mit Verweis auf Heft 1/94 der Gewerkschaftszeitung der IG Metall.

1426 Vogel GA 1990, 241 (254). Darauf weisen nach Kuhlen JZ 1994, 1142 (1143) insbesondere auch die Soziologen und soziologisch inspirierten Rechtswissenschaftler hin.

1427 Umfassend Amelung, Rechtsgüterschutz und Schutz der Gesellschaft, Frankfurt/Main 1972; Hassemer NStZ 1989, 553 (557).

Rahmen von abstrakten Gefährdungsdelikten unscharf formulierte Universalrechtsgüter einzuführen, die das Gegengewicht zu einer modernen „Risikogesellschaft“ aufbringen sollen[1428], verliert diese Prüfung jedoch zunehmend an Halt[1429].

Als Beispiel für die Abkehr von präzisen Schutzgütern sei nur das Umweltstrafrecht erwähnt, das als „Schutzgut“ das menschliche Wohl, verstanden in einem das rein Somatische übersteigenden Sinne[1430], statt den Schutz menschlichen Lebens und menschlicher Gesundheit begreift.

Das einzige was bleibt, ist Symbolismus[1431]. Durch die Normierung strafrechtlichen Unrechts wird nur mehr dem aufgrund eines Unsicherheitsgefühles der Bevölkerung akuten Handlungsbedarf genügt, ohne die von der Norm gewünschten Zustände – den Rechtsgüterschutz – realisieren zu können oder auch nur zu wollen[1432]. Allein aber, durch die Gesetzgebung die Stärke des Staates demonstrieren zu wollen, um gesellschaftliche Befürchtungen zu beschwichtigen, kann nicht Aufgabe rechtsstaatlicher Kriminalpolitik sein[1433]. Vielmehr untergräbt die latente Täuschungsfunktion eines solchen Risikostrafrechts[1434] das Vertrauen der Bürger in die Strafrechtspflege. Konsequenz ist, dass die Förderung einer allgemeinen Gesetzesachtung[1435] eher zu Destabilisierung als zu einer Stützung normgerechten Verhaltens führt.

Wenn auch die Generalprävention zur Rechtfertigung von Strafe auf gewisse symbolische Vermittlung gegenüber dem Adressaten angewiesen ist, erfordert eine verständnisorientierte Akzeptanz das Bild eines Strafrecht, das vor allem von Unverbrüchlichkeit, von Gleichheit und Täuschungsfreiheit beherrscht wird. Ziel jedes staatlichen Eingriffes muss sein, dem Bestraften ein Gefühl der eigenen Verantwortlichkeit zu veranschaulichen, sozialethische Gesinnungswerte der Bevölkerung zu schützen und das sozialethische Urteil zu festigen, andernfalls sich das Strafrecht nicht bewähren kann[1436]. Zu große Wertabweichung wirkt demgegenüber eher kontraproduktiv, weil es die Akzeptanz und damit wieder die Wirksamkeit der neuen Regeln zerstört[1437]. Trotz des weiten gesetzgeberischen Ermessens verbieten sich deshalb unpräzise, einer verbotenen Ana-

---

[1428] Instruktiv Beck, S. 38ff.

[1429] Hassemer NStZ 1989, 553 (558).

[1430] SK-Horn, Vor § 324 Rdn. 2.

[1431] Vgl. auch Prittwitz StV 1991, 435 (438).

[1432] So auch Kuhlen JZ 1994, 1142 (1143).

[1433] Auf die gegensätzlichen, vor allem von links kommenden Strömungen weist Prittwitz StV 1991, 435 (439), hin.

[1434] Allgemein zum Thema Risikostrafrecht auch Roxin AT § 2 Rdn. 27ff.

[1435] Hassemer NStZ 1989, 553 (555).

[1436] Hassemer NStZ 1989, 553 (555).

[1437] Dencker StV 1988, 262 (266).

logie offene, vage Sicherheitsinteressen schützende Tatbestände, die nach Voraussetzung und Folgen nicht restriktiv fungieren[1438].

C.Ergebnis

Die Diskussion hat gezeigt, dass wenn man sich wegen dieser sog. „neue Risiken“ überhaupt zu einem strafrechtlichen Einschreiten verpflichtet fühlt, eine Flexibilisierung und „Entformalisierung“ allein keineswegs der rechte Weg ist. Selbst wenn man sich der Minimierung von Unsicherheit und globaler Steuerung komplexer Prozesse überantwortet sieht[1439], kann wegen des Rechtsstaatsprinzips im Allgemeinen und des Gesetzlichkeitsprinzips im Besonderen allein der Gesetzgeber einem entsprechenden Präventionsdruck nachgeben[1440]. Und auch seine Möglichkeiten sind im Lichte der weitreichenden und vehementen Kritik äußerst beschränkt. Sowohl der materiellen Ausweitung einer Bestrafung natürlicher Personen als auch der Änderung prozessrechtlicher Grundsätze stehen so gewichtige Argumente entgegen, die auch durch den eventuellen kriminalpolitischen Nutzen einer Sanktion nicht ausgeglichen werden können. Weil aber schon das Bedürfnis nach strafrechtlicher Intervention mehr als fraglich ist, lassen sich m.E. keine denkbaren Alternativen aufzeigen, mit denen das Strafrecht einer Produktverantwortlichkeit berechtigterweise begegnen könnte – am wenigsten durch eine Neugestaltung des fahrlässigen Unterlassens als Institut strafrechtlicher Produktverantwortung.

[1438] Deshalb muss erst recht die von Strathenwerth ZStW 105, 679 (685, 688, 692, 694), favorisierte Abstandnahme von der Rechtsgutorientierung hin zu zukunftsbezogenen Verhaltensnormen abgelehnt werden. Kritisch auch Roxin AT § 2 Rdn. 33.

[1439] So auch Heine JZ 1995, 651.

[1440] Hassemer NStZ 1989, 553 (558).

Criminalia

Herausgegeben von Klaus Volk

Band 1 Ulrich Schroth: Vorsatz als Aneignung der unrechtskonstituierenden Merkmale. 1994.

Band 2 Torsten Poeck: Wartepflicht und Wartedauer des § 142 Abs. 1 Nr. 2 StGB. Ein Vorschlag zur Bestimmung der Wartelänge anhand rechtsprechungsanalytischer und empirischer Überlegungen. 1994.

Band 3 Tobias Schmid: Die Vergabe von Wirtschaftssubventionen und strafrechtliche Verantwortlichkeit gem. § 264 StGB (Subventionsbetrug). 1994.

Band 4 Erwin Lohner: Der Tatverdacht im Ermittlungsverfahren. Begriff, rechtliche Ausgestaltung, praktische Handhabung und Kontrolle am Beispiel der polizeilichen Verdachtsfeststellung. 1994.

Band 5 Gunther Lehleiter: Der rechtswidrige verbindliche Befehl. Strafrechtsdogmatische Untersuchung, demonstriert am Beispiel des militärischen Befehls. 1995.

Band 6 Dirk Steiner: Das Fairneßprinzip im Strafprozeß. 1995.

Band 7 Isabell Schwegler: Der Subsumtionsirrtum. 1995.

Band 8 Klaus Andreas Fischer: Die strafrechtliche Beurteilung von Werken der Kunst. 1995.

Band 9 Johannes Fredrikus Nijboer: Beweisprobleme und Strafrechtssysteme / Proof and Criminal Justice Systems. Rechtsvergleichende Aufsätze / Comparative Essays. 1995. 2. Auflage 1997.

Band 10 Winfried Hassemer / Karin Matussek: Das Opfer als Verfolger. Ermittlungen des Verletzten im Strafverfahren. 1996.

Band 11 Bettina Grunst: Steuerhinterziehung durch Unterlassen. 1996.

Band 12 Hans-Jörg Schwab: Täterschaft und Teilnahme bei Unterlassungen. 1996.

Band 13 Christos Mylonopoulos: Komparative und Dispositionsbegriffe im Strafrecht. 1998.

Band 14 Christina Erfurth: Verdeckte Ermittlungen. Problemlösung durch das OrgKG? 1997.

Band 15 Stephan Weber: Überstellung in den Heimatstaat. Ein internationales Konzept wider den Strafvollzug in der Fremde. Zugleich ein Beitrag zum Recht der internationalen Vollstreckungshilfe in Strafsachen. 1997.

Band 16 Bert Götting: Gesetzliche Strafrahmen und Strafzumessungspraxis. Eine empirische Untersuchung anhand der Strafverfolgungsstatistik für die Jahre 1987 bis 1991. 1997.

Band 17 Lars Otte: Der durch Menschen ausgelöste Defensivnotstand. 1998.

Band 18 Gregor Rieger: Die mutmaßliche Einwilligung in den Behandlungsabbruch. 1998.

Band 19 Yu-hsiung Lin: Richtervorbehalt und Rechtsschutz gegen strafprozessuale Grundrechtseingriffe. 1998.

Band 20 Sandra Pellkofer: Sockelverteidigung und Strafvereitelung. 1999.

Band 21 Christine Ferschl: Das Problem des unmittelbaren Zusammenhangs beim erfolgsqualifizierten Delikt. 1999.

Band 22 Peter König: Strafbarer Organhandel. 1999.

Band 23 Stefan Stauder: Die allgemeinen defenses des New York Penal Law. Eine rechtsvergleichende Untersuchung. 1999.

Band 24 Malte Merz: „Bewußte Selbstschädigung" und die Betrugsstrafbarkeit nach § 263 StGB. Zugleich ein Beitrag zur Zweckverfehlungslehre. 1999.

Band 25 Marc Tully: Poena sine Culpa? *Strict-Liability*-Sanktionen und Europäisches Gemeinschaftsrecht. 2000.

Band 26 Susanne Götting: Beweisverwertungsverbote in Fällen gesetzlich nicht geregelter Ermittlungstätigkeit. Durch V-Leute, Scheinaufkäufer und Privatleute. 2001.

Band 27 Christiane Hölscher: Der Rechtsschutz und die Mitteilungspflichten bei heimlichen strafprozessualen Zwangsmaßnahmen. 2001.

Band 28 Tobias Windhorst: Der Rechtsbegriff der „schweren Gesundheitsschädigung". Zugleich ein Beitrag zum 6. StrRG. 2001.

Band 29 Andrea Schmucker: Die "Dogmatik" einer strafrechtlichen Produktverantwortung. Das fahrlässige Unterlassen als Institut der Produktkriminalität. 2001.

FSC
www.fsc.org
MIX
Papier | Fördert
gute Waldnutzung
FSC® C083411

Kolibri 360 GmbH
Ferdinand-Jühlke-Straße 7
99095 Erfurt, Deutschland
produktsicherheit@kolibri360.de

Druck:
CPI Druckdienstleistungen GmbH
im Auftrag der
Kolibri 360 GmbH
Ferdinand-Jühlke-Str. 7
99095 Erfurt